109

新知文库

XINZHI

Lizenz Zum Töten:
Die Mordkommandos
der Geheimdienste

杀人执照

情报机构的暗杀行动

[德] 埃格蒙特·R. 科赫 著
张芸 孔令逊 译

生活·讀書·新知 三联书店

图书在版编目（CIP）数据

杀人执照：情报机构的暗杀行动／（德）埃格蒙特 · 科赫著；张芸，孔令逊译．—北京：生活 · 读书 · 新知三联书店，2019.12 （2022.3 重印）
（新知文库）
ISBN 978－7－108－06692－3

Ⅰ．①杀… Ⅱ．①埃… ②张… ③孔… Ⅲ．①信息工作－研究 Ⅳ．① G25

中国版本图书馆 CIP 数据核字（2019）第 181879 号

责任编辑 曹明明
装帧设计 陆智昌 康 健
责任校对 常高峰
责任印制 卢 岳
出版发行 生活 · 讀書 · 新知 三联书店
（北京市东城区美术馆东街 22 号 100010）
网 址 www.sdxjpc.com
图 字 01-2019-4375
经 销 新华书店
印 刷 三河市天润建兴印务有限公司
版 次 2019 年 12 月北京第 1 版
2022 年 3 月北京第 2 次印刷
开 本 635 毫米 × 965 毫米 1/16 印张 25.25
字 数 305 千字
印 数 10,001－13,000 册
定 价 56.00 元
（印装查询：01064002715；邮购查询：01084010542）

新知文库

出版说明

在今天三联书店的前身——生活书店、读书出版社和新知书店的出版史上，介绍新知识和新观念的图书曾占有很大比重。熟悉三联的读者也都会记得，20 世纪 80 年代后期，我们曾以“新知文库”的名义，出版过一批译介西方现代人文社会科学知识的图书。今年是生活·读书·新知三联书店恢复独立建制 20 周年，我们再次推出“新知文库”，正是为了接续这一传统。

近半个世纪以来，无论在自然科学方面，还是在人文社会科学方面，知识都在以前所未有的速度更新。涉及自然环境、社会文化等领域的新发现、新探索和新成果层出不穷，并以同样前所未有的深度和广度影响人类的社会和生活。了解这种知识成果的内容，思考其与我们生活的关系，固然是明了社会变迁趋势的必需，但更为重要的，乃是通过知识演进的背景和过程，领悟和体会隐藏其中的理性精神和科学规律。

“新知文库”拟选编一些介绍人文社会科学和自然科学新知识及其如何被发现和传播的图书，陆续出版。希望读者能在愉悦的阅读中获取新知，开阔视野，启迪思维，激发好奇心和想象力。

生活·讀書·新知 三联书店

2006 年 3 月

受命于国家犯下罪行，这种特殊情况绝不能令行动参与者免除刑事责任。每一个政府组织都可以而且必须要求，任何人都要无条件远离犯罪，即使有人滥用国家权力要求他这样做。否则任何制度都会瓦解，都会给政治犯罪敞开大门。

——德国联邦法院针对克格勃杀手
伯格丹·施塔辛斯基（Bogdan Staschinski）
谋杀案的判决书，1962年10月19日

目　录

以色列国内情报机构

其他情报机构的暗杀事件

前　言

2012 年 1 月，美国情报部门中央情报局（CIA）一年前在巴基斯坦的瓦济里斯坦（Waziristan）地区利用无人机攻势残杀 500 多人的有关信息刚刚开始透露出来的时候，德国电视二台（ZDF）曾委托有关人士进行过一项具有代表性的问卷调查。这家电视台想以此开启一档新的系列纪录片，第一期名为《我热爱的间谍》，借此可以让世人管窥詹姆士·邦德丰富多彩的世界。在该片中当然不会提及瓦济里斯坦。但进行问卷调查的研究小组对大家选择的结果目瞪口呆。参与调查的德国人有 54% 持这样的观点：中情局和摩萨德（Mossad）应该有“杀人执照”，德国情报机构也必须有“杀人执照”；而在年龄低于 24 岁的这代人里，表示可以接受暗杀小组的人所占比例竟然高达 70%。

这次调查让人们想起了之前进行过的问卷调查。这里实际上涉及的是这样一个问题：德国是否同意针对特定的罪行引入死刑，也就是能否在相关的法律基础上处死一些重罪犯、奸杀犯和杀害儿童的犯人。1977 年，有三分之二的德国公民同意引入死刑，而在过去的几十年里这个比例急剧下降，2007 年有 76% 的德国公民投票反对死刑。

如果新的问卷调查结果可信，那么就说明，当今大多数人竟然觉得采用隐蔽方式执行死刑的做法可以被接受。公开认可死刑当然不行，因为这与自由、开明的时代精神相悖，但在一定非正式的范围内，用那些强有力的、在暗中作业的特工和精英力量之权力来实施死刑却没有问题。难道他们就不能像美国和以色列特工那样，为了抵御恐怖危险而为祖国干脏活的同时，并不危及以自由、开放、人道为基调的社会吗？难道国家授权的谋杀在德国真的就能够获得多数人赞同吗？玩着“枪战游戏”成长起来的青年人中十之七八真的就认为他们的政府组建特别行动队、指派暗杀任务完全没有问题吗？

1993 年 6 月 27 日在巴特克莱嫩镇（Bad Kleinen）僻静的小火车站，德国联邦警察第九国境守备队对红军派（RAF）头目实施逮捕时出了意外，很可能导致了左翼恐怖分子沃尔夫冈·格拉姆斯（Wolfgang Grams）死亡。过了几天就有人怀疑，他是被第九国境守备队的一或两名警员给处死的。相关讨论持续了几个月，很多媒体嗅到了至少是冲动杀人的气息，由于出现了联邦刑事犯罪调查局难以想象的玩忽职守以及（通过一个联络员角色进行的）大范围的遮掩，各种谣诼应运而生。后来检察机构出具的调查报告毋庸置疑地证实了，格拉姆斯当时确实举枪瞄准了自己，全德国都松了口气。警察的精英团队的确没有杀人，既未故意杀人，也未情急杀人。

二十多年来，时间的流逝以及发生的许许多多恐怖袭击显然改变了原先判断的尺度。现今看来，社会安全远远重于国家法律制度。根据法律，目的明确的杀人就是谋杀，除非存在非常明确具体的自卫情形。相应的规定明确指出警员可以发出最后的救命一枪：

“根据规定只有当击毙成为唯一的摆脱迫在眉睫的生命威胁或严重伤害以及躯体致残的手段之时，才可以将其用作最后一招。”（德国许多州的警察法如是规定。）联邦政府国防军可以在武装冲突或者战争中目标明确地杀死敌方士兵，而面对平民，只有在他们全副武装并直接参与军事行动的时候，才能开枪。在军事交火时使用无人机攻势来支援自己的地面部队或许说得过去，但不清楚有些人群是否直接参战，或者当时并未参战却有可能在几个星期、几个月后才参战时，针对这些人发起进攻，却是背离国际法准则的。然而解释权却总掌握在进攻者手中。进攻者可以宣称，拥有关于这位或那位目标人物的足够信息。进攻者也可以如同在瓦济里斯坦行动时那样，干脆把整个地区置于某种总体怀疑之中。他们的基本信条是，我们在位于弗吉尼亚州兰利（Langley）的中情局地下室的屏幕上看到的这个地区的所有成年男子，都有可能是基地组织或塔利班的协助者，至少也是同情者，所以这些人就该是我们的靶子。无须顾忌具体情况，对那些生杀予夺的决定根本就不必再进行审核。法制国家常常也不走法律途径。

尽管如此，联邦政府国防军也要购入自己的无人战斗机。虽然“欧洲鹰”（未装备武器的无人侦察机）已经被证实是一次巨额投资失误，国防军仍然坚持自己的计划。这到底是为什么呢？护卫国土几乎用不着这种无人机，因为在空战中面对敌方的歼击机，它一点机会都没有，而且未装备武器的无人侦察机显然在德国领空得不到飞行许可。装备了武器的无人机在国外执行任务时才有意义，在那些地区，参战人员伪装成平民，而且作战对象并不是正规军和正规空军。例如，一定要跑到兴都库什山去捍卫德国安全吗？否则我们的将领们要那些军事玩具又有何用呢？用来在世界各个地区对恐怖分子、疑似恐怖分子至少是可疑分子进行声势浩大的追捕？还是用来进行定点杀戮？

在华盛顿或者耶路撒冷，好些年以来人们早就把关于法律上甚至道德上的讨论视为（往好里说）学术上的聒噪。无论国际上多少国际法专家和人权主义者多么激烈地批判情报组织的暗杀行动，美国和以色列的政府官方法律专家直接无视所有的异议，或者他们就写出长达几米而又破绽百出的宏文来把那些处决行为合法化。他们的既定目标十分明确：任何做法，只要对国家安全有利，或者哪怕有可能对国家安全有利，那就是好的，其他一切都必须在这个目标之下。这一点同样适用于美国国家安全局（NSA）或是以色列的相应机构 8200 部队（Unit 8200）无所不包的监视项目，适用于中情局、辛贝特（Shin Bet）和摩萨德以及其他所有特别军事部门的“杀人执照”。在拿不准的时候保证自由？这在今天听起来多少有点像是怀旧时的废话了。

究竟有没有人研究过这样的问题：这类处决攻势在平民中造成的附带伤亡是否只会产生更多的仇恨和怒火，从而造成更多的恐怖主义活动，却并不能消除恐怖主义？ 2010—2012 年，美国和以色列的情报组织在与恐怖活动斗争的过程中杀死了两千多人。“我不认为这是与恐怖主义作战的有效方法。”前任联合国特别报告员菲利普·奥尔斯顿（Philip G. Alston）谴责这种“定向杀戮”。这种行动往往直接杀掉“一整张名单”。奥尔斯顿说：“这种行动还会无限制地延长下去。相信杀掉成千上万人就可以战胜恐怖主义，将是一个极大的错误。”

我在许多年前开始关注特工组织的定向清除时，这方面很多事情听起来就如同传说般令人难以置信。简直就像詹姆斯·邦德的故事一般。摩萨德为回应 1972 年奥运会以色列运动员惨遭血洗，策划了一系列报复行动，人们大多对此报以心照不宣的微笑。而这只不过是谣传。数年之后人们才明白，当时以色列进行的是针对巴勒斯坦人本身的、疯狂且盲目的报复，而不是针对策划慕尼黑血案幕后者的报复。根据现今的了解，几位在一系列报复行动中的受害者与策划慕尼黑奥运村袭击事件根本毫无关系。他们必须被处死，仅仅是因为他们比较容易得手，例如瓦埃勒·祖埃特（Wael Zuaiter）；或者他们早就是以色列人的眼中钉，例如阿里·哈桑·萨拉马（Ali Hassan Salameh）。

此外，比较著名的是几个东欧情报机构的刺杀案件。这与冷战期间的敌对形象相吻合。克格勃（KGB）和东德国家安全部斯塔西（Stasi）什么事都干得出来，这类传说还是比较靠谱的。美国国会整理出的一份材料表明，中情局在越南的“凤凰计划”行动中，甚至系统地成批杀人。美国总统理查德·尼克松解开了拴住恶狗的绳子，那些恶狗就张口狂咬。直到尼克松的继任者杰拉尔德·福特上任，才正式颁布法令，禁止在法律框架之外进行谋杀，尤其禁止政治谋杀。时值1976年。虽然福特总统的“行政命令”从未被取消，但比尔·克林顿、乔治·W. 布什（在“911”事件之前就已如此）和贝拉克·奥巴马从来不觉得这项法令对他们有什么约束力。

自2000年被占领的约旦河西岸、加沙地带的第二次巴勒斯坦大起义以来，在以色列的定点定向谋杀就发生了很大的变化。当年由于摩萨德主要负责国外事务，不在巴勒斯坦地区活动，以色列的其他情报机构和特别部门也都获得了“杀人执照”。2005年大起义结束时，死于谋杀行动的巴勒斯坦受害者超过100人。暴力与反暴力互为因果：在同一段时间里，死于巴勒斯坦的自杀式暴力袭击的以色列人是当地人的5倍。2005年之后，比例关系发生了逆转：几乎每100名被定向处死的巴勒斯坦人，相对应的，就有 55 名以色列人遇难。这与一些有效隔离手段（篱笆、墙）和高效的情报工作有关，上述手段遏制了恐怖活动的势头，但显然与杀鸡儆猴似的处决并没有什么关系。而自 2008 年以来，由于美国的无人机，估计有 2500—4000 人死于非命，这个数字大约与由恐怖分子 2001 年制造的“911”事件和此前所造成的受难者数字相当。

数数尸体——用敌对一方的死亡人数来祭奠我方的蒙难者？而又无法预测这种情况到何时是尽头。定向定点谋杀在以色列和美国成了一种通行的做法——即便是 2013 年 5 月奥巴马的暂停令也并没有带来根本性的变化。在约旦河西岸地区、加沙地带、瓦济里斯坦、也门还有索马里，不久后也有可能在世界的其他地区，对人的追踪猎杀还在继续进行——无人能够阻止这一切。

2010 年 1 月摩萨德在迪拜行刺之后，德国西部广播电台（WRD）《故事》栏目组的编辑问我，是否有兴趣拍摄一部有关以色列“杀人执照”的纪录片。我有兴趣。在两次采访的行程中，我与一些老相识又重新建立了联系，主要是加德·希姆罗恩（Gad Shimron），此人当年是摩萨德的特工，后来成为记者。我们俩一起穿过整个国家，他带我看那些发生历史事件的地方，还有约旦河西岸部分地区巩固的界线这类新“成就”。我们一起坐在耶路撒冷的老城，就“定点杀戮”这个话题交换意见。希姆罗恩很快就表明他对以色列的政策持批评态度，尤其对特别军事部门的“恣意开枪”行为不满。但另一方面，他认为摩萨德的行刑，例如对迪拜的哈马斯军火商马哈茂德·马巴胡赫（Mahmoud al-Mabhouh）的处决，是理性的行为。虽然我们在许多问题上的观点各异，不尽相同，但我这本书借鉴了不少他的独到见解。希姆罗恩作为记者与摩萨德元老雅各布·梅达德（Jakob Meidad）[别名安东·金茨勒（Anton

Künzle)]，合写了讲述刺杀战争罪犯赫伯特·库克斯（Herberts Cukurs）的《里加刽子手的丧命》。对于我而言，这本书与其说是在寻找真相，还不如说是在制造神话。只要好好分析一下摩萨德这个情报机构的工作是多么迟钝而又粗枝大叶，便会发现，“摩萨德神话”看来在很大程度上被夸大了。

我由衷地感谢那些在以色列和巴勒斯坦的约旦河西岸帮助我进行调研的人，尤其是安妮塔·阿卜杜拉（Anita Abdullah），还有奥伦·盖勒（Oren Geller）、阿萨夫·祖斯曼（Asaf Zussman）、乌里·布劳（Uri Blau）、沙万·贾巴林（Shawan Jabarin）、萨默尔·布尔纳特（Samer Burnat）、萨姆·巴胡尔（Sam Bahour）、萨尔瓦·杜艾伯斯（Salwa Duaibes）、希沙姆·沙拉卜提（Hisham Sharabti）、马吉德·加纳耶姆（Majed Ghanayem）、伊弗雷姆·阿斯库莱（Ephraim Asculai）、伊桑·布朗纳（Ethan Bronner）。我还要向下列让我熟悉了以色列官方论证方式的访谈者表示感谢，他们是穆提·科菲尔（Moti Kfir）、埃利泽·“盖泽尔”·察弗里尔（Eliezer“Geizi”Tsafrir）、米什卡·本-戴维（Mishka Ben-David）、阿萨·卡什尔（Asa Kasher）、阿里耶·沙利卡（Arye Shalicar）、伊夫塔赫·斯派克特（Iftach Spector）、阿姆农·斯特拉什诺夫（Amnon Straschnov）。感谢海克·克里格（Heike Krieger）、菲利普·奥尔斯顿、艾亚尔·本韦尼斯蒂（Eyal Benvenisti）和莫迪凯·克雷姆尼茨尔（Mordechai Kremnitzer）给予我的有关国际法方面的帮助。

在编写本书的过程中，我在德国电视一台（ARD）2013年4月播出的纪录片的基础上扩充了美国的相关处决案例，此外还增添了一些曾引起极大关注的历史案件。在加工处理这些案例时，我既采用了公开发表的材料，也使用了一些迄今尚未公开的材料。在再现瓦迪厄·哈达德（Wadie Haddad）的毒杀案以及同时发生的“兰茨胡特”（Landshut）绑架案时，蒂姆·盖格（Tim Geiger）和托马斯·斯凯尔顿·鲁滨逊（Thomas Skelton Robinson）给予了我极大的帮助，2010年我在为德国电视一台制作纪录片《死亡巧克力》时也曾经整理过上述案件的材料。原东德国家安全局档案馆（BStU）的职员克里斯蒂安娜·施特格曼（Christiane Stegemann）做出了大量努力，最终在柏林沙里泰医院找到了有关一位中毒死亡的男子的材料，而这显然就是瓦迪厄·哈达德的材料。我要特别向当年参与行动的人以及目击者如巴萨姆·阿布·谢里夫（Bassam Abu Sharif）、汉斯-约阿希姆·克莱因（Hans-Joachim Klein）和彼得-于尔根·博克（Peter-Jürgen Boock）以及我的同事尼娜·斯文松（Kollegin Nina Svensson）致谢。我还必须提及的是沃尔夫冈·韦尔施（Wolfgang Welsch）和亨宁·西茨（Henning Sietz），他们提供了很多文件和照片。

最后我要特别感谢一系列来自以色列、美国和德国并且提供了许多信息和见解的人，他们明确地表示不必在此列举名字。我感受到他们对此书的善意，因为他们认为那些系统地破坏法制国家的基本原则和道德价值的做法是非常成问题的。

埃格蒙特·R. 科赫

2013年6月30日，于德国不来梅

第 1 章

无法官判决：情报部门的谋杀行动

这在政治上是一种很有优势的做法：费用低，不伤及美国人，给人深刻的印象……在自己的国家里只有优势，只是在外国不那么受欢迎。而这种做法给国家利益所造成的损失，要从长远的角度，才能显现出来。

——丹尼斯 · C. 布莱尔（Dennis C. Blair，
美国前国家情报总监谈论关于美国武装无人机的杀人任务）

下列场景很可能会长久地损害这位全国顶尖的、年轻的、自由开明的法学教授，后来《纽约时报》揭示了此事是如何发生的。

2010 年 1 月 19 日，几十位安全顾问聚集在白宫的战情室中，进行安全状况的每周例行讨论。这一聚会在政府内部称为“周二防恐会议”。情报人员将向总统汇报同基地组织及其他国际恐怖主义活动斗争的最新情况，为这项或那项针对伊斯兰恐怖活动而必须采取的行动征求总统的许可，而这些行动将以一个最新的“提名列表”呈现在总统面前。这纯粹是例行公事，实施杀戮计划的官僚仪式。

这份简短的名单是几周以前美国安全机构中大约一百多名雇员多次秘密电视会议的结果。每个人都可以提出自己的建议。他们随即通过安全的专用线就人员经历、潜在危险、与已知网络的联络、相关地区的最新信息进行咨询。他们当然也讨论是否会造成平民伤亡，以及平民伤亡的人数“相对而言”是否还看得过去。讨论中显然会发生非常激烈的争吵。中情局往往坚持把他们的巴基斯坦和阿富汗边境地区的“候选人”摆在前面，在该地区无人机要听命于他们的指挥。为此，其他情报机构以及五角大楼的代表就必须留心，别被挤到后面去。《纽约时报》透露，有时候要开五六次会议，才能面面俱到地考虑、核验和权衡某个案例。在这个寻求确定的过程中，如果没有什么人由于某些新的认识而将这个案例划掉，并且执行的窗口一直敞开着，那么这个案例将被提名，并在“周二防恐会议”上呈现于总统面前。

精益求精的杀人机器。由“捕食者”无人机发射出“地狱火”导弹

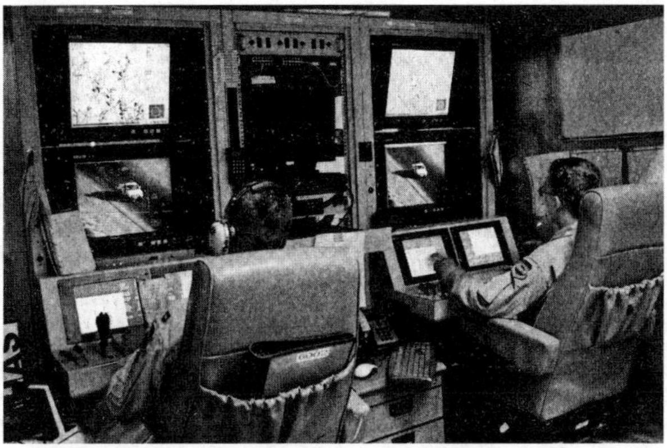

在舒服的座椅上杀人。“捕食者”无人机的指挥状态

总统在这几个星期里的某个时候，会正好一眼扫到诸多死亡判决中的一个，看到一张二十来岁的年轻德国人的照片。总统将读到：宾亚明·埃尔多安（Bünyamin Erdogan），来自德国城市伍珀塔尔（Wuppertal），在乌兹别克斯坦的一个营地里被转化为恐怖分子，这个年轻人大概参与了在瓦济里斯坦地区的自杀性袭击事件。奥巴马将在上面打个钩。同意。

贝拉克·奥巴马当时才上任不久，那时很多人都对他有很大的好感。他是第一位入主白宫的有色人种总统，他具备独特的魅力和少有的才干，处处使人为他的出场、他的演讲、他的独到之处感到振奋。但总统显然早就妥协了，也觉得十分有必要做出具有深远影响的决定，他必须去做出那些与他竞选时的种种承诺背道而驰的决定：结束酷刑（他的前任将酷刑称为“创造性的审讯方法”），关闭关塔那摩监狱，即便是在与本国最凶恶的敌人——恐怖分子进行斗争时，也必须坚守美国的价值。但事与愿违。现在他还有机会踩刹车，还可以阻止目前这种情况灾难性地发展。他现在是最高指挥官，他有最终的发言权——即便是在这场所有肮脏战争中最肮脏的战役里，他也有发言权。每个周二的早上，大家都等着他投出生死一票。在 2010 年 1 月的这个周二，15 名来自也门的基地组织嫌疑犯被列于“提名列表”上。

奥巴马的一位情报人员将调研报告放在他的面前。对这些人而言，政府机构中“棒球卡”这个概念已经相当盛行，就仿佛上面记录的是重要的运动数据和赛季中击中的棒球数。但这些“卡片”却只有一张照片，通常是偷拍的照片，和一段简短的罪犯生平记录。这个星期里有几位男人和女人，其实是小伙子和姑娘，他们在西方世界有一定的基础，也就是一些被转化的人。甚至还有几位美国公民。所有人的担心在于，这些人可能会返回他们的祖国，到那里去造成巨大的不幸。

“这些人多大了？”总统问道，“如果他们开始用孩子们了，那么我们进入了一个新的阶段！”

这个问题问得有道理，名单上的 15 个人中有两个是十来岁的青少年，一个姑娘看上去甚至比她的通缉令上面写的 17 岁更年轻。奥巴马想要再次知道，这个预先的决定是基于国内外情报机构的哪些认识。再过几分钟就要对这些人做生死决定了，而针对这些人中的好几位并没有任何具体的犯罪指控。就是说杀掉他们并不是因为惩罚，对他们不可能有法庭判决，但这些决定似乎完全可以替代判决，因为美国的司法不可能把手伸到巴基斯坦或者也门去。那么又是为何呢？为“911”复仇？或者只是为了防患于未然，就像是情报机构不厌其烦强调的那样？美国人必须在他们杀死美国人之前先把他们干掉吗？安全专家向他们的总统保证，根据他们掌握的情况，这些年轻人很可能会在他们的祖国实施恐怖袭击。或许也会在美国进行恐怖袭击。至少经验就是这样告诫他们的。但是这些担忧是否足以在臆测的行动发生前下令实施国家刺杀？没有起诉、没有审判、没有辩护的权利、没有判决？究竟还有没有比基于三权分立之民主体制的法制国家价值更高的利益？

在这个时间点上，也就是在2010年的1月份，入职一年之后，奥巴马已经时常屈从于他顾问们的建议和意愿：2009年冠名为“捕食者”“全球鹰”或是“死神”的美国无人机，在巴基斯坦、阿富汗、也门把549人送上了西天，后来还要加上在非洲的索马里。这比乔治·W.布什任职的整整八年内加起来还要多。大部分死者（大约350人）显然是基地组织或是其他恐怖网络的武装分子，其余的则是在错误时间出现在错误地点的平民（约有200人）。即便那些所谓如“外科手术”般精准的杀戮方法，例如从无人机上发射导弹，也会产生附带伤亡，这并不令人惊讶。

外界并不知晓，奥巴马在那个反恐的周二上午多少次将大拇指竖起或者放下[①]，知道的只是他在2010年的其余时间，必须前所未有地签署大量死刑判决。据“国家安全研究项目”基金会的非官方估算，被处死的人上升到849人。2013年5月底，鉴于大量抗议甚至来自他的支持者的抵抗，奥巴马承诺暂缓刺杀行动，而当时中情局和五角大楼的刺杀令已经使2500—4000人丧生。准确数字自然是机密。无论是中情局还是政府从未就定点定向刺杀活动做出过任何解释。

白宫的杀人系列行动受到了不少人的批评，例如前国家情报总监丹尼斯·布莱尔早就将其与“越战”时期的“凤凰计划”相比较。这是一项非常严重的指控。2010年5月，这位退役海军上将因为半年前试图袭击西北航空公司的253号航班而声名狼藉，并因此离职。

① 古罗马决定角斗士生死的姿势，把大拇指竖起表示可以活命，放下表示必须处死。——译者注

1969年，在系统地对那些所谓与越共合作的越南平民进行“中立化”的最紧张时期，中情局的暗杀行动组收到对臆测中的或是真正的越共合谋者每月进行清理的指令。在“凤凰计划”结束时，超过2万人丧生，有人甚至说4万越南人死于美国杀手。历史还会重演吗？奥巴马总统是否在大范围地、全面地推进针对伊斯兰的行动？就如同当年理查德·尼克松手下的中情局在越南做的那样？

在美国和以色列这样的国家，以法庭外的方式来处决臆想中的国家敌人，这种做法有一定的传统。早在1953年，一位中情局的专家曾经用打字机写过一份处决指南，在这份指南中主要仔细分析了政治谋杀，以便从中吸取教训，从而尽可能完美地实施谋杀。大约与此同时，在以色列，后来的总理梅纳赫姆·贝京（诺贝尔和平奖获得者）的拥趸给德国政治家寄发信件和邮件炸弹，连当时的联邦德国总理康拉德·阿登纳都曾收到过。这种刺杀方法后来被摩

冷淡的告别。美国前国家情报总监丹尼斯·布莱尔将奥巴马的无人机攻势与20世纪70年代初处决了数千名越南人的“凤凰计划”相提并论

萨德继承了，并在埃及用到了纳粹德国的火箭研究专家身上。以色列无论是以前还是现在，只要认为它的安全受到损害，不管威胁来自于巴勒斯坦恐怖主义还是敌对国家对大规模杀伤性武器的研发，政府就会进行先发制人的处决。

其他有义务奉行法制国家原则的西方民主国家，如果觉得受到恐怖活动的威胁，即便只是怀疑，也会采取相应的反恐活动。英国的特种部队“特种空勤团”（SAS）在与北爱尔兰的冲突中就允许进行定点定向性的刺杀，原因是当时有迹象表明，爱尔兰共和军（IRA）即将发动一次行动，而采用先下手为强的方式可以有效地将其阻止。1987 年 5 月 8 号，爱尔兰共和军恐怖分子计划在北爱尔兰的劳夫哥尔地区对当时无人驻守的北爱尔兰皇家警察部队进行大规模炸弹袭击。英国情报机构大概是通过打入爱尔兰共和军内部的卧底闻得风声，就直接告知了 SAS 所有计划细节、袭击者人数、袭击时间等。于是 24 名特种空勤团队员就埋伏在警察局附近守株待兔，静候事态进展。到了预计时间，一共来了 8 名恐怖分子，直接将一辆装载着 90 公斤塞姆汀塑胶炸药的拖拉机开到了警察局门口。就在他们点炸药的时候，埋伏在那里的特种空勤团队员开火了。所有爱尔兰共和军恐怖分子虽然都穿着防弹背心，还是在弹雨中毙命。一位与此事根本无关、碰巧下班路过的男子也不幸被打死。此外证人还表明，当时 3 名爱尔兰共和军恐怖分子在被击毙以前，已经饮弹倒地，丧失了自卫能力。

由于英国政府过后就此事给出的说明澄清不够充分，按照欧洲法院的观点，单凭这一点，在这次伏击中爱尔兰人的人权就受到了践踏。批评家们指责英国政府蓄意血洗，因为不管怎么说，当时警察局里空无一人。不管谁在劳夫哥尔设伏，都该试着将这些罪犯逮捕，送交法庭，而不是异常冷血地直接就地处死。

同样在80年代，西班牙政府也建立了一支名为“自由反恐大队”（GAL）的秘密行动队伍。他们唯一的敌人是巴斯克分裂分子，尤其是巴斯克民族分裂组织“埃塔”（ETA）。新组建的精英队伍的行动却很快成为一场肮脏的战争。为了得到恐怖分子的信息，1983—1987年间数百名巴斯克人被自由反恐大队绑架并施以酷刑。后来统计出28起谋杀事件，其中不少人被处决。后来查明，约有三分之一的受害者与埃塔组织并无任何联系。恣意实施的暴行大白于天下，自由反恐大队的一些成员被送上法庭，接受了审判。“杀人执照”再次“以政治、道德和法律上的失败而告终”。政治学学者埃弗里·普罗在其专著《瞄准恐怖分子》一书中如是感慨道。三权分立以及对执行权的监督统统被撇到一边时，这样失败的后果也就不难预见了。

当今为清除基地组织和其他伊斯兰暴力组织的辩解之声不绝于耳，就像当年反恐武装与爱尔兰共和军以及埃塔发生冲突时那样。总是事关本国公民的人身安全，也就是说担心会发生新的暴力袭击。这种辩解听着十分牵强，因为那些如九头蛇一般的巨大祸患，无论它们的名字是基地组织、哈马斯还是当年的爱尔兰共和军和埃塔，无论人们如何系统地将它们斩首，它们却总会长出新的脑袋来。效率是极其成问题的，更遑论合法性了。

来自政府律师的辩解与当年如出一辙：恐怖分子在一定程度上是没有穿军装的士兵，在这样一场所谓的不对称的战斗中，参战的不是两支军队，而是军队与武装平民的对峙，因此无论这些人在何处，完全可以统统被视为敌方士兵处死，无论是定点定向的还是非针对性的。这就是国际法。但批评者指出，这种国际法实际上却规定，只有当一位平民直接并径直参与敌方的行动时，才可以被视为平民士兵。

而政府方面则辩解道，这里只是事关紧急防卫，因为通过定点定向的杀人可以避免具体的恐怖袭击。一定意义上来说，恐怖主义者是“嘀嗒嘀嗒走着的定时炸弹”，必须马上而且永远地拆除。但问题真的是预防式的自我防卫吗？难道施行法外处决所形成的杀鸡儆猴作用不更是问题的核心？此外完全否认了复仇和报复，虽然恰恰这样的动机最经常出现，例如1972年慕尼黑奥运会期间以色列运动员遭袭遇难后，摩萨德的处决攻势。

2010年10月4日，奥巴马对德国人宾亚明·埃尔多安的死刑判决在瓦济里斯坦地区距离米尔阿里村不远的地方被执行了。死神与往常一样突如其来地降临了。受害者大概并不是一只纯洁的羔羊。这位年轻的土耳其裔德国人很可能想参加到对巴基斯坦军队的战斗中去。他或许也想潜回德国去造炸弹。杜塞尔多夫的检察院已经开始调查他的一项预谋严重危害国家安全的暴力行为，刑法中有一条新的条款即第89条a款适用于这种暴力行为。自“911”以来，美国人通常可以从德国的联邦宪法保卫局获取这类信息。宾亚明本人的手机号码、他那位在土耳其联络人的手机号码以及巴基斯坦一家咖啡店的地址，或许正是通过这样的渠道进入了美国国家安全局的电脑中。这样的数据是否能对日后为无人机进攻提供目的地坐标有所帮助，或者如何帮助，直至今日还不得而知。

这位土耳其裔德国人在当年同学的回忆中是位受欢迎的小伙子，在老师的记忆中是位好学生。他们猜想，2010年初夏，宾亚明依照其父亲哈桑的心愿出发去跟学者研读《古兰经》，他与他的23岁的哥哥埃姆拉和年轻的嫂子一同出发。“若从他自身出发，他很可能未必会去做这件事。”埃尔金·切利凯尔深信不疑，宾亚明从前在他的农庄里打工挣过零花钱的。很多事情都不明不白，而按照德国有关机构的意愿，最好一直这样含糊下去。两兄弟为什么要在乌兹别克斯坦停留呢？他们在那里被洗脑了吗？

定点杀害这个德国人让德国政府陷入窘境。因为当本国公民在国外死于暴力时，相关部门必须去了解一下有关背景。但这么做，很容易在外交上跟美国人结下梁子。而谁又愿意去和美国人结梁子呢？“这是一个很严肃的过程，必须从道德上、政治上和法律上进行全面评估。”外交部国务部长维尔纳·霍耶在议会上如是说。大概就是这么回事了。联邦总检察长还煞有介事地启动了“监察过程”，以便收集更进一步的认识，然后不知什么时候又依据国际刑法启动了涉嫌战争罪的侦查程序。

2013 年 7 月 1 日，卡尔斯鲁厄[①]又以“嫌疑并不足以起诉”为由终止了调查。值得注意的是所举的理由：宾亚明·埃尔多安死于美国无人机的轰炸，而无人机的投入是阿富汗叛军与巴基斯坦政府之间武装冲突的一部分，“而巴基斯坦政府军实际上是由美国支持的”。实际上！鉴于在伊斯兰堡的政府军大规模抵抗美国无人机在瓦济里斯坦的攻势，这里给出的正是一种非常任性的诠释。因为中情局在那里并不是为了援助巴基斯坦军队而去屠杀士兵，而是为了连根拔除恐怖主义。根据美国的解释，恐怖主义是一枚“定时炸弹”——必须要除掉的炸弹。美国未经许可在巴基斯坦领空实施行动，严重损害了这个国家的主权。想象一下吧，中情局在德国的领空用“地狱火”导弹朝着全副武装的伊斯兰教徒开火。因此联邦总检察长如履薄冰般对处死宾亚明·埃尔多安做出了这样的解释。

人先死亡，而后权利消失。奥巴马在接受诺贝尔和平奖时说过：他的国家即便是在战场上也会是遵纪守法的楷模。而与此相反，他的无人机攻势最好地图解了一个恣意妄为的滥杀计划。奥巴马的前任乔治·W. 布什让人去抓捕和劫持恐怖嫌疑分子并对

① 卡尔斯鲁厄（Karlsruhe）：德国宪法法院所在地。——译者注

之用刑，而奥巴马则直接过渡到让人远远地躲在一个安全距离内直接消灭他们。2013 年 5 月底前，也就是在他下令暂停这种遥控屠杀和他自己的所作所为之前，他已经几百次地跃升为定夺他人生死的主宰。他集法官和刽子手于一体。这是一位视他人性命为儿戏的总统。

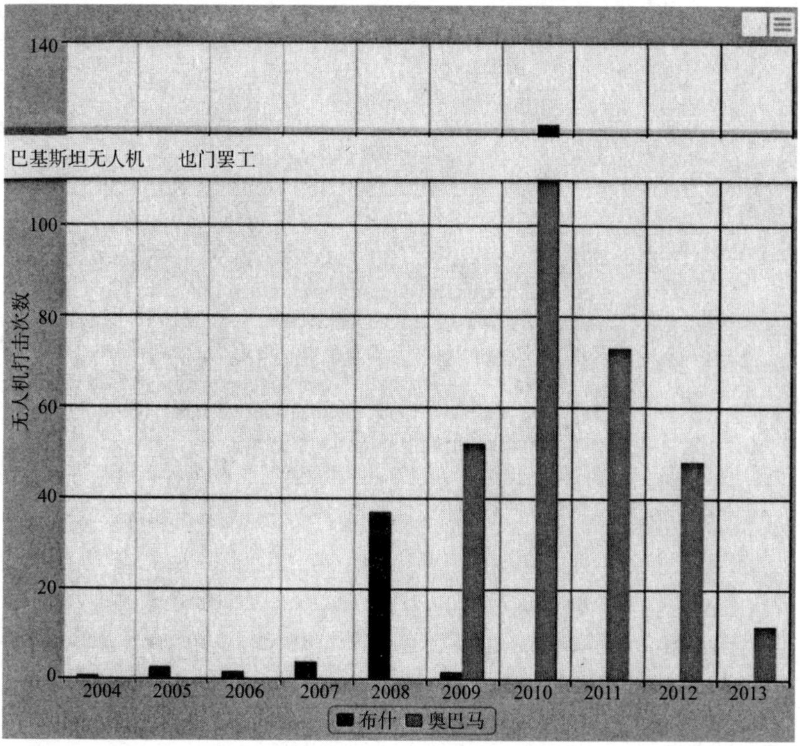

巴基斯坦无人机空袭比较：奥巴马 VS 布什

布什任期的最后一年，中情局和五角大楼开始用无人机实行屠杀计划，在奥巴马任期内该计划急剧加强了（来源：国家安全研究项目，2013 年 6 月 15 日）

美国情报机构

第2章

猎杀本·拉登！

这张脸被数发子弹击中，扭曲变形，满是血污。一发子弹穿过前额，嵌入右侧颅骨。胸膛上布满了弹眼。他躺在渐渐漫开的血泊中。我蹲下身来，为的是近距离查看这具尸体，这时候，汤姆也在我身边蹲了下来。“我想，这正是我们要找的家伙。”他说道。

——摘自前海豹突击队员马克·比索内特的《艰难一日》，

该书详述了击毙奥萨马·本·拉登的行动

不能留活口，这一点从开始就很明确，尽管事后白宫声称，因他拒捕，海豹突击队员只得采取自卫措施。而事实上，他甚至连防卫准备都没做，他的马卡洛夫手枪和AK-47都没有上膛。

不，“海王星之矛”行动本就是一次猎杀任务。不杀他还能把他、他的家人、他的部下、他的亲信以及他的护卫带到哪里去呢？难道还押上法庭不成？海豹突击队的精英小组受命攻击这栋位于阿伯塔巴德的房子和这名世界头号通缉犯，他们并不擅长猎获犯人，但他们是训练有素、装备精良的执行者。猎与杀同时进行。

这是一个预谋已久的计划。本·拉登的信使、亲信是艾哈迈德·库瓦提。美国中情局通过对他的手机进行定位注意到了这栋房子，当地情报人员尽可能地摸清了一切情况之后，很快就拟定了此次行动的具体步骤。阿伯塔巴德位于巴基斯坦首都伊斯兰堡北部约60公里处一个山谷之中，这样的地理位置使之成为巴基斯坦最美的城市。"海王星之矛"行动或将再次冒犯美国在这一地区最重要的盟友巴基斯坦，此前华盛顿的无人机计划已经让巴基斯坦承受够多了。但这是没办法的事情。在美国人看来，巴基斯坦国家安全机关和情报机构已经渗透进了基地组织的同情者，将此计划提前告知他们，后果不堪设想。如果真要那么做，很可能会把海豹突击队的行动立刻通过阿伯塔巴德大清真寺前的扩音器播报出去。

行动计划如下：两架可以干扰雷达探测器的隐身黑鹰直升机将在夜色掩护下由阿富汗的贾拉拉巴德市出发，飞往位于阿伯塔巴德市的目标地。飞机上共有22名海豹突击队特种兵、1名技术人员以及1名中情局翻译。两架更大型的CH-47奇努克直升机将停在距本·拉登住宅15分钟飞行距离处，机上搭载一支由海豹突击队员组成的救援小组以及黑鹰直升机的备用燃料，随时待命。

马克·比索内特正是那支于2011年5月1日在贾拉拉巴德市登上黑鹰直升机的海豹突击队的一员，他也是唯一在退役后向公众讲述其经历的人（《艰难一日》）。他的笔名"马克·欧文"很快被识破了，因此他现在心中颇为忐忑，很担心白宫律师指控他泄露机密，也害怕基地组织的报复。关于那次发生在本·拉登藏身的房子里的事件，他的证词在几处细节上与其他作者的叙述有所出入，尤其是在最关键性的问题上：给那次行动下达的目标究竟是什么，击毙还是生擒？

即便执笔者时不时地将比索内特的回忆以低俗小说笔法进行整

理加工，也没有人真正怀疑过其叙述的可靠性。知名记者马可·鲍登撰写了一本讲述本·拉登丧命经过的书（《终结》），他在书中也表现出对前海豹队员比索内特的信任。他认为比索内特的报告比自己在安全部门圈内调查得来的故事“更加准确”。还有一点也很重要，很可能，鲍登所得资料首要来源的奥巴马政府显然试图抹去这样的印象：从一开始他们的目标就是要将基地组织的头目处死。

美军军官爱用缩略语，他们将“Infiltration”（渗透战术）简称为“Infil”，意思是潜近并出击。2011年5月1日，周日，14点。“Infil”战术刚刚展开。奥巴马的战时内阁聚集在白宫战情室内，奥巴马上午还在高尔夫球场，现在刚回到这里。此时在11000多公里外的巴基斯坦，两架隐形直升机已移出机库，那里比美国早八个小时，夜幕已然降临。

比索内特事后回忆，在贾拉拉巴德机场边上，海豹突击队“第一小分队”和“第二小分队”等待着海军上将威廉·麦克雷文——这次行动的总指挥。此人来时没有“大事张扬”，说的“主要是些战略层面的情况”。上将的思路又转到那些据他们推测有可能会出现在目标建筑中的人身上，这些人的特征参数和照片都记在他随身携带的一个小本子上，而这个本子现在就在他上衣胸前的一个里袋里。本子里的这些人包括：本·拉登最亲密的亲信艾哈迈德·库瓦提——真名易卜拉欣·赛义德·艾哈迈德·阿卜杜勒·哈米德——及其兄弟阿布拉和他们的家人，本·拉登的三个妻子阿迈勒、西哈姆和哈伊里亚，儿子哈立德、哈姆扎以及女儿萨菲娅、米瑞安、苏玛雅。直升机飞了一个半小时，一切顺利，没有出现意外情况。

这时，奥巴马正在白宫里靠打牌消磨时间。“我不能再待在这里了。我受不了这份紧张。”时任奥巴马私人助理的雷吉·洛夫事后回忆，总统在战情室里对他的团队说，战情室里正通过卫星直播

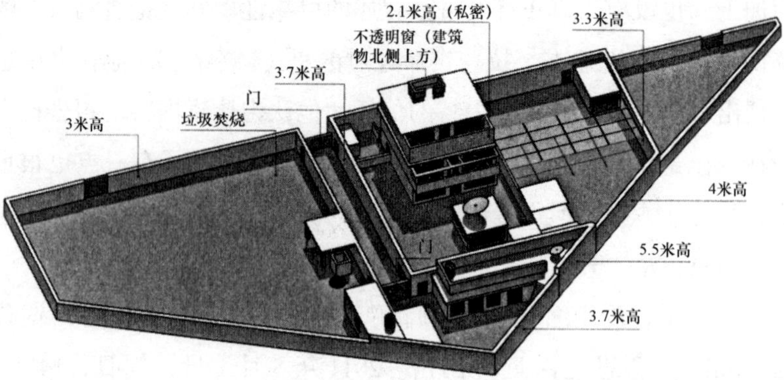

阿伯塔巴德的藏身处。奥萨马·本·拉登及其家人还有亲信们藏身在一幢由高墙围绕的房子中

追捕本·拉登的行动。随后总统和洛夫以及白宫摄影师躲进了私人餐室，靠打牌转移注意力。

深夜，“黑鹰”到达位于阿伯塔巴德的房屋，它完全笼罩在暗夜之中。四周漆黑一片，没有哪幢房子亮着灯。比索内特所在的“第一小分队”在目标房屋上方正准备绳降时，直升机突然失去控制，翻滚而下，转了90度，坠落在地，一头栽入柔软的泥土，坠毁在死敌的花园里。园内，“黑鹰”的机尾靠在3米高的外墙上，伸出墙外。幸运的是没有人受伤。精英特种兵迅速离开机舱，螺旋桨还在呼呼作响。“我们已在墙内，我们还活着，”比索内特这么写，即使撞击声可能已经惊醒了楼内人员和周边所有邻居，“我们依然能完成任务。”“第二小分队”在主楼上空看到了失事的飞机，立刻决定改在墙外的大门边着陆。

紧接着便按操练好的反恐步骤行动。海豹突击队员们早已熟知这栋占地四千平方米的住宅里的每一个角落、庭院的每一段路、围墙、大门、毗邻的房子。在根据高清卫星图片以及秘密拍摄的照片所建立的模型上，他们演练了好几次，不同小分队从不同角度突袭这座三层高的房子。四处皆是被炸开的院门、铁门，屋顶上一名狙击手就位待命，两名海豹突击队员（“袭击者”）和一条凶猛的军犬在墙外巡逻。绝对不能出任何意外。比索内特所在的小分队“清洗”了一个内院后冲进主楼，支援进攻。

突然，“一支卡拉什尼科夫自动步枪射出一梭子弹，击碎了一扇门上的玻璃，”比索内特写道，“子弹就在我头顶几英寸处呼啸而过，我翻身滚到一边。”艾哈迈德·库瓦提被困住了，但他不想束手就擒。比索内特和伙伴们立刻开枪反击。然后他们听到一个女人在房间里尖叫，几秒过后，那个女人出现在枪击现场，将一只包裹紧紧搂在怀里。他们枪上的激光点在她的脑袋上跳动着。库瓦提的妻子玛丽安把一个婴孩紧紧贴在胸口上：“你们打中他了！他死了！”

“我看到卧房门内有一双脚。我不知道他是否还活着，我可不想冒任何风险，就又端起枪瞄准，打了几发子弹，以便让库瓦提真正挂掉。”这位海豹突击队员写道。毫无疑问，比索内特的故事属于最廉价的畅销文学作品，写的是铁石心肠的大兵冷酷无情的经历。但他是一个真正的证人，见证了“海王星之矛”行动是一场连女人也不放过的血腥处决狂欢：“突击手立即……扣动了扳机，子弹击中了一位住户，他消失在房间里，此人后来被证实为阿布拉·库瓦提。进攻小分队缓缓地由走廊挪至门前。阿布拉·库瓦提受伤了，蜷缩在地上。就在士兵再次扣动扳机的时候，他的妻子布沙拉扑到他身前想保护他。第二枪，结束了这两个人的性命。”

如果认为这次发生在巴基斯坦阿伯塔巴德的军事袭击行动是（反恐）战争中的一项举措，那么按照对战争的通常认识就可以把开枪射杀已经负伤蜷缩在地上的人、射杀一位显然没有防卫能力的妇女视为战争罪行。倘若这是一次主要用于满足自身复仇渴望的惩戒行动，那么它无疑是一种无论在巴基斯坦还是在美国都必须追究的罪行，即便在“911”事件之后、在基地组织造成了上千名美国人伤亡之后，人们觉得这种行动是情有可原的。马克·比索内特才不会去为正义和道德问题费脑子。他必须去执行命令，而这一命令的最重要部分还没有完成。

他的行动小组克服障碍进入主楼的第二层，搜查每个房间，他们自己称之为“清洗”。他们跨过尸体，大理石地砖“因染血变得更滑了”。楼梯间，一个男人忽然从角落里伸出脑袋，又立即缩了回去。这是一个年轻小伙子，大概二十来岁，没有胡子。本·拉登的儿子？“‘哈立德，’一个海豹突击队员低语道，‘哈立德。’整个庄园的人一定都听到直升机的声音了……还有侧楼里的枪声……以及门口和入口处的爆炸声。但是现在又一片死寂。只有几个脚步声。随即楼梯转角的男人突然听到有人在压低嗓子念叨自己的名字。他们怎么知道我的名字？他很可能问过自己这个问题。最终还是好奇心胜利了，他壮起胆子，伸出头去看看，谁在叫他。就在一瞬间，突击者一枪打中了他的脸。他的躯体顺着阶梯滚下，停在楼梯拐弯处。”

第三层就在前面。到现在为止，没遇到什么抵抗。只有库瓦提两兄弟拿起了武器，抵挡了一下。如果有时间的话，哈立德或许也开枪了。“其实我们做的，就是清洗这幢楼里的每个房间。”比索内特写道。

海豹突击队员上楼梯时，神经紧绷到了极点。通过美国中央情报局提供的资料，他们知道，本·拉登和他的妻子们很可能就住在这层。楼道里依然漆黑一片。借助夜视镜看，一切物品都笼罩在绿光中。有人打开卧室的门，冒险看了一眼走廊。刹那飞来两枚消声子弹钻进了他的头颅。他又退回卧室。打中了？就这么简单？

士兵们小心翼翼地向开着的门靠近。走在最前面的士兵，也就是所谓的突击手，将他的武器指向房间，小心地向屋里窥探着。他识别出两名女子的剪影，她们一边哭泣一边用阿拉伯语咒骂着。那个较年轻的女人，也就是阿迈勒，还想撞突击手，但被撂倒了。

比索内特和他的同伴也挺进了房间，盯着眼前躺在地上的男人。他穿着一件浅棕色长袍，袍子上浸满了血。他已濒临死亡。

“突击手的子弹打中了他脑袋的右侧。血和脑浆从他脑袋的一侧涌出来。他蜷缩着躯体，浑身抽搐，在做垂死挣扎。另外一个海豹突击队员和我将激光枪对准他又开了好几枪。子弹射入他的身体。他……不再动弹了。”

那是2011年5月2日，差不多是“911”事件十年之后，猎杀结束了。美国特工发现了奥萨马·本·拉登的踪迹，确认并处决了他。那一天的23点35分，在死者身份确认无误之后，奥巴马向美国公众发表公开演说。他谈到了“已深深烙在了我们民族记忆里”的“911”袭击事件，并称这次行动是合理正义的。他并没有提及“报复”这个词。

“为了抓获本·拉登并将他绳之以法，我批准了这次行动。今天，在我的授权下，美国部队对在巴基斯坦阿伯塔巴德的庄园发动了一次定点清除行动。一小队美国特种兵以过人的勇气和能力完成了这次行动。没有美国人受伤。他们很小心地避免了平民伤亡。在一阵交火后，他们成功杀死了本·拉登并掌控了他的尸体。”

美国总统奥巴马就试着用这样的言论来粉饰发生在阿伯塔巴德的这起血腥事件。

第 3 章
暗杀指南

执行暗杀几乎不可能做到问心无愧。因此委派道德敏感者去执行暗杀任务是不适合的。

——《美国中央情报局暗杀指南》，1953 年

毫无疑问，撰写这份内部指南的作者很清楚自己在写什么：暗杀是“有计划的谋杀，对被杀目标的裁决并不由杀手决定”，被杀目标之所以被“选中”，是因为“他们的死亡会给特定组织带来利益”。

作者也知道，他刚刚落笔写下的这段话本不该白纸黑字地写出来：“对于执行暗杀这种事情，本不该有书面指南。”他写道，暗杀绝对不能是任何一个官方部门“安排和授权”的，任务的决定权也必须“限制在绝对少数的人手中”，但最重要的莫过于：“绝不能对此如实作出报告！”

1953 年秋的一天，一位不具名的美国中情局专家接到一个特殊任务，要求他为其所服务的情报机构撰写一份暗杀业务指南。起草拟定该份指南时，估计他参考了外界黑手党专业杀手的建议，他

大概也向武器专家、心理学家和医生请教过，一定也汲取了历史上恺撒大帝、林肯和托洛茨基等名人刺杀案的重要经验。此外，他的分析有着非常具体的背景：当时美国中情局正在筹谋一项代号为“成功行动”（PBSuccess）的计划。在此行动中，有关暗杀指南的理论将第一次得到实践。在这组静静躺在抽屉里的计划书中，甚至已经拟好了 58 名暗杀对象的名单，这些人将成为实践暗杀指南的

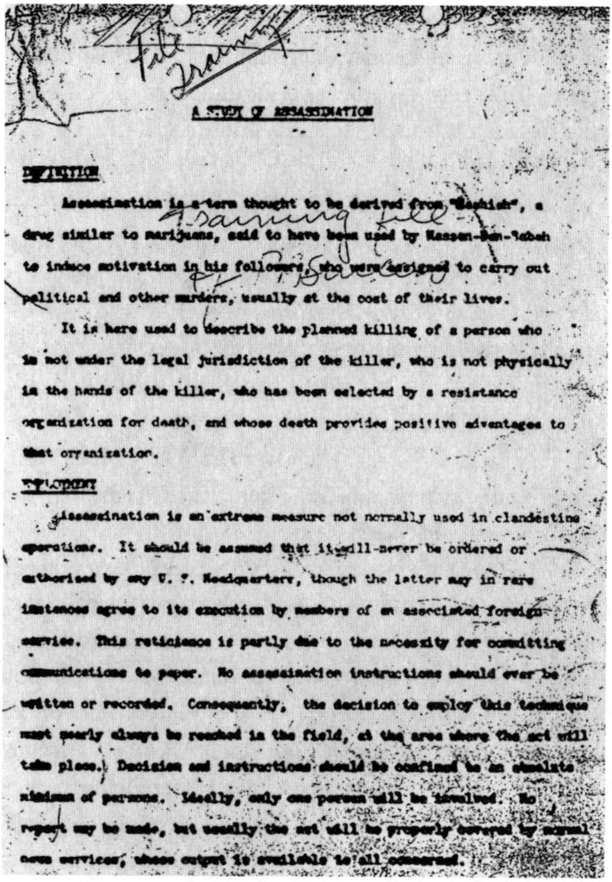

A STUDY OF ASSASSINATION

DEFINITION

Assassination is a term thought to be derived from "Hashish", a drug similar to marijuana, said to have been used by Hassan-Ben-Sabah to induce motivation in his followers, who were assigned to carry out political and other murders, usually at the cost of their lives.

It is here used to describe the planned killing of a person who is not under the legal jurisdiction of the killer, who is not physically in the hands of the killer, who has been selected by a resistance organization for death, and whose death provides positive advantages to that organization.

EMPLOYMENT

Assassination is an extreme measure not normally used in clandestine operations. It should be assumed that it will never be ordered or authorized by any U. S. Headquarters, though the latter may in rare instances agree to its execution by members of an associated foreign service. This reticence is partly due to the necessity for committing communications to paper. No assassination instructions should ever be written or recorded. Consequently, the decision to employ this technique must nearly always be reached in the field, at the area where the act will take place. Decision and instructions should be confined to an absolute minimum of persons. Ideally, only one person will be involved. No report may be made, but usually the act will be properly covered by normal news services, whose output is available to all concerned.

未署名的暗杀指南，作者称自己的指南为“如何实施暗杀的学术研究”

第一批小白鼠。在四十多年后，有关“成功行动”的档案资料被公开揭秘，彼时，当年拟订的计划书就夹在一个标注为“培训计划”的卷宗夹里。

“实战中采取哪种暗杀技巧，主要取决于暗杀对象是否意识到危险，以及意识到危险后是否受到了保护。这样就有三种情况：第一种，没有意识到危险，标记为‘简单’；第二种，意识到危险，但未受到保护，标记为‘警惕’；第三种，意识到危险并受到保护，标记为‘设防’。

“如果杀手要与暗杀对象同归于尽，则行动被标记为‘损失巨大’；如果杀手可逃脱，则标记为‘安全’。而且必须要坚持一点，即不可能有折中项。杀手是断断不可以活着落入敌方手中的。

“刺杀种类根据有无必要掩盖事件真相来进一步细分，是让被害者死于暗杀事件，还是伪装成意外事故或者自然死亡。如果行动时有必要掩人耳目，则标记为‘隐秘袭击’；如果行动时不需要遮遮掩掩，则标记为‘公开袭击’；如果公开刺杀更加行之有效，则标记为‘恐怖袭击’。

“按照这个定义方法，谋杀盖乌斯·尤利乌斯·恺撒被标记为‘安全’‘简单’和‘恐怖袭击’，谋杀休伊·皮尔斯·朗被标记为‘损失’‘设防’和‘公开袭击’。”

这份 1953 年的暗杀指南这样解释道。恺撒于公元前 44 年 3 月 15 日，身中 23 刀，被一群罗马议院元老在庞贝剧院里杀害；美国议员休伊·皮尔斯·朗于 1935 年 9 月 8 日，身中两弹，被刺客卡尔·奥斯汀·韦斯枪杀，该名刺客也被保镖和警察当场击毙。

1953 年初，新任美国总统德怀特·戴维·艾森豪威尔密切关注南部邻国危地马拉的局势，并日渐担心其政治左倾势头。哈科沃·阿本斯·古斯曼在 1950 年 11 月赢得危地马拉大选，成为新任

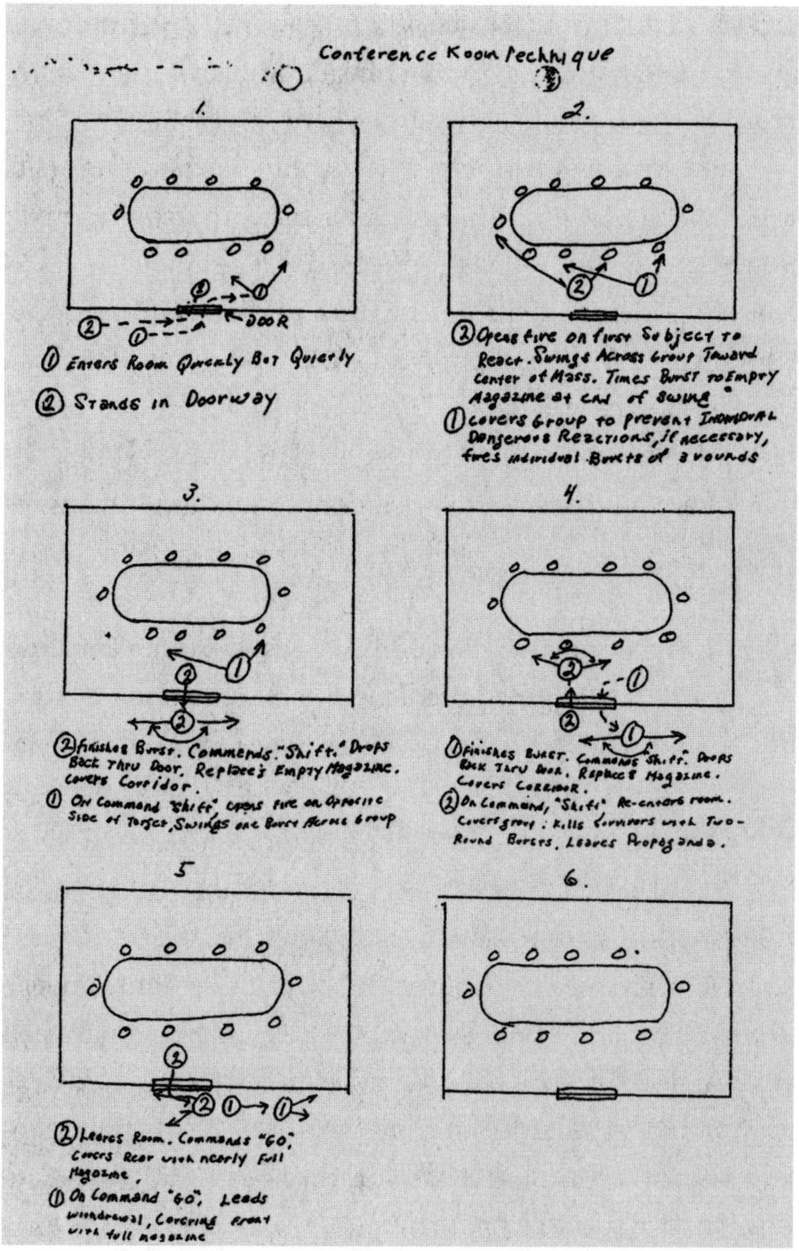

暗杀指南中的图解。如何在座谈会议中仅靠两名杀手使用自动手枪解决掉多名与会者

总统后，大力推行一项雄心勃勃的土地改革政策，将美国联合果品公司的大量闲置土地分给数十万穷苦农民。正因此举，这个美国香蕉业巨头公司指责阿本斯是克里姆林宫的红色傀儡，并对其强大的政治影响力表示忧心忡忡。当时，这一影响已波及新任美国中情局局长艾伦·杜勒斯本人。因此美国联合果品公司认为这个苏联政权的桥头堡会给中美洲和华盛顿带来不利影响。与此同时，鉴于美国中情局在该地区缺少间谍，所以并未掌握能够证明阿本斯本人或者危地马拉共产党确实按照莫斯科的授意在行事的有力证据。（实际上他们并没有这么做。）

得到美国中情局支持的颠覆阿本斯政权的初步计划在 1952 年策划实施，该计划在当年取得一点进展后，很快就不幸夭折了。该计划选中了当时的危地马拉流亡上校卡洛斯·卡斯蒂略·阿马斯作为重要棋子。美国中情局试图以运送农用机械为名为阿马斯提供武器装备，史称“幸运行动”（Operation PBFortune）。前两次武器运输都在最后时刻因为走漏风声而取消或中断；第三次运输失败，则因为海运途中走私船只的马达出现了机械故障。1953 年 3 月卡斯蒂略·阿马斯带领他二百多人的敢死队进攻危地马拉一个偏远的军事基地，妄图占领该地，然而行动失败了，他只能和残部逃亡至洪都拉斯。

“幸运行动”显而易见缺少“幸运”，美国中情局又将计划更名为“成功行动”，希冀新的名称能带来更多的“成功”。在新的行动计划中，卡斯蒂略·阿马斯上校（代号：卡里格瑞斯）开始组建敢死队“K-杀手小组”，专门负责在入侵后铲除危地马拉的共产党和阿本斯的亲信。他让人通过代号“Seekford”的美国中情局特工给美国情报机关总部提供了两份名单，名单一（Kategorie 1）附有 58 个人名，名单二（Kategorie 2）附有 74 个人名。名单上还汇编了暗杀对象或秘密逮捕对象的具体信息，包括家庭住址和办公地址。为了完成这项任务，由身着平民服装的士兵组成的攻击队分别从尼加拉瓜、洪都拉斯和萨尔瓦多被遣送到危地马拉。

这项计划在中情局看来是可行的，然而对于美国情报部门来说在一定程度上无异于探索新大陆。至于如何行之有效又尽量不着痕迹地实施暗杀，这样一个“学术问题”在情报部门内部显然尚属空白领域。就在这个时候，这位不具名的专家参与到计划当中来，受命研究如何进行完美的暗杀，并为危地马拉的“K-杀手小组”撰写一份训练项目指南。“想要杀死一个人，有很多种方式。但是杀手们常常忽视一点，那就是他们根本没有确认被害者是否死亡，因为他们往往是顶着巨大的心理压力在做这件困难重重的事情。暗杀中的特殊技巧，可能就是随机应变。但万变不离其宗，那就是要确保暗杀对象百分之百死亡！刺杀希特勒的失败，正是因为那些密谋刺杀者没有足够重视这一点。”（《美国中央情报局暗杀指南》，1953）

1954 年 1 月卡斯蒂略·阿马斯的 K-杀手小组开始按照撰写《美国中央情报局暗杀指南》的那位不知名专家的建议，在洪都拉斯进行训练。与此同时，这份“58 人暗杀对象名单”在美国中情局总部内部和美国国务院之间引起了一场争论。后来公开的档案援引了中情局一位官员的陈述，仅仅“铲除阿本斯政府的高级官员就足够让阿本斯政权集团垮台了……这样的话只需要除掉少量的二十几个人就可以了”。对此情报部门官员使用了“disposal list”的说法，翻译过来就是“清理名单”，这是一份需要清理的危地马拉特定人员的名单。

1954 年 3 月 9 日，在中情局高级官员会议上，该计划通过一项倡议得到进一步补充，即暗杀行动将更倾向于起用“特鲁希略手下的刺客”，他们有更丰富的暗杀经验。多米尼加共和国的独裁统治者拉斐尔·莱昂尼达斯·特鲁希略·莫利纳在当时还是美国的亲密盟友。之后的几年里，特鲁希略变本加厉地镇压人民，以致美国开始担心这会引起多米尼加的共产主义革命，颠覆现有政权。因为特鲁希略本人拒绝辞去总统职务，所以尽管他站在共产党的对立面，还是成为美国中情局密谋暗杀的牺牲品。

美国中情局驻当地情报站站长试图以金钱收买危地马拉的高级军官，取得他们的支持，却仅仅笼络到一个内阁成员，与此同时，美国驻危地马拉城大使则要求直接进行军事干涉。三天后美国海军陆战队的战舰和潜水艇抵达危地马拉的海岸线，切断了危地马拉的供给。5 月 26 日，一架美国中情局飞机从总统府上方低空掠过并投撒反对阿本斯的传单。一场针对这个小国的恐怖战役开始了。各种定点定向的假报道和心理战成功引起了危地马拉政界的恐慌。美国大使趁热打铁，再一次紧急要求空中支援："飞机轰炸！我再重复一遍：飞机轰炸！"

1954 年 6 月 16 日，几百名从美国中情局得到简单武装的反叛分子从不同方向入侵危地马拉。卡斯蒂略·阿马斯上校亲自乘坐一辆旧货车，带领一百多人从洪都拉斯方向进攻。其中大部分人在几小时之内就阵亡了。武装颠覆还没有正式开始就预示了失败。美国中情局总部看到大势将去，立刻改变战略，请求美国总统艾森豪威尔批准空中行动。6 月 25 日，三架雷电战斗机对危地马拉城最大的军事驻地的练兵场进行了轰炸，这三架战机仅在几小时前通过闪电交易刚转为尼加拉瓜空军所有。"酩酊大醉的阿本斯总统，透过他已经迷离的双眼，看到的是他被美国军队袭击了。"《纽约时报》记者蒂姆·韦纳在他的书《骨灰传奇》里这样叙述。

6 月 27 日，阿本斯在一场公开的、充满敌意的反美演说中宣布辞职，随后前往墨西哥大使馆寻求政治避难。阿本斯以及总共

120 名原政府成员和共产党员在得到卡斯蒂略·阿马斯新政府的放行承诺后前往墨西哥。

“这次政变的成功主要是倚仗粗暴的武力和纯粹的运气。”韦纳这样写道。几周后当中情局就此事件向白宫作总结报告时，他们呈献给艾森豪威尔的是一份粉饰版的报告，称这次任务为“杰作”。

“确实有杀手被挑选出来进行训练，并起草了临时性的‘暗杀名单’”，专门研究中情局历史的史学家杰拉尔德·康顿·海恩斯在1995 年充分研究各种解密档案资料后，对中情局暗杀项目进行了总结报告，但就现有的文件资料来看，“尚没有证据显示，哪个危地马拉人确实被暗杀了”。就这样，此案到此为止。

那么在危地马拉政变之后，这些关于如何隐蔽、怎样高效进行刺杀的基础知识又被怎么处置呢？可以肯定的是，这份专业暗杀指南绝没有被美国中情局束之高阁，而是以此为出发点，但凡以后有酝酿、计划或具体组织安排暗杀的需要时，就拿出来作为参考使用。几乎在同一时间，以色列情报机关摩萨德也启用暗杀和非法处决的手段作为有力武器。更让人瞠目结舌的是，在稍后的几起暗杀行动中，摩萨德采用的暗杀手法与美国中情局暗杀指南提出的建议惊人一致，如出一辙。原因或许是，在如何暗杀敌人并成功逃脱的问题上确实是有通用准则的；也很有可能是因为，1953 年版的美国中情局暗杀指南是以色列摩萨德版的“教父”。

“想要让暗杀任务最终标记为‘安全’，杀手应该具备特工的所有基本素质——果断、勇敢、聪明、机智并且受过严格的体能训练。很显然，他还必须掌握各种非常规技能，这样的话一旦遇到需要使用特殊装备如轻武器或者毒药时，他也能应对自如。

“‘恐怖袭击’式暗杀是一种特殊情况，在此类暗杀中，杀手停留在事发地点的时间越短越好。杀手和组织的其他成员联系渠道越少越好，最好是单线联系，并且只从其上线联系人处获得口头指令。杀手执行任务后，必须安排其安全撤离，但即使是这样也不能与组织有更多的接触。如果传达命令、安排撤离和掩护能由同一人完成，对整个行动是非常有利的。”（《美国中央情报局暗杀指南》，1953）

中情局暗杀指南中的一般性建议，听起来就像以色列专门负责暗杀的刺刀行动组（Kidon）的职位描述。以色列刺刀行动组由摩萨德专业特工组成，他们熟练掌握各种暗杀术，最晚从1972年德国慕尼黑奥运会以色列运动员被巴勒斯坦恐怖组织杀害事件之后，他们就一再实践这些暗杀术。当然，经过年复一年的实践，暗杀手段会不断地完善更新。药剂学、技术、电子科技的革新也为这些暗杀术增添了手段。后来摩萨德召集了一批自然科学家，其中就有些毒理学家和化学家。他们在实验室里合成新型高效而又无法取证的化学材料、药水、药片、麻醉制剂和致死性毒剂。摩萨德现在肯定已经不再使用1953年暗杀指南推荐的士的宁和砷进行毒杀任务了。

但来自1953年暗杀指南的一些策略性建议看来，时至今日仍然与当年一样有效。当年他们是要把危地马拉的共产党人送到另一个世界去。

第 4 章
变戏法的

魔法和巫术……也是魔鬼和恶灵的伎俩！

——约翰·马尔霍兰的《马尔霍兰的魔术书》前言，1963 年

“女士们，先生们，欢迎独一无二的约翰·马尔霍兰！”纽约无线电城音乐厅沸腾了。聚光灯下，一位五十来岁的男子满面笑容，身着晚礼服出现在舞台上，身材瘦长又略显笨拙。此人是美国幻觉艺术家中的翘楚，魔术界的传奇。

纽约，1953 年春天。在远方的韩国，美国陆军正同从北部来的“赤色入侵者”奋战；在非洲，共产主义者倾巢出动，“世界和平”似乎面临着威胁。正在与苏联进行的冷战阴云笼罩全球，激战甚至核战争似乎一触即发。不安情绪已经在美国蔓延开来。这样的年代里，幻觉的世界变得更吸引眼球，因为在那里一切似乎都易如反掌，仿佛人人都暗地里希望，打个榧子或者念句咒语就可以驱散军事冲突的阴霾。

当节目单列上约翰·马尔霍兰和他的魔术时，纽约无线电城音乐厅通常座无虚席。他那修长的双手磁石般吸引了观众的目光，纯

熟的几个动作就把观众的注意力吸引到了左手，而右手则悄然要起了花招。他那熟巧的指法和身上散发出来的魅力令一位34岁的自然科学博士激动不已，此人坐在观众席中，着迷地观看表演，他就是西德尼·戈特利布博士，也是中情局官员、特别行动部负责人。戈特利布前来观看演出，与他的职业有关。这位情报人员打算让这位双手灵活的魔术大师成为顾问，请他撰写一本手册，这一切自然是“顶级绝密”。

要用这位顶级魔术大师的绝技秘籍使美国中情局的特工具备一种能力，神不知鬼不觉地将取自戈特利布毒药库的致命药丸和酊剂投入苏联间谍、共产党首脑或者其他国家元首——这些人的存在与美国利益截然对立——的鸡尾酒杯或者咖啡杯中。

西德尼·戈特利布1918年8月3日出生于纽约，父母是来自匈牙利的犹太移民。他先天性双足内翻，因而很多年来都无法正常

魔术师也是帮凶。约翰·马尔霍兰不仅从礼帽中变出兔子，也教会了中情局特工致命的毒招

行走，为此不得不接受三次外科手术，终于基本矫正了这一缺陷。此外他还有一个缺陷：口吃，但是也通过诊疗得以克服。1939 年他在大学里读农科，1943 年获得化学博士学位；相继在美国不同政府部门和马里兰大学从事了几份工作以后，于 1951 年加入中情局。“西德尼想要弥补对国家的某种愧疚感，”他的大学学友斯坦利·梅尔后来回忆道，“因为他双脚畸形而没法当兵参加第二次世界大战。”

入职伊始，戈特利布在供职的专门研究特工技术装备的技术服务处看到了由一位不知名的顾问在 1949 年 11 月从专业角度提出的建议。特工行动时“重要的是，只能留下尸体，而且即使对这些尸体进行大量调查也无法确定实际死亡原因，确切地说必须造成意外身亡、自杀或者自然死亡的印象”。这位专家建议，把粉状或者片剂的氟乙酸钠掺入食物中或者将微剂量的四乙基铅滴到皮肤上，都会确保“快速死亡”。这位专家就如此这般地为西德尼·戈特利布勾勒出其情报生涯的走向。

戈特利布和马尔霍兰的初次会晤一定是在 1952 年底或者 1953 年初的某个时候。有资料记载了二人在 1953 年 4 月 13 日的一次会面，这位中情局官员询问魔术师，能否编写一本特工指南。一周后马尔霍兰给出了答复，表示同意：“如果需要的话，我可以立刻开始。”就这样，中情局的毒药专家与美国当年或许是最伟大的魔术师之间开启了一段非同寻常的奇异关系。

约翰·马尔霍兰 1898 年 6 月 9 日出生于芝加哥，15 岁时首次公开登台演出。后来他中断了大学学业，依靠贩卖书籍和当艺术老师艰难糊口，直到 1927 年成为一个变戏法的艺术家、收徒弟的魔术师，同时还写了大量魔术书籍，事业才有所起色，步入正轨。1930 年他创办杂志《斯芬克斯》——一份在魔术行业享有盛誉的专业杂志，1953 年 6 月他把杂志停刊了，原因可能来自身兼艺术家和中情局顾问的双重压力。

马尔霍兰满腔热情地投入为特工们编写一本行动指南这项充满刺激的工作中，最初约定期限为六个月、酬劳 3000 美元。由于他绝不会认识这些学生，也就是说不可能面授机宜，所以秘籍如何施展必须要在“纸上谈兵”，而且要确保奏效，否则就是拿人的生命当儿戏。下毒这种事情，一个特工不可能有第二次机会，戈特利布曾经说过。白天，马尔霍兰不断试验和修正他的秘籍，寻求如何借助这些招数将人一招致死，然后润饰成文，晚上仍登台演出。

魔术大师为何会助纣为虐？与他同时代的人和他当时的朋友对这位原本热爱自由、具有自由意志的美国人的动机揣测良久。然而不可能再向他本人一问究竟了，因为最早揭露他跟中情局这次臭名昭著合作的材料在 1977 年，也就是他死后 7 年才曝光。“约翰这么做并不是出于政治信念，”以前的同僚乔治·N. 戈登认为，“而是因为这是他的政府的请求。”马尔霍兰是一位爱国主义者——同戈特利布一样。1944 年，美国大兵被派往欧洲的时候，许多人都在帆布包里塞上一本他的畅销书《幻觉艺术》的袖珍版，用作战斗间隙的消遣，这位艺术家为此内心充满了骄傲。看来他觉得有义务让自己的才干服务于国家。或许中情局开出的酬劳也让他感到受宠若惊。当然可以“每两周审查一下他的工作进展，如果需要的话”，他这样写信给戈特利布，似乎在热切期待着每一次密谈。伟大的魔术师显然已沉溺于这个深不可测、见不得光的世界里去了，在这个世界里任何道德规则、法律限制都被轻描淡写、视如草芥。那时，羽翼未丰的中情局正是用“秘密行动”吸引了许多美国东海岸的知识分子。招募的“最优秀的人才”——年轻、有活力、聪明，但是毫无忌惮的名牌大学毕业生，他们臆想这是一项正确、正义的事业，于是不假思索地投身其中。

1953 年 11 月，马尔霍兰将最初成稿的五章文字交付给中情局。不过他也立刻指出拟稿时存在疏漏，例如派遣女特工执行任务时，行动技巧与男特工完全不同。在对已公开的马尔霍兰特工指南所介绍的招数中选择一个进行仔细分析，就会得出这样的结论：在暗杀敌方间谍或者政敌时，必须要注意因性别不同而造成的习惯不同。伎俩大概是这样的：

中情局的男特工跟他的暗杀对象一同就餐时，估计两人面前会放一杯威士忌。潜在的受害者想要吸根香烟。特工飞快地用左手从口袋里取出一个火柴盒，拿大拇指和食指捏住，然后用右手点燃火柴，递到香烟边上。这个举动在那个时候被视为一种应有的礼貌，因此濒临死亡边缘的人不会去揣度背后是否包藏祸心，而是把注意力集中到火苗上，以免一不留神被烫到。注意力一转移，特工就有了机会，他故作偶然地将左手的火柴盒举到玻璃杯上方，用中指刮下一块粘在火柴盒背面、伪装成一体的粉状物，并在手的遮掩下将其散落在威士忌里，片刻间便溶解开来，不留一丝痕迹。

难以想象一位女士会在这样的情境下以类似的方式接近一位男性，所以马尔霍兰手头要做的事就是必须为女特工设计出其他招数和骗术。西德尼·戈特利布对他顾问的专业精神显然非常满意，他把这个项目先是延期至春天，后来又延长到 1954 年秋天。魔术师和毒药专家之间已然形成了一种紧密的相互信任关系。同年底，《中情局诡计与骗术官方手册》付梓成书，书中附有魔术师亲手绘制的简明易懂的插画。该书填补了 1953 年初稿的疏漏，对有目标的暗杀行为做出了完美的补充。资料显示西德尼和约翰二人的进一步合作持续到 1958 年，马尔霍兰从中情局那里获得的薪酬最终为每周 200 美元。

1963 年约翰 · 马尔霍兰出版了《马尔霍兰的魔术书》，在书中公开了许多自己变魔术时惯用的伎俩，同时也提及巫术和黑魔法。“魔法和巫术，”他在前言中这样写道，“也是魔鬼和恶灵的伎俩！”他还真是知道自己在做什么。

到底有多少人丧生于他这些伎俩之下，恐怕会成为中情局永远的机密，即使在某个地方曾经记录在案，后世不会得到任何有关死去的间谍和敌方受害者的证明。不过可以相信的是，马尔霍兰的魔术后来以某种形式列入某些国家暗杀组织新的训练项目，例如以色列的刺刀特工，他们在执行任务时会近距离接触许多暗杀对象。他们的美国同行则不同，如今这些美国特工主要使用无人机远距离肃清国家的敌人。

第 5 章
委员会

施瓦茨先生：“当您被要求去灭了卢蒙巴的口时，随便人们怎么说这事吧，您是否想到拒绝？如果您有，那又是为什么没想到呢？”

戈特利布先生：“鉴于我在那个时代的工作以及我在那场无声的战争中所肩负的职责，我完全可以站在一个拒绝服兵役者的立场，但实际上却并非如此。我觉得，最高层讨论并做出了决定，无论这件事情多么令人不愉快，现在到了我手里，只能将其执行下去。”

——中情局官员西德尼·戈特利布博士于 1975 年 10 月 9 日接受丘奇委员会（Churche Committee）审讯时的供述

那段时间美国十分不平静。理查德·M. 尼克松因水门事件于 1974 年 8 月卸任之后，记者西莫·赫许于 1974 年 12 月在《纽约时报》上发表了一组系列文章，揭露了上千位美国公民的间谍活动，其中有议员、记者、演员，情报部门认为这些人都是“越战”的反对者；此外赫许还报道了中情局刺杀外国领导人的秘密行动。这些文章都以情报部门的内部调查材料为基础，中情局局长詹姆斯·R. 施莱辛格于 1973 年 5 月初亲自下达了调查任务。人们认为中情局卷入了水门事件，面对这样的指责，施莱辛格当时的反应是，让人把中情局官员进行调查时逾越现行法律和自身规定的案例汇总起来。早在 5 月 8 日，中情局的检察长，即中情局内部的调查总长，已然从一份备忘录中掌握了一些“潜在地令人感到丢脸的中情局的活动”，那份备忘录被标注为“仅供内部秘密使用”。最后有一叠厚达 693 页的未装订材料，这些材料被称为中情局“传家宝”而进入了美国时事年鉴；此间，威廉·E. 科尔比接手中情局，作为施莱辛格的继任者，成为新任局长。他眼下不得不为处理这件事情大伤脑筋了。

这个“百宝箱”里装的可不是中情局的奇珍异宝。其实施莱辛格的前任理查德·赫尔姆斯在被尼克松免职之前，就很想把所有棘手的文件销毁。仅仅是为了以防万一。西德尼·戈特利布博士是赫尔姆斯的心腹，他决定与赫尔姆斯一同退休离开中情局，20 年前正是此人促成了与那位魔术师约翰·马尔霍兰的合作。赫尔姆斯和戈特利布离开中情局之前最后的共同行动之一，是清理坚固厚实的保险柜，在 1973 年 1 月 30 日和 31 日，将一切有污名声的文件塞到碎纸机中去。在 2 月 2 日，档案中心主任强烈抗议，但为时已晚。可是赫尔姆斯和戈特利布却忽略了一点，有七只装着复印件的纸箱在严格保密的条件下已经被送往预算部门的资金核查人员手中，主要用于审核戈特利布的支出。所以那堆材料中的几份很重要的文件才得以逃过一劫，并把两人作为证人带到议会的一个调查委员会面前。

中情局的这堆“传家宝”，美国公民的刨根问底，刺杀国外不对路的政要的秘密行动计划——1975 年初这一切让美国国会不堪其重。于是美国国会设立了一个委员会，该委员会具有一个极其拗口的名称——“美国参议院重点调查情报部门行动等政府运作之特别委员会”，不久就根据委员会主席、参议员弗兰克·丘奇之名被称为“丘奇委员会”。这位精神矍铄的民主党人的目标是，把这个势力强大、显然不受任何政治监督的情报机构的暗箱操作摆到光天化日之下。在国会山，也就是美国国会所在地，开始大扫除。

1975年9月17日，威廉·E. 科尔比气宇轩昂地站在丘奇委员会面前。他要利用委员会来展示自己是个“值得尊敬的人”（三年后他出的那本回忆录便以此作为书名），他要与情报机构那些见不得人的过去决裂，要把这个机构的“传家宝”直接摆到桌面上来。他事先就被中情局大本营怪罪，有些人甚至直接把他钉在“叛徒”的耻辱柱上，他们争辩到，根本就没有必要让议会去全面了解中情局最机密的计划和不光彩的事情。但科尔比不为这些看法所动。

例如，他向委员会展现了一种飞镖手枪，它可以从大约一百米之外几乎悄无声息地把抹有毒药的细小箭头射出来，并穿透衣服。只有受过极好专业训练的法医用最先进的技术手段才能够找出真正的死亡原因。科尔比不久前才知道 MK-NAOMI 项目和所谓的“微型生物孵化器”，所以他没法说明白，这种手段是否已经投入使用。“我们在保险柜中没有找到文件。”这位中情局局长保证道。他又说，但是不言自明的是，在采取这样的行动时通常也不会“对具体的应用做记录”。科尔比援引负责记录的项目工作人员史蒂文博士的话，在进行 MK-NAOMI 项目时“通常的做法是，少做或者不留文字记录”。那些令人尊敬的参议员几乎不相信自己的耳朵。

科尔比的员工为他们的领导就秘密项目 MK-NAOMI 准备了详尽的提词纸条，以便他带到国会山去。纸条上说，研发飞镖手枪是为了对付东南亚某个地方的北越使馆的看门狗，让它们安静而毫无痛苦地离开，这样才能方便特工们暗中给使馆安装窃听器；办妥后，可以再发射第二枪，这样狗又能活蹦乱跳。但是那些尊敬的参议员们并不觉得好笑。

MK-NAOMI 项目成立于 1952 年，1970 年 2 月，也就是在尼克松总统颁发指令要求即刻停止有关生物战争研究的一切活动后，宣告结束。项目结束后，根据这种飞镖枪的构造可以还原出当时的情况来：该项目范围内应用的各种细菌和毒素，也就是生物毒，经过提纯并贮存起来，以备中情局执行秘密行动、袭击和暗杀时使用。

此外戈特利布的手下还接到任务，研发自杀药丸（L-药丸），这是给不幸落入敌手的美国间谍留的最后一手，怕他们扛不住酷刑会招供。中情局特别行动部门的科学家们通过繁杂的实验室器具隔离出所谓的麻痹性贝毒（代号“SS”），这是一种毒性极大的神经毒素，是由海洋中极小的藻类生产而成，并且添加了某种贝类毒素。最终在中情局位于马里兰州弗雷德里克市迪特里克营地 1412 号楼的军械库中，发现了储藏的 10 种生物、6 种化学物的极端毒药，完全可以致人死亡，或者至少可以剥夺他人的战斗力。其中有 100 克炭疽芽孢杆菌、20 克委内瑞拉马脑脊髓炎病毒以及 3 克结核杆菌；还有 10 克用于给食品下毒的肠霉素、2 克致死性蛇毒，以及 5 克多的“SS”毒药。两只一共装着 11 多克“SS”的容器从中情局在华盛顿很少使用的一个实验室失踪了，没留下一点线索。理论上这些神经毒素足够用来毒杀 5000—6000 人。即便是在 1970 年尼克松颁发指令之后，戈特利布的生物武器还一直留在他那个部门的两个冰箱里面——以备不时之需。

科尔比在丘奇委员会面前发言三个星期之后，戈特利布也必须在委员会面前做证。戈特利布的律师陪同他一起来，他自退休以来就在印度的一家医院里做义工，似乎他要自己摆平这一生的功过，这次专门从印度回来。但这位中情局毒药制造者的证词对他本人没有什么不利，人们向他承诺赋予他法律豁免权并会严格保密，他可以在一场非公开的会谈中做证。最后的总结报告还给他起了一个假名“维克多·施耐德”，来掩饰他的真实身份，参议员弗兰克·丘奇及其同事们对他进行了长时间而深入的询问。

戈特利布承认，数年来他一直与中情局的高层保持交流，内容涉及秘密刺杀外国政治家的事情。美国政府当年几乎无所顾忌地消灭掉那些亲共国家的国家领导人和政府首脑，这一点早在1954年初，美国情报部门通过组织针对危地马拉左倾领导人哈科沃·阿本斯的阴谋已经得到了充分的证明。后来时任中情局局长的艾伦·杜勒斯批准了一项计划，谋杀伊拉克将军阿卜杜勒·卡里姆·卡塞姆，此人也同情共产主义意识形态。中情局遵照戈特利布的建议通过合适的渠道寄给这位伊拉克人一块有着其名字首字母的手巾，手巾很可能被布鲁氏菌玷污了。但事后并不清楚，这块手巾是否到了此人手中。不管怎么说，将军活得好好的。这事过后不久，他在大街上中弹而死。姑且不论下毒暗杀是否管用，将军在大街上中弹死于非命反而多少赋予下毒暗杀一种学术色彩。戈特利布随即说起了帕特里斯·卢蒙巴一事，他是刚果民主共和国自由选举出来的总理。

1960年对非洲大陆来说是关键的一年：十几个国家摆脱了殖民统治，获得了独立。苏联的军事顾问到处严阵以待，准备随时利用政治真空。在华盛顿，艾森豪威尔政府主要担心，盛产铜和钻石的刚果金会落入共产主义的东方阵营中。如果关乎“自由世界”所认为应得的利益，在美国人那里原料来源国总是起着十分重要的作用，远远比输出民主及其理念要重要得多。

在刚果金宣布独立，理应为比利时残暴的殖民统治画上句号之时，比利时的伞兵降落在刚果金首都，他们要控制局势。卢蒙巴为此只得接受莫斯科派遣的飞机、卡车和专业人员。苏联觉得这是一次极佳的机会，在这个事件中插上一脚；而美国中情局局长艾伦·W. 杜勒斯却认为这是一次毋庸置疑的危险信号，必须紧急做点什么。他立刻将他在布鲁塞尔的负责人劳伦斯·R. 德夫林派往利奥波德维尔。

1960 年 8 月 18 日，德夫林通过海底电缆往位于弗吉尼亚州兰利的中情局总部发了一份加密消息，电称，卢蒙巴很受欢迎，但他也是个隐藏的共产主义分子："使馆和情报站认为，刚果金正在经历一次经典性的共产党夺权的尝试…… 最关键的阶段不久就将到来。暂且不论卢蒙巴是否真的是共产党人，或者他只是做出共产党人的样子来获得其影响力，但是反对西方力量的影响正在日益扩大，没有多少时间来避免第二个古巴的出现了……"

杜勒斯感觉他最担心的事情被证实了，他在当天就向国家安全委员会汇报了他的估测。他在白宫结束了陈述之后，艾森豪威尔总统转向他的情报头子，简明扼要地说：卢蒙巴必须除掉。接着大约沉默了 15 秒钟，安全委员会的记录员后来在一次秘密证人供述中就是这样记录的。8 天之后杜勒斯给德夫林发回电报："最高层面做出了明确决定，如果卢蒙巴还这样继续下去，他将会铺平共产党人夺权的道路……这对自由世界的利益将产生严重的后果。我们得出结论，清除他是我们特工暗中行动的优先目标。"

1960 年 8 月底，让卢蒙巴暴毙的计划进入了具体实施阶段。西德尼·戈特利布得到指令，去搜寻他的毒药库和病毒库并且提出可行性建议。这位非洲政治家该得个什么病，而且又不至于让人马上怀疑是美国人干的呢？肺结核？炭疽病？兔热病？戈特利布选择了肉毒杆菌毒素，浓度高的话，通过食肉摄入，几个小时之内就能够中毒致死。

戈特利布建议他的上司，用细小的针头将毒药注射进卢蒙巴的牙膏里面，或者放进他的食物里去。他详细地告诉委员会自己是如何准备的。他的箱子装上盛有毒药的长颈瓶、橡皮手套、针筒和一个防毒面具，还带上了氯溶液，在必要时这种溶液可以使毒药变得无害。然后他做了一些旅行准备并在巴黎停留了一下。

"他将在9月27日左右到达，并用'巴黎来的乔'的代号向您报到。您应该尽快和'乔'取得联系。他将会向您表明身份并解释他的具体任务。"中情局总部于1960年9月19日向位于利奥波德维尔的中情局情报站发报。

9月26日，戈特利布带着毒药瓶到达利奥波德维尔。在从机场到中情局安全屋的途中，"乔"坐在德夫林老旧的"标致403"车中，向德夫林详细地介绍了他的计划，当时车内收音机的音乐声放得很大，这是间谍惯用的招数，可以防备敌人以隐藏窃听器来窃听，以免给工作带来很多麻烦。当戈特利布一五一十地和盘托出他的计划时，中情局间谍不禁喊出了声："天啊！谁拍的板？""总统！"

但是又该怎样才能把毒药放进卢蒙巴的牙膏或者食物里面去呢？总理现在寓居于当年比利时总督的住所，那幢房子位于刚果河畔的高地上，他还受到联合国维和部队的保护。形式上卢蒙巴被总统罢免了，但是他拒不接受。而美国人还在担心他的影响力。但无论戈特利布如何绞尽脑汁，也想不出一个能让他眼前一亮的主意来把毒药塞到卢蒙巴那里去。10月5日他很沮丧地结束此行，飞回家去了。

"'乔'在这儿留了一些东西，很可能还有用。情报站的领导试着将这次行动继续下去。"（中情局驻利奥波德维尔情报站于1960

年 10 月 7 日致中情局总部的电报）

实际上劳伦斯·德夫林根本就没打算将计划真正地进行下去。后来他在一次秘密的问询中承认，他很羞愧。当时他壮不起胆来向他的上司杜勒斯说明这点，因为不管怎么说这次行动是上面拍板的，甚至是最高层决定的。但是远在国外的间谍们，过着山高皇帝远的日子，当时他们比较自在，往往不必请示就直接做决定。兰利总部远得很，而且那些官僚们根本就弄不明白，外勤是怎么干活的。因此德夫林小心翼翼地从保险箱中取出了盛有毒药的长颈瓶，来到刚果河畔，找了个地方把它埋了起来。

回到华盛顿之后，西德尼·戈特利布马上就被叫去汇报工作。没有人责备他，1975 年 10 月在问询中他这么对委员会的参议员们说，但杜勒斯及其手下却将整个投毒计划归档处理了。

“如果有可能，指挥部命令通过突袭卢蒙巴的住所来绑架他！”（1960 年 10 月 15 日，中情局总部致中情局驻利奥波德维尔情报站的电文）

“我无法去争取他周围的人，要求尽快提供外国产的精准步枪，带瞄准镜和消音器。这里可以经常去打猎，如果光线比较好的话。”（1960 年 10 月 17 日，中情局驻利奥波德维尔情报站致中情局总部的电文）

1960 年 12 月 1 日，卢蒙巴的对手约瑟夫·蒙博托上校逮捕了他，并把他劫持到加丹加省。一位比利时军官在 1961 年 1 月 17 日用冲锋枪扫了一梭子弹处决了卢蒙巴。就在同一天，位于加丹加省首府伊利沙伯维尔的中情局情报站还给位于兰利的中情局总部发电报：“感谢帕特里斯。若我们知道他要来，一定会给他烤一块蛇肉的！”

1975 年，这个参议院的调查委员会得出结论：中情局的下毒

不用毒药而用一梭冲锋枪子弹。富有号召力的刚果金总理帕特里斯·卢蒙巴在1961年1月被捕后不久

计划和后来卢蒙巴被杀害之间并不存在必然联系。但弗兰克·丘奇和他的同事们十分震惊，美国政府竟打算去谋杀其他国家合法选举出来的总理，尽管此人并没有犯罪，也从来没有向美国任何机构发出过任何威胁。卢蒙巴的唯一错误在于，他为了维系即将分裂的国家去寻求苏联的帮助。由此他便与美国在非洲的利益格格不入。对即将卸任的美国总统艾森豪威尔来说，这就已经足够判他死刑了。50多年之后，比利时司法机构于2012年12月才开始追究卢蒙巴之死。

西德尼·戈特利布从利奥波德维尔回来时，有一项新的任务在等待他。丘奇委员会调查发现，在1960—1965年间，美国情报部门在“猫鼬行动”框架中至少组织了八个项目，所有项目都旨在谋杀古巴领导人菲德尔·卡斯特罗。戈特利布直接参与了这些计划的绝大多数。

1959年1月1日，经过了三年艰苦的游击战争，卡斯特罗的部队凯旋入主哈瓦那，推翻了专制而又亲美的富尔亨西奥·巴蒂斯塔政权。新政权组建起来，2 月 16 日卡斯特罗成为这个岛国的政府首脑，不久后就着手把美国企业收归国有。这一招引发了经济制裁，后来发展为全面禁运。而他将社会主义模式运用于发展自己的第三世界国家，并同时寻求与苏联加强关系，这引起了西方的更大怒火。古巴成了在美国后院中的一个莫斯科基地——艾森豪威尔政权无论如何不能，也不想接受这一点。中情局局长杜勒斯让人从 1959 年 12 月份就开始着手打造谋杀方案。经训练的一名狙击手要从一定距离之外把卡斯特罗干掉，但马上就表明不可行。1960 年 8 月，美国情报机构在流亡的古巴人帮助下参与了一次政变密谋："我们能招募到一位真正有威胁的古巴人吗？"准备袭击这个蔗糖岛国的行动力量的指挥头目四处问询。回答是否定的，虽然在迈阿密熙熙攘攘地涌动着从哈瓦那来的人，这些人也很乐意对古巴新政权采取吹灯拔蜡的行动，但是卡斯特罗的特工也混入其中，并以这种方式获得了很多有关中情局行动的信息。

很多打击卡斯特罗政权的准备活动在同时进行着。如果实在无法干掉这个独裁者，那么能否把他变为公众的笑柄呢？有人将西德尼·戈特利布和约翰·马尔霍兰的肮脏把戏用上了。仅从他们的阴谋窝里就有七个刺杀计划出炉。

第一号计划：卡斯特罗时常从哈瓦那广播电台向他的民众们发表激情四射的讲演。那么就看看能否悄悄地在那里施放一种名为 LSD① 的神经药物或者什么能够产生幻觉的烟雾剂，这样说不定就能让这位古巴最高领导人语无伦次，就会严重地损坏他在其追随者

① LSD 是 lysergic acid diethylamide 的缩写，麦角酸二乙基酰胺，是种强烈的致幻剂，常被用作麻醉药物。——译者注

眼中的形象。但这个主意却没法实现——这个点子被打入了冷宫。

第二号计划：在卡斯特罗出访时，让一位中情局特工偷偷地往他的鞋子里面放些铊，这种毒药缓慢地发挥作用，会导致头发脱落。心理学家这样预言：一位秃头且不长胡须的领导人肯定会失去魅力，古巴人会在最短的时间内将他赶下台，并且把他驱逐出岛国古巴。不过也没法执行——卡斯特罗取消了出访。

第三号计划：到卡斯特罗最喜欢潜水的礁石边上安置一颗地雷，然后用一个微型潜水器将其引爆。

当在古巴发现了苏联部署的中程导弹之后，军事紧张日益加剧，先前那个可笑的心理战略被简单明了的目标所替代：杀了卡斯特罗，无论如何杀掉他！

第四号计划：中情局弄来一盒卡斯特罗最喜欢的雪茄，在里面注射肉毒杆菌毒药，剂量很大，任何人只要嘴唇接触一支哈瓦那雪茄，就会在刹那间倒地身亡。毒雪茄被人带入古巴，但显然没能被送到古巴的权力中枢。

1961 年初，约翰·F. 肯尼迪就任美国第 35 任总统。他向中情局局长杜勒斯下达的第一批任务中有一项就是帮助那些流亡的古巴人去进攻古巴，把共产党人从那个岛国赶出去。这个任务于 1961 年 4 月在古巴的猪湾以一场灾难性的失败而告终，杜勒斯的政治生涯就此折戟[①]。中情局的新任局长约翰·麦科恩在肯尼迪的首肯下接着做 1960 年底中情局曾经做过的事情——用毒药和其他武器来实施行动（“猫鼬行动”）。西德尼·戈特利布又参与了。

第五号计划：中情局通过一个中间人与居住在芝加哥的黑帮人物约翰·罗塞利（绰号“英俊的约翰尼”）建立联系。此人开在哈

---

① 猪湾事件后，杜勒斯成了替罪羊，黯然下台，于 1969 年离世。——译者注

瓦那的赌场自从革命以来就被关闭了，因而发誓要报复。毒杀卡斯特罗对他来说正中下怀。罗塞利在佛罗里达有一帮无孔不入的黑手党朋友，是流亡美国的古巴人，其中包括桑托·特拉菲坎特，罗塞利在他们的帮助下做好了相应的准备工作。这些黑手党中有一个人跟卡斯特罗私人圈子中的一位高官交情很深，而此人负债累累。他要暗中在这位古巴最高领导人的鸡尾酒中或者是晚餐中掺入一个装着肉毒杆菌的致死胶囊，就像那位魔术师约翰·马尔霍兰在中情局的暗杀指南中详细介绍的那样。中情局派人与黑手党在迈阿密接头，给他们一只雪花膏瓶子，内装六颗致死胶囊——以及一辆满载武器的租借来的货车。据称这些黑帮中间人把毒药交给了卡斯特罗当时的德国女友玛丽塔·洛伦茨，可是这个女人在最后一刻拒绝毒杀自己的情人，把毒药扔进抽水马桶冲走了。

第六号计划：想办法通过中间人塞给卡斯特罗一件沾染了毒菌的潜水服，造成卡斯特罗患上可怕的皮肤病（足分支菌病），俗称“马杜拉足”。这个计划在 1963 年初就被放弃了，因为这位古巴最高领导人刚刚从一位美国律师那里获得了一件潜水服。谢天谢地，美国中情局技术人员的抽屉里面还有一个备用方案——

第七号计划：通过中间人送给这位古巴独裁者一支昂贵的圆珠笔。这支特别研制的笔可以通过一个细小的针尖把硫酸化烟碱——一种高效毒药，俗称为“黑叶 40”——悄悄地析出到使用者的手上。一切都准备好了，也找了个古巴持不同政见者来传递圆珠笔。但当时出现的一些状况却让这个计划鸡飞蛋打。1963 年 11 月 22 日，要在巴黎把准备好的礼物送给卡斯特罗的那天，当时“很可能”，丘奇委员会的人在进行了详细的调查之后得出这样的看法：“正在中情局人员和古巴间谍接头的节骨眼上，J. F. 肯尼迪总统在达拉斯中弹身亡。”

在一个半小时的问讯中，西德尼·戈特利布在参议员面前没有表现出任何情绪波动。他礼貌而近乎谦卑地回答着问题，却没有泄露太多东西。这位57岁的人声称，很多事情的经过他都记得不太清楚了。“还有最后一个问题，”委员会的法律顾问A. O.小施瓦茨开口问，当接到除掉卢蒙巴的任务时，“您有没有想过拒绝这个任务？”

戈特利布愣了一下神，将目光从提问者身上移开，看着地面，然后磕磕巴巴地说了些“无声的战争”以及“责任”之类的话。“我觉得，最高层讨论并做出了决定，无论这件事情多么令人不愉快，现在到了我手里，只能将其执行下去。”

参议员们的问讯结束后，戈特利布和他的妻子玛格丽特搬回加利福尼亚，开始了新生活。当年说话支支吾吾的人，在圣何塞州立大学注册入学，开始了学习语言矫治学，几年之后取得了硕士学位。然后他又回到东海岸，开办了一所语言学校，将主要精力投入治疗那些如他孩童时期一样努力矫治口吃的儿童中去。西德尼·戈特利布死于1999年3月，他再未提过自己曾经是中央情报局的制毒者。

丘奇委员会还仔细调查了其他三项由中情局特工发起、支持或者至少是容忍的政治谋杀：特鲁希略、吴廷琰和施耐德。头两项已经在一份1967年由中情局检察长提交给参议员们的长达133页的秘密报告中说明了，时任美国总统林登·B. 约翰逊让检察长完成这份调查报告，因为当时有关政治谋杀的细节已经走漏了风声。报告中称，杀害特鲁希略和吴廷琰的凶手“受到美国政府的鼓励，但没受到支配”。而委员会想自行再次调查核验。

多米尼加共和国腐化的独裁者，最高统帅拉斐尔·莱昂尼达斯·特鲁希略·莫利纳，用暴力和恫吓压迫了他的国家近30年，这并不妨碍美国历届政府和商业界在这几十年间将他视为坚定的反共分子来支持和辅佐。“他有刑讯室，政治谋杀一类的勾当对他来说是家常便饭。”1961 年初，美国总领事馆向国内汇报时就这样说过（两国在头一年就中断了外交关系，使馆人员尽数撤回）。

特鲁希略必须滚蛋，因为他在自己的国家里积累了太多的怨气与仇恨，因而美国方面担心那里随时都有爆发共产党革命的危险——这事儿在古巴就发生过。艾森豪威尔往圣多明各派去了两名参议员，去说动那里的总统自己下台，但被怒气冲天地拒绝了。中情局随即决定，支持一支叛军部队，给他们机关枪。这支叛军的目的就在于，除掉独裁者，但不将社会主义作为新方向。留在圣多明各的美国领事收到了有 J. F. 肯尼迪亲自批准的指令：“多米尼加人是否杀了特鲁希略，对我们来说无关紧要。怎么都行。但是无论如何都不能跟我们扯上什么关系！”

1961 年 5 月 30 日夜，特鲁希略在首都郊外陷入了叛军的圈套，被打死了。在这个过程中是否用上了美国中情局提供的武器，事后无法明确知晓。暴君死了，而铲除他政权的计划却进展不顺，因为他的儿子很快接管了权力。后来他被由美国人支持的刺客逮捕并且处死。

委员会虽然没有找到板上钉钉的事实证明中情局直接参与了谋杀，但是却找到了材料说明，中情局蓄意支持了一支公开宣称让特鲁希略死亡是其目标的队伍。显然，多米尼加总统对美国公民没有威胁，而且两个国家之间也并没有处于战争状态，那么美国对刺客的支持应该算作行刑时的共犯，丘奇和他的同事们在调查终结报告中写下了相关文字。他们称中情局的行动是“不道德和不合法的”。这同样适用于两年后发生在南越总统吴廷琰身上的同类事件。吴廷琰原本是美国人的一名“宠儿”，在一个分裂的国家中，肯尼迪政府需要一个稳定因素来对抗共产主义的北部。一场遭到血腥镇压的游行以及随即而来的佛教僧侣自焚事件彻底改变了一切。一份由西贡的中情局情报站发给兰利总部的文件毫不掩饰地要求支持一次政变来除掉吴廷琰。中情局局长约翰·麦科恩回电称，美国不应当“处于那种去激发、支持或者仅是容忍执行死刑的境地中”。这对那些叛变者是一个明确的信号，他们可以这么理解这份电文的意思："你们自己随便动手去吧，别把细节告诉我们！"

1963 年 11 月 1 日，军方开始政变，占领了总统府。吴廷琰在最后一刻还绝望地试着向美国在西贡的大使求救，但是美国大使却相当明确地说，华盛顿不会干涉南越的内政。吴廷琰的时辰到头了。这位南越总统和他的弟弟起先还从总统府的秘密地道中逃了出来，但后来被搜索部队逮住并枪决。第二天人们在一辆遗弃的货车上找到两具被打得像筛子一样的尸体。

调查委员会认真审查的另一起美国中情局参与的谋杀是对智利武装部队总司令勒内·施耐德将军的谋杀。萨尔瓦多·阿联德在 1970 年 9 月 4 日选举获胜后，尼克松政府立刻着手打造针对他的计划。国家安全顾问亨利·基辛格认定阿联德是位跟哈瓦那的菲德尔·卡斯特罗一样的左倾独裁者，因而非常担心“古巴情况”再次出现，所以他同意采用极端措施：借助智利军方进行一次由美国资助的颠覆活动，当时甚至与美国驻圣地亚哥大使的建议相违背，这位大使建议悠着点行动。“请您建立起和军方的联系，让他们知道，美国政府致力于用军事手段解决问题，不管是现在还是将来他们都会得到我们的支持……您至少帮助营造一个有利于政变的氛围！”（中情局总部于 1970 年 10 月 6 日在基辛格授意下致中情局驻圣地亚哥情报站电文）

要进行计划好的政变还面临一个巨大的障碍，即施耐德将军。

他虽然根本不同情阿联德的社会主义道路，但是觉得必须遵守宪法以及选举出来的总统。阿联德选举获胜后仅仅两周时间，大概在基辛格支持或者至少是默许的情况下，中情局就打算将这位忠诚的智利最高军事长官给除掉。考虑的方案有绑架、解散智利议会和通过军方来接管政权。

据丘奇委员会的查证，为了绑架施耐德，中情局至少向罗伯托·维奥将军手下的施耐德的对手们支付了 12 万美元现金，向他们提供了催泪弹和机关枪，交货前还把机关枪上面的产品序列号给磨掉。但是美国人对维奥是否是干这种活的正确人选有几分担忧："可以肯定，仅仅通过维奥以及他所能召集使用的力量来完成一场政变很可能失败……督促他去扩展计划……"（中情局总部 1970 年 10 月 13 日在基辛格授意下致中情局驻圣地亚哥情报站的电文）

叛乱者的两次袭击都失败了。在 1970 年 10 月 22 日进行的第三次袭击中，维奥的手下在圣地亚哥一处十字路口逼停了施耐德将军的车并且包围了他。事后据士兵们的叙述，这位军事首领马上去抓自己身边的武器，在自卫中被击毙。针对阿联德发动军事政变的最大障碍就此被扫除了。但政变本身一直到三年后，也就是 1973 年 9 月 11 日才在陆军总司令奥古斯托·皮诺切特的领导下得以实施。萨尔瓦多·阿联德在总统府丧命，可能是被政变者杀害，也有可能自觉无路可退自裁了。在丘奇委员会看来，足以确定中情局介入了谋杀施耐德将军一案，虽然并没有证据表明美国中情局的特工们在这个事件中的罪行得到了直接授权。

委员会在最后的调查中又掀开了有关中情局操纵的暗杀和暴行的黑暗的一章：东南亚的"凤凰计划"。美国在南越的情报工作早在 1962 年就开始了，当时特工以特别顾问的身份与西贡政权合作，以建立准军事组织来对抗共产主义的北越。1965 年合作再次

SECRET EYES ONLY

8 May 1973

MEMORANDUM FOR: Executive Secretary, CIA Management Committee

SUBJECT: Potentially Embarrassing Agency Activities

The Office of the Inspector General has records on the following sensitive subjects that either have been or might in the future be the source of embarrassment to the Agency.

The report of the Board of Inquiry in the case of Hans Tofte. The Tofte affair was fully exposed in public, of course, but the report itself is closely held within the Agency. This office was designated as the custodian of the report, and we have the only surviving copy.

An annex to the Inspector General's report of survey of the Technical Services Division done in 1963. The annex deals with experiments in influencing human behavior through the administration of mind or personality altering drugs to unwitting subjects.

An Inspector General report of investigation of allegations that the Agency was instrumental in bringing about the assassination of President Diem. The allegations were determined to be without foundation.

An Inspector General report of investigation of allegations that the Agency was instrumental in bringing about the assassination of President Trujillo. The investigation disclosed quite extensive Agency involvement with the plotters.

An Inspector General report of investigation of allegations that the Agency conspired to assassinate Fidel Castro. The story first appeared in Drew Pearson's column and has since appeared in Jack Anderson's column. While the columns contained many factual errors, the allegations are basically true.

SECRET EYES ONLY 00425

在中情局 1973 年进行的一次内部调查中，真相大白：情报部门插手杀害了多米尼加共和国的独裁者特鲁希略以及多次插手清除菲德尔·卡斯特罗的阴谋加强。到了1967年，军事状况并没有真正好转，中情局就发起了一个代号为“凤凰”的特别计划。1968年初，在越共发动的“春节攻势”后不久，就实施了该项目：将那些暗中帮助越共（“民族解放阵线”）的平民和越共正规军及游击队有系统地进行“中立化”处理。中情局用“中立化”这个概念表明，他们起初完全想公开地做这件事情：要对越共基础设施（Vietcong civilian infrastructure，简称VCI）[①] 的组织成员进行审问、刑讯，强迫他们改变阵营，逮捕或者直接杀害他们。

“开始这项计划后我们要做的事情很多，”威廉·E. 科尔比在1971年的一次国会委员会面前承认这一点，“我们想出一些主意，讨论必须性并开创出一些方法来。”后来的中情局局长了解这个国度，直至1962年他都作为中情局在美国使馆的一员驻扎在西贡，后来他作为“平民行动和乡村发展支持”（Civil Operations and Rural Development Support，简称CORDS）的司令官领导了“凤凰计划”这个秘密项目。

事态升级了，美国人开始每个月制定审讯、逮捕或者杀害越共帮助者的指标。在美国国务院当年的《越南情况报告》中，有这么一个具体的数字：“1969年的目标是，每个月消灭1800名越共基础设施成员。”

1970年活跃在“凤凰计划”的框架里的“军事顾问”有415名。其中的一位——巴顿·奥斯本后来对国会委员会说，被怀疑帮助、同情越共游击队的上千名越南平民，哪怕这些人只是在错误的时间出现在错误的地点，都会遭到酷刑或者杀害，而仅仅是

① 存在于20世纪60年代和70年代初的南越，是越南人民军的秘密网络，在南越全境建立组织，成为与南越当局分庭抗礼的政治政权，美国情报部门称之为“越南基础设施”或者“南越中央局”，北越共产党通过这个网络实施政治和军事活动。——译者注

为了完成指标。“我就没见过能够……挺过审讯的。他们都死掉了！……大部分人或是被酷刑折磨而死，或是直接被从直升机上扔下来”，而且“从来没有确凿的证据去证实那种指控”，即指正“这些人中的某一位与越共合作过”。奥斯本称“凤凰计划”实际上是一个“肃杀的、无差别的杀戮项目”，完全可以“与纳粹的暴行相提并论”。

1975年丘奇委员会再次调查了中情局在“凤凰计划”中的作用，得出如下结论：在1968年初到1971年5月，也就是在三年半间，总共有20587名越南人成为这个秘密暗杀项目的受害者。目前甚至还有一些迹象表明，受害者人数可能是这个数字的两倍，达到4万人。

委员会调查了几个案件，最后不再有丝毫怀疑，中情局计划、组织和执行了几个不同的谋杀阴谋来杀害外国国家元首以及越南平民。而不太清楚的是，是否所有的计划都得到了美国最高层，也就是白宫的首肯，或仅仅得到中情局局长的同意。在参议员们看来，诸如西德尼·戈特利布所在的部门似乎是自在而任性地进行工作，并没有受到足够的监督，而且也不遵循任何特定的价值标准。显然有几位情报部门的官员误以为，大开杀戒是美国外交政策所“许可的工具”。而除越南的经验之外，弗兰克·丘奇及其同事们在调查时大多也仅分析了政治“阴谋”，而并未对那些由中情局对敌方间谍、叛逃者和特工所执行的处决进行分析，也就是未对冷战时期通常的“脏活”进行分析。

丘奇委员会的工作产生了持续的作用：一方面在参议院和众议院建立了两个固定的委员会，用以加强对美国情报部门的国会监督；另一方面美国总统杰拉尔德·福特颁布了第11905号行政命令，专门规定“美国政府的雇员不得参与政治处决或者相应的阴谋活动”。在他之后的美国总统不仅重申，还甚至加强了这些命令：吉米·卡特在12306号行政命令中去掉了限制性的定语“政治”，也就是说禁止一切形式的处决。罗纳德·里根在其颁布的12333号行政命令中重复了卡特的原文，并且补充了一个非常明确的句子：“间接参与：任何情报部门的机构不得参与或者不得指使任何人参与这项命令所禁止的任何活动。”时至今日，里根的12333号行政命令依然有效。

第6章

启动猎杀

依据适用于武装冲突的法律，杀死一个对美国构成持续威胁的人是一种自卫而不是行刑。

——美国总统比尔·克林顿，1998年12月

1983年4月18日，黎巴嫩贝鲁特，没人注意到那辆满是弹痕的皮卡车，虽然它显然严重超载，开得晃晃悠悠的。以贝鲁特通常的行车速度来看，该车开得极慢，事后不仅仅能从这辆车严重超载，而且可以从它装载的货物本身来解释。该车的司机随着车流行驶，当时正是午间，车流量很大，司机不得不时常踩刹车。他的精神高度紧张，神情极其专注，以免与前车跟得太紧造成追尾。然后他接近了七层楼的美国使馆大楼，减速准备左转，车子穿过对面车道转弯，气得后面的司机猛摁喇叭。司机充耳不闻，他现在全神贯注地把所有注意力都集中到他的活计上，他要把这辈子做的最后一件事情按计划完成。他将油门一踩到底，朝着美国使馆大门冲了过去，毫不费力地冲进了大门。司机把车子开得很猛，哨兵根本没有时间端起武器进入射击状况。车子立刻蹿上了通往大厅的几级台

阶。就在这个瞬间，就在当地时间13点03分，一辆巨大的“炸弹车”轰地闯入大门，整个贝鲁特都被一阵巨大的爆炸声震动了。“美国使馆大楼的整个中段飞上了几十米高空，就像是一直悬荡在空中，然后在一团粉尘云中摔下来，人的肢体残片、木屑、纸屑也随着纷纷飘落。”当年的中情局官员罗伯特·贝尔这样回忆道，他当时正在那里准备接受近东地区的任务。63人死亡，包括17名美国人，死者中有6名中情局官员。该地区中情局特派员鲍勃·埃姆斯也在爆炸中丧生。他正在出访贝鲁特，只是顺道来使馆看看。“人们后来发现鲍勃一只戴着婚戒的手在离岸边一英里外的水中漂浮着。”贝尔这样写道。

虽然这次袭击对美国人心灵和美国的地位来说，都是十分糟糕的，但美国总统罗纳德·里根拒绝撤离黎巴嫩。黎巴嫩真主党称为这次袭击负责，该组织接着立马又开始准备更多袭击。1983年10月23日，两辆装载着弹药的货车同时被炸飞，一辆在贝鲁特机场附近的美国海军临时军营，另一辆在黎巴嫩的法国驻军基地。241名美国海军士兵和58名法国伞兵丧生。据美国情报部门后来的报告，爆炸声响起时，黎巴嫩真主党的幕后策划者伊马德·穆格尼耶站在贝鲁特一幢高楼的楼顶上，用望远镜观察着袭击的发生。现在里根认为除了从黎巴嫩把美国海军撤出来，就没有别的办法可选了。这是黎巴嫩真主党自杀式恐怖袭击的首个重大成就，同时也是美国外交政策的一个转折点。

里根签署了第138号国家安全指令，在这个指令中要求将“防御措施变被动为主动”，并且敦促中情局“培养出一种防患于未然的能力，要对那些计划袭击美国的团体和个人先发制人”。他也想要定点处决吗？虽然他并没有触动第12333号行政命令。

1986年4月5日，大概正好是黎巴嫩真主党在贝鲁特第一次发动袭击的三周年之后，在柏林的一家美国大兵经常光顾的名为拉贝拉[①]的迪斯科舞厅，发生了一起炸弹爆炸。两名美国兵和一名土耳其女子死亡，两百多人受伤。看来很快就确定了是利比亚方面策划或至少资助了这次袭击，所以里根在4月14日就开始了一次大规模的报复性打击（“黄金峡谷行动”）。轰炸的目标主要集中在的黎波里附近的三个地方，其中包括阿齐齐亚兵营，利比亚当权者穆阿迈尔·卡扎菲上校的私人住宅和总部。卡扎菲本人毫发无损，但他的养女却死在废墟中。虽然美国政府否认利比亚的统治者是这次行动的目标，但后来路人皆知，参与行动的18架美军飞机中有9架瞄准了卡扎菲通常宿营的帐篷。难道就必须这样定点定向地清除这位当权者吗？当时美国国家安全委员会就有过争论，下令发动进攻是否损害了第12333号行政命令。但美国陆军总法律顾问后来为总统摆脱僵局找到了一个理由：“根据国际法，在和平时代动用军队的兵力来对付明确的恐怖分子和恐怖组织是合法的自卫，而不是行刑。”与特鲁希略、卢蒙巴或者卡斯特罗不同，卡扎菲不仅是外国的政府首脑，而且还是一个国际恐怖分子。这样的诠释至今还支持着美国在法律上和道德上的辩解。这样的诠释说明，在反对恐怖活动的斗争中可以运用所有的手段，包括定点定向地杀死恐怖分子。

1988年12月21日，在苏格兰小镇洛克比坠落的泛美航空公司103号航班又一次是由卡扎菲资助的恐怖分子所为，他很可能为自己的养女复仇。这件事情之后，美国受威胁的状况却发生了根本的变化：乔治·布什在萨达姆·侯赛因入侵科威特之后，将三万多名士兵派往该地区、沙特阿拉伯、卡塔尔和巴林，基地组织把这个

---

① La Belle音译为“拉贝拉”，意思是“美女”。——译者注

行动视为进行“圣战”的重要原因，“圣战”针对的是伊斯兰教的敌人，抵抗犹太人和美国人的阴谋。“敌人进入我们伊斯兰共同体的土地，损毁它的荣誉，让它流血，占领它的圣物。”本·拉登后来在一封公开信中这样写，他把这封信视为将要来临的一切的道德证明。

1993 年 2 月 26 日，在纽约世贸大楼车库里发生了一起汽车炸弹爆炸。6 人死亡，1000 多人受伤。两年之后，几乎还是在这个时间，袭击者中的一位，拉姆齐·艾哈迈德·尤塞夫在巴基斯坦落网，被引渡美国，被判处 240 年监禁。尤塞夫在本·拉登的一个训练营里面受过训，袭击曼哈顿时，他的叔父哈立德·谢赫·穆罕默德曾经给予他指导和资助，这位叔父后来是“911”袭击——袭击同一目标——的总指挥。有人在卡塔尔见过这位酋长，他一直隐身于幕后。

1996 年，美国总统比尔·克林顿安排成立了一个反恐政治的新组织：一支由几十名中情局官员组成的富有战斗力的队伍，代号为“亚历克站”，这个机构唯一的任务就是收集和整理有关本·拉登以及基地组织的信息。不久之后就发现了伊斯兰恐怖活动网络与袭击驻扎在亚丁（1992 年）、驻扎在索马里（1993 年）和驻扎在菲律宾（1994/1995 年）的美军之间的关联。中情局的专家们在全世界收集线索和信息。他们在 1997 年得出结论：“基地组织有一个军事司令部，负责策划对抗美国利益的行动，并且试图得到核材料。”纽约随即提起对本·拉登的诉讼，中情局开始在阿富汗寻找恐怖头目的线索，并逮捕他。Dead or alive——无论死活。然而中情局原计划在 1998 年 6 月 23 日实施的逮捕却不得不告吹，因为一些政府高官们担心，如果本·拉登死于这次逮捕行动，那么必将会出现“一种不可避免的误解”，即在世界公众面前，这件事情看起来像本·拉登是被美国人蓄意处死的。一定要避免这种印象的出现。人们不得不再次考虑那个先是经里根之手强化而克林顿不加改动的第12333号行政命令。

1998年8月7日，分别对美国驻坦桑尼亚首都达累斯萨拉姆和驻肯尼亚首都内罗毕的使馆进行的炸弹袭击造成了严重的后果。两百多人死亡，几千人受伤。基地组织表示对此负责。事后表明，这两次恐怖袭击由本·拉登本人亲自组织和监督。克林顿马上启动了“无限延伸行动”，这是打击位于阿富汗霍斯特省的基地组织训练营的军事行动，动用了巡航导弹。克林顿在一次对全国的讲演中明白无误地向美国人民表示，他愿意采取严厉的措施。目标不仅仅是抓住本·拉登，起诉他、判决他，而更是要用军事手段去驱赶他，杀死他。虽然美国总统避免对基地组织直接宣战，但在原则上，结果就是这样的。

从国际法的角度来看，如果两个国家发生武装冲突，那么攻击敌对方的军事领导人是允许的。基地组织却不是一个国家，而是一个国际恐怖网络组织，国际法中并没有相关规定。更难办的是，对这样一个网络组织采取军事行动，必定是一种对被进攻的恐怖网络组织所在国的一种敌对的（不允许的）行动。但是克林顿于1998年8月20日下令发射巡航导弹来轰炸阿富汗的目标时，他撇开了这些顾虑。美国政府宣布，这次行动的目的是，击毁恐怖组织的基础设施，尤其是为了“击毙本·拉登以及他手下基地组织的领导人物”。同时美国空军在苏丹发动进攻，将首都喀土穆北部的希法（al-Shifa）工厂炸为灰烬，那里主要生产抗疟疾药物。中情局的专家们发现了这家工厂与本·拉登之间的财务往来，此后在这家工厂周围的泥土取样化验中发现了一种泄露了该厂秘密的化学痕迹，所以这些专家们坚信不疑，希法制药厂生产或存储着一种基地组织将会使用在神经毒气上的原材料。这个推测直至今日还十分有争议。在阿富汗虽然有几十个人死于“无限延伸行动”，但本·拉登及其手下军官不在死者之列。对喀土穆的空中打击造成一名工人死亡，而更多的人，据估计大概有几千人，在接下来的几个月和几年之内因为不能得到救命的药物而死亡。

1998 年 12 月 20 日，“亚历克站”又有了新的有关本·拉登逗留处所的消息。中情局的特别行动队请求白宫批准进行进攻，但白宫没有批准。理由是，万一本·拉登在此期间已经闻风而逃，那么进攻可能造成的附带伤亡就没法说清楚。中情局看来对困难重重的批准程序感到非常厌烦，因为这一程序剥夺了他们迅速做出反应的机会，中情局于是在 1998 年 12 月 25 日向白宫申请了一个允许杀死本·拉登的全面委托。克林顿签署了这项委托。总统不再要求无论生死。总统直接要他死掉。

然而中情局局长乔治·特内特十分谨慎地诠释了这项由其手下起草、克林顿签署的授权。他一如既往地认为，只有在试图逮捕本·拉登的行动失败时，才能够将其击毙。因而在 1999 年 2 月，还有 1999 年 5 月，错失了两次消灭这位恐怖分子头目的良机，就是因为特内特不敢下手或者有道德上的顾虑——也可能二者兼而有之。当时的“亚历克站”站长后来承认，相对于逮捕，“干掉他可能会简单得多”。1999 年 7 月，总统再次更新了定点除掉本·拉登的许可，但当时已经没有很好的机会了。

2000 年 10 月 12 日在美国，总统大选正在如火如荼地进行中，在也门的亚丁港，一艘小船接近了停泊在那里的美国海军科尔号驱逐舰。几吨炸药引爆后，在军舰的外壁撕开了一个巨大的口子，军舰上的成员中有 17 人被炸死，另外 40 多人被炸伤。四个星期之内，方方面面的情报汇总到“亚历克站”，各种线索表明，本·拉登亲自监督了整个袭击的策划和后勤准备工作。但这次美国没有反击。一方面是由于乔治·W. 布什和克林顿的副手阿尔·戈尔之间的竞选进入封盘时间，使得美国在 11 月 7 日的选举之后长达 4 个多星期陷入无能状态；另一方面是由于共和党人布什的新一任政府在美国最高法院宣布，他获得竞选胜利以后，先忙别的事情去了。

2001 年 9 月 11 日，这是本·拉登再次袭击的一天，这次让人痛彻心扉，并且造成了前所未有的损失。也就是在这一天，美国决定，暂时不再遵循法制国家的基本原则。

19 名基地组织的恐怖分子几乎同时控制了 4 架加满油的美国客机，将它们作为飞行中的炸弹来使用。美国航空 11 号航班和美国联合航空 175 号航班分别撞入位于曼哈顿的美国世界贸易中心的两座塔楼，双子大厦随即坍塌。美国航空 77 号航班被劫持，冲向五角大楼；美国联合航空 93 号航班坠毁在宾夕法尼亚州。大约三千人死于非命。

乔治·W. 布什在当天晚上，在向全国发表电视讲话之后，马上就赋予其情报部门的特工人员最大的自由，让他们放开手来采用所有能够想到的应对措施。接下来的几周里渐渐地清楚了，受到震惊的政府对最大自由是如何理解的：在阿富汗开战，阿富汗的塔利班政权对基地组织进行了大量支持；将恐怖嫌疑分子或者塔利班士兵带到位于某些国家的秘密审讯地点（“黑点”），尤其是那些以酷刑而著称的国家；在古巴湾设立关塔那摩监狱，位于美国法制制度之外；关押嫌疑犯，不受时间限制，没有机会就关押决定向正式法庭起诉；引入所谓的“深入的审讯方式”，例如悬吊、电击、坐水凳①以及心理恐吓；加强在克林顿时期就已经决定的对基地组织主

① 一种将受害者的头浸在水中以获取供词的酷刑。——译者注

要领导人的猎杀，同时指示直接击毙，而不是逮捕。

布什当时明确地认可其前任的诠释，这样的处决和击毙并不违背里根作出的、至今还有效的第12333号行政命令。那个行政命令主要适用于政治处决，但既没有把“在一次隐蔽的行动中”杀死一名恐怖分子，也未将“杀死本·拉登”排除在外。美国国会赋予总统一份特别许可，可以用军事手段来对付恐怖分子，而不是用法律和警察来对付他们。不过“军事武力使用授权书”（Authorization for Use of Military Force，简称AUMF）还需要法律上的确认。但结果是论证的扭曲，起先在美国并没有什么人觉得这种结果有什么不妥当。例如专家们一方面认为敌对方的士兵、游击队员和恐怖分子都适用战争法，那么由此推演他们定点定向的杀人可能并不是非法的；但另一方面无论战争法怎么规定，他们并不受《日内瓦公约》和美国反刑讯法的保护，就仿佛人们能将他们宣布为某种“不受法律保护的人”一般，这样美国政府想对他们做什么就可以做什么，可以折磨他们，让他们疼痛——还可以杀了他们。

2001年10月底，五角大楼和中情局开始实施“铁手政治”。他们选择了一种新武器来进行定点定向杀人——“捕食者”无人机。在此之前，无人机只用于观察和收集情报。它们在阿富汗、巴基斯坦和也门的高空盘旋，几乎不发出任何声响，用肉眼几乎看不见，它们通过卫星实时向位于远方，或许位于美国的某个军事基地的控制台传输图片。比方说，如果在对地球另一端的某处营地、村庄进行跟踪侦察时发现了某个正在追捕中的恐怖分子的线索，那么这对中情局了解地形情况有所帮助，除非用巡航导弹来进行进攻，否则一时半会儿不会有什么直接的后果。对以色列的战斗部队来说，这种侦察无人机十多年以来都是一项选择，因为他们拥有巴勒斯坦地区的领空权。如果他们用无人机捕捉到一名恐怖分子，那么可将其坐标传送给一架直升机，然后从直升机上发射一枚导弹来执行死刑。1992年在黎巴嫩南部第一次暗杀黎巴嫩真主党领导人穆萨维就是这样进行的。但对中情局来说，在阿富汗的天空上转圈、装载着地狱火导弹的无人机不仅能够发现敌人，还能够击毙他们，这是一种全新考验。

第一次考验发生在2001年11月中旬，在美国军队进入阿富汗不久。喀布尔附近的一所房子上方，一架“捕食者”无人机发射了一枚导弹，这座房子立即化为灰烬。57岁的穆罕默德·阿提夫死在废墟中。因为他参与了在坦桑尼亚和肯尼亚的袭击，被美国政府起诉，同时还被认作“911”事件的策划者之一。四周之前，第一份追捕22名恐怖分子的告示交到了当时在美国联邦调查局总部的布什总统手中。占据告示首要位置的是奥萨马·本·拉登，下面还有他的两位副手——埃及人艾曼·扎瓦希里博士和穆罕默德·阿提夫。布什回到总统办公室后，将这份印有头号通缉犯的照片和秘密生平履历等数据的告示放在了他写字台上的一个文件夹中，某种意义上来说，这是他个人的要抹除的名单。阿提夫之死在无人机攻击的三天之后得到了塔利班的证实，这时总统取出了他的计分卡①，在这位恐怖分子的照片上画了一个大大的“×”。

接下来是一系列猛烈的反扑。首先，2001年12月在托拉博拉附近的战斗没有取得预期的成果。托拉博拉位于阿富汗和巴基斯坦边界地区的白山山脉，岩洞密布，本·拉登及其随从们和一些塔利班领导人就藏在这里以躲避联合军队。现在他们逃脱了，本·拉登可能徒步或者骑着一只骡子走过羊肠小道，在巴基斯坦找了个地方

① 指记录恐怖分子履历、状态、状况等相关信息的卡片或者报告。——译者注

又躲了起来。随后，中情局不得不修正一个信息，该信息称，艾曼·扎瓦希里——本·拉登的副手已经被击毙。此前布什总统已经从他的抽屉里面再次取出了这份他个人的、有关基地组织恐怖分子的“黑名单”，在这位埃及人的照片上打了个叉。但这回打得太早了。现在他又得很费事地、恪尽本分地擦掉这个叉。

第7章
“凤凰”再生

“捕食者”无人机是上选的武器，但也有可能是某个人朝他们的脑袋开枪。

——约翰·里佐，时任中情局律师，
他当时必须确认每次无人机行刑时的进攻目标

他们为什么做？美国人为什么杀害了达拉茨汗？我们什么也没有，什么也没有！现在你们还从我们这里夺走了达拉茨汗！

——达拉茨汗（在查湾克利被杀害）的
16岁的外甥女，2002年

2002年2月4日，中情局的分析师们紧张地盯着他们的高分辨率显示器，观察着高高地飞在阿富汗帕克蒂亚省偏僻的查湾克利地区上空的一架无人机传来的清晰影像。在这个居住点里，躲藏着80年代的某个塔利班前训练基地的残部人员，当年塔利班还被称为“圣战者”，他们与美国人结盟成为抗击“苏联帝国主义”的急先锋。在这个地区与苏联红军发生过两场大战役。1998年美国总统比尔·克林顿下令向该地区发射了许多枚战斧式巡航导弹，作为对袭击美国驻非洲使馆的报复，因为查湾克利已经被视为基地组织的训练营所在地。在2001年底，美国军队进驻以后，美国空军再次轰炸该地区。在查湾克利地区的地下有很多金属弹片。

中情局负责无人机的人员突然注意到一位个头儿很高的男子，他似乎正在情绪饱满地跟其他两位阿富汗人说着什么。他穿着卡夫坦长袍。监控室的人给了他一个特写，更大一些的特写。他带着武器吗？有人觉得，他像本·拉登，屋里一片寂静，然后得到了同事们的附和。眼前这位真的就是基地组织头目本人吗？他现在躲藏到查湾克利地区了？他们兴奋地跟踪着地面上这几位男人的一举一动。

当年在监控室中究竟何种信息状况统领着那决定性的时刻，时至今日仍处于绝对保密之中。几周之前一位辛辛那提大学的地质学家保证，他仔细地研究了互联网上一段本·拉登2001年10月的录像，从背景上可识别的岩石确定，录像是在查湾克利地区拍摄的。他本人不久前在该地区进行过取样调查。这个发现是否促成了目前的决定？还有其他关于本·拉登躲藏处的消息吗？

在进行了简短的讨论之后，中情局负责无人机的人员都坚信，那人确实就是全球头号通缉犯。追踪到目标的兴奋让他们的目光有些飘浮不定，认知有些模糊，这类情绪或许也起到了一定的影响作用。不管怎么说，整个团队申请对这三个人实施导弹袭击。

31岁的达拉茨汗和朋友们在这一天走了很长的路。他们穿过大雪覆盖的山地，步行超过15公里从家乡的村子拉拉扎步行到这个地方，要在美国空军轰炸过的这片地区找寻一些金属残片。这些人是收破烂的。他们把一只骆驼所能驮动的废旧钢铁运到边界的另一端，运到巴基斯坦，就可以得到50美分。眼下他们正在休息。

没过几分钟，批准发射导弹的命令就传回了监控室。这时“捕食者”发回的画面上呈现的是，那几个男人显然已经从视野中消失了。但接着摄像头又捕捉到了那个高个子男人。他与另外两人站在几棵树下，手舞足蹈地说话，可能还在开玩笑。

一只拇指揿了一下按键，计算机向无人驾驶的飞行器发出了指令，导弹推进器被点燃。这一切在瞬间自动、简洁、轻便地完成。技术上似乎没有问题。地狱火导弹发着嘶嘶声攀升了一小段距离，然后喷射而出。爆炸。尘土落定，烟雾散去之后，是一片荒凉的景象。刚才还站着三个男人的地方，地面上被砸了个大坑。那三个男人没了任何踪影。他们被融化在燃烧的空气之中了。

进攻行动之后，五角大楼往查湾克利地区派了一支调查队——并且将其新闻发言人派往媒体前沿：几天之后海军少将约翰·斯塔弗尔比姆向记者们承认，被清除的虽然不是本·拉登，但是打击的“目标还是合适的”。合适的打击目标？根本就“没有证据表明，无人机瞄准击中的有可能是无辜的人”。通过对当地的现场仔细核查，第一手报告表明，“在人类遗体残骸”旁边还有一些文件，其中有英文的信用卡账单、飞行时刻表、一只装无线电收音机的空箱子以及一个小口袋，是用于运送 AK-47 步枪通用子弹的口袋。斯塔弗尔比姆认为，这很明显地表明，死亡者“不是当地老老实实种地的普通农民”。这是美国国防部的一种近乎恶意的努力，试图将一些根本没法合法化的事情进行合法化。

“美国人为什么杀死了达拉茨汗？”这位被杀害的拾荒者的 16 岁的外甥女面对在拉拉扎采访三位受害者亲友的中情局记者们哭诉着，“我们什么也没有，什么也没有！现在你们还从我们这里夺走了达拉茨汗！”

如果人们沿用军事角度来看，那么在接下来的几年间，由无人驾驶的飞行器发动的定点清除行动应是毁誉参半。在猎杀高价值目标[①]（high value target）时会产生大量的附带伤亡，中情局和五角大楼为了他们的更高目标不惜默认这样的附带伤亡。2002 年 11 月 3 日，在也门北部一辆汽车被一架“捕食者”无人机发射的地狱火导弹击中，加伊德·萨利姆·司南·哈尔蒂，袭击美国海军科尔号驱逐舰的主谋之一，以及四名也门恐怖分子和一名美国公民卡迈勒·达尔维什在这次袭击中丧生。此人曾经招募其他美国人参加基地组织的训练营去进行受训。一辆早已准备就绪的美国空军直升机在袭击地点空投下一个小分队，他们的任务是对人体残骸进行取样，还有提取已被炸毁的汽车里的其他痕迹。这些人找到了通信工具和一些后来被化学家们证实是炸药的物质残余。这些东西的发现促使美国政府不再对清剿行动保持缄默。保罗·沃尔福威茨，时任国防部副部长宣布，我们进行的是“一次战略上非常有成效的行动”。而当媒体追问，这是否背离了至今为止的路线，不再是定点清除，白宫毕竟对以色列的所作所为总是进行非常猛烈的批评，此时一位政府发言人援引了美国副总统迪克·切尼在 2001 年 8 月，也就是在“911”事件之前作出的估测：“比方说，如果他们（以色列人）有一个实施过自杀式袭击或者打算进行自杀式袭击的组织，并且他们有证据表明，被袭击者是谁，住在什么地方，那么我觉得，对于他们打算尝试通过先发制人行动保护自己，是存在某种理由的。”

在哈尔蒂及其教友被处死之后，乔治·布什总统又重新翻出他那份个人名单来，在上面所列的 22 个人头中的一个上面重重地打了一个叉。

---

① 指无论从金钱上还是战略价值上都有很高价值的一个人或者物。——译者注

布什政府现在还拒绝公开承认，美国人正使用与以色列国防军（Israel Defense Forces，简称 IDF）和以色列情报部门所用的相同方法来猎杀布什名单上那二十几个肮脏的人中的漏网分子。与此相反，对“巴以冲突中定点清除的估测并未发生任何改变”，国务院的发言人如是宣布，但他拒绝在这个场合谈及对哈尔蒂的剿杀。当时的政府“所持的立场似乎是，以一种令人无法明白的理由对他们暗中进行的处决进行辩解”，同时却又认为在耶路撒冷的以色列政府公开地奉行这样的政策“实在是说不过去”。马萨诸塞大学的埃弗里·普罗在他深入分析的专著《瞄准恐怖分子》中这样写道。

让人十分惊讶的是，中情局直到 2005 年不再进行无人机攻势。是因为政府内部有顾虑？普罗认为，阿富汗战争和侵入伊拉克造成了“极大的财政资源”受到束缚，所以造成了这段无人机进攻的空白期。说得简单些，就是没钱去买无人机了。2005 年 5 月 7 日至 8 日的夜间，中情局才再次放出一架“捕食者”无人机去狩猎——放到了巴基斯坦的空中，找的人是海赛姆·耶梅尼。美国情报部门担心，这个基地组织高层人员有可能会潜入地下，他们的雷达找不到他的踪迹，特工们几个星期以来一直在地面追踪他的行动，然后将他车辆的坐标传给无人机。在巴基斯坦和阿富汗交界的北瓦济里斯坦地区，中情局的“捕食者”无人机在红外线状态中捕捉到了猎杀对象，并且牢牢地盯死了他。而后来打掉这辆车就只不过是举手之劳。

对于基地组织的领导成员，只要他们与“911”事件或者至少与恐怖网络的领导组织结构多少有点关系，都是通过个别行动进行定点清除。2005 年之后，这种清除发展成了由总统大笔一挥亲自决定清除名单，这是一种新的定点清除战略。越多的“捕食者”无人机可以投入使用，潜在目标范围也就越大。那张22人名单后来扩充到了基地组织和塔利班的几百位成员，而且并不是针对既往的事情实施复仇和报复，而是面向将来，采取预防措施，先发制人地进行反恐斗争。中情局的人显然认为，大规模地清除肿烂的病灶不会有什么损失。

这一切都在极端严格保密的状态下进行。在公众讨论指责刑讯逼供之后，布什政府坚决要避免第二次类似的讨论出现。丘奇委员会得出调查结果以及福特总统颁布关于放弃处死的行政命令过去30年了，尽管一再对以色列政府的处决政策提出批判，白宫现今自行拟定了一套秘密执行死刑的项目来与恐怖主义做斗争。公众对此必须毫不知情。这大概与近些年美国民众中存在的一种对“秘密行动强烈反感的情绪”有关，普罗是这么认为的。

有关基地组织和塔利班的秘密摆在中情局，同样对某个目标人物在恐怖网络中的作用的诠释权也在中情局，当然中情局还有控制无人机攻击目标编程的权力。这个情报机构因此就有了进行秘密行动的准军事打击能力，而这些几乎不受国会，更不用说是公众的监督；同时他们自身的任务，即收集和评估信息，则渐渐淡入幕后。自2007年9月以来，美国人除了“捕食者”之外，还拥有了第二种更大型的无人机，它被投入使用，很快根据它的任务明确而毫不含糊地被称为“死神”。“死神”无人机上装备着两个激光制导炸弹和四枚地狱火导弹。

随着“死神”的投入使用，进攻比率也明显增加：2004—2007年，每年只不过有屈指可数的几次行动；而到了2008年，在布什执政的最后一年，这个数字攀升到了37（共301名死者）。但是，如果谁认为，白宫的新主人会马上停止中情局在阿富汗和巴基斯坦边界地区的定点清除进攻，或者哪怕是减少一些进攻，那他可就大错特错了。2009 年贝拉克·奥巴马总统首肯了 52 次在巴基斯坦的追捕和猎杀行动，死亡总人数达到了 549 人。到了 2010 年，这个数字甚至攀升到了 122，死亡人数为 849 人。这些是非官方的数字，却真实可靠，由国家安全研究项目基金会提供，因为到目前为止无论是中情局还是奥巴马政府都从未对国家进行的系列谋杀做出任何解释。

除此之外，诺贝尔和平奖获得者贝拉克·奥巴马还批准了在也门进行行动，也门成了美国“死神”无人机持续、越来越频繁出没的国家。奥巴马的无人机攻势在某种意义上越来越像当年越南屠杀计划的复活版。“凤凰”再生。据国家安全研究项目基金会的研究，至 2013 年 5 月底，也就是直至奥巴马首次质疑无人机攻势时，在巴基斯坦有 2000—3000 人死于定点打击，还要再加上也门死去的 580—820 人。

约翰·里佐曾经是中情局负责与基地组织作战方面法律问题的

对死亡判决感到自豪。约翰·里佐，中情局的法律顾问就情报部门如何追踪和杀死恐怖嫌疑分子这一“日常化业务程序”发表看法

专家之一。起初他热忱地支持乔治·W. 布什的酷刑项目，后来又支持奥巴马的无人机攻势。他常常给那些坐在中情局地下室里面、用操纵杆和键盘来指挥在西巴基斯坦上空飞行的“捕食者”和“死神”无人机的操作员发出最后的行动命令，只要瞄准器里的当地人已被楼上的中情局官员列入危险等级。里佐自2009年退休，是一位处于退休状态的技术官僚。在和记者们交谈时，里佐非常看重一点，就是不能逐字逐句地引用他的话，他显然意识到了，如果他一张口说起当年的工作来，很可能会管不住嘴。2011年2月，《新闻周刊》的女记者塔拉·麦凯尔维显然忘记了约定或者里佐忘了去提醒她。反正这位中情局的前任法律顾问在华盛顿一家餐馆里吃着牛排、喝着法国罗纳河谷葡萄酒向这位女记者透露的内幕，是十分令人惊悚的，而她后来发表了这次谈话。例如提到追捕恐怖嫌疑分子时，他说到，在把他们弄成小块之前，一切都“像日常业务一般进行”。“在原则上，我们清除的是一整张名单”。在说起另外一件事情时，他用食指指着女记者的太阳穴，就像是用一把手枪。“又有几个法学教授敢说，他们签发过死亡判决呢？”

《新闻周刊》发表了他的访谈之后，美国司法部以泄露机密之罪名启动了对约翰·里佐的调查程序。

摩萨德

第 8 章
禁　城

他们教你，如果你愿意，如何成为国家机构中的一名刑事犯。国家许可你去从事间谍活动、溜门撬锁、行窃和做一些对别人并不友善的事情。

——加德·希姆罗恩，当年的摩萨德间谍

从以色列北部驾车，走 2 号高速公路，方向特拉维夫，在途经海尔兹利亚附近时，就会在左侧看到一座大型购物中心，里面有座拥有多个放映厅的电影院——“电影城”。紧挨着这个电影城，在铁丝网环绕着的高墙后面，就是以色列对外情报机构摩萨德的总部所在地。购物中心朝向间谍机构总部的那一面没有窗户，或许这是当初在颁发建筑许可证时的一个必备前提。可是这样近的距离，看起来似乎又有些矛盾：这么一个传奇般的、充满神秘色彩的情报机构，就这样紧贴着一个配套有商铺而且营业时间很长的公共影院？

在谷歌地图上，从上往下看，可以识别出（显然经过故意的模糊化处理）一块由几条快速街道圈围起来的、大概十公顷大的地块（坐标：北纬 32′08″32.92 东经 34′48″14.32）。这个地块中的较老的区域位于一个小山包上，那里有座建筑，情报机构头头的办公室就在此楼中，还有一个球形的储水器。这个地块的东边是一个巨大的停车场，北边是一片显然是新的、蜂窝状的建筑群。日复一日，每天有上万人往返于特拉维夫，他们都路过这个间谍机构总部。如果通往第五号高速公路的立交桥堵上了，等待中的司机可以从远处观察这座禁城的一派繁忙景象。但所有的以色列人都知道，不许往那儿看。在所有地图上，秘密情报机构总部所在地都是一个白色的斑块，不许拍照，或许只能用文字来描述。报道摩萨德的以色列记者在提到这个总部时，往往必须绞尽脑汁地去找合适的表达，比方要说成是特拉维夫北部某高速公路交叉口上的那个地块。直到几年前，摩萨德头子的名字在公众生活中还是一个禁忌。在此期间，神秘的面纱掀起了一角。现在以色列的对外情报机构甚至有了一个自己的网站（www.mossad.gov.il）。

1949 年 12 月 13 日，在以色列首位总理戴维·本-古里安的倡议下成立的对外情报机构的希伯来语全称是 HaMossad l'Modi'in u'l'Tafkidim Meyuchadim，大概可以翻译成“以色列情报及特殊使命局”。时至今日，这一机构名称还能十分精准地描述这个机构的任务：间谍活动和隐秘行动。这个机构在某个时候还给了自己一条训诫，现在还可以从摩萨德网站的英文版上读到这条箴言：“Where no counsel is, the people fall, but in the multitude of counselors there is safty.”①。这到底是什么意思，就是懂英文的人也未必就能一下子弄明白。摩萨德专家约西·梅尔曼和丹·拉维夫判定，该箴言的措辞与希伯来概念的多义性并不吻合，他们建议将其翻译成或许更让摩

① 《圣经》中原文为：“Where there is no guidance, a nation falls, but in an abundance of counselors there is safety.”。意为：“无智谋，民就败落；谋士多，人便安居。”——译者注

萨德满意的文字：若无隐秘而狡诈的计划，以色列将亡国；但如果信息丰富且源源不断，以色列则得救。

为摩萨德工作的员工有好几千人，但在“禁城”里面工作的许多人早就不从事间谍活动了。情报收集工作可以通过遍布全世界的被称作萨雅尼姆（Sajanim）[①] 的人建立的一种密集网络来完成，他们是一些志愿者，大多从散落各地的以色列公民或者犹太人的同情者中招募。他们心甘情愿地去完成后勤协助工作，并不多问什么，最重要的是，不必告知他们行动的内容。

摩萨德分为许多较大的部门，其中最大的部门被称为措梅特（Tsomet），在希伯来语中意思是“交汇点”。这里汇集各类信息，领导世界各地的间谍，尤其在近东和中东地区。措梅特在国外有许多分支机构，通常是以色列驻外使领馆中的某个长驻部门机构，偶尔也有些分支是隐藏在不招疑的门面房背后的公司。科舍特（Keshet）（意思是“彩虹”）部门主要负责观察和监听。还有一个部门名为凯撒利亚（Caesarea），它是以古城凯撒利亚（Caesarea Maritima）命名的，这座古城后来成为东征的十字军骑士的重要堡垒，城市的废墟位于特拉维夫和海法两座城市的中段。

凯撒利亚这个部门堪称摩萨德的出击臂膀，执行摩萨德在敌对国的各种行动。这个部门的间谍被称为看不见的战线上的“斗士”或者“战士”。在凯撒利亚内部还有一个特别专家团队，他们自称为刺刀行动组，在希伯来语中这个词的意思是“刺刀”或者“矛尖”，十分形象地说明了这个团队——这些人就是摩萨德中的杀手。刺刀行动组的准确人数是严格保密的，能够肯定的是，他们或者在

① 在希伯来语中意思是“助手”，他们生活在以色列国外，借助在当地的身份志愿向以色列政府或摩萨德提供援助，包括医疗、金钱、后勤以及情报收集。——译者注

以色列过着离群索居的生活，并且从来不在摩萨德总部露面，或者在国外在一个精心编织出来的身份下作为“潜伏者”过着多少还算是正常的生活。当然这些去执行爆破、投毒、从远距离不慌不忙地用子弹在别人脑袋上射出一个洞，或者用体能和技巧直接拧断对手脖子等任务的“特种力量”需要经过“特殊培训”，加德·希姆罗恩如是说。他本人就是多年的凯撒利亚老战士，却从未为刺刀行动组工作过。可以说，他们受过成为职业杀手的训练。

以色列在他们占领的巴勒斯坦地区和国外进行定点定向的谋杀。谋杀的目标人物往往被视为国家的敌人，对以色列国家及其人民的安全造成很大的威胁。确定这些被谋杀目标需经过摩萨德以及其他间谍组织领导层组成的类似法庭的审判，并向现任政府建议执行对他们的死刑判决。这类目标人物一般分为两类：恐怖主义分子和那些主持的研究项目威胁到以色列国家安全的科学家。只有在极个别情况下，死者不属于这两个类别中的一个。在执行死刑的时候，有悄悄执行和大张旗鼓执行之分。如果是悄悄执行，那么无论如何都不能指明以色列政府是任务的委托方以及以色列情报机构的间谍是杀手；而大张旗鼓执行，则要取得与之相反的效果，就是要以此散布恐惧和慌乱，或者用这种方法不经过外交渠道传达给某些国家一些“消息”。

在友好国家执行任务则必须尽可能悄无声息，这样才会留给位于耶路撒冷的政府一个进行“多少有几分可信的辟谣”的空间。用外交术语来说，则是“令人相信的否定”。在对以色列不那么友好的国家常常也要进行“暗中谋杀”——死者必须死于血腥的暴力，死得很难看，但是又不能留下任何暴力犯罪的痕迹。这首先关系到，事后让刺刀行动组和凯撒利亚的间谍能够平安地返回。他们如果在现场被逮捕，通常就要上绞刑架。

惺惺惜惺惺。当年的摩萨德间谍加德·希姆罗恩（左）在东德垮台后邀请东德当年的间谍头目马库斯·沃尔夫（代号“米沙”）前往以色列

摩萨德头子被称作海尔兹利亚的“梅穆涅”（Memune），他是以色列势力很大的人，能决定一个人的生死。“梅穆涅”是《塔木德》[①]中的一个名称，指同类人中的首要人选（“被选中者”）。这个职位还有一个圣经色彩不那么浓的称呼——“拉姆塞德”（Ramsad），在希伯来语中是对Rosh ha-Mossad的简称，即“摩萨德的头儿”。大多数梅穆涅都十分粗放地对待他们拥有的决断权可能带来的道德问题。在纪录片《门卫》中以色列国内情报机构辛贝特（Shin Bet）的六位前领导人突然发现自己对凌驾于法庭之上的行刑权存在一定的怀疑，并在电影中对公众表现出：我们团结起来就是强大的。与这些人的表现相似，耶路撒冷政府不断更迭的首脑

① 犹太民族的圣经。——译者注

对一些人来说是英雄，对另外一些人来说是凶手。摩萨德当年的间谍教官穆提·科菲尔，摄于以色列情报机构纪念馆

及其摩萨德的头头们对有目标的刺杀的合法性和合目的性可能也有过细微不同的看法。在“首选者”内厄姆·艾德莫尼的任职期内（1982—1989），已知的死刑执行数字比较高（10）；在其继任者沙布泰·沙维特时期（1989—1996），数量则明显少了很多（3）；而在达尼·亚托姆和埃夫拉伊姆·哈勒维任职期间（1996—2002），在国外根本就没有发生过清算，这大概是因为摩萨德1997年在安曼的巨大败笔造成的影响；直到梅厄·达甘任职期间（2002—2010）谋杀数量再次增加（6）。

离“禁城”直线距离大约500米之外，在军事情报部门阿曼（Aman）治下的监听人员和黑客工作的8200部队大门的正对面，有一座纪念馆。入口处刻着“纪念牺牲的以色列情报人员”。这个纪念馆对公众开放，尽管它不属于任何官方旅游项目。很多名字镌刻在石碑上，还刻上了殉职的日期。有几个已经解密的故事，可以在一个装有木板护墙的屋子中伴着轻柔的无限循环的钢琴曲，用希伯来语诵读。这里面有扣人心弦的时代见证，例如沙洛姆·达尼的故事，这是一位大屠杀的幸存者，在20世纪50年代成为摩萨德的首席证件伪造专家。他曾为摩洛哥的几千名犹太人伪造了护照，帮助他们成功逃离；在那之后，他被派遣到阿根廷，去帮助绑架用假证件逃窜到那里的战争罪犯阿道夫·艾希曼。

在厚厚的册子上，大多只有照片和姓名，没有留下事迹。这些事迹大概没能通过审核，有可能永远也不会通过审核。对其他做出贡献的战士展出的内容还要更少些，只有一行共有的铭文：“献给那些尚无法揭开面纱、告知人们其名字的人。”这里情报机构给予那些男男女女极高的荣誉，而那些人在传统的判断中是凶手。“他们中没有一位凶手”，当年的摩萨德教官穆提·科菲尔对这类传统判断非常愤怒：“他们是长期战场上的战士！”他一边翻阅那些册子，一边回忆起出现在自己职业生涯中的一副副面孔、一个个名字，坚决地补充道：“我们更愿意在被杀害之前，就开始保护我们自己。在敌人动手之前，主动发起进攻，也不失为一种可能。”

或许可以把这个称作预防式的正当防卫。

第 9 章

科曼的旅行

你必须判断，怎么让你的士兵去冒更小的危险和风险。但一定的风险却无从避免。

——穆提·科菲尔，当年的摩萨德教官

沙迦是阿拉伯联合酋长国的一个小的酋长国，位于波斯湾畔，其实是一个拥有将近百万人口的大城市。著名的霍尔木兹海峡的另一端是伊朗。

沙迦与阿巴斯港、伦格港这两座城市之间的距离在 150 公里到 200 公里之间。伊朗瓦尔法伊尔船运公司（Valfajr Shipping Lines）的大型双体轮船每周两次往返于沙迦酋长国拉希德港客运码头和伊朗的两座港口城市之间，整个航程大概持续五六个小时。以前还有专门运送汽车的渡船，路上需要的时间更长一些，现在汽车渡轮已经停摆，显然是因为需求量太小。

摩萨德里可能会有人觉得这很可惜。因为边上的迪拜酋长国通常被视为在宗教态度上比较温和且较为亲近西方的国家，那里建筑奇特，大型购物中心鳞次栉比，奢华无限，流光溢彩。许多年以来，这里是各路间谍来来往往的处所。迪拜河畔的老港口里，在德拉区著名的香料市场周边，有许多伊朗银行和货运公司，他们每一笔生意都做，并不多问什么问题。自从联合国开始禁运以来，那些德拉区的走私贩子和投机倒把商人用小木舟“蚂蚁啃骨头”的方法来运货过境，平日里这些小木舟三个一排地停靠在堤坝里。他们就这样赚大发了。

显然处于伊斯兰地区的迪拜也是摩萨德的活动基地之一，因为从这里比从以色列的其他大型机场更容易向伊朗渗透。持有不受人怀疑的各种国际护照的以色列间谍活跃在阿联酋，在这里活动就跟在家中差不多。他们可以窃听甚至收买伊朗的访客或商人，可以在德拉区乔装为受雇的船民秘密前往伊朗，或者作为背包客从沙迦出发，乘快艇过海峡。

2009 年 8 月 25 日黄昏，一对小情侣乘坐双体轮船从拉希德港出发，前往阿巴斯港。不难看出，这对小情侣背着沉重的背包，戴着墨镜，揣着旅行指南就上路了。亚当 · 马库斯 · 科曼刚满 34 岁，

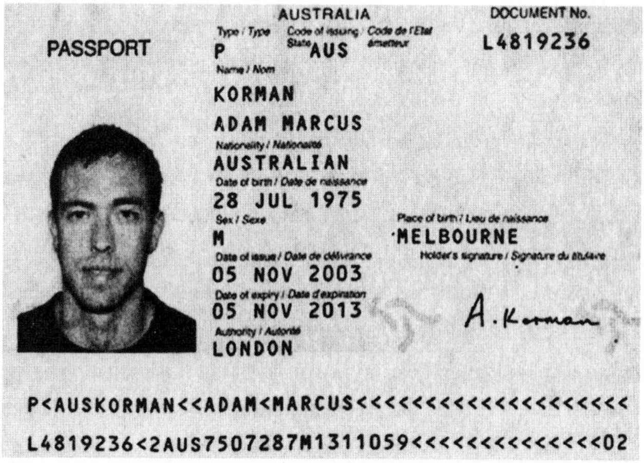

摩萨德间谍亚当 · 科曼伪造的护照，他持此护照进入伊朗

他的女朋友妮科尔·桑德拉·麦凯布26岁，来自澳大利亚。从后来警方的调查得知，他们在8月20日从香港乘坐阿联酋航空公司EK381次航班飞到迪拜。之后他们有几天时间显然除了晒太阳、观光看风景什么也没做，随即就要前往背包旅行的下一站，第二天早晨他们就会到达。他们票号为858823-735的船票在几周前就由当地的朋友买好了。现在，这两位出示他们的澳大利亚护照，科曼的号码是L4819236，麦凯布的号码是L4041765，坐到他们预订的座位上。一切看来都很正常。

而与此同时，34岁的亚当·马库斯·科曼和26岁的妮科尔·桑德拉·麦凯布在以色列过着他们正常的日子。科曼祖籍澳大利亚墨尔本，在特拉维夫的罗斯柴尔德大街一家制琴工作坊制作小提琴，他的妻子刚刚生了第一个孩子。麦凯布同样来自墨尔本，她不久前在以色列结婚了。实际上，科曼和麦凯布无论是在澳大利亚还是在以色列都从来没有见过面，更遑论正一同经过沙迦前往伊朗旅行。这两个人成了摩萨德的牺牲品。摩萨德"借用"了这两个人的身份信息，用以完成严格保密的在国外执行的秘密行动，而眼下正在死敌国家伊朗。

没人清楚，这两位以色列特工去阿巴斯港有什么任务，他们在到达后是否要与伊朗反对派团体恢复联系，是否要去了解伊朗核物理学家们的生活状况，或者是否要取伊朗核装置周边的土壤来调查其中铀浓度的含量。这个凯撒利亚战斗小组活动在一个积极争取拥有核武器的国家，而以色列巴不得把这个国家从地图上抹去，所以该小组的任务范围一定很广泛。这对间谍假情侣的工作范围肯定不包括度假和观赏文物，如果他们这么做了，那也只是出于隐蔽的需要。

2010年1月12日，两位间谍入境后没过几个月，伊朗50岁的核专家马苏德·阿里-穆罕默迪在德黑兰死于炸弹袭击。他是第三位死于残忍谋杀的伊朗核科学家。科曼和麦凯布是否暗中参与了这次暗杀行动的准备工作？从沙迦到阿巴斯港的夜间轮渡是否与以色列的某种尝试有关，即加强与逊尼派恐怖组织伊朗人民圣战组织（真主旅）的联系，该组织在几个月之前，即2009年的5月份，在扎黑丹举行的一次什叶派的宗教集会上，通过自杀性袭击造成了25人死亡，100多人受伤。摩萨德当时支持这个以巴基斯坦为基地实施行动的恐怖组织，其目的是造成在德黑兰的什叶派政权不稳定，同时准备刺杀核物理学家。特工们“以他人的旗帜”进行行动，他们声称，自己在为美国中央情报局工作，大把地甩着美元，以便与真主旅的首领开始合作。

这是一次送死的秘密行动。如果被伊朗人抓住，他们很可能会被斩首示众——1965年5月18日摩萨德特工伊利·科恩就是这样在大马士革的烈士广场上被处决。但与当年不同的是，2009年伊朗人只要到互联网上去谷歌一下，就会在亚当·科曼的名下找到一

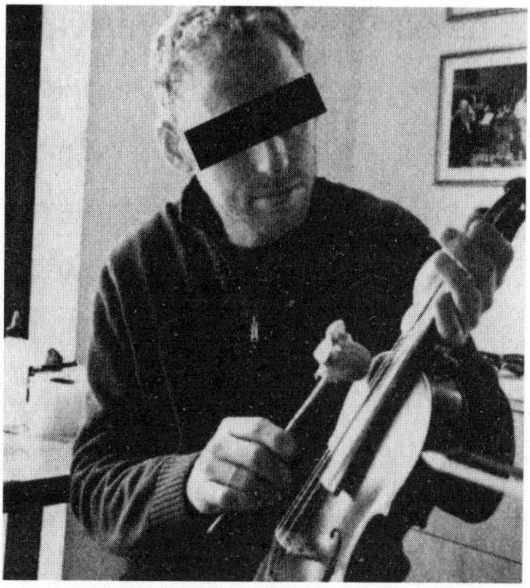

毫无所知还是头脑简单？小提琴制作师亚当·科曼生活在特拉维夫，他的护照被摩萨德滥用于执行危险行动

位澳大利亚裔、生活在特拉维夫、同名同姓、年龄相同的小提琴制作师和音乐家。当然也能在互联网上找到真正的妮科尔·麦凯布的各种踪迹。如果在虚拟世界信手搜索一下，就能找到完全足以处死这对特工小情侣的信息——这难道不是完完全全的草菅人命?

“特定的风险还是要冒的，”穆提·科菲尔这么说，“不存在百分之百成功的行动！”科菲尔在摩萨德学院里多年从事“新瓜蛋子”的训练工作。他坦承，他的“战士”在阿拉伯世界里或者在伊朗当然不能用“以色列护照”执行行动，这是个很大的问题。所以那些外来移民，尤其是那些来自澳大利亚、加拿大和英国的年轻移民往往就自然而然地被以色列秘密情报部门盯上。“我那时就这样，现在也不会有什么两样。”科菲尔补充道，但他不愿意透露更多细节。

目前所知大体上是这样的，在给新公民发放以色列护照时往往会秘密私下询问一下，是否愿意将他们的澳大利亚、加拿大或者英国身份证明交给“政府”使用一段时间，反正他们将来出国旅行也有以色列护照可用了。很多新移民出于对新祖国的忠诚就同意了，也从来不多问一句，政府到底想用他们的身份证明去干些什么勾当。当今由于各国护照通常防伪性很强，而且通过国际信息网络可以随时随地检验真伪，秘密机构的伪造师们虽然能利用奇思妙想的方法以及特殊的印刷技术来制假，也无法完完全全地制作出新护照来。所以现在采用的是真的身份证明。

我们随便举个例子，摩萨德可以让它的特工带上这样的身份证明前往多伦多，在那里亲自交上其照片，申请一本新的加拿大护照。理由就是旧护照快要到期了。因为原护照上的照片可能是十年前照的了，加拿大的官员往往不会察觉，现在其实是一个同龄的、长相相似的另一个人在申请护照。签字也会随着时间改变的，而且模仿起来也不难。只要像指纹这类明确无疑的识别特征没有固定在旅行证件上，那么伪造证件还是完全有可能的，而且是所有情报机构的日常工作。

然而特工科曼的护照很可能是小提琴制作师科曼的真实护照，因为这本护照是 2003 年 11 月由澳大利亚在伦敦的大使馆颁发的。当时这个澳大利亚人在英国首都的一家小提琴修理企业工作，2005 年他移民前往以色列。可以推定，在他入籍的时候，摩萨德把他的澳大利亚护照骗到手，后来又贴上了其他人的照片进行了伪造。

妮科尔・麦凯布用的护照是 2003 年在墨尔本印制的，她与亚当・科曼大概从 2006 年或 2007 年起就作为摩萨德的特工小情侣游遍世界，他们甚至用同一张信用卡付账。他们的任务是，以借用的身份“为国家从事犯罪活动”。前摩萨德特工加德・希姆罗恩如是说：“去从事间谍活动、溜门撬锁、行窃和做一些对别人并不友善的事情。”

2010 年 1 月 18 日 23 点，亚当・科曼再次出现在迪拜，他乘坐 EK098 次航班，由罗马飞来，这次妮科尔・麦凯布没有一同前来，但有五位同行一起来了。他们都是摩萨德刺杀行动组成员，要结果哈马斯的武器贩运商马哈茂德・马巴胡赫的性命。此人预计会来阿联酋与伊朗的军火供应商谈判。

第 10 章
打击——马巴胡赫事件

如果决定进行一次处决，那么必须要事先对行动策略进行周密计划，计划需建立在对环境进行评判的基础上，就像在军事行动之前那样做好行动计划。评判的第一步就是去展现信息缺项，可能还要说明生产和设计特殊器械的必要性。

——《美国中央情报局暗杀指南》，1953 年

迪拜的布斯坦罗塔娜酒店是国际机场附近常见的豪华酒店之一，入住这个酒店的客人多是来去匆匆的商务人员，他们的日程表上通常没有观光和观赏文化。波斯湾畔的这个小酋长国中建筑风格争奇斗艳，这座酒店除了建筑风格大胆奇特之外，辛苦的商务人员总是能找到他所需要的一切：富丽堂皇的大堂里有无数组座椅可以用来会谈，还有会议室、餐厅、室内室外游泳池和水疗中心，以及网球场——五星级水准的设施。

2010 年 1 月 19 日 15 点 24 分，马哈茂德·马巴胡赫步入这家豪华酒店。酒店入口处的监控摄像头记录下来，他拉着一只拉杆箱进入了大堂。这位有些敦实的巴勒斯坦人上身穿着一件黑色皮质西

服，里面是一件蓝色套头毛衣，他来自大马士革，在进入迪拜时使用了一本伪造的护照。这位48岁的男子负责为哈马斯持续提供武器。武器通过苏丹的港口先运往埃及，然后通过运河走私运往加沙地带。他计划在迪拜与伊朗伊斯兰革命卫队的代表进行关于武器最新供货的谈判，当然要求最高级别的保密。

“从他在迪拜降落的那一刻起，他就在十名特工的监控和观察之下。”加德·希姆罗恩明确地说，他本人就经常参与这类行动。马巴胡赫不仅仅是对以色列南部进行持续性导弹袭击的总物流师，摩萨德还有一笔账要跟他清算：他在1989年，与巴勒斯坦人阿布·萨希卜一起，参与了在内盖夫沙漠谋杀两名以色列士兵，事后还以此来吹牛——在进行这两次谋杀中，有一次他们开车从加沙地带偷偷潜入该地区。“我们头戴以色列人的小帽，伪装成正统犹太人，”他对半岛电视台承认道，“我们遇见了那位以色列士兵，并用希伯来语邀请他乘坐我们的车。”车子开出一段路，大约也就是三公里，阿布·萨希卜掏出贝雷塔手枪就给了那位士兵几枪，直接照着脸打。“我听着，他吐出了最后一口气，然后就过去了”。

但对于处决马巴胡赫的“等离子显示器”（Plasma Screen）行动而言，主要动机并不是报仇，以色列情报部门的希望是，通过刺杀他来终止哈马斯军事部门的武器供给，至少是暂时性地中断。隶属于军事情报局阿曼的8200部队监听和监视马巴胡赫的电话和电子邮件已经很久了，大家早就知道，他定期飞到迪拜就是为了与伊朗的谈判代表碰头。凯撒利亚和刺刀行动组的特工将在那里动手。计划要实行的是一个悄无声息的行动。谁也不会察觉，马巴胡赫将在迪拜的一家酒店中非正常死亡。

2010年1月初，摩萨德负责人梅厄·达甘向总理递交了一份完整的计划，请求为这次“打击”开绿灯。本雅明·内塔尼亚胡没有犹豫多久，虽然他必须为1997年9月在安曼刺杀哈马斯成员哈立德·迈沙阿勒负政治责任，那次的行动惨败。但迪拜并不是安曼，它与波斯湾的那些酋长们没有外交关系，而且酋长国与约旦不同，对以色列而言，没有那么重大的战略意义。在一个敌对国家这类行动可能会有其他风险，内塔尼亚胡觉得值得去冒一下险。

15点25分，通过摄像头观察，马巴胡赫进入布斯坦罗塔娜酒店一分钟之后，这位武器商站在前台，掏出了自己的护照，得到了一张开房间的磁卡。他没有注意到，左右有两个网球运动员在玩手机，同时用他们的球拍来摆出各种姿势。其中一个球员的脖子上挂着一条毛巾，就像刚刚在酒店的网球场打完了一场大汗淋漓的比赛。当马巴胡赫由一位酒店女服务员陪同走向电梯时，凯撒利亚部门特工乔装的两位运动员也跟了上去。他们要十分有把握地确认，找到的是马巴胡赫的房间号码。这位巴勒斯坦人在二楼走出电梯，然后消失在230房间。237号房间在这个房间的正对面。两位装扮成网球运动员的特工中的一位发现这一点，他就像是沉浸在自己的世界里，沿着走道一直晃晃悠悠地走，然后突然间转身，就像是走错了楼层一样。他马上把有关237号房间的信息告诉了同事彼得·埃尔万热，20分钟后，此人就在布斯坦罗塔娜酒店里电话预订了这间房。

在十几个监视摄像头的环绕之中，摩萨德特工主演的死亡之舞开始表演了。

穿着运动服的观察小组还将在酒店的大堂里磨磨蹭蹭一个多小时而不引起怀疑，随后他们由一对旅行中的夫妇替换下来。这样旅行中的夫妇在阿联酋有成千上万人，大约是特工切斯特·哈尔威和艾维·布林顿扮演了这对夫妇。但事后，监控视频显示，哈尔威的宽边草帽下浓密的大胡子明显是粘上去的。在这个由十五到二十

后来的牺牲品马巴胡赫。当马巴胡赫由一位酒店女服务员陪同去房间时，两位身穿网球运动服的凯撒利亚特工也跟了上去

人组成的“战士”团队中，显然并无一位化装师。所有来迪拜的凯撒利亚特工都由欧洲的大城市出发：先遣队员从苏黎世出发，在前一天早上 6 点 45 分就已经抵达谢赫拉希德航站楼了。三位特工显然主要负责一些后勤以及边缘性的工作，或许就是行动小组的后勤保障人员。他们将会在 1 月 19 日 20 点 40 分，也就是在马巴胡赫命丧黄泉的那一刻，离开这个国家。出于安全考虑，他们先乘飞机往东，到香港，然后从那里再往相反的方向飞回苏黎世。这样看起来，摩萨德特工行动时大部分时间都在飞机上度过，这样可以清除他们的痕迹。

从 1 月 18 日到 19 日夜间，行动小组从巴黎飞抵。凯文 · 达韦隆和盖尔 · 福利亚德，这两人号称拥有爱尔兰国籍，如同一年前的科曼 / 麦凯布组合一样，也假扮成小情侣，共同入住了一间双人房。第二天上午 10 点 30 分，这两位才在一座购物中心与其他小组成员会合。那里的监控摄像头记录了这一切。当时，达韦隆的发型是时尚的秃顶，福利亚德披着一头金发。下午两位消失在某个酒店的厕所中，为将要进行的行动乔装打扮。事后可以从监控录像中看出，达韦隆顶着黑色头发，贴上了上唇须，戴上了眼镜；福利亚德套上黑色假发从卫生间出来。这些伪装是有道道的，这两位将在观众面前指挥着整支杀手乐队，所以他们抛头露面比较频繁。

16 点 23 分，马巴胡赫在到达酒店一个小时之后，外出购物。独自外出。显然他觉得自己在迪拜很安全。他的保镖要再过一天才从叙利亚过来，与伊朗人的谈判开始时，保镖在场。这位巴勒斯坦人大概打算去附近的购物中心逛逛，来打发这天余下的时间，他很需要一双新鞋子。

在布斯坦罗塔娜酒店的大堂里他几乎跟一位正准备谋杀他的刽子手擦肩而过，凯文·达韦隆正好在他从另外一扇门离开饭店的那个时刻步入饭店。这个爱尔兰人从彼得·埃尔万热那里拿到了 237 号房间的电子房卡和他的箱子，坐电梯上了二楼。马巴胡赫的 230 房间对面的 237 房间现在成了整个处决行动的基地。没一会儿，他的同伙福利亚德也来了。相反埃尔万热已经完成了他的任务，直接去了机场，他要离开迪拜飞往多哈，而后接着飞往苏黎世。

两个小时之后，18 点 32 分，刺刀行动组的第一小组已经就位。两位充满雄性荷尔蒙、力大无比到几乎没法行动的肌肉男，消失在 237 房间。这两位大概就是梅尔文·米尔德纳和斯蒂芬·霍德斯。两分钟后，第二支打击小组成员尾随而至。两位特工，大概就是米夏埃尔·博登海默和保罗·基利，背着很重的背包，他们用背包来运送刽子手的行刑所需。米尔德纳、霍德斯和基利持英国护照，博登海默持德国护照。

一切按照计划进行，行刑手已经就位，到达受害者的身边，而受害者此时正好在路上。达韦隆和福利亚德在过道里来回转悠。他们用胳膊夹着一叠纸，手机贴在耳边，给人留下一种正在接听极其重要的电话，一点也不能耽搁的印象。而他们的实际任务是，在接下来的几分钟里，不让人进入过道。

20 点，凯撒利亚特工们显然试着去打开 230 房间的锁，这样可以让两个刺刀行动组小组成员进入马巴胡赫的房间。而恰好在这个时刻，一位酒店客人从电梯出来，达韦隆的时间仅仅够给他的同事发个信号，他要马上把信号发出，同时把这个男人的注意力引开，他很有技巧地与这个巴勒斯坦人毫无内容地聊了三十秒。事后观看监控录像时可以看到这一切。

在 20 点 24 分时，马巴胡赫手里拎着一只购物袋回到饭店，在离开电梯时，差点和达韦隆、福利亚德撞个满怀。刽子手们在他的房间里等着干掉他。后来警方推测，十分钟之后，这位巴勒斯坦的军火商就被处决了。死前的挣扎非常激烈。肌肉男们把巴勒斯坦牺牲品掼在床上，用力很猛，床垫下的支撑都弄断了几根。另外两位给他强迫注射了高剂量的麻醉剂司可林，这种药能在几秒钟之内造成肌肉整体瘫软。马巴胡赫刚才还在奋力挣扎，现在就完全瘫痪了。特工们可能还向他宣读了死亡判决，以前在执行处决时，他们有时候会这么做。然后他们有可能用酒店床上的枕头把他闷死，也有可能用了装在背包里带进来的心脏除颤器。除颤器不仅能够让心脏跳动，在调到最高值时也可以终止心脏的跳动。不管怎么说，只要看起来像是自然死亡就行。

20 点 46 分，四名刺刀行动组特工离开了酒店。其中一位在激动中甚至忘记了摘掉橡胶手套。录像中可以看到，在电梯前他紧张地来回倒换着腿，就像是肾上腺素在他身体里发号施令一般。杀手必须是最先撤离现场的人，这是一个铁律，因为万一被捕，就会被判处死刑。一分钟后，盖尔·福利亚德挽着一位同事的胳膊，像是一对亲密夫妻那样离开了酒店；五分钟之后，凯文·达韦隆也离开了，他再次把两个房间仔仔细细地检查了一遍，确保不留下任何线索；同时那对装扮成旅游夫妇的观察小组也消失了。行刑后的大约一刻钟，九名直接参与了布斯坦罗塔娜酒店谋杀的摩萨德特工都坐在不同的出租车中，直奔最近的国际机场。

夜里 3 点 15 分，博登海默和基利乘坐 EK384 次航班飞往香港，而后从香港再飞回法兰克福；亚当·科曼也在飞机上。4 点 40 分，米尔德纳和霍德斯登上了前往约翰内斯堡的 EK761 次航班，从那里再回欧洲，回到阿姆斯特丹。五个小时之后，最后一批凯撒利亚特工也撤离迪拜。目标人物死亡，所有的“战士”都安全了——“等离子显示器”行动在特拉维夫一时被视为摩萨德的重要成就。还要再过四个小时，才会有人在 230 号房间发现马巴胡赫的尸体。

垂死挣扎了几分钟。摩萨德的杀手在马巴胡赫的房间里等着他，给他注射了麻醉剂，然后很可能用枕头闷死了他

门上挂着“请勿打扰”的牌子。清扫房间的服务员敲过几次门，都没有人应答。2010 年 1 月 20 日 13 点 30 分，他打开了 230 房间的房门，看到一具穿戴整齐躺在床上的、没有生命迹象的男人尸体。他马上通知了酒店保安部门。另外一种说法是，马巴胡赫的妻子担心她的丈夫，因为她没法打通她丈夫的电话，所以联系了在大马士革的哈马斯办公室，请求派人到迪拜的酒店去看看。而正是在这一请求的干预下，房间门才被打开——尸体才可能被识别认定，因为马巴胡赫入住时用了一个别的名字。

一位负责为布斯坦罗塔娜酒店服务的医生被喊来了，他确认死者死于心脏病。酋长国后来在停尸房进行的官方尸检也证实了这一死因。哈马斯起先接受了这一死因，但马巴胡赫的家庭不接受。马巴胡赫的妻子哭喊着，她的丈夫身体非常健康，根本不可能突然得心脏病死去。迪拜 59 岁的警察总长查希·哈勒凡·塔米姆将军，先是对哈马斯要求彻查死因不理不睬，他可不想要新的丑闻。这已经是两年来发生在迪拜的第三起命案。2008 年 7 月，一位埃及大亨的前女友，一名黎巴嫩知名女歌手被谋杀；2009 年 3 月，一名捷克黑帮人物被谋杀。每次报纸都要连篇累牍地写上几个月，这种情况让他们的酋长穆罕默德·本·拉希德非常不开心，因为他要求自己的王国拥有安宁和秩序，这样才不会损坏该王国作为金融中心和度假胜地的吸引力。警察总长还是让人调来了马巴胡赫所住楼层的监控录像。让他本人大吃一惊的是，他在录像里真的发现了一些举止动作非常奇怪的、在过道里走来走去的人物。警察总长塔米姆也警觉了起来。难道真的是以色列人的一次暗杀活动？

摩萨德总部这段时间里，也开始出现了一种惴惴不安的情绪。梅厄·达甘一直想避免的情况就偏偏出现了，即对马巴胡赫是自然死亡产生了怀疑。这才是开始。塔米姆总长安排人将马巴胡赫遗体

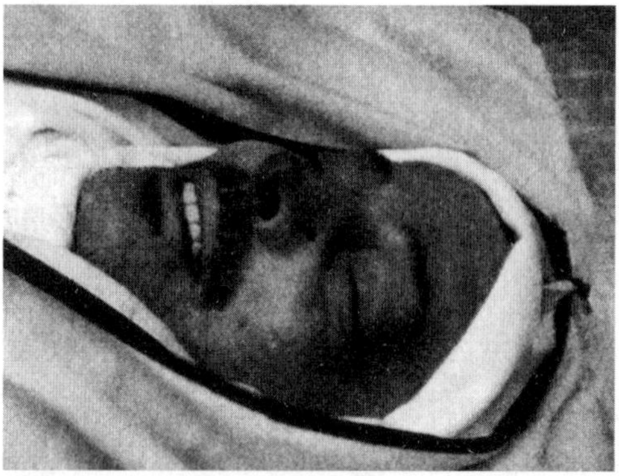

先是悄悄地，随即大肆渲染。对马巴胡赫的处决本应看起来像自然死亡。在出现了一些疑虑之后，整个谋杀过程在细节上得以再现

的细胞组织采样和血样送往法国一家知名的毒剂研究所化验。一个星期之后，检查结果送到了警察总署，从中找到了麻醉剂司可林的残留。此外，死者胸部的泛红点很有可能是心脏除颤器的电极造成的微小燃点。塔米姆现在明白了，他没有选择，必须扭转方向，证实他这个机构破案的卓越能力。他也真的证实了这一点，而这却让摩萨德头目和以色列政府都十分头疼。

警察总长首先做的是，让出入境管理局列出暗杀发生之前入境和暗杀发生后出境的所有人员名单。然后他将这些人的护照与酒店宾客的入住登记信息，与办理入住手续时的酒店摄像头拍摄的录像进行比对。他的属下询问了出租车司机、酒店工作人员和汽车租赁公司的人，对信用卡的电子支付进行了追踪，对行动现场的电话通话进行了追索，同时调看了事发前后 48 小时之内的机场、布斯坦罗塔娜酒店前面和内部及其周边饭店、购物中心的监控录像。他们看了几百个摄像头拍下的几千个小时的录像内容——简直是一个西西弗斯工作，但是这样的工作大见成效。一个多人团队的活动图景越来越清晰地浮现出来，先是 11 人，接着是 27 人，最后远远超过 30 人组成的摩萨德特工小组进入警方视野。当然在看录像的过程中或许并未虑及一点，在虚拟世界的拖网式捕捉中，也有一些挂网的可疑特工，这些人与处死马巴胡赫根本没有什么瓜葛，他们不过是恰巧在阿联酋完成其他任务，也可能为其他情报组织工作，或者只是在可疑时间段碰巧路过这里。

2010 年 2 月 16 日，警察总长塔米姆精心组织并主持了一场国际记者发布会来介绍那 11 名可疑的特工。会上，警察总长没有穿警察制服，而穿戴当地的服饰，阿拉伯长袍和头巾，他想以此发出什么信号只有他自己知道了。他对媒体代表介绍，观察小组使用了“高度发展的技术”，这样马巴胡赫从抵达迪拜国际机场开始直到布斯坦罗塔娜酒店便被一路跟踪。种种迹象表明，这很可能是摩萨德的一次暗杀。塔米姆非常享受这次露面，他很有技巧地在叙述过程加了几个停顿，最后甚至还给大家看了这个行动视频的一些截图。他在 2007 年侦破了一起引起轰动的瓦菲购物中心珠宝抢劫案，2008 年成功逮捕了谋杀黎巴嫩女歌手的真凶，2009 年成功地了结了对捷克黑帮帮主的凶杀——但是现在他呈现的是他职业生涯的巅峰之作，他的大捷。国外报纸盛赞他的勇气和决断，阿联酋的电视台不间断地反复播放相关特别报道。

美国驻迪拜领事馆中，美国人不敢相信自己的眼睛，惊得下巴都要掉了。“如此敏感的调查结果这么突然地公布了，鉴于以前的实践经验，应保证不向公众泄露与安全有关的信息”。2 月 17 日，美国外交官向华盛顿的国务院发出这样的电文。“他们的动机目前还不明确，”他自问，“他们下一步有什么打算。”一天后，应阿联酋建议，国际刑警组织的网页上出现了对那 11 人的逮捕令（红色通缉令）——冒名顶替，用他人护照入境，参与了对马巴胡赫的刺杀。

目前在海尔兹利亚的“禁城”里，核心团队中所有的警告灯都变成了红色。原先计划静悄悄的处决变成了一个“喧闹的打击”。摩萨德低估了警察总长塔米姆以及与他配合的安全局的工作能力，同时也低估了酋长对再一次想把一切都用外交手段遮盖起来这种做法的厌烦程度。与此相反，现在他把一切都大声嚷嚷出来。

塔米姆以始终如一的工作热情继续跟进。迪拜实际上是个全城监控的城市国家，是“老大哥”的一个代办处，这一点对他的工作帮助很大。所有信用卡公司、电话公司、汽车租赁公司的信息都被审查，被相互联系起来。在饭店、公共广场、购物中心、快速路沿线，处处都有监控探头，可以对各种脸庞和号码牌进行扫描和评估。在这种情况下，即便是一个以色列的特别行动队，也不可能不留下痕迹。

有时候一个“意想不到的蛛丝马迹”会给案件调查带来极大的进展：酒店前的一个监控摄像头捕捉到一辆贴了遮光玻璃膜的白色厢式旅行车的影像，当时正好有几位特工走向这辆车，但是又猛地止住了脚步。这让警方灵光一现，他们觉得很可能有位同伙开着一辆相似的车在路上。他们于是就查验了所有的租车公司，结果是，有一辆很相近的厢式旅行车被一位名叫克里斯托弗·洛克伍德的人给租走了。起先好像很难把这个英国人纳入当时掌握的情况中：此人持有一本真正的英国护照，而且他已经61岁了，比其他被怀疑对象的年龄要大很多——对于一份要消耗大量神经的间谍工作来说，这个年纪或许太大了。但通过数据比对发现，洛克伍德在2008年通过当时还在运营中的汽车渡轮将一辆蓝色的梅赛德斯康比车由沙迦运到伊朗。在问了英国相关机构后，得知这辆车后来又被运回英国，后来该车就消失了。警官在迪拜把一张洛克伍德的照片给瓦尔法伊尔船运公司的代表辨认，该代表确认，这很可能就是那位给澳大利亚特工小情侣亚当·科曼和妮科尔·麦凯布买票的人，那对小情侣在2009年8月乘坐双体轮船前往阿巴斯港。

更加让人振奋的是接下来的调查结果，这位英国人在1994年向英国机构申请过更名，而且得到了批准。克里斯托弗·洛克伍德原来的名字是耶胡达·勒斯蒂格，他出生于1948年2月23日，是一位犹太移民的儿子，在巴勒斯坦出生，当时这座城市还由英国政府控制。耶胡达·勒斯蒂格当兵参加了1973年的赎罪日战争，在西奈的一场战斗中阵亡了，他的故事从这里开始就有些诡异了。他当时作为烈士被葬在盖代拉的公墓里，以色列国防军的互联网网页“永远铭记”上还在怀念他。由此迪拜警方的调查者得出结论，租借那辆白色厢式旅行车的人既不叫勒斯蒂格，也不叫洛克伍德。很显然摩萨德使用了20年前在以色列阵亡的一名英国士兵的身份证件，以便轻而易举地在英国获取护照，然后通过第二步更名来使用这个护照，因为以色列特工是绝对不会使用耶胡达·勒斯蒂格这种名字的。在以色列特工中某个不知名的人顶着克里斯托弗·洛克伍德这个名字成就了自己的事业。此人很可能是一位万能救场队员，是随时为应对可能出现的各种情况做好各种准备的人。

在迪拜当局的要求下，2010年3月8日国际刑警组织扩充了国际逮捕令。现在大概有27名凯撒利亚间谍都上了红色通缉令。对于摩萨德来说最心疼的是，一下子要“焚毁”27本护照，就像做了手脚的、从移民以色列的人那里借用的护照一样（如科曼和麦凯布的情况），这些护照都是真护照，人们费心费力地编好各种故事，而且花费巨大才在国外弄到手的（勒斯蒂格和洛克伍德就属于这种情况）。耶路撒冷的政界，很多人的心情都不好。对本雅明·内塔尼亚胡来说，这是继1997年安曼刺杀活动之后再一次完全失控的行动。可在幕后，暂时还要用这个口号来鼓劲：干得漂亮，马巴胡赫已经死了，没有一位“战士”被捕。

仅仅过去几个星期，2010年5月，纽约大学国际法专家菲利普·奥尔斯顿受到联合国人权委员会的委托，提交了一份关于“定点定向刺杀”的研究，他在这份研究里批判了以色列的定点定向刺杀政策。目前他已经完成了联合国的特别任务，在除去外交方面的顾虑之后，他可以更加明确地表明自己的立场：“如果一个秘密机构能决定对某个人采取这样的行动，而且还能在另外一个国家去实施它，那么我们便会陷入国际性的无规矩状态。”这位人权专家谴责在迪拜发生的谋杀案。

2010年6月4日，在华沙机场的边境检查处，一位名叫尤里·布罗德斯基的人被逮捕。位于卡尔斯鲁厄的联邦检察院在两个月前曾经发出公告缉拿他，因为他从事了收集秘密情报的特工活动，现在要求波兰将他引渡。这个故事很好地再现了，摩萨德下了多么大的本钱，来保证其凯撒利亚或是刺刀行动组的“战士”们能够得到安全的身份证件。而且他们会感到多么的心疼，在迪拜事件之后，那么多本护照只能作废了。

那位用米夏埃尔·博登海默的德国护照进入迪拜的以色列特工，根据种种迹象判断，就是使马巴胡赫毙命的第二个打击小组成员中的两位杀手之一，在发生袭击案不到一年，他曾经出现在科隆的一家律师事务所。当时与他一同前来的是一位名为亚历山大·韦林的以色列公民，此人充当顾问和翻译的角色。那个律所的律师受到委托，向位于科隆芭芭拉街的德国联邦行政管理局为他申请一本护照。联邦行政管理局从属于联邦内政部，负责许多行政管理事项和工作，这些工作也包括所谓的“依照要求入籍”，文牍式德语这样说的。这正好就是那位以色列特工和他的陪同者。

德国基本法规定，以前拥有德国国籍的人，他们在第三帝国时期“由于政治、种族或者宗教的原因被剥夺了德国国籍”，可以通过快速处理程序重新获得德国国籍，他们的后代也可以这样获得德国国籍。这个人是汉斯·博登海默的儿子，在律师事务所中韦林不停地说着，而那位特工则缄默不语，当年犹太人汉斯·博登海默为了逃避纳粹逃跑了，所以他的儿子理应获得德国护照。韦林提供了一系列佐证材料，其中包括所谓的博登海默父母的结婚证。律师承诺，会紧盯着这件事情。

这位名为米夏埃尔·博登海默的人在科隆火车站附近破旧的住房区租了套房子，楼下是比萨饼店。他大概在德国必须有个固定地址，这样才可以收到邮件。2009 年 6 月 16 日，他的律师把入籍申请递交到了联邦行政管理局，不久后博登海默获得了科隆市居民登记处发放给他的德国护照，拿到护照后他就马上从德国消失了。

半年后，他又在迪拜出现了。当他的名字出现在国际刑警组织通缉刺杀马巴胡赫的凶手的名单上，卡尔斯鲁厄的联邦检察院才觉得有必要建立一份档案，对博登海默及帮助他的亚历山大·韦林进行调查，调查他们秘密情报收集的特工活动、伪造证书和其他的犯罪行为。通过调查，很快就得出这样一个结论，这位一会儿名叫韦林，一会儿名叫瓦林或者尤里·布罗德斯基的人，交替使用着不同的护照，显然是摩萨德的一位后勤保障人员，他总是东奔西跑。这个结论足以让卡尔斯鲁厄申请一份国际通缉令。

后来的发现表明，这本布罗德斯基名下的证件大概是一位来自特拉维夫附近的基利亚特奥诺的心理学家和心理医生尤里·布罗德斯基的，此人大约在 15 年前从圣彼得堡移民到以色列。他很可能在什么时候向故乡俄国的机构申请过新护照，并把这个护照交给摩萨德了。他可能什么也没多想，也有可能是有意识的。“禁城”中的行家们在这本真实的护照上换了一张新照片之后，特工布罗德斯基就常年拿着这本护照在世界周游。今天到这里，明天去那里。

国际刑警组织的通缉令。在迪拜谋杀马巴胡赫的一名特工，使用了一本真实的护照，护照的主人是米夏埃尔·博登海默，这本护照是摩萨德从德国有关机构骗取的

例如在2005年，护照中有整整两页的记录：8月21日在布加勒斯特，9月12日在约翰内斯堡，10月8日到了柏林泰格尔机场，接着在10月12日乘火车经过德累斯顿、巴特尚道前往布拉格，10月18日经过海底隧道前往英国，11月1日又到了约翰内斯堡，11月8日则在桑给巴尔岛上。

2010年6月4日，这样飞来飞去的日子总算是在华沙告一段落了。波兰的边检人员把布罗德斯基的名字输入了他的计算机，系统弹出一条警示信息。几分钟后，手铐就摆在面前。位于海尔兹利亚的摩萨德总部现在又多了一个问题。

还没来得及把此人送进牢房，幕后各种外交关系已经开始角力较劲了。德国司法部门坚持要求引渡，在柏林，根本就没有人想着把这件事情悄悄地处理掉。而内部的说法是，此人借助于一本通过蒙骗而获取的护照来进行谋杀，真是胆大妄为，而且在申请护照时所用的理由是声称受到过纳粹的迫害，这简直是无耻。无论德国与以色列之间的国家关系有多么敏感，政府不想随随便便地把这件事情放过去。同时以色列驻波兰大使开始干扰波兰政府，华沙和特拉维夫的律师们纷纷开始活动，他们要利用一切法律工具来阻止将该人移交给德国司法部门。在间谍行当中有一个铁律，哪怕一位被俘获的间谍犯了新手才犯的严重错误，哪怕他把编造的不同故事给弄混了，也一定要用尽各种方法把他给弄回家来：多花钱，多说好话，用诡计，用谎话和威胁，必要时甚至用暴力。

那位间谍被俘两个月后，以色列政府的律师们松了一口气，华沙上诉庭的法官们选择了一条最省事的途径。他们同意将布罗德斯基押解给德国，但仅仅以“间接制作假证件”也就是制假证罪，而不是因为间谍罪。这又意味着，联邦总检察长必须将此案移交给科隆法院——这样这位特工面临的处罚仅仅是罚款。事情后来的发展也正是如此。2010年8月12日，这位以色列人被移交了，德国的律师们已经准备好了其余步骤。他们交了10万欧元保证金，两天之后，尤里·布罗德斯基神不知鬼不觉地得以飞往以色列，几个星期之后，在交了6万欧元的罚金之后，整个司法程序就终止了。

在迪拜处决马巴胡赫的行动中，除了上述米夏埃尔·博登海默的德国护照，还使用了12本英国护照、6本爱尔兰护照、4本法国护照、4本澳大利亚护照，这种情况自然造成了外交上的紧张气氛，尤其是在伦敦。因为在伦敦，三十多年前在刺杀阿里·哈桑·萨拉马后，以色列人就发出过保证，再也不会将英国护照滥用于从事暗杀活动。但这都是谎话，只是做样子。英国官方表示愤怒，这是外交层面必须做出的架势，前凯撒利亚特工加德·希姆罗恩说：“对外，他们说：‘不，不，不！你们这样做太不像话了，你们怎么能这样利用我们的护照！’但关起门来，同一个国家的外交家完全换了一个口吻说话：‘干得太漂亮啦！棒极了，接着来。这是我们跟恐怖分子斗的最好途径。'”

迪拜的警察总长塔米姆也考虑过，是否向华沙发出引渡犯人的请求，但他后来放弃了。尚不清楚的是，他最后的决定是否跟他自称后来收到两份暗杀威胁有关。威胁的发出者“极有可能是摩萨德”，总长在2010年9月底对酋长国的日报《团结报》说。最初收到了一封电子邮件，上面写着：“您如果再喋喋不休地说此事，那您可要担心您背后会发生什么不测之事！”后来他的亲属又接到了电话：“告诉塔米姆，最好闭上他的嘴。”塔米姆的属下查出来，打电话的人是“已退休的摩萨德特工”。总长没有给出具体细节。很快这件事就被遗忘了，如果想想这件事情发生后各方紧接着费了多少外交努力，这个遗忘速度就十分令人惊讶了。对以色列来说，以国家的名义进行谋杀又是没有任何后果的，再一次如此。

整整六十年，以色列对其敌国赶尽杀绝。发生在迪拜的事情，只不过是迄今为止摩萨德在国外一系列谋杀行动中最近的一件，或许也是最招摇的一次，因为这件事情是在众多摄像头，也就是说在光天化日、众目睽睽之下发生的。位于耶路撒冷的以色列政府每次都能全身而退。以色列政府沉默不言，让时间静静流逝。

第 11 章
《布罗克豪斯百科全书》里的炸弹——阿登纳事件

这将是一场生死之战。每个德国人都杀害过我们的父辈。阿登纳就是凶手！每个德国人都是凶手！

——日后的以色列总理和诺贝尔和平奖获得者梅纳赫姆·贝京，于 1952 年 1 月 7 日对他的拥趸发表的演讲

我从 14 岁开始就是炸弹制造师……在以色列的贝特内巴拉矿区当爆破专家。搞到炸药和炸弹对我而言根本就没有困难。

——刺杀阿登纳的埃利泽·苏狄特的坦白

卡尔·赖歇特小心翼翼地解开摆在他面前的奇怪包裹的绳结。然后他把绳子拉开，让绳子滑落在地。接着爆破师很用心地用手打开包装纸，包装纸上有一张贴纸，上书“联邦德国总理康拉德·阿登纳博士收”，他一层又一层地剥离包装纸，最后一本钴蓝色硬质封壳的书显露出来，书脊上是这本书的书名：布罗克豪斯百科全书，第二册，词条首个字母 L—Z。到底谁会寄给德意志联邦共和国总理一本辞书呢？赖歇特现在几乎完全清楚，这个礼物肯定有点

不对劲。这是1952年3月27日，刚刚过了18点。

几位警察和当地的两位记者壮起胆子跟赖歇特一起走入慕尼黑警察总部地下室，去看看如何检测这份神秘的邮包。他们好奇地走近这本书，打开手电，但身着深蓝色慕尼黑消防队员制服的爆破师没看出有什么蹊跷，所以他的手稳稳地将书壳的背面分开。在书壳下面也没有看到任何引爆线。难道是虚惊一场？

记者亨宁·西茨为了撰写他那本值得关注的书《刺杀阿登纳》，仔细地翻阅了巴伐利亚调查局当年的相关档案，精心地再现了下面将要出现的情况：赖歇特把这部辞书完全抽出来，将它放在一个管状的架上，这个管状的架子被他当成书的底座。他让站在旁边的助手和两名记者退回去，思忖了一下，到底该怎么办，然后做出了一个灾难性的决定。西茨写道："据目击者称，他从各个角度仔细地端详着这部辞书，然后把书放在右手上，用左手打开书。"而正是翻开书这个动作，引发了一个隐蔽的装置。

18点20分，炸弹爆炸了。爆炸冲击波直接炸掉了爆破师的两只胳膊，将上百个金属弹片、电线头和螺丝甩在他脸上和上半身。赖歇特马上就失去了知觉，受了很严重的伤；他身后的两名巡警躺在地下室的尘土中，第三位站在门边的警察，被爆炸时掀起的气浪直接甩到地下室过道对面的墙上；两名记者受到了极大的惊吓，跌跌撞撞地往地下室的楼梯处跑去。慕尼黑的爆破师卡尔·赖歇特于四个小时后死亡，死前一直没有恢复知觉。尸检结果表明，那本《布罗克豪斯百科全书》封皮的材料纤维通过他的左眼，插入了他的大脑。其他受伤的警官在这次袭击中幸存下来，这次袭击针对的是当时刚刚成立的联邦共和国的首任总理：康拉德·阿登纳。

在1952年3月的那几个星期，德国代表团和以色列代表团在

死亡读物。再现出来的隐藏在一部辞书中的爆炸装置，极端犹太分子想用这样的装置来谋杀阿登纳

荷兰海牙旁边的瓦瑟纳尔讨论支付给以色列数十亿的赔偿金，这笔钱将用来资助那些纳粹大屠杀的幸存者。双方铁定会达成协议：阿登纳需要达成一个协议给西方盟军一个信号，用以表明战后德国承认罪行，以色列的政府首脑戴维·本-古里安需要钱来避免即将出现的国家破产。但在以色列却有人极端强烈地抵抗这一修好和解政策。他们认为，德国人冷血地杀死了六百万犹太人，现在想要用钱来脱罪。民族保守主义政党自由党的领导人梅纳赫姆·贝京在耶路撒冷煽动了上千人上街游行。“阿登纳是凶手！”他对着他的拥趸们喊着，这些人也狂呼“阿登纳是凶手！”。而后那些庸众们试着冲击克奈塞特，也就是以色列议会。自由党是由犹太复国主义的地下组织伊尔贡（Irgun）脱胎而来，在希伯来语中缩写为IZL。在犹太人的独立战争中，许多次死伤数百人的恐怖袭击都要算在伊尔贡的账上，其中包括1946年6月发生在耶路撒冷大卫王饭店的炸弹袭击和1948年4月在巴勒斯坦村庄代尔亚辛的大屠杀。自由党后

来渐渐地演变成了利库德集团，梅纳赫姆·贝京也在某个时候不仅成了以色列总理，甚至还因为促成了与埃及的和解而获得了诺贝尔和平奖。

但在1952年的时候，贝京个人还处在“与德国的战斗状态”中，他可不想只停留在言语攻击的层面上，所以就求助于一个他从事地下活动时认识的人——埃利泽·苏狄特。苏狄特1925年出生于比萨拉比亚（现为摩尔多瓦、罗马尼亚和乌克兰的一部分），青年时代他就移民巴勒斯坦并且参加了活跃在当地的右翼犹太组织伊尔贡。在一次抢银行时，他抢了几麻袋被英国人查封的零钱，甚至爬到桌子底下去找滚到下面的几个钢镚儿，由此获得了一个外号“乞丐”。苏狄特后来也发达了起来，他先是给伊尔贡，后是给摩萨德当爆破专家。

“苏狄特的岳父跟贝京是好友”，亨宁·西茨在研究中发现了这一点，“他们两人经常凑在一起打造阴谋”，并且约着去“干点什么事”。后来自由党党员、当年的伊尔贡斗士、新成立的对外情报组

“乞丐”——凶手埃利泽·苏狄特，图中有其妻子和后来的总理梅纳赫姆·贝京，此人不仅是刺杀阿登纳的幕后策划者，也是13年后参与杀害赫伯特·库克斯行动的人员

织摩萨德的特工共同组建了一个组织委员会，由他们准备在瓦瑟纳尔对阿登纳和德国代表团进行暗杀，由此搅散正在进行的谈判。西茨说：“苏狄特很活跃，主动积极谋划，贝京同意了他的主意。”对贝京批准的爆炸袭击的了解大多来自“乞丐”苏狄特。贝京死后两年，他的回忆录于 1994 年出版，此书只有希伯来语版本，在回忆录中，贝京用一种英雄主义的基调来书写他的英雄业绩。他就是那位将爆炸装置安在那本《布罗克豪斯百科全书》里面送给康拉德·阿登纳的人。

慕尼黑警方对此事的调查在炸弹袭击发生的当天夜里就开始了，他们先是集中问询了两位少年，13 岁的布鲁诺·拜尔斯多夫和他 12 岁的朋友维尔纳·布赖特朔普，正是他们使得这部辞典没有被寄往波恩的总理府。在那天下午有位陌生人在慕尼黑火车站前跟这两位少年搭讪，说他们要是肯帮他把这个小包裹送到邮局寄出去，就可以挣到三马克。这个包裹已经贴上了足够的邮票，而他要急着赶火车，没时间寄了。但是这两位同意做这件事的男孩很快就发现，那位自称着急赶火车的陌生人并不那么着急，而是一路上一直跟踪他们俩，而且还在别的行人身后躲躲闪闪的。“我就一下子想到，好像有什么地方不对劲。”布鲁诺后来对《慕尼黑晚报》的记者这么说。这两位少年把这事儿告诉了一名有轨电车的工作人员，此人把包裹塞给一位正好路过的巡视中的警察。这名警察也觉得收件人相当不同寻常，于是就叫来了巡逻车，把布鲁诺和维尔纳以及那件神秘的邮包一同运到警察总署。

在爆炸的当天晚上，警察就公布了对凶手体貌特征的初步描述，布鲁诺和维尔纳对这些特征描述得很细致到位，后来大概以此认定了其中的一位暗杀者：此人的手指有明显的残疾。慕尼黑警方开始了自“二战”结束以来最大的一次抓捕行动，成立了特别委员会，悬赏5000马克，后来又提高到15000马克；联邦刑事犯罪调查局派出了他们的爆炸专家和其他调查专家前往巴伐利亚州首府慕尼黑。

苏狄特在他的回忆录中非常精确地描写了，他如何在巴黎的酒店房间里把辞书掏空，以便腾出空间来安放爆炸装置。他把起爆管放在雪茄里面，把导火索放在雪茄烟嘴里。炸药本身是由他的小姨子——一位女实验员装填在两个原先装哮喘病药品的棕色瓶子里。尽管如此，苏狄特制作炸弹还必须因陋就简，他从酒店的床垫中取了两只弹簧来制作自动引爆装置。最后他小心地抽出两根保险丝，将这个炸弹变得非常猛烈。在这之后，他又做了两个小得多的信件炸弹，怎么使用这两个炸弹已经做好打算了。

1952年3月31日，在慕尼黑发生炸弹袭击之后的第四天，德国驻海牙使馆收到了一封信件，收件人是德国和解代表团。收件处的一位雇员把信封打开一半，马上发现自己错误地开了这封信，因为代表团下榻在维特布鲁格饭店，所以他马上让信使把这封厚厚的信件送过去。在维特布鲁格饭店，一位女秘书接过那封之前已经打开了一半的信，通过已经打开的信封口看见了一根金属丝线。她把这封信放在一边，不再接着打开，然后警示了上司。毕竟荷兰警察在早上才警告过要小心，以防袭击。

这个信封里装着30克TNT炸药，一个扁平的电池，一个英国生产的点火器和一个“通过紧紧地粘在信封内部的丝线引爆的”装置，亨宁·西茨后来调查出是这种情况。如果在海牙的使馆工作人员或者是维特布鲁格饭店的女秘书把信抽出来，那么就会引爆炸弹装置。30克TNT足以不可避免地炸残她的双手和胳膊，或者对听力造成不可逆转的损害。至少会是这种情况。以这种或那种方式制作的信件炸弹在接下来的几十年中成了摩萨德的一种标签。在寄送信件炸弹时，并非总是希望置收信人于死地，而只是想把他炸残，或者在某种意义上给他一个最后的警告。

在致“德国和解代表团”的信件炸弹中隐含着一个宣言，这个宣言的词句与一天之后美国各家通讯社驻巴黎的办事处获得的一份文字完全相同。里面一个“犹太游击组织”承认——梅纳赫姆·贝京组建的小组恰是这个游击组织的后盾——对慕尼黑和瓦瑟纳尔的炸弹袭击负责：“我们的同事于 1952 年 3 月 27 日在德国的土地上实施了第一次行动。一本装着炸弹的书已经寄给了一个凶手民族的总理，康拉德·阿登纳博士。”接下来写道：“我们与凶手民族誓不两立，我们将战斗到底，几代人将一直把战争打下去，德国的父亲们和儿子们要用他们自己的血肉之躯来体验这场战争。修复？是的，我们是要偿付给他们的……我们分期偿付的第一期已经寄出去了，接下来还要寄很多。”

另外一颗炸弹竟仍被寄到维特布鲁格饭店。这颗炸弹被一名以色列情报人员拆除，此人在第一次炸弹袭击后出人意料地与荷兰警官共同出现在饭店，而且他坚持要检查一遍德国代表团收到的所有信件。他在检查时还真的找到了“犹太游击队”发出的第二个信封。很显然，以色列政府在此期间给自由党施加了很大的压力，知道还有第二颗信件炸弹，就马上警示了以色列驻海牙使馆的安全人员。戴维·本-古里安坚决避免当前在瓦瑟纳尔进行的谈判会因为来自同胞的恐怖袭击而告失败。

慕尼黑和瓦瑟纳尔袭击事件之后的几个星期，特工在世界各处的活动看来都加强了许多，主要是为了查清企图刺杀阿登纳事件的背景。联邦刑事犯罪调查局从秘密情报部门得到这样的消息，一个名叫多夫·卢坦，别名多夫·利奥坦，曾用名雅科夫·赫韦尔的人将布罗克豪斯百科全书炸弹带到了慕尼黑，而且在法兰克福，在一名犹太裔布匹商人那里找到了歇脚点。而后又有些从巴黎传来的信息，那里逮捕了五名以色列的公民，其中四人是自由党的成员，他们很可能跟这次袭击有关。而且在那里收缴了五支手枪、一支冲锋枪和大量弹药。这些人一天之后又被释放了，并且立刻被驱逐出境。第五位，在他的住所找到了武器，他被拘捕，后来判了三个月监禁。此人就是“乞丐”埃利泽·苏狄特。当慕尼黑特别委员会主任专程前往巴黎，想审问苏狄特以便获取有关其他以色列人的详细信息时，却在法国同行那里吃了闭门羹，没人搭理他。法国人看来很担心卷入外交麻烦中，因而拒绝了任何合作。巴黎或许由此在后来的几十年里成了摩萨德在欧洲最重要的活动基地，同时也是无数次处决行动的出发地。

慕尼黑的调查接着进行下去。新成立的巴伐利亚州刑警总局

金表作为奖励。康拉德·阿登纳在总理办公室接待维尔纳·布赖特朔普（左）和布鲁诺·拜尔斯多夫，并感谢他们

的警官确认了那个手指伤残严重的人名叫约瑟夫·克龙施泰因，他是负责送炸弹的人多夫·卢坦的助手，在慕尼黑火车站，他把那个极度危险的包裹托付给两位少年去邮寄。但是从未进行对他们的起诉。所有幕后人员早就潜伏起来了，或者回到了以色列。所有调查最后都偃旗息鼓，无果而终，公众对这个事件的关注日渐冷淡，所有的调查报告都归入秘密档案。虽然就此写过一本书的作者亨宁·西茨没有找到任何材料来表明，阿登纳考虑到德国与以色列两国关系的大局，直接干预了整个调查进程，但是联邦总理和当时的以色列总理本-古里安之间大概有一种不言自明的默契：别再把这个事件升级。否则联邦政府最后一定会向以色列发出引渡请求，而在对犹太人的大屠杀刚刚过去后没几年，双方对这种引渡大概都没什么兴趣。

1952 年 9 月 10 日，大概在慕尼黑的爆破师卡尔·赖歇特被炸死大约五个月后，康拉德·阿登纳与以色列外长摩西·夏里特在卢森堡市政厅签署了赔款协议，德国表示愿意向以色列支付总额为 35 亿马克的赔偿。

第 12 章

达摩克利斯行动——克莱因韦希特事件

有时对首席科学家的处决也是一种选择的手段！……我觉得，这有一定意义。

——加德·希姆罗恩，前摩萨德特工

1963 年 2 月 20 日黄昏时刻，在黑森林边缘的一条州级公路上，工程学博士汉斯·克莱因韦希特教授，也是一家电子控制仪器制造企业的老板，正在开车回家的路上。他家在罗拉赫，快要到家时，在一段视野不够开阔的转弯路段，一辆车突然横着把整条路给堵住了。克莱因韦希特比较晚才发现前面有辆车，连忙把刹车踩到底，想避免撞车。在黄昏的光线中，一个人影出现了，走向汽车。克莱因韦希特脑子里闪过一个念头，可能是前面出车祸了，有人需要帮助。但那人却一言不发地掏出一把装着消音器的手枪，朝他扣动了扳机，但子弹没有命中目标。从第二辆车中又跳出一名杀手，来到路中央，他举起冲锋枪，旋即就要开火，但是他的枪哑火了。克莱因韦希特能活下来，简直就是奇迹，他马上驾车逃走了。

在第二辆汽车的副驾驶座上坐着另外一个人，他没有介入整个行动，但他现在放声大骂手下都是废物点心。此人是以色列情报机构摩萨德的头目伊塞尔·哈雷尔。他本人极其关心这次行刑，一定要亲临现场看克莱因韦希特被处死，但是行动可悲地失败了。以色列的谋杀行动组迅速逃之夭夭，在罗拉赫小城内，两位杀手换了一辆车，逃窜到瑞士躲了起来。哈雷尔返回巴黎，他从那里发号施令，指挥在德国的行动。

对这次谋杀尝试进行调查的弗赖堡检察院只用了大约两个星期就弄清楚了这个事件和巴塞尔谋杀未遂案发生后不久出现的各种事件之间令人震惊的前因后果。他们于是申请对 42 岁的奥地利人奥托·弗兰茨·约克利克博士和 33 岁的来自特拉维夫的优素福·本·贾勒签发逮捕令，后者自称是以色列教育部的官员。两个人眼下因为其他事情蹲在瑞士的监狱里。他们是罗拉赫事件的凶手吗?

这件事情之外还有另一个背景故事。奥托·约克利克在罗拉赫事件之后曾经匿名给弗莱堡的一个叫海蒂·格克的人打过电话，这位 25 岁的姑娘是导弹专家保罗·格克教授的女儿，而格克是克莱因韦希特教授的同事。这两位工程师当年合作在埃及进行一项研究，而以色列认为这个研究将会危及以色列的安全。“如果你还觉得你父亲的生命很重要的话”，约克利克在电话里威胁着，那么海蒂就必须在 3 月 2 日到巴塞尔的三圣王饭店与他面谈一下。因为联系不上在开罗的父亲，这个年轻的女孩忧心忡忡地向弗莱堡警方求助，弗莱堡警方则立刻向他们在巴塞尔的同行发出警示。

海蒂·格克和她弟弟一起，按照约定的时间来到三圣王这家高级饭店赴约。饭店里所有的桌子，或是桌边坐着便衣警察，或者桌子被安装上了监听器。饭店的过道里，暂时脱下警服，换上饭店服务员制服的警察们来回奔跑着。饭店周边的街道上，停满了作为警车使用的普通车辆，警察们在等着打电话的那位神秘人的出现，而此人由另一个人陪伴着准时出现了。

这次见面持续了四个多小时，每个词都被悄悄地录了下来。这两个人是约克利克和本·贾勒，后者的真实名字是巴鲁赫·普雷舍尔，是摩萨德的官员。他们两人再次给姐弟俩施加压力，告诫他们应当说服他们的父亲，马上放弃在埃及的工作，否则他很可能会“出点什么事情”。姐弟俩理解这些话就是赤裸裸的谋杀威胁——而且这些话就是这个意思。约克利克和本·贾勒离开三圣王饭店时，几名瑞士刑警不易察觉地悄悄跟踪了他们。这两名特工乘上了前往苏黎世的快速列车，当天晚上他们在那里还要参加一场化装舞会，并且在舞会上与另外一名出生于德国的摩萨德战士约瑟夫·赖斯曼（别名乔·拉阿南）会面，共商行动计划。后者是伊塞尔·哈雷尔在联邦德国的行动头目。侦察和反侦察同行进行。苏黎世的舞会之后，赖斯曼十分无助地看着他的同伙被瑞士的州警官逮捕。他马上向在巴黎的哈雷尔通报了情况。

弗莱堡的地方法院签发了抓捕约克利克和本·贾勒的逮捕令，因为他们试图进行谋杀，检查机构向瑞士发出引渡请求也在准备中。由此摩萨德头目觉得，欧洲这块地方太危险了。1963 年 3 月 8 日，哈雷尔飞回了特拉维夫，向政府总理戴维·本-古里安坦承失败，“达摩克利斯行动”进展不顺。

摩萨德在那次刺杀阿登纳的行动中，实际上只起了一些边边角角的作用，而伊塞尔·哈雷尔在这一行动之后，被授以摩萨德局长的要职，成为梅穆涅。哈雷尔于 1912 年出生于俄国的维捷布斯克一个殷实之家，原名是伊塞尔·哈尔珀林，他的家族垄断着当地的酿醋业，但在十月革命后便失去了所有财产，败落的家族随即移民前往拉脱维亚。他在 18 岁时来到巴勒斯坦，在独立解放战争中加入了以色列地下军队哈加纳，自1942年起负责情报工作。作为摩萨德历史上第二任梅穆涅，哈雷尔在50年代中期招募了一系列犹太恐怖组织的著名人物，这些人曾经与英国占领者进行过斗争：有的来自哈加纳，有的来自极端的伊尔贡（其中就有著名的爆破专家埃利泽·苏狄特），甚至有的来自亚伯拉罕·斯特恩成立的更为极端的“斯特恩帮”，这群人是从伊尔贡分裂出来的，其中就有后来的以色列总理伊扎克·沙米尔。沙米尔在1956年接受一项任务，以外交身份作掩护，在巴黎组建一个能够随时执行临时行动的特工小组，这个小组也可以进行袭击和实施处决等行动。

为了完成这个任务，沙米尔起用了一系列经验丰富的“斯特恩帮”的人，那些人尽是些冷酷辣手、杀人技艺高超的家伙。哈雷尔对这些唯命是从的杀手中的不少人都心存忌惮，极度不信任他们，所以他将这些人都安排在以色列境外。他需要这些人来清除以色列的国家敌人，但他无论如何也要阻止这些人在以色列也过着一种我行我素、自由自在的日子。本-古里安十分厌恶进行定点定向的暗杀，除非他本人特别想实施的处决，他才不质疑。他强烈反对刺杀时采取单独行动，例如在1948年以色列军事情报局局长对阿拉伯双面间谍阿里·卡西姆自作主张的刺杀，或者是1952年自由党成员对阿登纳的暗杀行动。

1956年7月，年轻的国家以色列发生了两起法庭外的处决。时任军事情报局局长的耶霍沙法特·哈尔卡比准将想动手修理一下当时由敌对的阿拉伯邻国埃及和约旦向以色列渗透的巴勒斯坦战斗人员。因而他在年初就向本-古里安建议，直接拧掉这些恐怖分子的脑袋，给他们点颜色看看。而内阁用了整整六个月才做出决定，哈尔卡比才获得了行动许可。首选行动对象是加沙地带的埃及情报部门的领导穆斯塔法·哈菲茨上校以及时任埃及驻约旦首都安曼使馆的武官萨拉赫·穆斯塔法上校。这些谋杀是十分冒险的买卖，因为在一定意义上来说，情报机构要通过黑帮来动手。

他们想，就像对待阿登纳那样，用一颗藏在书里的炸弹把哈菲茨干掉。但小包裹的接收对象是加沙地带的警察总监，而且要由一名中间人交付给他，这个中间人此前已被告知，包裹里是列出来的密码表。以色列想的是，递交包裹的人因此不会把这本书交给警察总监，而是递交到哈菲茨本人手中。这个计划实施了。1956 年 7 月 11 日，炸弹在埃及情报头目手中爆炸，此人受伤身亡，那个送炸弹的人也被炸瞎了双眼。一天之后，在安曼的穆斯塔法上校也收到了一枚构造相同的炸弹，邮寄方号称是该国的联合国观察员全体成员。这位驻外武官几小时之后也死于爆炸冲击波造成的伤害。

1956 年 10 月 29 日，以色列军队入驻西奈。位于耶路撒冷的以色列政府宣告，埃及的独裁者贾迈勒·阿卜杜勒·纳赛尔将苏伊士运河收归国有以及封锁以色列港口埃拉特完全就是在宣战，因而他们的军事行动完全是正义的。法国和英国对纳赛尔将运河收归国有非常愤怒，也参加了军事行动。七天之后，西奈半岛就完全在以色列的控制下。但他们所希望的造成开罗政局的不稳定，却并未实现。纳赛尔稳稳地握紧政权，一如既往的是以色列最危险的敌人。在占领西奈和 1957 年 1 月从西奈撤军的这几周之内，摩萨德的头子哈雷尔让人制订了多个暗杀纳赛尔的行动计划。例如，诸多计划中有这么一个点子：以色列军队撤军后，纳赛尔肯定会在苏伊士运河管理处的办公楼向埃及人民发表极具煽动力的演讲，那时一名摩萨德特工用烈性炸药就完全可以把整座办公楼给炸飞。但本-古里安拒绝接受这一建议。他首先看到的是政治暗杀的风险。直到五年之后，哈雷尔及其总被指派去干脏活的属下伊扎克·沙米尔才说服了他们的政府首脑相信通过摩萨德去执行某些处决的必要性。这不仅针对纳赛尔本人，而且也针对德国专家，这些专家在佩内明德参与过希特勒 V2 导弹的研发项目，而现在用同样的导弹技术去武装埃及人。

在开罗北部赫利奥波利斯的 333 号兵工厂，纳赛尔在 50 年代末已经开始建设基地开发生产中程导弹。埃及的目标一方面是，在武器装备供给上减少对苏联和英国的依赖；另一方面是，控制已经拥有相应运载系统的以色列。他们很想得到两种型号的导弹：射程为 280 公里的信使导弹和射程为 580 公里的征服者二级导弹。与此同时，纳赛尔积极推进超音速军用机的生产，从事这一生产的 36 号和 135 号兵工厂位于赫鲁安，距离开罗只有半小时车程。为了推进这两个项目，他需要技术和知识，他希望能在德国找到这些技术，在"二战"结束 15 年后，当年希特勒的武器专家具有过硬的相关知识。

埃及当时在德国的多家全国性日报上投放大幅广告，招募专家："北非地区飞机制造商寻找各类飞机制造专家"，应聘者将资料发至某个号码。表现出兴趣的人，会收到发自苏黎世的邮件。纳赛尔的一位同乡就住在那里，此人是哈桑·赛义德·卡米勒王子，是位买卖钻石、黄金和军火的商人。这位埃及贵族与埃及国防部一起在瑞士设立了两家公司作为伪装，通过这两家公司为引进德国专家穿针引线，后来为了绕开当时的禁运也做一些购买德国军工技术的生意。

1960 年，埃及人成功地招募到了德国著名工程师欧根·森格尔，此人在"二战"中在位于佩内明德的德军试验基地参与了 V2 导弹的研制工作，现在已经在斯图加特当上了教授，同时也是他自己建立的喷射驱动物理技术研究所的董事。这位研究界的先锋上了巨大银弹的钩：1960 年初他同意为开罗研制一种"高性能导弹"，并把他最有才华的团队带过去。这一切的报酬是200万马克。

摩萨德没过多久就知道了这份合同，以色列政府开始通过外交渠道向波恩政府施加压力。森格尔被吓着了，解除了与埃及人的合作，这一步在当时大概救了他的性命。但森格尔手下的员工还是坚持要履行这份与埃及人签订的收益可观的合同并且搬到开罗去住一段时间，其中就有当时森格尔研究所的所长海因茨·克鲁格，佩内明德时期的老研究员保罗·格克、沃尔夫冈·皮尔茨以及汉斯·克莱因韦希特，就是那位来自罗拉赫的电子专家，再加上六七名后起之秀。这个为赫利奥波利斯组建的团队有10—12人，来自巴登-符腾堡州，另外还有一位比较独特的来自奥地利的专家奥托·F.约克利克教授博士。

约克利克是位身体强壮的男子，他的自我意识也同样强健。他的名字是真的，但学术头衔显然不是。不清楚的是，他是否是作为暗探被摩萨德头目哈雷尔塞到这个导弹研制专家的团队中去的（情报部门很可能想出了一个较为可信的故事附加在此人身上），也有可能是梅穆涅被一个在开罗街头撞大运的骗子给蒙住了，反正此人后来在特拉维夫真的撞大运了。1961年约克利克愿意为埃及人工作，研制用于信使和征服者导弹的“高能钴弹头”，并且通过埃及项目负责人的妹妹让人组织清理放射性废料。这些身在赫利奥波利斯的德国学术权威觉得约克利克当时简直就是个妄人、疯子。

1957—1960年，放射技术和放射学领域虽然出现过一些科普性质的出版物，作者的名字是约克利克，其中一部分甚至被德国国家图书馆归档。但在荷兰却并不存在一所哈勒姆大学，约克利克自称于1960年在这所大学获得博士学位，并在同一年被该大学聘为放射生物学的助理教授。在70年代，约克利克作为维也纳先进技术与生物科技研究所的所长出现，但这个研究所只存在于他的想象中，研究所的地址是私人住所。几年之后，也就是在 1972—1973 年，通过这个地址，他把当年在禁运名单之列的美国激光技术倒卖给莫斯科，这给他带来了不少麻烦。他在自己的简介中写到，此后在联合国工业发展组织工作，这看起来又跟真的一样。在 90 年代他称自己为“发明家”，拥有一个饮用水处理方面的专利，以“奥托·约克利克教授博士阁下”的身份肩负天主教原旨派团体马耳他骑士团的“总司令”一职。

围绕着奥托·约克利克的荒谬特工故事开始于 1962 年 5 月的维也纳。在欧根·森格尔早就放弃了埃及导弹项目领导人一职后，耶路撒冷政府接着持续地向波恩政府施加压力。“德国政府不能看着不管，毫无作为。在屠杀了几百万犹太人的希特勒政权覆灭十八年后，这个民族中还有一些人员仍然在为旨在摧毁以色列这个国家的行动服务。”以色列外交部长果尔达·梅厄在议会义愤填膺地说。但联邦政府没有直接对付那些只要给钱就肯去埃及工作的科学家。德国人缩手缩脚的做法真正惹恼了摩萨德头目伊塞尔·哈雷尔。

约克利克与以色列人联系上了，他很可能在回家度假的时候与以色列驻维也纳的使馆进行了接触，并表示愿意为他们做间谍工作。他更换东家的动机是什么，只能去猜测了。有可能是埃及人察觉到了什么，或许他们发现根本就不存在哈勒姆大学，所以这个人也就是个江湖混混；也有可能是因为他觉得，换了东家，作为投诚者他的薪水会明显增加。他的儿子米夏埃尔后来非常坚持一种论断，就是他父亲“从来就没有为摩萨德工作”。但他不愿意就此多说什么。此外这个家庭一直重复一句话：“我们还是让逝者安息吧！”

没过多久，约克利克的请求就落到了特拉维夫的摩萨德头子，也就是梅穆涅手中。他让这位奥地利人立刻飞往以色列。摩萨德马上对他进行了一系列询问，他们主要想弄明白一点，这个新情报源究竟是否是对方派来的奸细。但哈雷尔马上就打消了任何可能出现的对约克利克所言严肃性的怀疑，他信任他，此人所言与他自己本来的担心在很大程度上是吻合的。纳赛尔的人正在准备着，把适用于新型中程导弹的弹头添加放射性废料，这个项目正在进行中，约克利克说。该项目有个掩护用的名称“朱鹮1号”。但更为危险的是纳赛尔在“克利奥帕特拉”这个名称下进行的项目，研发核武器、生物武器和化学武器之类的大规模杀伤性武器，并将其使用于导弹弹头。埃及和克利奥帕特拉——梅穆涅听着觉得完全可信。但他自己的那些在埃及专家说，从未听说过“朱鹮1号”或者是“克利奥帕特拉”项目，约克利克无端地给摩萨德添加了一副重担，哈雷尔对这些说法充耳不闻。相反他以为自己的国家处于危险之中，所以现在是让伊扎克·沙米尔的“硬汉们”采取合适的措施的时候了。行动代号他马上就想好了——“达摩克利斯”，那把悬在我们头顶上的剑。

国防部副部长西蒙·佩雷斯由秘而不宣的渠道得知约克利克在以色列，他要求，这位奥地利人也要接受他那个部门人员的审问。哈雷尔拒绝了。佩雷斯直接找了戴维·本-古里安，甚至以辞职相威胁。在进行了毫不留情的争吵之后，以色列总理决定，负责以色列核项目安全的情报机构拉卡姆（Lakam）的主任应该参加对奥地利情报源头的审问，此人具有必要的专业知识来对约克利克进行核查。而结果是十分令人沮丧的，这位奥地利人的信息就跟他本人一样，都十分值得怀疑。但梅穆涅丝毫不为所动。“达摩克利斯行动”在此期间已经启动，没法再阻止了。让哈雷尔最亲近的工作人员感到十分吃惊的是，哈雷尔居然把投诚分子约克利克作为摩萨德的特殊特工送回德国去，不管怎么说，约克利克认识德国的导弹专家，这些人现在必须被面对面地清除掉。

1962 年，埃及商人哈桑·赛义德·卡米勒王子的双引擎的包机在威斯特法伦的里森贝克附近坠毁。他的妻子死去，而他本人临时变更了行程，所以留下一条命。而飞机坠毁的准确原因据说是没法调查的。两个月之后，9 月 11 日，不具名的凶手绑架了在赫利奥波利斯工作的海因茨·克鲁格博士，此人刚刚在慕尼黑看望了自己的家人。他的车子在他别墅附近被找到了。10 月 8 日，伊塞尔·哈雷尔本人亲自来到巴黎，为的是亲临现场监督“达摩克利斯”的执行情况。当时各种事件先后发生的顺序让人不由得产生这样的想法，他很可能参与了对克鲁格的秘密审讯，克鲁格直至今日还处于失踪状态。几个月之后，在一份匿名书信中，有人声称，这位德国人已经在 1962 年 11 月被清除掉了。

1962 年 11 月 27 日，在埃及的德国导弹研究团队总设计师沃尔夫冈·皮尔茨教授的女秘书汉内洛蕾·文德，打开了一封发自汉堡的航空信件。信内的炸弹爆炸了，文德失明，脸也被毁了容。一天之后一个人在这座汉莎同盟[①]城市向“赫利奥波利斯导弹工厂的厂长”邮寄了一个装着专业书籍的航空邮件，寄件人是斯图加特的一家书店。一位埃及员工在邮局打开邮件时，炸弹爆炸了。一共炸死了五个人，另外十人受伤。幸好第二个邮件及时地在开罗被拦截，经过 X 光检查，发现这个邮件中有两本书里也藏着炸弹。邮件炸弹袭击就此暂时告一段落，摩萨德总部有人似乎有些黑色幽默，将这个邮件炸弹系列起了个代号“尸体解剖”。

1963 年初，在巴黎的哈雷尔、伊扎克·沙米尔和在德国的约

① 亦称汉萨同盟，指德意志北部沿海城市为保护其贸易利益而形成的商业联盟，形成于 13 世纪，14 世纪达到兴盛，中心在吕贝克。——译者注

马耳他团骑士——当年的特工。奥托·约克利克（1997年摄）在60年代初参与了摩萨德在埃及和德国进行的暗杀袭击活动

瑟夫·赖斯曼开始主动出击，要干掉汉斯·克莱因韦希特。他们知道，他有规律地往返于开罗和罗拉赫。特工们侦察出他的生活状况和习惯，观察他的公司和私人生活，制订了动手进行暗杀的计划。约克利克和本·贾勒至少在准备阶段参与了，甚至可能在实施暗杀袭击时也亲自参加。而后又有了格克的女儿在巴塞尔的事情以及在苏黎世逮捕两名特工的事件。

1963年3月15日，瑞士司法部门在向媒体公布有关逮捕两名以色列间谍时，将这个事件向社会公众公开，弗莱堡的检察院提出了引渡请求，无论怎样企图谋杀这一指控要比胁迫和敲诈指控严重得多。耶路撒冷的政界深受震撼，政府首脑本-古里安暴跳如雷。伊塞尔·哈雷尔感到形势日益逼仄，他还想最后努力一把，看看能否拯救无从挽救的局面，于是开始把埃及计划的信息透露给以色列记者，但这些记者只能通过他们驻欧洲的通讯记者将信息公之于众。他想用这种方式向公众暗示，透露口风的地方在欧洲而并不在特拉维夫。结果是媒体几近歇斯底里地报道埃及科幻小说般的武器，德国的科学家们想用这样的武器来“彻底解决”犹太问题。耶路撒冷和波恩之间的外交专线一时间热得发烫，因为两国本来就十分敏感的关系很有可能极大倒退，这一切都仅仅是因为作为摩萨德的梅穆涅哈雷尔盲目而狂热地为“达摩克利斯行动”而战——眼下到了他为自己留在情报机构顶层而战的时候了。

波恩的联邦德国总理府就相关领域开会讨论了当时可能会造成的后果：虽然对德国公民进行了各种谋杀袭击活动，但会上认为“德国机构也应该以非常审慎隐蔽的方式对待这些事件”。告知公众“两名特工被逮捕”后，才“在以色列引发了极大的不安”。就收集到的情况而言，埃及是否研发了核武器、生物武器和化学武器，还是极其值得怀疑的。“就是以色列递交的相关材料，也无法支撑有关埃及的猜测。”会议记录中有这样的字句。会议结束时，与会人员一致同意，接受科隆的以色列使团大使参赞提出的请求：“在目前这个时刻不再发表其他声明。”

就是戴维·本-古里安本人，他一直是伊塞尔·哈雷尔的挚友和提携者，在 3 月 25 日亲自与他谈话之后，也对下列说法表示从未有过的怀疑：“从前的纳粹在埃及生产核武器、细菌武器和化学武器。”梅穆涅答道，他的继任者会将“必要的资料带过来”，然后重重地甩上门，递交了辞职申请。政府首脑对他的情报部门领导最不满的一点在于，他陷入了奥托·约克利克这个显而易见的江湖骗子的圈套，由此真正危及本来就很脆弱的对德关系。“我很遗憾要与这么一位忠诚的、功勋卓著的人分道扬镳，”他在官方辞别中这样说，“但我无法同意他在这个问题上的政治态度。”

别名乔·拉阿南的约瑟夫·赖斯曼也从德国行动组组长的位置

上辞职。奥托·约克利克和优素福·本·贾勒在苏黎世被判处两个月监禁，但马上就恢复了行动自由，因为他们在判决前就已经被拘留待审了四个月，而德国方面的引渡申请在判决前就被瑞士机构给拒绝了。对约克利克而言，他作为以色列间谍的生涯也就此结束。本·贾勒，别名巴鲁赫·普雷舍尔，又回到了巴黎他自己先前的岗位。在那里他再次在一家很小的俄罗斯餐馆中见到了他那位刚刚同妻子漫游欧洲度假归来的前上司伊塞尔·哈雷尔，他们点了一瓶伏尔加酒，碰杯回忆着刚刚过去几个星期的美好旧日时光。

第 13 章

海边寓所的屠杀——库克斯事件

鉴于对赫伯特·库克斯发起的起诉事实极为严重，鉴于有明确证据证明他必须为三万名男人、女人和儿童的被杀负个人责任，特别是鉴于他在执行犯罪时所表现出的极其凶残的本质特性，我们决定对被起诉人赫伯特·库克斯施以死刑。判决于 1965 年 2 月 23 日执行。

那些永远不忘记的人。

——承认为谋杀纳粹战争嫌疑犯赫伯特·库克斯负责的认罪文件原文

1964 年 9 月 1 日，一名据说来自以色列的商人，雅各布·梅达德，沿着塞纳河漫步，走走停停，观察着周围，想要确定一点："我确实是一个人，没有受到当时在巴黎忙活不停的众多以色列特工中任何一位的跟踪。"摩萨德特工梅达德（代号"吉茨沙克"）三十多年后在一本书中这样回忆某次行动的开始，他自己视这次行动为他参加过的最大行动。

他在这个清晨的目标是位于巴黎高级街区第十六区凡尔赛大街

上的一处不起眼的出租公寓，公寓就坐落在塞纳河畔。约阿夫安排了一次会面来商量一次新的行动，在这次行动中，梅达德的作用最重要。约阿夫背后的支持者很可能是伊扎克·沙米尔，也就是日后的以色列总理。十二年前曾经制造过炸弹要炸死康拉德·阿登纳、却误杀了慕尼黑警官卡尔·赖歇特的埃利泽·苏狄特这次也到了巴黎。他此次化名为奥斯瓦尔德·陶西希，将负责这次行动计划的部分内容。在这些年里他受摩萨德委托拟定了一份在逃纳粹战犯的名单。摩萨德想查找、绑架这些人，并且把他们押上耶路撒冷的法庭。行动正是与此有关。

特工按响了公寓的门铃。不一会儿，他就听见里面越来越近的脚步声。几秒钟后，约阿夫把门打开了，“他通过门上的猫眼儿确定，来人确实是邀请的客人。”梅达德在书中写道。问候很简短，但情真意切，大家没花太多时间寒暄。“从现在开始，你的名字叫安东·金茨勒！你现在就可以开始适应你的新名字。”梅达德还没来得及在小咖啡桌边上找位置坐下，约阿夫就这样说。

“安东·金茨勒？听着是德国名儿！”

“奥地利名字！”约阿夫纠正了一下，“你的故事还正在打造呢！”

吉茨沙克当年是摩萨德可以在国外执行任务的多面手“战士”，1960年5月他就在阿根廷参与了绑架阿道夫·艾希曼的行动，当时他是后勤保障人员。很多年以后事情才水落石出，那次行动的准备工作以及行动的执行做得太业余了，根本就不像如今在许多书中读到的那样惊心动魄。

雅各布·梅达德的身份在他2012年6月去世后才得以解密，他于1919年出生在布雷斯劳的一个医生家庭，他父亲在第一次世界大战中作为军医参加了德国国防军，并获得“铁十字勋章”的嘉奖。纳粹在德国攫取政权之后，这位当时14岁的少年强烈要求他的父母离开德国，移居巴勒斯坦。但是他的父母拒绝离开自己的故乡，后来分别被杀害在特雷津集中营和奥斯维辛集中营。

年少的雅各布一路艰辛，来到巴勒斯坦，与养父母一起生活在海法，成为巴勒斯坦参加英国皇家炮兵的第一批犹太移民，在独立战争中作为以色列地下军队“哈加纳”中的炮兵参战，后来在以色列国防军中供职，升迁为炮兵学校的指挥官。1955年，他来到对外情报机构摩萨德工作。据他从前的摩萨德同事穆提·科菲尔的判断，化名为雅各布的吉茨沙克天生就是个间谍。他那秃头和肚子，再加上“安静内向的性格，使他毫不起眼”，这能让他很容易就“混入人群潜伏下来，没有人会注意到他，过后大概也不会再认出他来”。此外他还拥有一些其他特工生活所必须具备的特性，科菲尔后来这样回忆他：“他聪明，敏捷，自信，令人信赖，有勇气，谨慎小心，能流利地说七种语言。”在列举他的优点时，科菲尔忘记了一条，梅达德还是个编造故事的高手。他在1997年让以色列记者们及前摩萨德特工加德·希姆罗恩记录下来的当初他参与的引起最大轰动的那次行动过程，并不完全是真实的。他为自己的回忆录选用了安东·金茨勒作笔名，就是在1964年9月1日的那个早上在巴黎被“给予”的名字。

约阿夫开始展开了他与总部讨论好的计划：“几个月之后，就是1965年5月8日，世界将庆祝战胜纳粹德国二十周年……现在我们听到，有人说，该是对此画上句号的时候了。”他愤怒地说：“我们以色列人和犹太人有义务，予以针锋相对的回应！”

实际上在德国联邦议院已经为此展开了一场讨论，1871年以来一直适用的有关诉讼时效的法规，即谋杀案件的刑事责任追诉时效为二十年，是否也适用于不同民族间的杀戮以及是否也应该适用于纳粹分子的罪行。在政治的波恩，也确实有一些知名人士发出这类质疑声音。现行法规意味着，在1965年5月8日之后，第三帝国时期最残酷恶劣的犯罪行为就都不能再追诉了，除非一项新法律能够获得议会多数支持。

“几千个纳粹罪犯……现在将从法律漏洞中溜掉，在平静中安享晚年，不必再害怕被逮捕和追踪，这是绝对不能接受的。”约阿夫接着说。所以出台了这么一个决定，要把“一位最凶残、最暴虐成性的纳粹”给清除掉，此人“曾经亲手拧断了小孩子的脑袋，枪毙老人，残害妇女”，而如今却与世无争、清清静静地在巴西生活。摩萨德要通过这样一个行动来“影响公众观点”，并且向德国议员们发出一个清晰的信号。接着约阿夫有意地停顿了一下，以便加重下面话语的分量：“现在轮到的那位纳粹，叫赫伯特·库克斯。”（在很多原始文件中，此人用的名是“赫贝茨”而不是“赫伯特”，本书中将库克斯的名一概写为“赫伯特”）

梅达德的书《里加刽子手的丧命》在这一点上引发了一系列问题：为什么说“现在轮到了”？在此之前以色列并没有处决过纳粹战犯。阿道夫·艾希曼是从阿根廷被拖走的，为的是让他站在耶路撒冷的法庭上受审。他随后在一个法制国家的审判过程中被判处死刑，几个月后被处决。那么为什么与艾希曼不同，现在要执行一个没有公开审判程序、没有判决的处决？

而且为什么偏偏是赫伯特·库克斯？因为散居在南美洲的前纳粹中有关他的信息最多，所以他看起来是一个最容易得手的目标？早在1950年，这位经瑞典、法国逃到巴西躲藏起来的拉脱维亚人就已经被里约热内卢的犹太社区给盯上了。犹太团体指控他，在德国军队占领的拉脱维亚地区处决了三万名犹太人，他必须对此负责。巴西的日报《大众通讯》在1950年7月19日发表了一篇文章，文中说到，在全球追踪的纳粹逃犯名单上，库克斯据说排第17位，甚至他在里约的准确居住地址也被公之于众。有一天晚上，犹太青少年们在他房前喧闹滋事，以此抗议此人正在申请加入巴西籍。库克斯决定离开里约。后来里约的犹太社区就忘记了他。巴西没人想起他了，但以色列没忘。

1961年5月初进行的艾希曼审判程序中，大屠杀幸存者埃利泽·卡斯哈特控诉了德国人对拉脱维亚犹太人的屠杀。库克斯是最凶残的执行者之一，他说道："我曾经亲眼看见，他向女人和孩子开枪，虽然他自己宣称，曾经帮助过犹太人。"在加拿大，另一位大屠杀幸存者拉斐尔·舒布让人记录："库克斯命令，把汽油桶里的汽油浇到里加的犹太教堂上，然后点火烧。谁试着跑出来，就被开枪打死。"类似的证词还有很多，有一些记录留在了美国中央情报局的评估中："有人说，库克斯上尉在1945年3月成为拉脱维亚地区纳粹组织雷霆十字党的成员……是臭名昭著的处决行动队的参与者，在处决犹太人时非常积极。"

毫无疑问，库克斯是一名战犯。今天里加的犹太社区将他视为一名从犯，有可能他本人并不直接对集体枪杀拉脱维亚的犹太人负责，但他也参与了，他的双手沾满了鲜血，这不容置疑。也有可能，现在摩萨德想把他写得比实际上要重要得多，这样就可以顺理成章地将他当作下一次行动的目标。1964年9月底这个行动进入了关键性时期。

雅各布·梅达德在巴黎开始留起上唇的胡须，并且戴上了一副宽边眼镜。适应环境的化妆，做这些也就够了，因为"越来越秃的脑瓜、圆滚滚的小肚子还有心满意足的面部表情"让他看起来总是那么值得信赖。摩萨德伪造的护照看起来非常专业。冒充在鹿特丹做买卖的奥地利人安东·金茨勒，要准备好这个买卖人合情合理的

凶手成为受害者。赫伯特·库克斯（左）据说参与了拉脱维亚地区针对犹太人的战争罪行；雅各布·梅达德，化名安东·金茨勒（右）将借助一个打手团队绑架他

故事所需的各种前提还需要一点时间：需要开一个银行账号，设立一个信箱，印制名片，申请去巴西的签证。他在荷兰收集一切可以用来证明他住所的单据、公共汽车票、电影票、账单，然后把它们塞到自己的裤兜和夹克口袋里。他的箱子里面是他从奥地利买的衣服，甚至肥皂和牙刷也是在那里买的。他的任务很清楚：在巴西应当作为一名富有的欧洲投资商露面，与库克斯建立联系，赢得他的信任，然后将他引入一个圈套中。

库克斯在这段时间里与他的家人生活在圣保罗郊区的一个堰塞湖的僻静岸边，他在那里用三架水上飞机向外国游客提供绕湖飞行的旅游项目。梅达德旅行到了巴西，认识了这位老纳粹，他自称是战争老兵和“纳粹思想的兄弟”，甚至成功地与这位受害者之间发展出一种近乎于友谊的关系来。他被邀请到库克斯家里做客，有时在露台上喝杯白兰地，有时在“那个畜生的房子里喝咖啡、吃蛋糕”，这位摩萨德特工后来在他的书里写道。几个月之后，他们之间的往来变得极为密切，以致梅达德觉得现在可以投出诱饵了，尽管库克斯在此期间一再有疑虑一闪而过。他向这个战犯提出在蒙得维的亚合伙做生意。库克斯上钩了。

1965年2月23日，在蒙得维的亚国际机场附近的香格里拉，为了给即将成立的公司寻找合适的办公室，化名金茨勒的梅达德以这个借口与不同的房地产中介约定了时间。“我们多看几所房子……像以前一样，库克斯主导着谈话。”前摩萨德员工的故事中是这样写的。在日程表上，中午时分还有一所位于哥伦比亚大道的海边别墅要去看看。梅达德走在前面，从裤子口袋里面掏出钥匙，说是业主交给他的。赫伯特·库克斯差几步，走在他的身后。“我压下门把手，白色的房门向里面打开。……一眼望去，里面的情形有些奇怪，我姑且不说有些滑稽吧，”梅达德这样写道，“里面整齐地站着一排行动小组的人，全都半裸着。”他们马上朝着库克斯扑过去。但那位拉脱维亚人“虽然上了些岁数，但反应还算敏捷”，他“犹如困兽一般”搏斗着，试图拿出一直随身携带的武器。

“一位行动队员突然手持一把大锤，径直照着纳粹罪犯的脑袋砸下去。血溅得四处都是。”梅达德书中这么说。袭击者显然担心出现这种情况，于是一个个脱得只剩下内裤，这样可以保证他们的衣服“不被鲜血污染”。但是为什么不用几颗子弹立刻结果了这个战犯呢？后来人们在那所房子的墙上发现了几个弹孔，子弹或许是库克斯的武器发出的，也或许是摩萨德特工开的枪。

“按照原先的计划”应当先将库克斯“给制伏了”，梅达德在他的书《里加刽子手的丧命》中这样写道，“我们要向他宣读判决书”，“向他宣读起诉书”，是以这个顺序进行的。他应当“清楚，安东·金茨勒的故事……不过是用来以那些无辜受害者的名义进行复仇”。后来大概又在“他的脑袋上补了一枪”。因为那一纸“死亡判决书”肯定是事先写好的，所以真的是从一开始就意在处决吗？

但摩萨德的打手团队没能够控制住强健的库克斯。整个行动完全失控。“这时我们中的一个人决定，……使整个过程”缩短，“将

杜撰多于真相。摩萨德杀手同时是作家的安东·金茨勒的身份在 2012 年他死后才为人所知，他真正的名字是雅各布·梅达德

手枪按在他脑袋边上，第二次扣动扳机”。库克斯瘫倒在地上。他死了。摩萨德的杀手们将他拖入一个事先准备好的船用大箱里。梅达德写道：“我们不得不把‘已处决的人’的腿给折弯，不然没法装进去。”然后以色列行动小组溜走了。

1965 年 3 月 6 日，处决后十一天，路透社一名当地记者撰写的一则报道放在了蒙得维的亚的谋杀专案组警官亚历杭德罗·奥特罗的书桌上。报道是这样写的：他那个新闻社的驻波恩办事处收到了一封匿名信，信中承认在距离首都大约 20 公里的香格里拉海滨浴场完成了一次谋杀。他在德国的同事把信转交给他，文末附上了信的复制件。

奥特罗浏览了一下这条报道，最后一个句子听着令人十分不安：“被起诉人于 1965 年 2 月 23 日被处以死刑，他的尸体在哥伦比亚大道的库柏蒂尼度假区……”两个小时后，奥特罗在两名身着制服的警官陪同下，出现在空置的海边别墅里，几乎可以看见大西洋海景。“房子的门和窗都封上了。我们不得不用铁棍撬开一扇百叶窗，这样才能透过一条缝看进去。眼前的情形十分吓人，整个房间到处都是血。”几年后奥特罗对德国驻南美洲通讯员加比·韦伯说。那里臭气熏天。腐败的气味直接将警官们带到锁着的船用大箱子前。把箱盖打开时，他们感到恶心极了。那里确实有一具结了血痂、被折在一起、面目全非的男尸。

在进行调查时，奥特罗探长很快就发现了许多十分蹊跷的事情。据邻居们观察，至少有五个年轻男人在这所房子里待过。一切征兆都指向一起绑架案，处决并不需要船用大箱。这只大箱子的“前端和侧面都有些通气孔和结实的金属锁”，锁的旁边是“厚的带子”，“可能是为了避免箱子从里面打开”，奥特罗在一次接受加比·韦伯的广播采访时回忆着。而且在动手的那一天，一艘从未在任何地方登记注册的船只锚定在海岸边，有可能是要带上被绑架的人，把他偷运出这个国家。奥特罗得出结论：这些凶手不是职业杀手，倒更像是一群废物，想绑架一个人，但是没法制伏他。

乌拉圭谋杀案两周之后，《纽约时报》报道，在对死于蒙得维的亚的赫伯特·库克斯进行遗体解剖时确认，“他并非如同警方报告中所称的那样死于枪杀，而是因被多次击中头部”死亡。根据痕迹判断，袭击是以一种无以名状的残酷方式进行的，凶手直接用大锤猛砸受害者，直到颅骨被彻底砸碎。

奥特罗的继续调查又揭示了新的令人惊讶之处：显然，有几位图帕马罗城市游击队的成员协助摩萨德实施了计划中的绑架。塔瓦雷·里韦罗是乌拉圭极左翼城市游击队的创建者之一，加比·韦伯说：“我们最勇敢的同志中的一位，阿莫迪奥·佩雷斯，用一张伪造的证件为库克斯行动租了一辆车并且亲自驾驶。”佩雷斯是犹太人，而且当时与蒙得维的亚的犹太社区有着密切的联系。此外摩萨

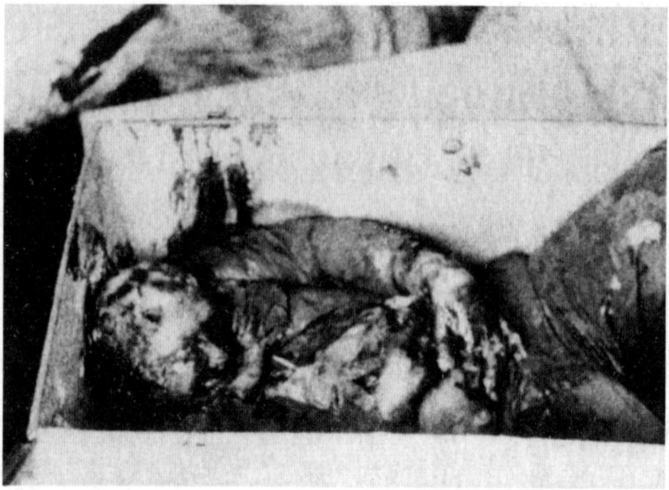

传奇般的处决。被残酷处决的赫伯特·库克斯的尸体被置于一只船用大箱中，他原本要被装在里面绑架走

德招募了几个阿根廷的年轻人组成打手团队。在警方调查卷宗中是这样记录的，加比·韦伯可以看这些卷宗。由此说明，“整个行动并不是由以色列人，而（主要是）由犹太裔的阿根廷人执行的”。

奥特罗与赫伯特·库克斯在圣保罗的家人进行联系，他们马上把金茨勒列为事件中的凶手。后来查明，金茨勒实际上在凶杀发生后仅仅几个小时就跟化名“奥斯瓦尔德·海因茨·陶西希”的埃利泽·苏狄特，就是那位制造阿登纳炸弹的爆破师，一同急急忙忙地离开了蒙得维的亚。两人连留在饭店里的私人物品都没有去取。对探长来说，这是一个再明显不过的证据，在香格里拉有什么东西完全失控了。苏狄特承担了后勤保障的职责，在蒙得维的亚弄到了一只船用大箱，租到好几辆不同的车子，其中还有一辆是大众布尔运输车，车子大到足以装下那个箱子，计划绑架库克斯以后把他塞进箱子，装上车，然后开上一小段路运送到海滩。

凶手们说的那份所谓的库克斯的死亡判决书，没能找到，而是通过那份后来承认凶杀的申明信才为人知晓。实际上尸体上有一页纸，是古斯塔夫·吉尔贝特所著的《纽伦堡日记》第二十二章中的一页，这本书是对纽伦堡战犯审判庭的一个总结。有可能有人事先把这本书带给阿根廷的那些帮手，让他们读，这样他们就会同意进行绑架。

时至今日，对赫伯特·库克斯的处决在以色列还被视为毫无畏惧的以色列摩萨德战士的一项值得喝彩的超级杰作，此举为在拉脱维亚被残忍杀害的犹太人报了仇。但在乌拉圭实际上发生的事情与化名为安东·金茨勒的摩萨德特工雅各布·梅达德的故事，至多只在行动地点和受害者这两点上有共同之处。《里加刽子手的丧命》一书，1997年出版了希伯来语版本，而后以多国文字出版，销量十分可观，甚至还被《国家地理》投以巨资拍摄成纪录片和戏剧片的混合体，片中以安东·金茨勒为主要证人。1965年在任的摩萨德头子梅尔·阿米特在这本书的英文版前言中说："以色列国家已经下定决心，将带头的那些战犯……有目标、有选择、有效率地……进行定点清除。被清除的人中，赫伯特·库克斯是最著名的一个，他对拉脱维亚的犹太人犯下了滔天罪行，而且逃脱了盟军的追捕。"其实这类说法只不过是个传说，纳粹库克斯的丧生是一个荒诞的失手，摩萨德在此之前还从未处决过一个纳粹罪犯，在此之后也未再处决过。

制造一起轰动的绑架将人带离乌拉圭，然后在耶路撒冷进行法庭审判，这很有可能将会影响联邦德国有关诉讼时效的讨论。这件事情散发出的信息是明确无疑的：如果你们不想把他们带上法庭，那么我们就把他们抓来，在以色列开庭审判他们！若这是一场胆怯的谋杀，而且一个匿名的犹太复仇者团体指控是自己做了这件事，而以色列政府当然不会承认，那么情况会与此相反，几乎不会引起任何反响。1965 年 3 月初，德国的一家画报 *Quick* 以很大的篇幅和许多照片刊登了赫伯特·库克斯在乌拉圭被谋杀的事件，但这并未引起政治地震。

1965 年 3 月 23 日，联邦议院通过了《刑事犯罪时效计算法案》。时间的计算从 1949 年 12 月 31 日开始，而时效期本身——谋杀追诉时效是 20 年——却并未得到延长。因此对纳粹战犯的刑事追诉首次可以保证追诉到 1969 年底。在 1969 年联邦议院议员重新决定，这一次大多数赞成将时效延长到 30 年，这意味着追诉期一下延长了 10 年。1979 年，议会彻底取消了关于谋杀罪和种族屠杀罪的诉讼时效规定。

雅各布·梅达德在回来后是否受到摩萨德的表彰，很值得怀疑。"'库克斯行动'在很多方面非同寻常，"梅达德的回忆录中这么写着，"我在异国他乡工作……即便在很棘手的环境中也必须急中生智……我记不起来我犯过任何错误，从未有过犹豫不决或者举棋不定……虽然我将……真正的风险都担在自己肩上，但我从来没有一次感到过害怕。"曾化名"安东·金茨勒"和"吉茨沙克"的雅各布·梅达德以他自己的回忆录为"摩萨德神话"添砖加瓦，丰富了一个新的传说，同时也顺便保证了他自己身后的名声可以流传万世。

1965 年 3 月，休息了几天之后，梅达德被叫到约斯科·亚里夫那里去，此人是摩萨德特别行动机构（凯撒利亚）的领导。他应当为一个身处加拿大的年轻以色列女特工编造一个新的身份，教会她迈出最初的步伐，支持她的新生活。这位成长起来的摩萨德女特工名叫西尔维娅·拉斐尔。她在若干年后将会作为暗杀行动组的成员担起重任来，而这次在挪威的行动将比他本人在香格里拉海滨房子里的那次败得更惨。

第 14 章
上帝的怒火——“黑色九月”事件

我们要追索罪人直至最后。

——果尔达·梅厄，慕尼黑奥运惨案之后于议会，1972 年

从法律的角度来看，果尔达·梅厄的命令显然不那么合法。它集起诉者与法官于一人，而特工则是她的执行者。果尔达没有获得授权，将特工们派去完成这样的使命。

——哈伊姆·科恩，以色列最高法院法官，1997 年

1972 年 8 月 26 日，第 20 届夏季奥运会在慕尼黑盛大开幕。德国欢迎来自 121 个国家和地区的 7100 多名运动员参加这个和平的盛会。5000 只和平鸽在开幕式上从奥林匹克体育场飞起来。观众们以特别热烈的掌声和欢呼声欢迎以色列代表队。1972 年的慕尼黑一定要让人忘却 1936 年的柏林。柏林奥运会是一个在纳粹万字旗帜下发生的重大事件，后来被视为第三帝国兴起的象征。而德国要在巴伐利亚州首府向世界展现它的新面貌——开放、友好、热忱。组织者因而甚至放弃了令人惧怕的安保措施。在奥运比赛区域

巡逻的是一些未佩带武器、身着淡蓝色西服的警察，而不是一些看起来戒备森严的安保人员。

运动会的第 11 天，这个开心欢乐的盛会一下子反转为一场悲剧。“慕尼黑 72 小时”永远地成为对毫无抵抗能力的运动员进行屠杀的同义词，同时也成为绝对敷衍了事、无能的德国警察的同义词。

1972 年 9 月 5 日凌晨 4 点钟刚过，八名身穿运动服的男子悄悄地沿着奥运村的篱笆移动着。他们的运动包里藏着卡拉什尼科夫自动步枪和手雷。在 25 A 门前，他们遇到了一群美国田径运动员，这群人喝完酒刚刚回来。那些充满运动精神又处于微醺状态的美国小伙子与那几个显然是阿拉伯人、被他们误以为是同行的男子互相帮忙搭着人梯，越过了栏杆。

阿拉伯人目标明确地直奔康诺利大街 31 号。以色列代表团就下榻在这座房子中，共占用了 5 套公寓。那些人轻而易举地进入了这幢房子。他们枪杀了 33 岁的摔跤教练员莫舍·温伯格，此人的儿子刚刚出生不久，他当时试图解除进攻者的武器。他们还杀害了 32 岁的举重运动员约瑟夫·罗马诺，他是三个女孩的父亲。其他九名运动员和教练员被他们扣押起来当了人质。

两个男人非常满意地从到篱笆有一定距离的地方观察着这一切，他的手下多么轻松自如地完成了他们任务的第一步。不一会儿他们听见枪响，这是杀害温伯格的枪声，穆罕默德·乌达（阿布·达乌德）和阿里·哈桑·萨拉马（阿布·哈桑）清楚，行动开始了。他们上了一辆等在路边的车，让人立刻驶往慕尼黑-里姆机场。在意大利航空公司的值机柜台前，他们出示了伪造的护照和事先买好的机票。在这个凌晨，大部分运动员还没睡醒，还没开始这恐怖的一天，这次行动的两位幕后策划者就已经坐在了飞往罗马的早班飞机上。

上述行动过程是迄今为止以色列版本的慕尼黑惨案的开始，这个版本遭到了巴勒斯坦方面的激烈反对。阿布·达乌德在慕尼黑惨案发生多年后一再澄清，他本人是这次袭击的总指挥，而被称为“红色王子”的阿布·哈桑“与这件事情没有丝毫联系”，更别说与他一起观察过行动的开始。以色列的观察视角很可能受到一些事件的影响，因为这些事件在慕尼黑惨案发生后几年间给摩萨德投上了浓重的阴影。

在一份用打字机打出来的长达两页的公告中，躲在康诺利大街上那幢房子里的恐怖分子在其中一页上亮明了自己的身份，自称是巴勒斯坦恐怖组织“黑色九月”的成员，该组织是亚西尔·阿拉法特领导的巴勒斯坦解放组织法塔赫下属组织。他们的要求是，释放在以色列关押的 234 名巴勒斯坦人以及两名红军派的恐怖分子安德烈亚斯·巴德尔和乌尔丽克·迈因霍夫。

以色列总理果尔达·梅厄断然拒绝与恐怖分子进行任何形式的交易。“如果我们让步，那么在整个世界就没有一个以色列人还会有安全感。”她说这是一种“最为严重的敲诈”。在与联邦德国总理维利·勃兰特的一次通话中，她却提出可以让以色列的特种部队总参谋部侦察营（Sayeret Matkal）进行支持和帮助，这一部门就是为应对这类绑架而建立的。但勃兰特觉得，让一支以色列特工人员出现在德国的土地上，危及了德国的领土主权。或许他当时高估了本国安全机构的能力，肯定也低估了恐怖分子的决心。但不管怎么说，德国还是允许以色列对外情报机构摩萨德的梅穆涅立即前往慕尼黑，到现场出谋划策。

德国当局的反应慌乱无章。慕尼黑警察总长曼弗雷德·施赖伯提出支付赎金，联邦内政部长汉斯-迪特里希·根舍要用自己来换出受押人质。“黑色九月”的恐怖分子丝毫不为所动。谈判持续进行下去，最后通牒过期了，又再度发出新通牒。最后巴勒斯坦人要求，派飞机把他们与人质一同送往一个阿拉伯国家。警方假意应承了下来。起先打算“在绑匪经过奥运村时阻挠他们的行动，在必要的情况下直接击毙”，当年联邦刑事犯罪调查局的防恐负责人、内政部长根舍的顾问京特·沙伊歇尔后来回忆起当年的情形时这么说。但是警方却不愿意承担风险。

在菲尔斯滕费尔德布鲁克机场，用第二套方案，可能会更有胜算拿下恐怖分子，同时解救以色列人质。将近 22 点 15 分，两架直升机载着八名绑匪和九名人质起飞了。德国安全人员，其中也包括京特·沙伊歇尔和摩萨德领导人扎米尔，坐在第三架直升机上紧随其后。

在飞机场所设的埋伏，简直就是一个由草台班子计划和组织的，很快就彻底失败了。乔装打扮成机组成员、在停机坪上的波音 727 飞机中等待准备拿下恐怖分子的德国警察部队，在解救行动开始前几分钟开溜了。这些德国男人们担心他们的小命有可能丢在机场上。本来就太晚才调动的警察的防弹车，这时却被堵在围观的吃瓜群众堆儿里，动弹不得。停机坪照明不足。狙击手们都被安排在错误的位置上，相互之间没有无线电联系，他们基本上没有受过相关训练，装备也极差，既没穿防弹背心，也没戴头盔。而且最为严重的问题是，狙击手太少了。警方仅仅部署了五名狙击手，他们要面对八名袭击者，看来在慕尼黑和菲尔斯滕费尔德布鲁克机场之间的沟通过程中很可能丢了些什么。

根舍、沙伊歇尔和扎米尔在停机坪的塔台上，慌乱无助而又难以置信地目睹了一场激烈的枪战是如何爆发的。他们却无法干预。午夜过后不久，一名恐怖分子往一架坐着四名被捆绑人质的直升机中扔了一颗手雷。接着另外一名袭击者用他的AK-47冲锋枪向第二架直升机中五名毫无抵抗能力的运动员扫射了几梭子弹。他们的悲号声响彻整个机场上空。所有以色列人质死亡，此外，死亡人员还有一名慕尼黑警察和八名恐怖分子中的五名，另三名巴勒斯坦恐怖分子被俘。沙伊歇尔回忆说，当他听到这次行动的结果时，被“深深地震惊了”。

纳粹大屠杀结束后的27年，以色列经历了一次新的创伤。悲伤夹杂着愤怒，极大的愤怒！“当以色列航空公司的飞机从慕尼黑将棺材运回时，整个国家都处于悲痛中。以色列的每一个人都知道，一定会有什么事情发生。”加德·希姆罗恩说着，他当年在耶路撒冷学历史，两年后同意为摩萨德服务。

以色列政府立志报复，开始思考针对恐怖活动的新战略，这个新战略要比到此为止对巴勒斯坦解放组织训练营的一般性军事打击更为有效。兹维·扎米尔要组织定点定向的暗杀。并不是每几年进行一些零敲碎打式的处决，而要进行一场正规的、成规模的运动，要让到此为止摩萨德执行过的所有的行动（包括1962—1963年对在埃及的德国导弹专家、1965年对拉脱维亚的战犯库克斯、1965年针对摩洛哥反对派政治家迈赫迪·本·巴尔卡实施的暗杀袭击）与之相比都显得非常业余和蹩脚。

“黑色九月”以及法塔赫的所有领导成员都要用生命来抵偿发生在菲尔斯滕费尔德布鲁克的惨案。以色列总理果尔达·梅厄对受难者亲属许下诺言：“我们要追索罪人直至最后。”在以色列议会，她说出了一句为国家在外国组织暗杀袭击进行辩解的话：“我们无论在何时何地都要向恐怖组织进攻，我们别无选择。”

兹维·扎米尔从菲尔斯滕费尔德布鲁克回来没过几天就开始了行动，他命令凯撒利亚部门的领导、此间已经替代了约斯科·亚里夫的45岁的摩萨德老兵迈克·哈拉里，专门成立一个刺刀行动组。他手下的杀手最好不要从萨布拉中招募，即不从那些在以色列出生的犹太人中招募，而要从耶克中，也就是从来自不同国家和不同文化圈的犹太人中招募，他们在国外顶着一个假身份生活，随时能够“应征”去执行他们的使命。

在位于特拉维夫市中心扫罗王大街39-41号哈达尔达夫纳大楼里的当年的摩萨德总部，扎米尔的分析员们开始在档案盒中仔细搜寻巴勒斯坦恐怖分子以及和“黑色九月”很可能的幕后操纵者的信息。“大家进行过一些讨论，最后形成了一份名单，这份名单还需要再梳理几遍”，前凯撒利亚特工加德·希姆罗恩知道事情的进展，他与不少刺刀行动组的战士结下了友谊。从今天的眼光来看，这份最初的暗杀名单更像是临时拼凑起来的，拟暗杀目标的生活习惯，在相关国家有进行处决行动的条件——这些因素所起的作用大于拟暗杀目标在巴勒斯坦恐怖活动中的重要性。名单最上方却是三个著名的名字，摩萨德认为他们是慕尼黑惨案的幕后策划人：穆罕默德·乌达（阿布·达乌德）、萨拉赫·梅斯巴·哈拉夫（阿布·伊亚德）和阿里·哈桑·萨拉马（阿布·哈桑）。接下来是恐怖组织法塔赫在巴解组织中的几位级别稍低一些的代表，这些人被视为比较容易得手的目标；后来，在菲尔斯滕费尔德布鲁克的枪战中活下来的那三位巴勒斯坦恐怖分子也上了名单。1972年10月29日，瓦迪厄·哈达德带领巴勒斯坦分裂武装解放巴勒斯坦人民阵线特别指挥部（PFLP-SC），组织武装劫持了一架汉莎航空公司的客机，并以此要挟，将这三名恐怖分子释放出来。

迈克·哈拉里是一名智慧、经验丰富的勇猛老兵，是个坚韧的家伙。他长得帅，体魄健壮，就是詹姆斯·邦德站在他身边也不免逊色三分。在以色列情报界，无论哪里需要在刀刃上策马飞驰，哈拉里都会备好马鞍，准备出发。现在他作为凯撒利亚部门和刺刀行动组的负责人，要顺利地精挑细选精英战士组建一支队伍，为以色列这个国家干些“脏活”，冷血地、问也不问地去完成谋杀。这个新部门的领导机构设置在远离特拉维夫的地方，在巴黎，那里的亚伯拉罕·格莫尔，其官方身份是以色列使馆的第一秘书，在一定程度上承担了刺刀行动组行动策划部领导的角色。

当时知名的女摄影师帕特里夏·罗克斯伯勒也生活在巴黎，很多摄影展上都展出了她的作品，这是她的第二个身份，背后隐藏着的真实身份是凯撒利亚女战士西尔维娅·拉斐尔。这种方法曾经是、现在仍然是所有情报部门的常见方法。特工们完完全全地用新身份生活，用新身份挣钱，有的人甚至业绩不俗，结交友谊。当他们上级情报官的加密命令到来时，他们都知道自己要怎么做。对曾用名为“西尔维娅·拉斐尔”的帕特里夏·罗克斯伯勒而言，大约在 1972 年 10 月初，她被唤醒了。

在那个晚上，帕特里夏·罗克斯伯勒在巴黎奥林匹亚音乐厅的衣帽间为著名歌手伊夫·蒙当在其新歌首场演出拍照。她把洗出来的胶片送到通讯社，然后就回家了。回到自己的公寓时，午夜已经过去了很久。几分钟后，一阵电话铃声把她给吓醒了。“我有一个悲伤的消息要告诉你，”电话线另一端一位不愿提及自己姓名的男子说道，“你妹妹在一场车祸中受了重伤！”

“她有生命危险吗？”

“有的，帕特里夏……明天我们一定要一起去看她。”

这是与她约定好的行动信号。解码的信息是十分明确的，四十年后，西尔维娅·拉斐尔的发现者穆提·科菲尔在一本传记中提到他最喜爱的女特工时写道：在迈克·哈拉里领导下的凯撒利亚部门有一个重要任务，明天你会了解具体细节，你要想办法让自己能够暂时消失一段时间。尤其重要的是，你必须把通讯社为你安排的所有工作全部推掉。

拉斐尔的父亲是犹太人，母亲是基督徒，她出生在南非，依据《哈拉卡》[①]的规定，她不能算作犹太人。她是被摩萨德学院院长穆提·科菲尔发现的，由行动策划部的头儿亚伯拉罕·格莫尔训练，那位暗杀库克斯的特工雅各布·梅达德为她编造了身世，并让她将新身份熟记于心。为了配合编造的身世，拉斐尔在蒙特利尔生活了几年，以便接受加拿大人的语言和习惯，然后作为发展势头良好的女摄影师迁居巴黎，并受雇于德尔马斯通讯社。

科菲尔回想起西尔维娅·拉斐尔时，直至今日还沉浸在对她的赞美与怀念中，她的魅力，她的美貌，她的个性。科菲尔说，她不仅仅是个非同寻常的女人，还是一个极为优秀的女特工，她以自己的生命来为这个国家服务，虽然她并不出生于这个国家。

早上在接到秘密接头的电话之后，曾用名“西尔维娅·拉斐尔”的帕特里夏·罗克斯伯勒与自己的上级情报官亚伯拉罕·格莫尔会面了，并接受了精确的指令。她要乘夜车前往罗马，在那里加入一个行动组，任务是干掉流亡中的巴勒斯坦人阿卜杜勒·瓦埃勒·祖埃特。迈克·哈拉里将亲自指挥这次行动。

38岁的巴勒斯坦作家祖埃特出生于约旦河西岸的纳布卢斯，当时在罗马过着非常低调、不引人注意的生活，外出从来没有保镖，也不佩带武器，他生活中的很多事情都按部就班地进行。他常常与几个朋友见面，其中有共产党党员，也与作家阿尔贝托·莫拉维亚有来往。他常常在来自澳大利亚的女朋友珍妮特·维恩-布朗那里过夜。祖埃特将阿拉伯经典《一千零一夜》翻译成了意大利

---

① Halacha的希伯来语音译，原义为“规则”，是犹太教口传律法的统称。——译者注

美貌与智慧。女特工西尔维娅·拉斐尔，她在1972—1973年参与了多起摩萨德组织的暗杀袭击，直至今日在以色列还受到崇敬

语，还出版了几本诗集。但靠这些生活可不行。为了保证自己的生活来源，他为利比亚驻罗马使馆做一些翻译工作。阿龙·J.克莱因在他的书《回击》中将此人描写为一个穷诗人，“他从来不能按时付账单，他的那个贫寒的小公寓里的电话也被销号很久了”，但无论是哈拉里还是他的凯撒利亚侦察小组都没有“质疑过这个行动任务”。

直至今日摩萨德老兵们还在坚持，祖埃特当年在罗马过着双面人的生活，他实际上是“黑色九月”的国际行动队组织结构中重要的一环，在慕尼黑惨案发生前，他甚至还卷入了对一架以色列航空公司的飞机的袭击事件中。1972年8月16日，在由罗马飞往特拉维夫的航班中，一颗炸弹在行李舱中爆炸了，但未造成大的损失。巴勒斯坦方面坚决否认祖埃特参与过这次事件，他的女朋友珍妮特·维恩-布朗也同样坚决否认，意大利法庭后来也未找到相关的证据材料。虽然这位作家经常发表一些“为了巴勒斯坦事业呼吁的宣传文字”，但没有任何证据可以表明，这些只是“以其他活动为借口……来支持极端组织”。

在罗马主火车站的站台上，帕特里夏·罗克斯伯勒，曾经的西尔维娅·拉斐尔，被一位同事接走，送进饭店。在饭店里，她收到了一只装着隐秘相机的袋子，她的任务是，只要祖埃特离开利比亚大使馆，就监视他并且拍照。西尔维娅坐在一张公园的长椅上假装喂鸽子，从这里望过去，使馆入口处尽收眼底。下午，她见到祖埃特从使馆出来了，胳膊下夹着一沓子书。以色列女特工赶快用隐蔽性相机拍了几张照片，迈克·哈拉里想用这些照片确认他的身份。刺刀行动组可不想处决错了人。

穆提·科菲尔在他的自传中谈及西尔维娅·拉斐尔时描述说，大概在同一时间，“一位意大利电报局的送报员”来到位于安尼巴利诺广场 4 号的祖埃特住处，按响了门铃，没有人开门，便留下了一条通知。那份电报就是阿里·哈桑·萨拉马，即巴解组织的恐怖分子头目的回电，是对祖埃特前一天电报的回复。他在发出的那份电报中，向上司汇报，被意大利警察“讯问”了。警方“什么也没发现”。他现在已经“准备好接受下一个任务了”。前摩萨德特工科菲尔用以前描述发生在慕尼黑的奥林匹克袭击惨案时所使用的那种表达方式，试图将此事跟以色列的第一号国家敌人阿布·哈桑（“红色王子”）联系起来，虽然这种联系很可能根本就不存在，但日后可以用来为自己的行动辩护。今天人们可以这样猜测，祖埃特之所以被以色列的复仇行动选为首个受害者，只不过是因为摩萨德需要为这个新建立起来的行动组挑“一只软柿子”捏捏。显然这是一次尽可能没有危险的打了就跑的行动，某种程度上说，是一堂真实的训练课。

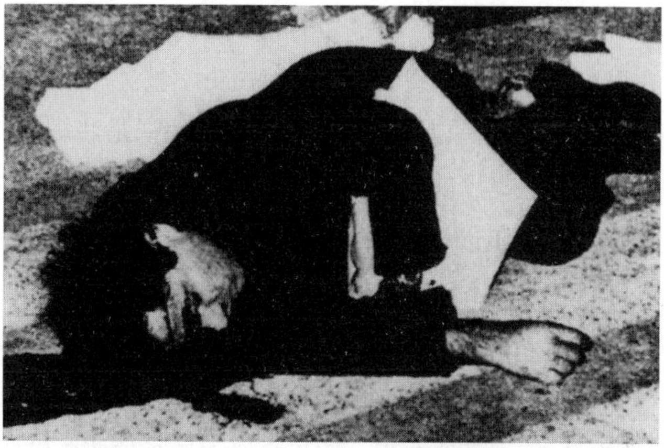

一只软柿子。生活在罗马的阿卜杜勒·瓦埃勒·祖埃特是以色列针对巴勒斯坦“黑色九月”恐怖袭击的复仇反击战的首个受害者

1972年10月16日晚上，按照预先制订的计划，这场“练习”上演了。对于专业杀手来说，这并不是件难干的活儿。哈拉里手下刺刀行动组的特工们在安尼巴利诺广场边上祖埃特住处的楼门口等待时机，先问他叫什么名字，然后在楼道里用加了消声器的贝瑞塔手枪给了他两发子弹把他撂倒，他倒地后，在他头部和身上又补了十枪。他们要“十拿十稳”。过了两个街角，一辆用于逃离的车子在等着他们。不少人目击了此事，看到这两个凶手跳上了一台响着发动机等在那儿的绿色菲亚特125汽车的后座。司机马上开车走了，车子轮胎在地上发出尖锐的声响。在副驾驶座位上坐着一位“金发女人”：西尔维娅·拉斐尔。仅仅四个小时之后，以色列行动组的所有成员都离开了这个国家。

八年之后，罗马法庭得出这样的认识，处死祖埃特的摩萨德特工中只能完全识别两个人的身份：乔纳森·英格尔比和曾用名“达恩·埃尔特”的达恩·埃尔伯尔。但即便仅仅针对这两人，现有的证据也不足以对他们进行凶杀案的缺席起诉。

1972年11月，自称“英格尔比”的特工又重新出现了，这次在巴黎。刺刀行动组看准了要对历史学教员马哈茂德·哈姆沙里博士动手，此人是巴解组织或者更确切地说是法塔赫的非官方特使。据说他提供自己的公寓作为“黑色九月”恐怖袭击时的武器库。据穆提·科菲尔的描述，他“一直与阿里·萨拉马保持联络”，就是跟那个阿布·哈桑联系。哈姆沙里住在阿雷西亚路，没有私人保镖，也就是说同样是一只“软柿子”。在巴黎谋杀袭击中，西尔维娅·拉斐尔作为女摄影师帕特里夏·罗克斯伯勒使用了某种形式的“美人计”，科菲尔写道。她负责以为德尔马斯通讯社采访为名，把哈姆沙里引诱出来，然后带到附近的一家咖啡店。在他们进行谈话的这段时间，摩萨德精通溜门撬锁这一行当的科舍特部门的特工们，要进入受害人的住所，在电话里安装炸弹。其他的说法是，由一名男特工假称“意大利记者”，把哈姆沙里从住处引出来。在西尔维娅·拉斐尔的传说中，用她作为诱饵，以一个真正存在的德尔马斯通讯社去约人，而且还在巴黎，触犯了这个秘密行当的最大忌讳，违背了所有规矩。不管怎么说，别人很可能认出她和哈姆沙里在咖啡馆里坐在一起。所以这里对科菲尔的描述进行强烈的质疑是很有道理的。

在此期间，处决行动似乎在稳健地继续进行。在与他会面的一天之后，就是1972年12月8日，一位假冒的记者再次给这位巴勒斯坦人的住所打电话。

“您是哈姆沙里先生吗？”

“我是！”

炸弹爆炸了。三个星期之后，巴勒斯坦人死于炸伤。

马哈茂德·哈姆沙里多少觉察到一些，以色列人正盯着他。几个星期之前，瓦埃勒·祖埃特刚刚去世，他就飞到罗马去张罗他的葬礼。珍妮特·维恩-布朗和其他朋友们后来想起来，哈姆沙里当时十分担忧自己的安全，而且还说过，有一份大约 30 人的黑名单，全是摩萨德想杀掉的人。

在哈姆沙里暴毙之后的几个月中，凯撒利亚和刺刀行动组这两个部门的杀手们继续按照黑名单干活。1973 年 1 月 25 日，侯赛因·巴希尔死在塞浦路斯尼科西亚市的奥林匹克饭店中，此人是法塔赫与克格勃之间的联络员。

1973 年 6 月，在巴黎又执行了一桩处决：穆罕默德·布迪亚是一名左倾的阿尔及利亚的知识分子，是一家小剧院的业余演员和经理。他知道，他们在追踪他。他是摩萨德处决运动开展以来第一位真正卷入过针对以色列恐怖活动的一名受害者，而且他与阿布·哈桑有密切联系。布迪亚喜欢与潜在的追捕者玩些猫鼠游戏。如果他在一名女人那里过夜了，在第二天早晨离开她的住所时，会把自己化装成一名老人，这样可以避开可能存在的监视。布迪亚这只狡猾的老狐狸，还真有几次把那些跟踪他的凯撒利亚特工们给弄晕了，但他最后还是没能躲开要谋杀他的人。凯撒利亚的特工们称目标人物或早或迟都会出现的地点为抓捕点。布迪亚的抓捕点则是他的汽车。1973 年 6 月 28 日，这位阿尔及利亚人死于汽车炸弹爆炸。很显然，这是同一伙人干的活儿，这伙人的账上已经记上了那笔在罗马对瓦埃勒·祖埃特的谋杀。

在警方超越欧洲边界的调查中，1973 年秋天，系列谋杀的征兆才浮出水面。在罗马，乔纳森·英格尔比和曾用名“达恩·埃尔特”的达恩·埃尔伯尔在 1972 年 10 月租借了一辆用来逃离现场的车。1972 年 11 月，在对哈姆沙里进行袭击之前，这两人入住同一家巴黎饭店，然后又从监控画面上消失了。1973 年 5 月，在对布迪亚动手之前不久，他们又回到了巴黎；在同一时间，西尔维娅·拉斐尔，即帕特里夏·罗克斯伯勒，在巴黎的布莱里奥码头边上租了一间房，在布迪亚被杀后一天她就离开了这间房子。房子的钥匙就放在一位凯撒利亚特工兹维·斯坦伯格的住处，在那里法国刑侦人员发现了亚伯拉罕·格莫尔即那位以色列驻巴黎使馆的第一秘书的一个笔记本，本子上记着加过密的乔纳森·英格尔比和西尔维娅·拉斐尔的电话号码。

第 15 章
惨败——布希基事件

这是彻底的惨败！我们的人以为终于可以抓到阿里·哈桑·萨拉马了，他们被这种想法冲昏了脑袋，把理智给撇到了一旁。

——伊加尔·埃亚尔，

时任以色列驻奥斯陆使馆情报处辛贝特的安全官员

1973 年夏天，已经有九座死亡十字架立在以色列暗杀行动组通往欧洲的道路两旁了，九名真正或是据说参与了发生在菲尔斯滕费尔德布鲁克的奥林匹克惨案的恐怖分子，九名真正的或被传闻为巴勒斯坦恐怖分子头目阿里·哈桑·萨拉马的助手得到了正义的惩罚，就像是对《妥拉》[①] 中的一条法令进行有争论的诠释后定义的那样："若有别害，就要以命偿命，以眼还眼，以牙还牙，以手还手，以脚还脚，以烙还烙，以伤还伤，以打还打。"[②] 而且没有人能躲得

① 意思是"教导、训诲"，广义上指上帝启示给以色列人的真义，狭义上指《旧约》的首五卷，犹太教称为《摩西律法》或《摩西五经》，即《创世记》《出埃及记》《利未记》《民数记》《申命记》。——译者注

② 出自《出埃及记》。——译者注

了“上帝之怒”，无处可躲。

摩萨德的复仇团队当时由“12—15名男人和女人”组成，加德·希姆罗恩介绍着，他们又分为更小的小组，这些小组以希伯来语字母来冠名：Aleph组是两位杀手，Beth组是他们的保镖；两位Ceth组特工负责组织饭店、住处、租车；两位Qoph组成员保持与总部的联系；还有Ajin组，包括6—8名侦察员，他们跟踪受害人，打探撤退路线，在袭击后清除痕迹。为了掩护自己，他们经常男女搭配，假扮夫妻出现。

玛丽安娜·格拉德尼科夫是凯撒利亚部门Ajin组中年纪最小的成员，1973年7月的一天，她在利勒哈默尔的一个室内游泳池游泳，利勒哈默尔是一座偏僻国家的偏僻城市，而且到目前为止这个国家还从来没有出现在巴勒斯坦恐怖分子的旅行路线上，这座城市就位于挪威。她跳入水中开始游了几圈。蓝色的整件式泳衣是她刚才从收银处借的，这样她才可以完成分配给她的盯梢任务。她的注意力集中在一个年轻人身上，他的外貌可以让人推断出他是来自近东地区的人。他站在游泳池的另外一端，孩子们在那里戏水，可想而知那里的水也比较浅，他在与另一个来游泳的人聊天。这位女特工不引人注目地往那里游了几次，经过两人身边时则悄悄地竖起了耳朵。她只听到了只言片语，像是法语，但她无法确定他们在谈论什么，因为她不会法语，而且孩子们的嬉闹声压住了谈话声。

哈拉里的手下正在追捕他们的死亡名单上的第一号人选：阿里·哈桑·萨拉马，31岁，战场上使用的名字是阿布·哈桑。他的朋友们称他为“红色王子”，因为他是亚西尔·阿拉法特最欣赏的学生，而且很可能将来接任他的位置。或许也因为，他是令人恐惧的贴身卫队17卫戍队（Force 17）的首领，手上沾满鲜血。萨拉马出生于富豪家庭，喜欢奢华和美女。他比较虚荣，举哑铃，练空手道，为的是保持自己的身材。以色列情报机构认为他就是慕尼黑奥运会恐怖袭击事件的总策划师，而且后来也一再这么说。

位于特拉维夫哈达尔达夫纳大楼的摩萨德总部在几个星期前收到了一些似乎十分可靠的信息，萨拉马目前在去斯堪的纳维亚半岛的途中。斯堪的纳维亚？对巴解组织和巴勒斯坦恐怖分子来说，北方国家一直被视为一片未知的土地。几天之后，又有消息称，“黑色九月”的一名联络员已经从日内瓦出发，前往奥斯陆。看似一一对应了起来。因此到了 7 月中旬，大约 15 名摩萨德特工从不同国家登上了飞往挪威首都的飞机。特工们在这些国家都有自己的身世。化名为“帕特里夏·罗克斯伯勒”的西尔维娅·拉斐尔也从巴黎出发飞抵此地。她的任务是，拍下那位误以为是联络员的人的行踪，跟紧他，直到找到哈桑。无论在哪里。

玛丽安娜·格拉德尼科夫还一直在围绕着两个深入交谈的男人转圈儿，并未引起二人注意。几分钟后，他们离开了泳池，朝着更衣室走去。现在这位女特工要加紧了，这样等在外面的男同事才可以接过她的监视任务，由他们接着监视。格拉德尼科夫的任务暂时告一段落，为了避免引起怀疑，她最好别在路上再跟那两个人撞上。没过一会儿，那两个男人在一位看上去像欧洲人、很显然已经怀孕的年轻女人的陪伴下，走出了室内游泳池，摩萨德的特工们毫不放松地跟上，当然也很注意保持必要的距离。西尔维娅·拉斐尔也被指派去跟梢。玛丽安娜只是很偶然地加入了这个团队，实际上她一点儿也不了解跟梢的技巧，她进入了一家体育用品商店，买了一副太阳镜，一双橡胶靴，然后撤回饭店。

他们已经在利勒哈默尔两天了。到达奥斯陆后，他们追踪那位被误以为是“黑色九月”联络员的人一直来到这个位于奥斯陆北部 160 公里处的冬季运动圣地。他将和萨拉马会面吗？在这个世界的末端？到这时，哈拉里应该产生一些疑虑了，尤其是摩萨德头子兹维·扎米尔，他专程来到挪威北部的这个小地方，就是为了亲临处决巴勒斯坦恐怖分子头目的现场。在以色列驻奥斯陆使馆，安全官员伊加尔·埃亚尔得到事先的提醒，在这个国家没有正在进行中的行动。这是一个为紧急状态准备的小心谨慎的措施："关于这个使命的背景，我一点消息也没得到。"埃亚尔很肯定地说，他目前是以色列武装力量的军事学院的反恐教员。当然，本来也没指望，"这些人到我这里来报到"。

到达了在夏天基本上没什么游客的利勒哈默尔之后，Ajin 组的特工两人一组开始行动，以便跟踪联络员找到"红色王子"。玛丽安娜觉得这一切真像小孩游戏，这样的工作给她带来极大的乐趣。在街边的"卡罗琳"咖啡馆，她发现了那个从日内瓦来的男子，此人正与一位肤色较黑的人坐在一起，这就是那两位此后还要去室内游泳池的人。迈克·哈拉里团队的人极度兴奋地将那位长着阿拉伯外貌的人与萨拉马的照片相比较，所有人都坚信，两人长相高度吻合。负责侦察的特工观察了那位被他们当作阿里·哈桑·萨拉马的人整整一天。他们见他上了一辆公共汽车，现在充满柔情地挽着一位孕妇。公共汽车把这一对带到位于鲁格德韦恩大街 2A 号的公寓楼。现在他们也知道了，此人住在哪里。但他身边的女人是谁呢？萨拉马在挪威这儿有个怀了他孩子的女朋友？总部的调查资料中没提过这个情况。但是迈克·哈拉里直接忽略这些疑虑。这有可能是一种掩护，他是这么看的。他现在下了天大的决心，这回不能让阿布·哈桑溜掉了。在鲁格德韦恩大街周边地区，凯撒利亚部门的头儿布置了四辆汽车，都是租来的，几名 Ajin 组成员目前在步行跟踪。

此时，Aleph 和 Beth 组的特工都到达了，两位执行者及其保镖，其中就有乔纳森·英格尔比。摩萨德头子兹维·扎米尔也到了，他在“火线”之外距离利勒哈默尔60公里的地方找了一家埃索汽车旅馆安顿下来。他们的行动目标当时正和女友在利勒哈默尔的电影院里观看一部美国惊险片《血染雪山堡》。特拉维夫的摩萨德总部来了消息，对阿布·哈桑的死刑判决再一次由政府首脑果尔达·梅厄确认了。现在执行处决已经一路绿灯。

目标人物及其女友正在坐公共汽车回家，22点30分，Ajin组特工通过无线电传达了这一消息。他们到达鲁格德韦恩车站，下了公共汽车时，两名杀手相继从一辆白色马自达汽车中跳了出来：乔纳森·英格尔比和一名代号为“他玛”的女子，她是哈拉里的情人。那个阿拉伯人看见黑洞洞的枪口对准他。“不！”他喊声未落，贝瑞塔手枪已经射出了六发子弹，击中了他的身体。第一波子弹射出时极为密集，在他身体上射出了一个巨大的弹洞。他怀孕的女友站在距离只有一米远的地方，发出了歇斯底里的叫喊。她的男人转过身来，还想跑，但双腿动弹不得。他瘫倒在地上。英格尔比和他玛冷酷地向受害者逼近了一步，在最近的距离内把弹匣里的子弹全部射出，先是打头部，然后打背部。两只贝瑞塔手枪，每一只的弹匣里都有7颗子弹。这位被误认为阿布·哈桑的人被14颗子弹击中，当场死亡。

在这个时刻，还没有任何人觉察到，他们杀死的不是“红色王子”，而是一名摩洛哥籍的餐厅服务员，艾哈迈德·布希基。

当年23岁的女护士达格尼·布林克是唯一目击者。她当时碰巧站在住处阳台上织毛衣。那天她和一位女友一起看完几集英国侦探连续剧后，想活动活动腿，当时正是暗杀行动组准备动手的时刻。在仲夏午夜昏暗的光线中，她看到“一辆白车猛地刹车，一名男子跳了出来。他指着那个摩纳哥人，然后第二名男人朝着他开枪”。接着听到了他的女人大声喊叫，他们杀了她男人。“我还没弄明白到底发生了什么”，达格尼·布林克后来说，那辆白色的车子已经消失了。整个暗杀行动仅持续了不超过15秒。布林克冲回自己的房间，告诉女友看到了什么。所以她没有看见，在楼下一辆深绿色的沃尔沃缓缓开上这条有些许斜坡的街道，在尸体前略作停留。迈克·哈拉里要确认一下，他的杀手们是否干净利落地干好了自己的活儿。他放心了，接着往前开走了。他想：我们总算是干掉他了。

第二天，也就是1973年7月22日，一个星期天的早上，哈拉里和手下似乎觉得挪威根本就不存在值得认真对待的警察似的，他们37年后在迪拜刺杀马巴胡赫时也是这样。快乐荷尔蒙完全占据了这个团队的躯体。成功啦！哈拉里、摩萨德头子扎米尔、乔纳森·英格尔比和他玛马上撤退，这也是计划的一部分，留下其他人来完成最后的指令。他们没能听到早上收音机里播放的有关一名摩纳哥服务员莫名其妙被暗杀的广播。其他凯撒利亚部门特工的简单草率，致使他们狂妄地认为一切皆在掌控。记者戴维·B. 廷宁后来极其认真细致地调查梳理了摩萨德这个令人难以置信的大败笔，将研究结果写成一本书，时至今日仍是有关这次大败笔的权威之作。

利勒哈默尔几十年间都没有发生过谋杀案。刑警们起先推测，有可能是毒品贩子之间的火并。实际上人们在犯罪现场不远处找到了那辆白色马自达，杀手们显然换了一辆车。此外还有一位目击者称，见过一辆车牌为DA97943的白色标致。他在那段可疑时间里在利勒哈默尔注意到这辆车。打过几个电话之后，探员们了解到，这辆车显然是一位名叫帕特里夏·罗克斯伯勒的加拿大女士租用的。这辆车被写入了通缉公告，奥斯陆福尼布机场的警局接到了相关警示。值班警官提示自己的手下，密切注意一辆白色标致，并且把这辆车的车牌号分发到各个航空公司的值机柜台上。不到一个小时，一名北欧航空公司销售办公室的职员从候机室的窗子看出去，恰好看到门口停着一辆白色标致，车牌号码为DA97943。正是警方找的那辆车。驾驶座上是玛丽安娜·格拉德尼科夫。一分钟后，警察探长西格蒙德·迪尔达尔来到她身边。廷宁将下列对话从官方目击者发言中摘录出来：

“您怎么把车停在这里，这里禁止停车！”

“哦，我不清楚这个，我在等一位丹麦朋友，他要把汽车交还给租车公司。”

“请您跟我们来一趟！”

往机场附近的各租车公司打了一圈电话后，一两分钟之内就弄清楚了。一位名叫达恩·埃尔特的丹麦人刚刚把他的车子交还给租车公司。迪尔达尔现在只有等，直到他出现在这辆白色标致车旁，他想他的同事就在这个车里。他提着两只沉重的袋子来了。

致死的混淆。摩纳哥服务员艾哈迈德·布希基于1973年在挪威的利勒哈默尔被摩萨德特工枪杀，因为特工们把他当成了“红色王子”

“您的袋子里装着些什么呢？”

“一些吃的！”

“您一个人不可能吃这么多吧！”

“当然不能。一群朋友们在等着我呢！”

“好吧，那我们一起开车去您的朋友们那里。”

事态继续发展：玛丽安娜·格拉德尼科夫向挪威警方透露了西尔维娅·拉斐尔入住的地址，她很快就在巴黎与摩萨德总规划师亚伯拉罕·格莫尔一起被捕。达恩·埃尔特，曾用名“达恩·埃尔伯尔”，在狭窄的囚室待了一个夜晚之后，他愿意向警方提供秘密信息以换取更好的监禁条件。他患有幽闭空间恐惧症，显然，在应征加入以色列情报组织时隐瞒了这一点。他向审讯者建议，最好马上给特拉维夫的哈达尔达夫纳大楼打个电话，让摩萨德情报官员来确认他的供述。

“他们真的承认是在为以色列政府工作”，时任奥斯陆警方主审官的拉塞·奎斯塔回述这段往事，因而他们适用外交身份和外交豁免权。奎斯塔的手下在其中一本护照上发现了一个手写的电话号码，这是以色列驻奥斯陆使馆安全官员伊加尔·埃亚尔的私人住所号码。奎斯塔这样回忆道，“身穿防弹背心、手持武器的警方人员破门进入这个住所时，他们觉得，在那里还会找到一些其他嫌疑人”，但在那里“发生了一场骚乱”，因为“那位外交官要把这些警官直接扔出去”。警官们就走了，但“还是带走了两个人，那位使馆人员显然要帮助这两个人逃走”。“在这一刻，整个行动已经完全失控了，”埃亚尔今天回忆起当年的事情时说，“他们要不惜一切代价干掉阿里·哈桑·萨拉马，因而把其他的一切都抛在一旁……并且过于牵强地臆断了信息情况！”

此时摩萨德总部乱成一团。从欧洲零零星星地传回特拉维夫的信息，在梅穆涅扎米尔回来后才成为一种强烈的不祥预感，后来又成为一种可怕的确凿实情。果尔达·梅厄预言过：“或许有一天我们的人会被捕，我们届时能做什么呢？你们能告诉我吗？”现在她最大的担心渐渐得到了证实：先是哈拉里的刺刀行动组杀错了人，接着六名以色列凯撒利亚特工被捕，而且在这段时间里，有两名还招供了。事情乱到这个程度还不够，从奥斯陆的以色列人那里还找到了有关摩萨德在巴黎的几个安全地点的信息和钥匙，现在这些地方要以最快的速度撤离和清理干净。扎米尔和哈拉里提出引咎辞职，但果尔达·梅厄拒绝了。这两个人给这个国家整了一锅难喝的浓汤，使以色列如此难堪，现在他们必须要把这锅汤喝光舀净。

尽管进行了各种努力，果尔达·梅厄很清楚一点，在挪威出的问题很难用外交手段审慎而隐秘地解决。在此期间，欧洲整个新闻界都在报道这件事情，由于该事件由挪威司法机构追究刑事责任，奥斯陆的挪威政府其实完全被排除在外。

1974 年 1 月 7 日，在戒备森严的安保措施下，庭审开始了。玛丽安娜·格拉德尼科夫看起来有些害怕和胆怯，试着把自己的脸用一块面纱遮起来；她的同事亚伯拉罕·格莫尔寡言少语，不肯低头，只是眼珠子骨碌碌地转来转去；达恩·埃尔伯尔给人留下一种心神不宁、仓促慌乱的感觉，格莫尔用鄙视的目光打量着他，更增加了他的慌乱感；另外两位间谍，兹维·斯坦伯格和迈克尔·多尔夫一言不发。西尔维娅·拉斐尔出场了。“她身姿挺拔，气定神闲，身上穿着一件紧身套头衫和一条剪裁合体、非常显身材的裤子，看起来既有思想，又有些风情万种。”廷宁写道。她的辩护律师安内乌斯·舍特也注意到了这一点。拉斐尔自始至终坚持她自己的说法，她的名字是帕特里夏·罗克斯伯勒，跟这一切毫无关系。

1974 年 2 月 1 日宣布的判决还是比较轻的：拉斐尔、格莫尔和埃伯尔被判处五年至五年半监禁，格拉德尼科夫被判处两年半，斯坦伯格被判处一年；多尔夫被当庭释放。

在监狱服刑期间，西尔维娅·拉斐尔与辩护律师舍特的关系加深了，15 个月之后拉斐尔就从监狱里出来了，她必须离开这个国家。她告别了作为凯撒利亚特工的工作，开始以职业摄影师身份工作，不知什么时候她又获准重返挪威，嫁给了她的律师舍特。1992 年两人迁居南非，她从前的故乡。2005 年 2 月 9 日，她在临近 68 岁生日时，死于白血病。根据遗愿，她的遗体被送往以色列，葬在拉马特哈科维什基布兹[①]的陵园，一个橘园中央低矮的小丘上。举办葬礼时，来了很多当年的同事，尽管她当年也曾经参与枪杀无辜者，仍受到了同事们的敬重和赞叹。这些人中包括迈克·哈拉里、亚伯拉罕·格莫尔和穆提·科菲尔，后者是她当年的老师，为摩萨德发现了她的才能。当年的同事们还定制了一块墓碑。墓碑上在摩萨德的标识下写着这样的文字："我以我所有的才华和能力来爱我的国家。我的日子来到了，带我回家进入它的泥土……"

对"红色王子"的追杀在这次 1973 年 7 月发生在利勒哈默尔的败笔之后，丝毫没有减弱地进行下去。摩萨德，尤其是迈克·哈拉里觉得，以一个胜利的结局来完成使命，对他们来说是最大的挑战。但为了做到这一点，首先必须搭建好基础设施，因为在整个欧洲，以色列的特工、助手、伪装的地址以及安全屋全都"毁于一炬"。

---

① 基布兹（Kibbuz），希伯来语中是"团体"的意思，是以色列的一种建立在平等和公平基础上的独特社会组织。——译者注

第 16 章

有毒的夹心巧克力——哈达德事件

一位德国统一社会党[①]的高级干部来到我们的饭店，对我们说，瓦迪厄·哈达德一定是通过舌尖上的味觉细胞被毒死的。

——巴萨姆·阿布·谢里夫，

当年巴勒斯坦的恐怖分子，阿拉法特的红人

1978 年 3 月初，一辆来自近东的私人飞机在飞往当时德意志民主共和国柏林舍讷费尔德机场的途中。飞机上有一名重病患者——儿科医生瓦迪厄·哈达德博士。他病了几个星期，有一些奇怪的症状。他去过阿拉伯地区各大医院，试图对这种疾病进行控制，但是种种努力全都失败了。世界上最著名的医院东柏林沙里泰医院成了哈达德的最后一根救命稻草。

哈达德，也被称作“阿布·哈尼”，组织策划了无数次国际上的恐怖袭击、暗杀和劫机行动。上一次他组织的行动也只不过在几

① 德国统一社会党是前东德唯一执政党（1949—1990 年），自民主德国建立后，长期执政。——译者注

个月前：1977 年 10 月他的手下在马略卡岛劫持了一架德国汉莎航空公司的兰茨胡特号飞机，德国的特种部队德国联邦警察第九国境守备队在摩加迪沙动用武力，成功解救了这架飞机。阿布 · 哈尼是一名信奉基督教的巴勒斯坦人，是解放巴勒斯坦人民阵线特别指挥部（PFLP-SC）的领导人。他以巴格达为大本营指挥行动，在南也门有一个世界恐怖活动的训练营。“PFLP”这几个字母代表 Popular Front for the Liberation of Palestine（解放巴勒斯坦人民阵线），是众多巴勒斯坦解放运动中的一个，特别指挥部（special command，简称 SC）是负责军事行动的。

1970 年 9 月初，解放巴勒斯坦人民阵线成立三年后，巴勒斯坦恐怖分子同时劫持了三架客机，强迫它们降落在道森机场，即约旦荒漠中的一处临时跑道上。当时哈达德的心腹红人巴萨姆 · 阿布 · 谢里夫指挥了这次令人震惊的行动。阿布 · 谢里夫即刻释放了乘客中的 310 名非犹太人，57 名犹太人被用来换取被关在不同国家监狱里的巴勒斯坦囚犯。然后，阿布 · 谢里夫下令在世界公众的镜头前把飞机炸飞。

1972 年 5 月 30 日，日本恐怖分子接受哈达德的指令，在特拉维夫的卢德机场制造了一场血腥屠杀。他们到达大厅，直接抄起冲锋枪，冲着人群密集处随意扫射，撂倒了大约 30 名犹太人。“完全可以把哈达德称作 70 年代的奥萨马 · 本 · 拉登。他是领导型的人物，非常聪明，总是比以色列以及其他国家的安全部门先走一步。”以色列前情报机构官员阿龙 · J. 克莱因这样说。摩萨德在卢德机场大屠杀之后下决心，一定要“好好修理”一下哈达德，前特工加德 · 希姆罗恩说。“好好修理”意味着死亡判决。阿布 · 哈尼的命运在这一刻就决定了，现在的问题只是，他什么时候能够落到摩萨德的网里。

“瓦迪厄当然知道，以色列人在紧盯着他，”巴萨姆·阿布·谢里夫说，“每一个巴勒斯坦人，只要用炸弹和武器来抗击以色列人，都会被判处死刑。”在卢德机场惨案之后，他们把他的几所房子和住处炸毁了，死了不少人，但是没有碰到他本人。在贝鲁特，摩萨德特工甚至直接在他当时住处的对面租了一套房子，就是为了能直接把导弹发射过去。他们一举击中目标，但是哈达德还是幸免逃脱了。

道森机场事件之后，巴萨姆·阿布·谢里夫也上了以色列人的黑名单。他是一个更容易得手的目标，因为他经常在贝鲁特的解放巴勒斯坦人民阵线的情报室里工作。“我们差一点就在贝鲁特逮住哈达德了，”一位摩萨德参与行动的特工确认说，“但这家伙命太大。那我们为什么不舍弃他，去干掉阿布·谢里夫？”这个建议马上被批准了：“为什么不试试呢？干掉他我们一定会活得更好。送他点礼物吧！”所言的礼物就是《切·格瓦拉回忆录》，他们把这本书的书芯掏空，装上了炸药。刺杀阿布·谢里夫的方法竟然与

儿科医生——恐怖分子头目。巴勒斯坦人瓦迪厄·哈达德痛苦地死于中毒，他就是在监控劫持兰茨胡特号客机以营救红军派成员的那段时间里被下毒的

20年前刺杀联邦德国总理康拉德·阿登纳的方法一样。

1972年7月25日，这个邮件被送到了解放巴勒斯坦人民阵线设在贝鲁特的办公室，阿布·谢里夫毫无戒备地打开了邮件。“我在打开的瞬间看到了两只塑料炸弹，黑色的导线，还有亮红色的微型引爆装置，”他后来回忆道，“我本能地向后卧倒，这个动作大概救了我的命。”两筒炸药精心布置，一个向上炸开，大概“是要炸飞我的脑袋”，另外一个向下炸开，“大概要把我的双腿从躯体上分离”。但阿布·谢里夫躲过一劫，死里逃生。爆炸炸掉了他的大拇指、食指和中指前端，炸瞎了他的右眼，炸坏了他的右耳膜，他的喉咙也炸出了一道很大的伤口。但这也就是最严重的伤了。

差不多六年以后，阿布·谢里夫早就从爆炸造成的伤害中恢复过来了，他一路陪着上司瓦迪厄·哈达德在飞往东柏林的飞机上，前往沙里泰医院。阿布·哈尼预感到，那些人这回很可能得手了，他可能成为以色列特工无声暗杀的牺牲品。“下毒！他很清楚，他知道自己的各项血常规值，也知道其他的化验结果，他作为一名医生知道这些意味着什么。”阿布·谢里夫讲述道。但是他还一直怀有“一线希望，那就是或许还有时间查明到底是什么毒。如果知道了毒素的构成，或许还有活下去的机会”。但不久将证实，这是一种虚妄的希望。

在严格的保密措施下，哈达德着陆抵达后立刻被一辆救护车送往市中心，从后门进入沙里泰医院。医院院长奥托·普罗科普亲自照料这位“高级别的人物”，他后来在给国家安全部的汇报中是这样描述的。为了给这位恐怖分子头目治病，还给他起了一个假名字“艾哈迈德·杜克利”。这位“杜克利”真的是解放巴勒斯坦人民阵线特别指挥部的恐怖分子头目，不仅可以从入院时间看出来，而且首先可以从将这位病人称为“医生”以及后来的尸体解剖报告中的

阿拉法特的亲信巴萨姆·阿布·谢里夫在一次以色列的信件炸弹袭击中，被炸伤了手指、眼睛，听力也受到损害

外表描述看出来："头顶几乎没有头发，髭须。"这跟能找到的哈达德为数不多的几张照片上的形象相吻合：半秃的头部，上唇留有胡须。而且这些与巴萨姆·阿布·谢里夫的回忆相吻合。

1978 年 3 月 28 日，瓦迪厄·哈达德去世。他的遗体被作为第 258/78 号特别病例进行了解剖。法医的鉴定报告为：因为再生障碍性贫血造成的内出血，也就是说骨髓被彻底毁坏，同时伴有"明显的中毒性肝损坏"。换成明白话就是，毒是通过食物摄入的，不但造成了骨髓的大面积损坏，还造成了肝损坏。但沙里泰医院的医生还有个不解之谜：在排除了最初的铊、砷或重金属中毒之后，根据"病状分析，那么实际上只有鼠药双香豆素可以考虑了"。这种毒素阻止血液凝固，因而造成内出血，普罗科普在他的报告中下了这样的论断。但是"按照此病例，下一次鼠药的毒并不够"。典型的做法是"多次下毒，让毒素在身体中累积起来"。一个这样缓缓进行的慢性中毒最终会造成"脑出血死亡——就像眼下的这个病例"。瓦迪厄·哈达德是被摩萨德用这等稀疏平常的鼠药给毒死的吗?

BSTU
0013

-2-

<u>Betr.:</u> Leichensache Doukli, Ahmed- Sekt.-Nr.: 258/78-

Äußere Besichtigung

1. Leiche eines bekannten, 41 Jahre alten und 174 cm großen Mannes. Der Leichnam gelangt unbekleidet zur Sektion.

2. Die Zeichen des Todes sind ausgeprägt vorhanden.

3. Das Kopfhaar ist dunkel-braun und sehr spärlich ausgebildet, nur an Schläfen und Hinterhaupt vorhanden, während die Scheitelgebiete fast haarlos sind. Das Kopfhaar ist maximal 5 cm lang, nicht abnorm ausziehbar. Ebenso ist die Schnurrbartbehaarung sehr schütter. Sie ist ebenfalls dunkel-braun und nicht abnorm ausziehbar.

4. Rumpf und Gliedmaßen zeigen eine recht kräftige und dichte dunkelbraune Behaarung, ebenso die Achsel- und Schamregion. Auch diese Behaarung nicht leicht ausziehbar.

5. Die Haut des Leichnams ist allgemein von einem leicht gelbbräunlichem Farbton. Es finden sich keine auffälligen Verhornungserscheinungen. Mehrfach finden sich fleckige Pigmentierungsverluste der Haut, und zwar an beiden Händen, Unterschenkeln, an der Unterseite des Penis und des Hodensackes.

6. Die Nägel von Zehen und Fingern lassen keine Auffälligkeiten erkennen, insbesondere keine charakteristische~~n~~ Bänderung.

用艾哈迈德·杜克利这个假名字的瓦迪厄·哈达德死亡后，遗体由沙里泰医院的法医部门进行解剖东德国家安全部部长埃里希·米尔克更关注的是，这位恐怖头子是否有可能是到了东柏林才被毒害的，或者是否死于东德医生们的错误治疗。但普罗科普的话完全可以打消他的疑虑，“治疗是正确而且较为保守的”，也没有发现“医生方面有什么重大过失”。这位沙里泰医院院长就他的同行哈达德的死亡给出的专家意见就是如此，而认为他进入东柏林后才急性毒发死亡这种想法没有什么根据。

西德的不少报纸，甚至全世界的媒体都在猜测恐怖分子头目究竟是怎么在东柏林丧命的：他是得了白血病死了吗？他的死亡是瞎编的吗？这个与以色列不共戴天的死敌有可能是摩萨德用秘密处决的方法给弄死的，这个猜测在任何地方都不会被大声公开地说出来。很可能是为以色列着想才不说的。因为长时间投毒肯定会抛出很多问题：摩萨德在什么时候、究竟用什么方法给戒备森严、安保齐全的恐怖头目下了慢性毒药？通过食物而且一次又一次以特定剂量下毒？哈达德病了几个月，身体越来越虚弱，这种状态是否影响了那个时间段里解放巴勒斯坦人民阵线特别指挥部的恐怖活动的执行？尤其是否影响了劫持兰茨胡特号客机？在哈达德身边给阿布·哈尼下毒的以色列间谍是否知道，阿布·哈尼在1977年9—10月对红军派绑架汉斯·马丁·施莱尔时提供的帮助？通过这个间谍以色列人都了解了这些？

1980年7月，在哈达德死后两年多，一名在国际上被追捕的委内瑞拉恐怖分子伊里奇·拉米雷斯·桑切斯——常常被叫作“卡洛斯”（代号“塞勒姆”）和他的德国跟班约翰内斯·魏因里希（代号“史蒂夫”）一起入住东柏林亚历山大广场边上的柏林城饭店，也就是今天的公园假日饭店。他们想在那里与阿拉伯和伊拉克的同盟者会面，协调一下各方利益，而且卡洛斯还想弄些昂贵的雪茄、

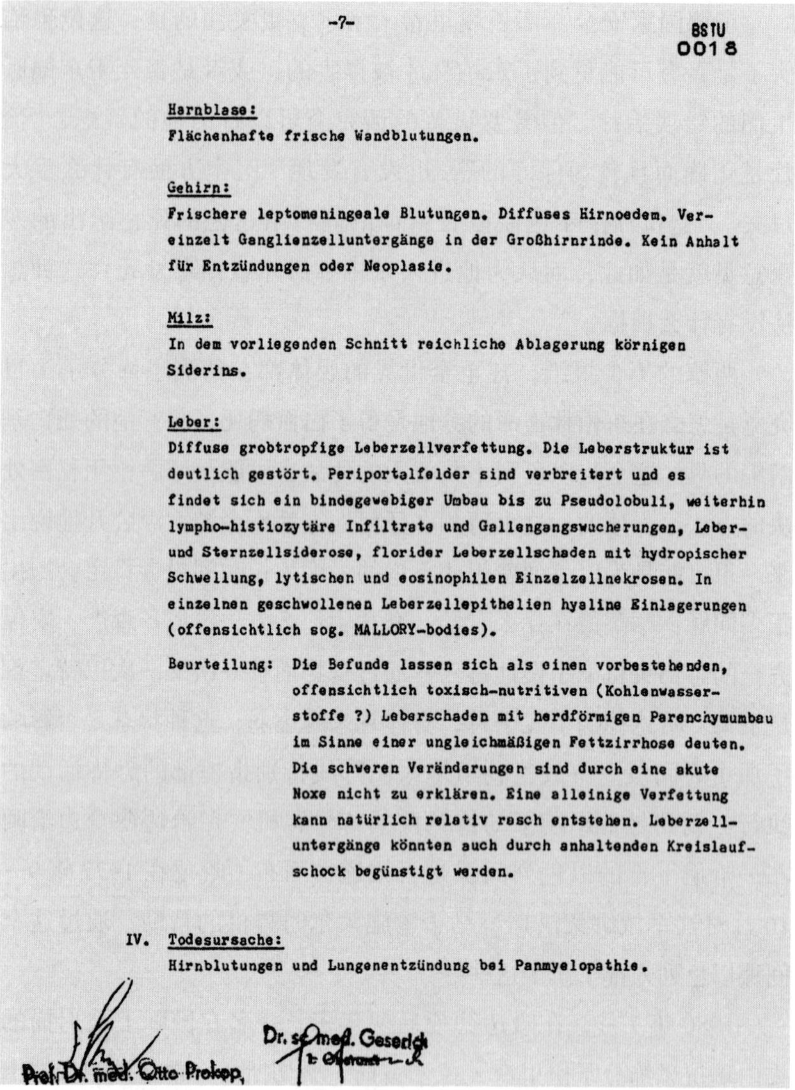

-7-

BStU
0018

Harnblase:

Flächenhafte frische Wandblutungen.

Gehirn:

Frischere leptomeningeale Blutungen. Diffuses Hirnoedem. Vereinzelt Ganglienzelluntergänge in der Großhirnrinde. Kein Anhalt für Entzündungen oder Neoplasie.

Milz:

In dem vorliegenden Schnitt reichliche Ablagerung körnigen Siderins.

Leber:

Diffuse grobtropfige Leberzellverfettung. Die Leberstruktur ist deutlich gestört. Periportalfelder sind verbreitert und es findet sich ein bindegewebiger Umbau bis zu Pseudolobuli, weiterhin lympho-histiozytäre Infiltrate und Gallengangswucherungen, Leber- und Sternzellsiderose, florider Leberzellschaden mit hydropischer Schwellung, lytischen und eosinophilen Einzelzellnekrosen. In einzelnen geschwollenen Leberzellepithelien hyaline Einlagerungen (offensichtlich sog. MALLORY-bodies).

Beurteilung: Die Befunde lassen sich als einen vorbestehenden, offensichtlich toxisch-nutritiven (Kohlenwasserstoffe ?) Leberschaden mit herdförmigen Parenchymumbau im Sinne einer ungleichmäßigen Fettzirrhose deuten. Die schweren Veränderungen sind durch eine akute Noxe nicht zu erklären. Eine alleinige Verfettung kann natürlich relativ rasch entstehen. Leberzelluntergänge könnten auch durch anhaltenden Kreislaufschock begünstigt werden.

IV. Todesursache:

Hirnblutungen und Lungenentzündung bei Panmyelopathie.

Prof. Dr. med. Otto Prokop,　Dr. sc. med. Geserick

死亡原因：因食物中毒导致的颅内出血和肝损坏

烈酒，当然还有美女，卡洛斯到哪里都要这些。这个策划阴谋的谈话不是在饭店的酒吧而是在3501/02号套房里进行，东德国家安全部在套房里安装了窃听器。所有的讨论内容都被监听了，还被整理成了一份情报汇编。卡洛斯和魏因里希及其女友玛格达莱娜·科普（“莉莉”）一起出去散步或者购物时，国家安全部的侦察部门在暗中盯梢。每一步都被盯着，被拍照存档。东德虽然愿意支持巴勒斯坦人拿起武器为自由而战，但他们也要弄明白，卡洛斯和他的同伙们在东柏林探听什么消息。国家安全部竖起了双耳仔细听，恐怖分子们如何批评采用的策略和手段，分析几年以来的恐怖行动，其中也包括红军派绑架汉斯·马丁·施莱尔和解放巴勒斯坦人民阵线特别指挥部劫持兰茨胡特号客机。

差不多每次都会提到一个名叫阿德南·沙图卜（“阿布·纳迪

东德国家安全部实施窃听。1980年全球通缉的恐怖分子卡洛斯和伊拉克及巴基斯坦的亲近者在东柏林会面。国家安全部对他所住酒店的套房进行监听

亚”）的伊拉克人，此人是瓦迪厄·哈达德的同道，他跟一个东柏林的女子结婚了，因此需要经常到东德来。对国家安全部来说，沙图卜占据着一个非常重要的战略位置，国安部人员因而把此人的妻子争取过来，成为情报员。因而知道，沙图卜在哈达德生前“很有可能做的是通讯员的工作”，“据称他也知道劫持飞机的计划”，例如劫持兰茨胡特号客机。

无论是国家安全部XXII /1部门有关在柏林城饭店卡洛斯套房中的谈话汇报，还是“阿德南·沙图卜”的全部档案，都是了解瓦迪厄·哈达德被摩萨德处决背景资料的扣人心弦的文件。刺杀行动从1977年9月至10月的那几周开始，那段历史被称作“德国之秋”。

“1980年7月8日晚上，塞勒姆、阿布·易卜拉欣、阿布·纳迪亚、史蒂夫和莉莉都留在柏林城饭店的3501/02号套房中。晚上，在座人员讨论过去进行过的几个行动。”东德国家安全部的窃听记录中这样记着。

回顾一下。1977年初的巴格达。瓦迪厄·哈达德将他的指挥中心搬到了伊拉克首都巴格达。待在贝鲁特让他觉得太不安全了。他想扩充一下国际恐怖网络，也需要借助红军派同志们的帮助，约好他们在战略上进行合作。

“我们关注的首先是两个实际的东西，”当年红军派的恐怖分子彼得-于尔根·博克回忆道，“一个是位于南也门的训练营，另一个是巴格达的栖身之地，万一我们必须暂时从欧洲撤出来，也有个地方可去。”至于“意识形态的背景”，并没有那么重要。

位于东柏林的国家安全部通过沙图卜的妻子非常清楚地了解哈达德的解放巴勒斯坦人民阵线特别指挥部与西德左翼恐怖分子之间的“密切联系”。例如，一份报告就曾经提到过：“这个组织的成员在一个特别的训练营中接受培训。”而东德对瓦迪厄·哈达德的极大兴趣还因为，此人当年不仅被视为苏联的小跟班，甚至还为克格勃做事情。他的代号是“国家主义者”。这其实是一种互利互惠的买卖：克格勃得到情报，哈达德则相应地得到武器来进行恐怖袭击。苏联情报机构的一些相关文件后来通过一名叛逃者到了西方人手中（“米特罗欣档案”），这些文件也证实了这种联系。档案中说：“我们与 W. 哈达德的关系允许我们为了苏联的利益进行部分控制和施加影响力。”

1977 年 5 月，大约在同一时间梅纳赫姆·贝京被选为以色列的新任政府首脑。此人在 25 年前作为右翼极端党派自由党的领导人发出袭击康拉德·阿登纳的任务。当时任摩萨德梅穆涅的伊扎克·霍菲把对哈达德的死亡判决放在他面前时，他一刻也没犹豫就签字了。或许有两个原因是决定性的：恩德培事件，贝京想与埃及和平相处。

1976 年 6 月 27 日，一架法国航空公司的客机在从特拉维夫飞往巴黎的航线上，中途经停雅典之后不久，就被解放巴勒斯坦人民阵线特别指挥部的一个四人行动组给劫持了。劫持者中也有德国红色恐怖组织的“革命者”维尔弗里德·伯泽和布里吉特·库尔曼。空中客车 A300 于一天之后降落在乌干达首都恩德培，头脑有些乱的总统伊迪·阿明对巴勒斯坦解放事业非常友好善意。103 名乘客被赶到航站楼的中转厅，而后伯泽就开始将人质中的犹太人和非犹太人分开。绑架者要求释放关在以色列、法国、德国监狱中的 53 名囚犯，同时还要求 500 万美元的赎金。

在借助一切可动用的外交途径进行了为时几天的谈判之后，对以色列人来说，这种谈判的唯一意义就是争取时间，以色列的特种部队总参谋部侦察营在摩萨德的支持下，完成了传奇般的解救行动。在夜色的掩护下，以色列的四架大力神运输机抵达恩德培，特种兵冲入主楼，击毙了所有绑架者，解救了人质。在接下来与乌干达士兵的交火中，三名乘客和以色列行动组组长约纳坦·内塔尼亚胡中校，也就是后来以色列总理本雅明·内塔尼亚胡的亲兄弟，死亡。

对瓦迪厄·哈达德而言，没有比这个更大的失败了。以色列人非但没有让自己的国家受辱，反而用一次举世瞩目的行动给他上了一课。而梅纳赫姆·贝京在这件事情之后，当霍菲向他解释处决这个恐怖分子头目的行动计划时，就不再犹豫了。摩萨德的长官用几乎是顺便的口吻提及一份内容翔实的调查，这篇报告的信息主要来源于一些深深地打入解放巴勒斯坦人民阵线组织结构内部的巴勒斯坦间谍。报告中称，哈达德是由利比亚的当权者卡扎菲的手下支持的，是一个七人组成的行动小组，目的是在一次阅兵式上袭击埃及总统安瓦尔·萨达特。这次行动的大部分准备工作已经就绪，袭击的具体日期也定下了。要将这一信息通过哪些渠道传出去，霍菲问了一下新任的政府首脑。通过美国人？不，贝京决定，直接把相关报告交给埃及人，作为一种建立相互信任的手段。伊扎克·霍菲将军几天之后就飞往摩纳哥，和他的埃及同行卡迈勒·哈桑·阿里将军进行了一次秘密会晤，并且将袭击计划交付给他。萨达特很理解这个姿态。以色列和埃及两个国家之间的关系正式开始破冰化解。

哈达德可活命的天数屈指可数了。当时已经有了一套精心设计的方案。直接用炸药和动用武力这两个方案从一开始就被否定了。阿布·哈尼已经把他的行动指挥部搬到了巴格达，那里可不是贝鲁特，不能乱炸。“我们说起了萨达姆·侯赛因的伊拉克”，加德·希姆罗恩说道，“我们在那里不能那样简单行事”，所以能够考虑的

"唯一可能的武器就是投毒"。摩萨德显然在这位巴勒斯坦人的近旁安插了高超的特工。

以色列的对外情报机构摩萨德在利勒哈默尔遭遇滑铁卢，随后在内部对此进行消化吸收已经过去四年，现如今觉得自己又足够强大了，可以再一次冒险去执行打击活动。投毒行动被视为"无声的处决"，风险小，不会有人再像上次挪威时那样，手上枪的硝烟还未散尽，人就被逮起来了。要让哈达德缓慢地衰弱下去、死于某种原因不明的疾病，而且不会引起任何人的怀疑。万一出现最严重的情况，有人知道了是中毒，也识别出投了何种毒，而且由此对以色列指指点点，那么摩萨德也可以把手洗干净，让人确信它是无辜的：间谍行当术语中的魔术词是"令人相信的否定"。

由于"哈达德被视为巧克力狂魔，特别迷恋巧克力的味道"，位于特拉维夫哈达尔达夫纳大楼中的摩萨德总部决定，"把毒注射到比利时巧克力中去，通过一个他的亲信把甜食塞给他"。阿龙·克莱因发现了投毒过程，他把经过非常精细地再现了出来。比利时巧克力？"我们每次去巴格达时，都要从欧洲的免税店买上几大袋东西，"彼得-于尔根·博克证实了这一点，"布拉格火腿、人头马干邑、整条白色滤嘴的健牌香烟，他们觉得这些东西不管怎么说都很时髦，给女士送香水以及夹心巧克力，尤其不能忘记了比利时巧克力！"但是谁把致死的甜食带到了巴格达？又是什么时候呢？

哈达德的指挥中心里总是很热闹：联络员带来各种消息，结盟者在这里寻求帮助，朋友们一起去吃大餐或者聊天交换想法。那位在东柏林娶了太太的阿德南·沙图卜也经常出现在总部。那里总是人来人往熙熙攘攘的，就像鸽子棚一样。每个人都给"师傅"阿布·哈尼带点伴手礼，"这位以色列招募的特工可以自由地往返于欧洲和巴格达之间”。阿龙·克莱因这么认为。但他并不知道，他带去的是死亡礼物。“大多数特工对他们所执行任务的每一个具体细节并非全都清楚，”前摩萨德特工希姆罗恩确认了这一点，“他们以为执行的是第一套方案，但实际上完成的是第二套方案。”否则瓦迪厄·哈达德就有可能会察觉，带免税礼物来的人有一种难以解释的神色不安，那他就会让一名随从先试吃一下。摩萨德虽然要让哈达德去死，但既不想让自己的特工冒生命危险，也不想让一些边缘人物或者是无关的人物生命受到威胁。

1977 年 8 月，红军派的两个领导人博克和与他关系暧昧的布里吉特·莫恩豪普特踏上行程，一路艰难地前往巴格达去见阿布·哈尼。这是那年中他们第二次去了。他们想跟他一起讨论已经筹划好的“大解救行动”（Big Raushole）的细节。“大解救行动”是左翼恐怖分子计划绑架西德雇主协会联邦联合会主席汉斯·马丁·施莱尔的行动代号，他们想绑了施莱尔之后，用他交换被关押在施塔姆海姆监狱的红军派的第一代人员。讨论内容包括行动的保障方案，当然还有钱，阿布·哈尼几乎总是要钱。解放巴勒斯坦人民阵线拥有很好的基础的国家中，有哪一个可能收留那些从“施塔姆海姆”出来的人？除了让联邦德国政府放人之外，红军派还该敲诈出多少钱来？有多少赎金应该归解放巴勒斯坦人民阵线所有？几天之后两位红军派的头子就回到了欧洲。

9 月 5 日，汉斯·马丁·施莱尔就被绑架了。他先是被关在科隆的一处公寓中，然后被带往荷兰，后来又被带到比利时。联邦德国政府断然拒绝进行交易，意在拖延时间。为了避开公开通缉和追捕，在 9 月 15—23 日，很多名红军派的恐怖分子相继逃亡到巴格达，躲在瓦迪厄·哈达德那里，只有少数几名恐怖分子留下来看守施莱尔。弗里德里克·克拉贝和莫妮卡·黑尔宾组建成先遣队，他们要在巴格达的使馆区找一处合适的住所；博克、莫恩豪普特和五六名非法分子不久后也接踵而至。彼得-于尔根·博克有毒瘾和药瘾，逐渐地成为红军派的一个危及安全的因素。但他和恐怖分子女头目布里吉特·莫恩豪普特的关系不寻常，因此在红军派中有着特殊的地位，而且他还与阿布·哈尼保持着特殊的直接联系。这让谁都拿他没办法。

9 月 25 日，这位巴勒斯坦人向他志同道合的德国同志们提供了一项可以支撑施莱尔绑架者的行动："阿布·哈尼说，他能够提供两个选择方案：绑架德国驻科威特使馆人员，或者劫持一辆德国客机。"博克回忆着当时的情况。"我们表决的结果是一致的：劫持飞机！"实际上哈达德早就着手做了许多准备，并且让他的手下在一架由萨达姆情报机构提供的波音 737 客机上进行练习。

1977 年 10 月 13 日中午时分，兰茨胡特号客机由马略卡岛的帕尔马机场起飞，机上载着 86 名度假旅行者和 5 名机组成员，目的地是法兰克福。在马赛的上空，巴勒斯坦行动组控制住了飞机。巴勒斯坦人偷偷携带苏式手枪，还把手雷和炸弹也带上了飞机。

同一时间在巴格达，瓦迪厄·哈达德很虚弱地倒下了。他几乎无法去领导这次行动。面对他的病情，保健医生们百思不得其解。"师傅"得了什么怪病了吗？"摩萨德使用了一种缓释的毒药，这样血液中不会留有任何痕迹，也就没人会怀疑有人给他下毒了。"阿龙·克莱因发现了这一点。一切都要让人觉得是自然得病。因而大部分医生都觉得，很可能是白血病。

彼得-于尔根·博克回想起劫持兰茨胡特号客机之前，他与瓦迪厄·哈达德的一场秘密会谈。这位巴勒斯坦人先是说起博克的由于药瘾造成的"健康问题"，然后突然说起自己的一些奇怪症状。他的身体确实"出现了一些非常奇怪的情况"，他自己也觉得难以捉摸，哈达德对这个德国人透露自己的身体状况，但请他严格保密。博克说："我在此之前也注意到了。阿布·哈尼在这段时间里真的十分虚弱。"

巴格达的医生们束手无策。兰茨胡特号客机开始在近东地区进行艰难之旅的同时，哈达德血液检查的各项指标急剧恶化。他不吃东西，迅速消瘦。"他对特定事情的关注度下降，红细胞数量持续减少，"巴萨姆·阿布·谢里夫回忆道，"当时我的结论是，他们给哈达德下毒了。种种症状都表明这一点。"

1980 年 7 月，在柏林城饭店套房中的那次长达几天的会面中，卡洛斯（塞勒姆）和阿德南·沙图卜（阿布·纳迪亚）也谈起这个话题："……联系到（涂黑[①]），塞勒姆说起了摩加迪沙。当时有人汇报，阿布·哈尼在这个时候已经生病了。"（《东德国家安全部记录》）

在灼人的热浪中，兰茨胡特号客机已经在波斯湾畔迪拜酋长国一处荒漠的飞行场上停了整整两天了。劫机者、机组人员和机上的乘客都在等着最后通牒。联邦德国政府会向红军派和哈达德的要求让步，释放施塔姆海姆监狱的囚犯以及支付赎金吗？经过长时间讨论，飞机载着统治者的安保人员起飞了，离最后通牒期限还有 40 分钟。或许恐怖分子想要避免陷入不得不把飞机炸掉的境地。

下一站：南也门的亚丁。在那里巴勒斯坦行动组的人其实应该离开飞机，一个新的、荷枪实弹的行动组要来接替他们，"押送着飞机上的人质，消失在荒漠里"。彼得-于尔根·博克说。这样整个事件的过程很可能与 1972 年在约旦道森机场发生的一样。

---

① 在《东德国家安全部记录》上，这部分内容用墨水或油墨涂成了黑色，无法识别出内容。使用这种方法，要么是为了向后世隐瞒信息，要么是不允许特定的、未获授权的人查看。——译者注

但是也门人拒绝了解放巴勒斯坦人民阵线的新行动组，哪怕是接近客机也不允许。后来才明白，波恩在这段时间里激活了与东柏林的联系热线，东德国家安全机构当年与南也门有着相当良好的关系，他们对当地政府施加了影响，不让新的行动组接近飞机。身在巴格达的瓦迪厄·哈达德身体十分虚弱，无法对背叛他与也门人之间的协定的行为及时做出反应。接下来的几个小时，劫机的后继发展与原先计划的不同，完全失控了。已经离开兰茨胡特号客机有一段时间的汉莎航空公司的机长约尔根·舒曼在返回后，当着乘客的面被枪杀，他的遗体被竖着放在后面那个衣柜里。在第二个最后通牒到期之前，飞机从亚丁起飞，劫机者因为整个过程的发展与事先计划有所不同，变得有几分含糊了。一直到最后一分钟，他们才知道要飞往摩加迪沙。

从东德国家安全部对卡洛斯（塞勒姆）、魏因里希（史蒂夫）和阿德南·沙图卜在柏林城饭店那个套房中的秘密会面的监听记录来看，“阿布·纳迪亚说过这样的原话：‘他（就是阿布·哈尼）问我们，两个城市之间的距离有多远……我说，伊拉克航空公司从巴格达到伊斯坦布尔有直飞航线……我们可以计算一下那段距离。所以我们就计划和计算了一下……去摩加迪沙。’塞勒姆直接打断阿布·纳迪亚的话，大喊了起来，阿布·哈尼错了。史蒂夫也同意这个看法……报告里接下来的内容是，往亚丁发了无线电讲话。阿布·纳迪亚描述了一下当时大概的情形。他说，飞机已经在计划时间的二十分钟前起飞了。他说，如果他遇到同样危急的情况，也会这样做的”。

一直到了索马里摩加迪沙，从德国飞来的特种部队德国联邦警察第九国境守备队才成功地夺回兰茨胡特号。四名巴勒斯坦恐怖分子死了三个，所有乘客安全获救。这次劫机事件及其有惊无险、还算说得过去的结局是否受到瓦迪厄·哈达德身体状况的影响？因为在最关键的时刻他不能做出清晰的判断和决定。从一定程度上来说，摩萨德的这次投毒是否拯救了兰茨胡特号客机上的德国乘客？

在劫机事件还算是幸运地收场之后，中东地区好几家不同的报纸马上出现了这样的消息，瓦迪厄·哈达德被委内瑞拉头号恐怖分子卡洛斯投毒了，卡洛斯要报复，因为瓦迪厄·哈达德把他开除出解放巴勒斯坦人民阵线，而且他想争权夺位。有可能是以色列情报部门觉得，非常有必要放一些烟雾弹，这样就能把任何有可能产生的摩萨德是幕后推手的怀疑扼杀在萌芽状态。或者很有可能是，哈达德身边的人早就清楚了，这种奇怪的病只能是投毒暗杀造成的。后来一份东德国家安全部的报告（“绝密！”）还记录了一些此事的细节：“……卡洛斯应该……为当时的解放巴勒斯坦人民阵线特别行动组的负责人瓦迪厄·哈达德（常用名阿布·哈尼）之死负部分责任。1977—1978 年，瓦迪厄·哈达德作为阿尔及利亚情报组织负责人的客人，据说是在一次卡洛斯以及（我方）信息源的一位联络人都在场的情况下，被递交了一种无法在血液中查明的毒药。这种药效持久的药品是瓦迪厄·哈达德身体状况急剧恶化以及后来死在东德的最基本原因。”

实际上在 1977 年 10 月初，也就是即将启动劫持兰茨胡特号客机行动之时，哈达德在阿尔及尔停留了一下。在那里结束了一起由他布置、由日本赤军执行的对日本航空公司 472 次航班的绑架事件，未造成任何人员伤亡。为释放 156 名人质，东京政府支付了 600 万美元，此外还释放了 6 名关押在日本监狱里的赤军成员。绑架者先是在阿尔及尔被安全人员控制，这是做给世界公众看的，而在幕后，哈达德以及招待委员会都在等着他们。

不过看起来不太可能，有人偏偏在阿尔及尔的欢庆会上把来自布鲁塞尔的有毒夹心巧克力作为甜点敬献给他，更不可能由卡洛斯呈上。很有可能的是，以色列人故意放出这个风来。散布假信息也属于情报工作的首要任务。

把只要能够再现这个投毒暗杀过程的各个时间点整理一遍，不难发现，1977 年 9 月中下旬很可能是此次事件的起始点。而且摩萨德的潜伏人员显然只有在巴格达才有机会直接接触哈达德，而不是在阿尔及尔。扣人心弦的问题是，此人对劫持汉莎航空公司客机的行动计划知道多少，到底有没有把消息传递给以色列的指挥者。

东德国家安全部的报告中还有一段对阿德南·沙图卜一位朋友的询问，也就是对“那位秘密情报员米沙”的询问：“与绑架施莱尔事件相关联的、紧接着发生的劫持汉莎航空公司客机事件是由解放巴勒斯坦人民阵线的成员执行的……据沙图卜的看法，劫持飞机过程中发生的一些情况表明，在解放巴勒斯坦人民阵线的领导层中有叛徒。”

巴萨姆·阿布·谢里夫在许多年之后，从一名摩萨德情报官员那里得知：“塞给瓦迪厄·哈达德毒药的人与他交往密切。跟我谈话的人没有说出此人的名字，甚至拒绝透露国籍。但他说，此人与瓦迪厄·哈达德的关系非常非常密切。”这样的背叛使他“当然十分震惊”。

摩萨德很可能搞到了有关计划劫持兰茨胡特号客机的情报，但他们没有把消息转交给德国人，是否因为如果转交了这个情报，那位刚刚给他的上司塞过毒巧克力的“叛徒”的性命就有可能会受到直接的威胁？不管怎么说，缓慢地对阿布·哈尼执行死刑与“德国之秋”相重叠，这可给那些长篇特工小说提供了丰富的素材。真的有以色列阴谋，或者一切都是阴谋理论？

1977 年 10 月 1 日，兰茨胡特号客机在帕尔马被劫持之前的

12天。波恩使馆区巴特戈德斯贝格。在巴特戈德斯贝格火车站对面，位于弗里德里希·埃伯特大街的联邦刑事犯罪调查局的反恐部门（又称波恩安全保卫队）收到警示信息。消息来自华盛顿，而不是来自特拉维夫。联邦刑事犯罪调查局马上通过急电告知了德国的所有安全部门："现在有理由担心，恐怖分子团伙将劫持飞机，用以增加绑架施莱尔的那个恐怖团伙所提要求的分量。"时任联邦刑事犯罪调查局国家护卫部门主任的沃尔夫冈·施泰因克回忆起当年的情况："我们能做什么呢？我们又不可能把所有机场直接关闭！"施泰因克这样说，只有摩萨德把他们所知道的情况都倒出来，才有可能阻止兰茨胡特号客机被劫持，也只是有可能。"他们为什么不全告诉我们呢？"当时联邦刑事犯罪调查局这位高级官员给出的解释可能是，如果传递出某个特定的信息，"很有可能会危及他们自己的人或者他们自己的行动"。

那些天在马略卡岛、布鲁塞尔施莱尔的藏匿地以及巴格达哈达德的指挥中心发生的各种事件最终得以细致入微的再现，这尤其要感谢当时红军派的恐怖分子彼得-于尔根·博克的供词。但是时至今日还存在着许多令人浮想联翩的漏洞。

1977年10月9日在帕尔马，离劫机还有四天。位于港口大道的贝利韦尔饭店，恐怖分子碰了一次头，进行最后的准备工作。武器到了，由一名红军派女助手送来——两只苏式手枪，很可能是克格勃某次供的货。枪和手雷被藏在一个装化妆品的箱子和一台收音机中准备被偷偷带上兰茨胡特号客机。他们在海梅大道的一家旅行社中，已经买了汉莎航空公司这次航班的机票。

摩萨德很可能从潜伏的特工那里知道，马略卡是这次行动的出发点，克格勃大概也知道，从阿布·哈尼本人那里知道的。"克格勃通过哈达德知道所有计划好了的恐怖袭击。"在苏联叛逃者米特罗欣的“档案”中有这样的文字。但当时的苏联根本就没有兴趣去阻止劫持飞机，而以色列人担心他们潜伏在巴格达的人的生命，也同样没有阻止。如果行动组在马略卡暴露，那么哈达德肯定就会知道，在自己最贴身的人员中一定出现了叛徒。因为在伊拉克的解放巴勒斯坦人民阵线指挥中心，只有极少数几个人知道要劫持飞机来支持红军派的行动。摩萨德一年半以前，在1976年1月份，已经冒过一次险了，再冒一次险怕会出事。

回顾一下。一年半以前，当时哈达德准备对一架以色列的客机实施导弹袭击，在内罗毕机场。潜伏在恐怖头目指挥中心的以色列间谍一定把这项计划提前报告给了特拉维夫，因而摩萨德得以在肯尼亚逮捕了哈达德的行动组。“这是一个联合行动组，由巴勒斯坦人和红军派的德国人组成，打算在内罗毕将一架以色列航空公司的飞机从天上打下来。”德国先前的恐怖分子、卡洛斯常年的同伙汉斯-约阿希姆·克莱因回忆着。但是“那些人被摩萨德给带走了，他们还什么都没来得及做呢”。

以色列人在夜色和浓雾的掩护下，截下并且绑架了哈达德的内罗毕行动组，把他们带上飞机，飞往特拉维夫，先是把他们扔进当地监狱里。这次以色列情报机构成功地阻止了一次袭击。倘若袭击得逞，大概会有几百名以色列乘客丧生。以色列情报机构还对潜在的杀手进行了严格的审讯。但摩萨德当时冒了很大的风险，巴勒斯坦恐怖头目有可能就此察觉到有人泄露消息并且在他贴身的人员中找到了泄密者。阿龙·克莱因说，这是“情报工作永远的矛盾冲突”，“人们要阻止恐怖袭击，但人们当然也要保护自己的信息源，要不然这个信息源就会从各种活动中排除出去，甚至被清除”。

第二个“内罗毕”事件。这次发生在马略卡岛，对以色列特工来说很可能会是一次致命的孤注一掷的冒险。摩萨德没有把其特

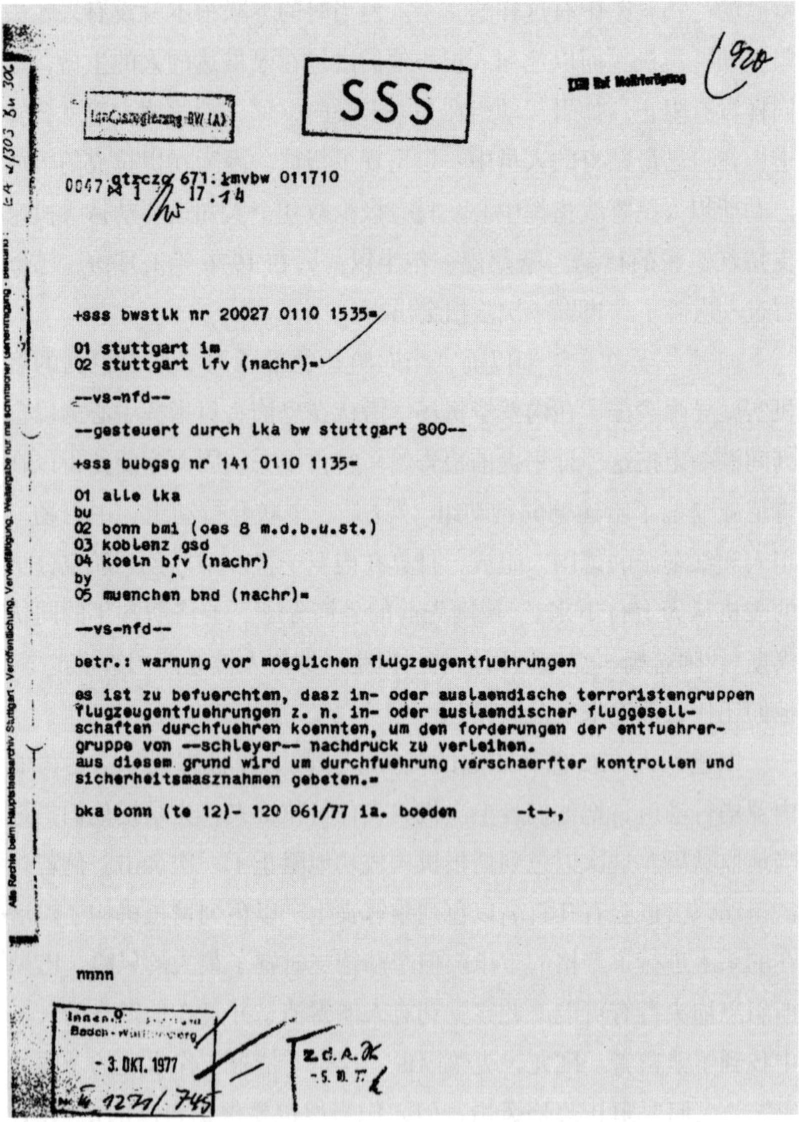

SSS

0047 gtzczo 671 : imvbw 011710
17.14

+sss bwstlk nr 20027 0110 1535=

01 stuttgart im
02 stuttgart lfv (nachr)=

--vs-nfd--

--gesteuert durch lka bw stuttgart 800--

+sss bubgsg nr 141 0110 1135=

01 alle lka
bu
02 bonn bmi (oes 8 m.d.b.u.st.)
03 koblenz gsd
04 koeln bfv (nachr)
by
05 muenchen bnd (nachr)=

--vs-nfd--

betr.: warnung vor moeglichen flugzeugentfuehrungen

es ist zu befuerchten, dasz in- oder auslaendische terroristengruppen flugzeugentfuehrungen z. n. in- oder auslaendischer fluggesellschaften durchfuehren koennten, um den forderungen der entfuehrergruppe von --schleyer-- nachdruck zu verleihen.
aus diesem grund wird um durchfuehrung verschaerfter kontrollen und sicherheitsmasznahmen gebeten.=

bka bonn (te 12)- 120 061/77 ia. boeden -t-+,

nnnn

- 3. OKT. 1977

z.d.A.
-5.10.77

摩萨德对劫持兰茨胡特号客机究竟知道多少？德国联邦刑事犯罪调查局仅得到了一个一般性的警示：可能会发生劫机事件

工知道的即将发生的劫持兰茨胡特号客机的消息告诉德国人或者仅仅很笼统地说要发生劫机，仅仅是因为机上没有以色列公民吗？这可是一个恶意的揣测，前特工加德·希姆罗恩对此予以了坚决的回击。他说，总有些渠道，来向友好国家的安全机构发出警示，可以制造“一种假象”并且“保持在模糊状态”。因为“如果有人认真听了，而且加强了安保措施，这样有时候就够了”。沃尔夫冈·施泰因克针锋相对地说：“这些话我们完全可以置之不理。如果没有什么具体的东西，人们不会对这样一些事情认真的！”

实际情况是，在华盛顿从远方发出了警示之后，兰茨胡特号劫持案就要发生之前，德国的安全机构又收到了一份警示。当时信息灵通的国家安全部还白纸黑字地记录下了这次警示：“在劫机发生之前的那个晚上，德意志联邦共和国获知有人计划劫持飞机，但不知道具体地点和时间，所以这个行动能够实现……与此相关特别重要的是，以色列的无线广播在劫机前一天也预告了一个类似的行动，但没有告知细节。”

现在仍然令人猜测不已的是，这是以色列在最后一刻发出的为了事后免责的警示吗？加德·希姆罗恩并没有想完全排除这一点：“情报工作的目的就在于，避免这些事件的发生！”他说，当然“有时要牺牲掉一些无辜的人们，来保护极度危险中的信息源！”这样也是对的。那位把有毒的致命夹心巧克力递交给其上司阿布·哈尼的特工，当然就是这么一个“处于极度危险中的信息源”。这名特工时至今日都没有暴露。

先是干掉瓦迪厄·哈达德，然后轮到阿亚图拉·霍梅尼？罗纳德·里根当年的安全顾问，美国政治家罗伯特·C. 麦克法兰，许多年后在他的回忆录中透露出这样的消息，让人缓慢中毒是摩萨德处决武器库中一个常用的方法。麦克法兰说，1985 年，当时的摩萨德梅穆涅戴维·金奇曾经向他建议，清除掉伊朗领袖霍梅尼，以便为伊朗更为温和的力量扫清道路。摩萨德头子向他保证，他的人已经找到了一种方法，“通过食物让霍梅尼逐渐地中毒”。戴维·金奇对这样的指控进行了坚决的辟谣，但是麦克法兰仍坚持他的说法。那个建议是“明确而毫无误解可能的”。

第 17 章

红色王子——萨拉马事件

绝对无法解释、也完全不能接受的是，那些参与谋杀阿里·哈桑·萨拉马的人里面，竟然有两位持有英国护照。毫无疑问的是，以色列参与了这一活动。英国护照被使用，这也不是第一次。这种做法完全破坏了英国与以色列两国之间的友好关系。

——英国外交部长弗兰克·贾德，
1979 年 3 月 8 日会见以色列大使时发表的声明

以色列到目前为止没有承担任何责任，而且不可能的是：他们会去公开地、官方地承认做了这样的事情。鉴于此，并不存在可以出示在以色列法庭上的坚实证据。因而让以色列当局进行相关赔偿的机会几乎是零。

——英国外交部致在贝鲁特袭击中死亡的
苏珊·沃勒姆父母的基本观点

1978 年春天，瓦迪厄·哈达德在东柏林的沙里泰医院去世后不久，30 岁的埃丽卡·玛丽亚·钱伯斯抵达贝鲁特机场。这是她第一次来到这个迷人的国际化都市旅行。这位英国公民受日内瓦儿童救助组织“支持贫困儿童协会”（ASED）委托，前来与巴勒斯坦地区难民营中照顾孤儿的组织建立起联系。钱伯斯需要几天时间，来熟悉一下这个地中海畔的充满对立的城市。这里充满着战争与和平的矛盾、贫民窟的贫困与海边林荫道的富裕的对立、政治与宗教的紧张关系。微妙的光影和色彩构成了贝鲁特的特色。

在圣·乔治饭店的传奇酒吧里，有很多奇奇怪怪的人在那里取饮品，记者威廉·迪特尔这样写道。他对贝鲁特非常熟悉，对他描写的各类人群也同样熟悉，“来自各国的军火商、记者、外交官、石油大亨、冒险家，当然还有很多间谍，很多很多的间谍”。埃丽卡·钱伯斯也不是人们觉得的那种孤身一人、总有一天会找到终生使命的姑娘。“支持贫困儿童协会”这块招牌以及难民营中的所有慈善工作其实都是伪装。她的真正任务与这座城市的特征很合拍：去引出“红色王子”，用她所拥有的一切手段去诱惑他、缠住他，最后把他给炸飞。她的上司是迈克·哈拉里，他在离这个地方空中直线距离只有300公里的南边，却隔着不同的世界，在特拉维夫的摩萨德总部里面。

在哈达德死后，做掉阿里·哈桑·萨拉马又重新被排到了摩萨德行动计划的首位上。当年必须为利勒哈默尔败笔负主要责任的迈克·哈拉里还一直领导着凯撒利亚部门。在此期间，他还要为五次清除“红色王子”却都徒劳无果的尝试负责。但由梅纳赫姆·贝京领导的以色列政府又给了他一个新的机会，用来摆平当初在那位摩洛哥服务员艾哈迈德·布希基身上犯下的错误，以色列人把那个事件称为“屈辱之夜”。如果他在贝鲁特成功了，就不会再有人提当年在挪威的失败了。因此哈拉里在准备这次打击时更加认真仔细，尤其是没有任何时间压力，因为他知道，一次成功的行动需要方方面面细致周密的计划部署。他选择那个假小子一般、长着红苹果脸的女特工“佩涅罗珀”，别名埃丽卡·玛丽亚·钱伯斯来担任这一处决计划的核心角色。威廉·迪特尔，此人本身就是一个“多面手”（杂家），常年摇摆在东方的神秘世界和间谍活动之间，后来详细地调查了她这个紧张的故事，并将它写了出来。

埃丽卡·玛丽亚·钱伯斯于 1972 年 8 月来到以色列，一年之后就消失在哈拉里的秘密世界中了。她来自英格兰的南安普敦，大学读的是地理，获得了理学学士学位。1969 年移民到了澳大利亚的堪培拉，在那里获得了公职。但澳大利亚的生活并不能满足她。她计划写博士论文，申请在位于耶路撒冷的希伯来大学读博士，被录取了。她的专业方向是水文学，研究地区为内盖夫沙漠。在难以忍受的酷热环境中从事研究，很快就让她觉得工作太艰苦，于是她在寻找其他的可能性。

也不知在以色列的何时何地，埃丽卡·钱伯斯遇到了摩萨德的一位寻找间谍苗子的特工，并引起了他的注意。这些“星探们”对年轻外国人有着非常精准的目光，这些年轻人像钱伯斯一样出身于犹太家庭，因此往往认同犹太国家。他们找的是合适的间谍苗子，将来作为特工能够去忍受艰苦和匮乏的生活，不是找些冒险者或杀手，而是找些高智商的、冷静的、适应能力强的男人和女人，同时他们的外国护照是一个很大的帮助。因为这些凯撒利亚部门的“战士”主要以某种身份在国外生活，他们很少来以色列，如果要来以色列，也要用另外一本护照入境，更是基本上不会出现在摩萨德总部。

埃丽卡·钱伯斯在 1973 年通过了摩萨德学院的所有考试和测验，接受了一年的基础训练，又接受了一年的专门训练，学会了间谍的看家本领和杀人手段。随后，迈克·哈拉里把她送回她的祖国英国，以便在那里开始长期地创建自己的身份。不久以后，哈拉里会需要她去完成一项刺刀行动组的活儿，去执行一项处决。在此之前，她必须让自己的假身份毫无纰漏。

她离开伦敦许多年了，回到伦敦之后，必须强忍住自己马上想去看看亲爱的妈妈的冲动。摩萨德的培训专家一再告诫她，"她不能陷入家庭关系的羁绊中"，迪特尔在书中这样说。相反，她在伦敦西南近郊的里士满租了一套小公寓，然后在相关机构进行了登记，1975 年 5 月 30 日在伦敦护照事务办理处约谈。这位摩萨德女特工申请一本新护照，因为她的旧护照上盖了不少以色列的入境章，如今想去阿拉伯国家旅行会遇到困难。办理处的工作人员觉得这个说法很有道理。

此后，埃丽卡・钱伯斯先后与埃尔兰根大学和法兰克福大学建立了联系，申请在这两所大学攻读博士学位。她与相关高校教授们会面，但随后就再也没有音信了，尽管她的读博愿望得到了积极的回应。迪特尔在他的书《摩萨德女特工》中非常详细地描写了钱伯斯在德国构筑身份的过程，她在法兰克福的住址是格吕内堡路 4 号，在威斯巴登的住址是威廉大街 52 号，——她偶尔也住在小酒店和小旅馆中。目的是，万一什么时候、什么人需要仔细地审查她公开的生活状况，这一切会使其更加具有可信度。如果她需要回伦敦近郊里士满的公寓住几天，她现在就主要使用一本以色列护照，护照主人的名字是露丝・阿洛尼（或者是阿隆尼）。

威斯巴登的移民局非常爽快地直接给了她五年有效期的居留许可，让她在法兰克福大学学习和研究；她又用这个证明申请到了德国驾照，开了一个银行账户，又在德累斯顿银行开了一个账户，经常有来自瑞士的款项进入这个账户。款项的支付方是日内瓦儿童救助组织"支持贫困儿童协会"。这是一个哈拉里专门为了追杀"红色王子”而设立的协会，很快这个协会就在慈善领域有了一席之地，它的一些活动甚至与联合国儿童救助机构“联合国儿童基金会”协调起来。

然后在某个时候，电话铃响了，她在这些年里一直急不可耐地等待着这个电话——总部以加密的方式向她传达了一个信息。迈克·哈拉里觉得时机成熟了，派出他的刺刀行动组女特工去对付萨拉马。

阿里·哈桑·萨拉马（阿布·哈桑）在20世纪70年代被视为以色列人的死敌，是巴勒斯坦恐怖活动的象征人物。他参与了无数次血腥的袭击活动，这些活动给他带来了“红色王子”的称号。摩萨德甚至认为他是1972年袭击慕尼黑奥运会以色列运动员的幕后策划者之一，虽然他本人和其他“黑色九月”的知名人物后来都极力否认这一点。穆罕默德·乌达（阿布·达乌德）宣称自己和萨拉赫·哈拉夫（阿布·伊亚德）是那次袭击的策划者，以色列的说法是，阿布·达乌德与阿布·哈桑一起在奥林匹克运动场地的篱笆墙前观察袭击行动的开始，在他看来是一个不折不扣的谬误。

女人们最钟爱的人——阿里·哈桑·萨拉马不仅是一名巴勒斯坦恐怖分子，而且还是一个懂生活的人，但最终，风流韵事给他带来了灭顶之灾

阿布·哈桑是巴勒斯坦解放组织领导人亚西尔·阿拉法特的养子和心腹，他指挥阿拉法特的精英部队17卫戍队，这个军队得名于他们在巴解组织总部的电话分机号码“17”。谁想要打击阿拉法特，必须先过萨拉马这一关。进而言之，谁要是将他与那场发生在菲尔斯滕费尔德布鲁克机场针对以色列运动员的令人发指的大屠杀联系起来，实际上是想造成一种印象，即阿拉法特本人必须为那次事件负责。摩萨德的负责人其实也很清楚，为了事后能够令人信服地撇清关系，巴解组织的领导人是不会亲自参与这样的袭击事件的。

但阿布·哈桑可不是这么简单之人，他参与了无数次恐怖袭击活动。当时的凯撒利亚特工维克托·奥斯特罗夫斯基在他的书《摩萨德》中称他“是一名大胆鲁莽、敢于冒险，凶残但同时又具备高智商的人”。他还在书中举了一个给人留下深刻印象的例子：在菲尔斯滕费尔德布鲁克事件之后，萨拉马决心在罗马菲乌米奇诺机场，用俄制斯泰拉导弹把正在飞行中的以色列航空公司的客机连同果尔达·梅厄一起打下来。以色列的女总理计划在1973年1月进行一次访欧之旅，她在那个月的15日将对意大利进行国事访问。使用斯泰拉导弹时，要用手握持着扛在肩上的发射器，瞄准目标发出去。这种武器在技术上不是很成熟，但对于那些飞行速度比较慢的飞机，例如正在降落中的客机，依然很有杀伤力。弄到一些这种武器的炮弹并不成问题，因为巴勒斯坦人在南斯拉夫某处训练营中还有一些库存，奥斯特罗夫斯基这么写道。有两发炮弹已经途经亚德里亚海被送到意大利来了。

阿布·哈桑为此逛了几家位于汉堡著名的圣保利红灯区的黑乎乎的酒吧，雇了一名懂得海上导航作业的人，还找到两名年轻女郎，给她们点钱和毒品，她们就能让船长有好心情，好好干活。一群不知自己到底要做什么的人一同来到了巴里，上了一艘漂亮的豪华游艇，朝着杜布罗夫尼克驶去，在那里接过几只装着导弹的大木箱子。一切都按照计划进行，在即将回到巴里的港口时，“黑色九月”行动组的人坐着一只小船迎面驶来。巴勒斯坦人把那几只箱子的货物转到小船上，割断了那三个德国人的喉咙，在那只游艇上凿了个大窟窿，就在离海岸不远处弄沉了它。

策划好的针对以色列政府专机的导弹袭击最后还是被摩萨德给阻止了。很显然，奥斯特罗夫斯基本人当时肯定参与了那次行动。他和凯撒利亚的同事们在最后一刻，完全不显山不露水地像詹姆斯·邦德那样，在机场附近搜索到了藏起来的斯泰拉导弹，控制住了巴勒斯坦人。奥斯特罗夫斯基用第三人称来描写他当时那种英雄般的风范：“那名摩萨德特工下了车，很快确定，两枚导弹就在那里，恐怖分子也被控制住了。当他看见警车由远而近地向他驶来，他一跃跳上了车，倒好车，朝着罗马方向呼啸而去。在他通知了其他同事之后，所有摩萨德人员全部从现场撤离，就像是他们从来没有去过那里一样。”

虽然与真实情况相比，他对整个过程的叙述有些戏剧化，但奥斯特罗夫斯基的回忆基本上是第一手资料。因为在 1990 年秋天，以色列政府试图用官方临时命令来阻止他的书在美国出版，这在国际图书行业还是个新鲜事儿。以色列政府的这种打算肯定是会落空的，而且还起了适得其反的作用，这使得奥斯特罗夫斯基的书不仅广为发行，而且还让人接受了它的真实性，正常情况下不会有那么多人信这种书的。

70 年代，对于以色列政府而言，阿布·哈桑是否真的参与策划了对奥林匹克运动会的袭击，一点也不重要，因为他的手上早就沾满了（不仅是犹太人的）鲜血，他一再出现在刺杀名单的首位。

但在贝鲁特，萨拉马丝毫没有由于担心自己成为容易得手的目标，就去躲躲闪闪地过日子。与此相反，这位三十五六岁的男人直接视安保措施为无物。他为了方便与不同的女友快活，在好几家饭店里长期订了房间。他深得女人们的欢心。有人说他有十来个甚至更多个固定的女朋友。这是位近东地区不同阵线中的花花公子。

阿里·哈桑·萨拉马于1942年出生于巴勒斯坦地区的库拉村，他并不是完全靠自己的力量成为武装抵抗组织主要领导人的，他一直生活在他那具有传奇色彩的父亲的光环下。哈桑·萨拉马酋长是耶路撒冷的伊斯兰教法典说明官的亲信，在30年代就与英国控制区的犹太人进行了残酷的斗争，犹太人当年认定此人就是恐怖和破坏的代言人，当时就想要他的命。在本-古里安的独立战争宣言发表两周之后，这位酋长就战死在争夺拉斯海马酋长国的交火中。当年他唯一的儿子和继承人阿里年仅七岁。萨拉马一开始对政治没什么太多兴趣，他的生活远离难民营的贫困。“不断有人提醒我意识到一点，我是哈桑·萨拉马的儿子，就必须有个萨拉马儿子的样子，”他在为数不多的几次接受报纸采访时这样说过，“如果我父亲是一名烈士，那么我现在就应该接着把巴勒斯坦事业进行下去。”

1961年，他母亲把他送到德国，他应当在那里学习工程学，但是他却不愿意坐在课堂上，而更愿意出入昂贵的健身房、高档饭店、高级专卖店和艳光四射的夜总会。阿里喜欢剪裁得体的西服、黑色衬衫和金项链，喜欢年轻的女人们，女人们也喜欢他。1963年，他母亲请求他娶一位年轻的埃及女孩，他依照她的意愿娶了。一年之后，他们的第一个儿子哈桑出世了，现在大家叫阿里为阿布·哈桑（就是哈桑的父亲之意）。尽管已为人父，但他更忠诚于自己的淫欲，他作为开罗各类聚会的知名人士，待在夜总会的时间比花在家庭里的时间多得多。在1967年的六日战争[①]结束和以色列完成了占领之后，阿布·哈桑加入了巴解组织，并且很快就引起了亚西尔·阿拉法特的关注，在他的庇护下，阿布·哈桑很快就上升到该组织及其安全机构的顶层——而也正是因此成为以色列人的猎杀目标。

虽然阿布·哈桑也有几分害怕以色列会发动袭击来要他的命，尤其在“青春之泉”行动之后。1973年4月9—10日夜间，后来的总理埃胡德·巴拉克，精英部队总参谋部侦察营的司令，乔装打扮成一个女人，与15名士兵一起，乘坐佐迪亚克快艇，从海法来到贝鲁特。他们在夜色掩护下潜入了贝鲁特的凡尔登区，击毙了三名巴解组织成员。据以色列方面掌握的情况，这些人与慕尼黑袭击有关，其中包括“黑色九月”行动的负责人穆罕默德·优素福·纳贾尔（阿布·优素福）。“我的房间距离阿布·优素福的房间只有50米，”萨拉马几天后让黎巴嫩的一家报纸照着他说的话去写，“但是凶手因为一个很简单的原因不敢对我进行袭击，因为我的住处有14名保卫看守。”这个事件之后，他让人把上好子弹的AK-47冲锋枪放在他公寓的每个房间中，以备不时之需。“但是他太习惯于过奢华的日子，喜欢挥霍无度的生活，而不愿意去认真了解一下安全规定，这些规定把令人难以揣摩视作最高行为准则。”阿龙·J.克莱因在他的书《回击》中这么评论他。

此外阿布·哈桑还希望通过一种特殊的联系可以极大限度地“豁免”。大概在1969年，反正是在1972年慕尼黑事件发生前很久，美国中央情报局驻贝鲁特的情报站站长罗伯特·C.埃姆斯与

① 即第三次中东战争，发生在以色列和毗邻的埃及、叙利亚及约旦等阿拉伯国家之间，以色列最终取得了压倒性的胜利。——译者注

萨拉马建立了初步的联系，并且自称带来了美方的提议，让华盛顿听到巴勒斯坦的声音。实际上，他们大概也给萨拉马提供了六位数的月薪，让他成为美国人的特工。但这位“红色王子”愤怒地拒绝了用信息换现钱的交易，这伤害了他的骄傲。直到 1973 年中，“青春之泉”行动后的几个月，在摩萨德于利勒哈默尔把一名摩纳哥服务员误认作他进行暗杀袭击之后的几天，联系又恢复了；阿拉法特于 1974 年 11 月在联合国讲话之后，这种联系进一步加深了。从那个时候起，鲍勃·埃姆斯和他的巴解组织高级情报人员定期在贝鲁特交流思想，打造阴谋。美国中央情报局的特工得到保证，巴勒斯坦的恐怖活动不再针对美国人和美国设施。钱没有那么重要，阿布·哈桑更感兴趣的是他的“寿险”，他觉得建立起一个这样的联系就得到了保障。

1976 年 6 月，在黎巴嫩内战期间，263 名欧美人需要撤离，其中包括美国驻贝鲁特使馆的所有工作人员，阿拉法特的安全负责人阿布·哈桑亲临现场，以护卫美国车队撤到叙利亚。为此美国总统杰拉尔德·福特公开向他表示了感谢。几个月之前萨拉马还与他的 17 卫戍队一起，搞出了一件大事：有 20 名成员的行动组穿过贝鲁特天主教堂的房间，进入了相邻的中东不列颠银行，他们在科西嘉开保险柜高手的协助下，打开了中央保险库，弄到了总价值大约 6 亿美元的现金、黄金和首饰。在阿拉法特的指令下，这些赃物后来用飞机运往日内瓦，存入了瑞士银行。这位“红色王子”的生活大概就是这样：抢银行，暗中帮助美国人，对女人柔情蜜意，进行血腥的恐怖袭击。

1978 年 10 月 8 日，这位多面手的人生却迎来了第一次重大打击。他走在大街上，没带任何保镖。以色列狙击手的一颗子弹击中了他，子弹射进了他的胃里。阿布·哈桑立刻倒下，马上就被送进了医院，并在那里接受了紧急救治。他活过来了。也就是这个时候，他总算明白了，他与美国中央情报局走得近，也并不能保护他，使他免遭以色列人的报仇，这可跟他以前的设想不一样。

美国人邀请他和他的最新女友，23 岁的乔治娜·里兹克，曾经的环球小姐一起去美国养伤，先是去佛罗里达的奥兰多，去迪士尼世界主题乐园玩，然后去夏威夷参加传统的卢奥盛宴。“红色王子”表示很乐意。这名巴勒斯坦恐怖分子、以色列的头号敌人现在成了米老鼠的客人？当然也与中央情报局进行了多次会面。美国情报部门一直希望，能够把这位阿拉法特的亲信收为完完全全的、付薪水的特工。鲍勃·埃姆斯在此期间已经回到了兰利总部，并且在中情局升官了。飞机降落时，他在纽约欢迎这一对情侣的到来。

但这一次萨拉马还是拒绝为中央情报局服务。现在回过头来看，这或许是他生命终结的开端。摩萨德知道他们之间的联系，但是以色列人一直在揣度，这种联系实际上到底有多紧密。几年后却透露出一些消息来，当时美国中央情报局完全有能力来保护阿布·哈桑的安全。于是中央情报局的负责人要在不同场合面对他们的以色列朋友们的问询，萨拉马究竟是不是“他们的人”。美国人总是默然不语，或者摇摇头。

有意思的是这个故事的另外一个版本：无可否认的是，畅销书作家威廉·迪特尔有许多内幕信息，他在 1992 年写过美国情报机构人员和以色列情报机构人员一次偶然的会面，发生于 1978 年秋天在伦敦希尔顿酒店召开的戒备森严的反恐大会上。摩萨德前领导穆提·科菲尔三十年后在他的书里也提到了这次会面，科菲尔披露了许多其他细节，并没有直接从迪特尔那里参考。

迪特尔的书中是这样写的：“一小轮谈话下来，又再次说起了‘红色王子’。‘这是我们的人，别动他！’那个美国人说。以色列人的回答是由一个绝对可以信赖的目击者这样转达过来的；‘那我们可不管。你们也知道，他对我们做过些什么事情，而且你们也知道我们的游戏规则。没有任何途径可以改变他的命运了。上帝原谅，以色列绝不！’”

科菲尔是这样写这次会面的：“以色列人估计，美国人或许会以某种方式让人明白，现在阿里跟他们合作呢，所以现在如果让他遭遇到什么不测，那么这是不符合他们的利益的。

然后这个暗示还真的出现了：‘如果我们向你们请求，终止所有针对这个人的袭击，你们会说什么呢？’一个美国人问道。

‘我们大概是这样回答的，我们会将你们的请求转达给我们的领导层，我们不能保证什么。’摩萨德的人这样回答。

‘不是到了你们该停止相互没完没了地打仗的时候了吗？’

‘可能是时候了吧，但是阿里·萨拉马还欠了我们很多账没还呢。’

美国人期待的其实是另外一种答案。所以有个人问：‘你们怎么觉得原谅别人就那么困难？’

‘对这个问题倒是有个很简单的答案，’那位以色列人答道，‘上帝原谅，以色列绝不原谅！’”

美国中央情报局的人根本没有料到，以色列人要跟阿里·哈桑·萨拉马算总账的计划早就已经准备得很成熟了。这两个国家的情报人员在希尔顿的酒吧里唇枪舌剑地讨论“红色王子”的命运，而此时此刻，据说此人和曾用名“佩涅罗珀”的英国女人埃丽卡·钱伯斯已经亲热过了。他竟然这样做，虽然他仅仅在几周之前，在 1978 年 6 月 8 日刚刚跟黎巴嫩的女基督徒乔治娜·里兹克结了婚。阿龙·克莱因说，这位当年的选美冠军不管怎么说还是做到了一点，就是让这位闻名遐迩夜不归宿的浪荡子总算在贝鲁特西部的高级街区索诺波“安顿下来”了。但是迪特尔的研究却得出了一个完全不同的结论——至少是在关于“红色王子”的生活习性方面。

1978 年 4 月，钱伯斯第一次为了完成由摩萨德专门成立的日内瓦儿童救助组织“支持贫困儿童协会的委托项目”专程来到贝鲁特，与那些在巴勒斯坦难民营照料孤儿的组织建立起了最初的联系。迪特尔在书中写着，“怀揣伪装出来的社会关注”，她研究了来自贫穷的、因以色列进攻而动荡的黎巴嫩南部地区上万人的命运。摩萨德的女特工越来越经常地出现在红新月会[①]的一家医院中，这家医院的院长是阿拉法特的兄弟法特希，她介绍自己是来自德国的年轻女子，愿意帮忙。然后她就越来越成为巴勒斯坦社会网络中的一个小小的结点，大家都认识她，赞赏她那同甘共苦的精神和工作热忱。

5 月份她再次回到德国，把威斯巴登的房子给退租了，搬家到科隆去，住进了格雷夫大街 3 号，离电视塔不远。她在此处众多水泥楼房中的一座里租了一小套房子，谁也不认识谁，然后接着编织自己的身份信息。凯撒利亚部门领导迈克·哈拉里觉得很重要的一点是，她在行动过程中千万别出任何错误，每走一步都要事先设计好，然后再细心地实施。她有规律地飞往贝鲁特，通常在那里待两三个星期，去见红新月会的法特希·阿拉法特，给这里或那里的社会慈善机构捐些款，建立起各方联系，但是从不使这种联系演变成那种特殊关系。1978 年秋季的一天，期待的事情总算是发生了：埃丽卡·钱伯斯遇上了她的目标人物阿布·哈桑。他很喜欢这个小个子的英国女人，她唤起他内心的猎手本能——摩萨德女特工的神

① 是“红十字会与红新月会国际联合会”所承认的阿拉伯世界地方组织的称谓，通俗地说就是阿拉伯地区的红十字会，使用白底红色的新月标志。——译者注

经是强健的。“萨拉马爱他的乔治娜爱到发狂，”迪特尔写道，“但这并没有阻止他在别的女人那里试试他那谁也挡不住的男性魅力。”他们相约在珊瑚海滩饭店见面，在那里共同度过了几个小时。根据迪特尔的披露，这个巴勒斯坦人与一名犹太女人有染，而且这个女人最后要了他的命，这个事实在巴解组织时至今日还是“作为一个重大秘密来处理”。但貌似只有迪特尔一个人有这个信息，其他任何研究“红色王子”之死的作者都不知道受害者和女凶手之间曾经有过桃色故事。大部分作者对其他事件的描写是大同小异的，甚至英国国家档案馆中的相关卷宗所记载的也与此相近。

在 1978—1979 年之交，摩萨德清除“红色王子”的行动进入了关键性的阶段。要收网了。1 月 10 日，埃丽卡・钱伯斯在科隆的小公寓中收到了迈克・哈拉里的行动指令。三天之后，她飞往贝鲁特。哈拉里在此期间确定好了抓捕点，就是某个他们肯定能抓到他的地方。通过钱伯斯和其他在贝鲁特活动的以色列特工的努力，摩萨德对萨拉马的生活习惯了如指掌。自从乔治娜怀孕，他晚上一般都在她那里度过，中午时分也常常回家吃饭。要从他的公寓来到贝鲁特的巴解组织总部或者从总部回家，他和他的 17 卫戍队的保镖要经过凡尔登大街。哈拉里在贝鲁特市区图上的相应地点画了一个粗重的十字架。就在那里动手。倒计时开始。

钱伯斯来贝鲁特时，通常都待在高级街区索诺波的豪华公寓楼里自己的住所中，她在几个星期之前就租好了这幢房子，预付了两个月的房租。她经常在阳台上一坐就是几个小时，从那里看过去，凡尔登大街一览无余，可以看到萨拉马的车队有规律地驶过，一辆棕色的雪佛兰旅行车和一辆保镖用的路虎揽胜。

1 月 17 日，又有两名凯撒利亚特工来到了贝鲁特，一名是 40 岁左右的英国人彼得・休・斯克里沃，另一名是来自温哥华的罗纳

德 · M. 科尔伯格。斯克里沃很有可能就是那位在罗马和利勒哈默尔参与了处决行动的乔纳森 · 英格尔比。有可能还有其他以色列助手在贝鲁特待命，但他们从未被确认。

1979 年 1 月 21 日，星期天。在海法海军基地，摩萨德的爆破专家把 50 千克的 TNT 炸药（也有人说是黑索金）装在几个包裹中，堆放在一艘导弹快艇上，在夜色的掩护下驶向大海。在快艇上的人还有迈克 · 哈拉里。他希望经过了这么多年，经过了利勒哈默尔的失败，这次能够近距离地亲自经历一下这项工作终于成功圆满地完成。快艇在几个小时的缓慢行驶之后，接近了黎巴嫩的海岸线。凯撒利亚部门的领导人站在桥上，端详着贝鲁特林荫大道上光的海洋。凌晨 3 点，海军的蛙人们将两艘装载着爆炸物的佐迪亚克橡皮艇推下水，并将它们推向海滩上一个比较僻静的地方，斯克里沃和科尔伯格已经租好了一辆高尔夫等在那里了。他们接过炸药，堆在车子后座上。这一切都行云流水般悄无声息地进行着。

接下来的事情都演练过上千遍了。炸药显然在某家饭店的地下车库被安装了引爆器，就在当天夜里被安在了伊塔尼大街上，在埃丽卡 · 钱伯斯的公寓向外望的视线中。遥控器已经放在了她的窗台上。第二天一大早，彼得 · 斯克里沃从他的饭店退房，然后开着租来的汽车去了机场。他订了一个飞塞浦路斯拉纳卡的航班。科尔伯格没走，还留在贝鲁特来帮助埃丽卡 · 钱伯斯，以防万一出现什么情况。

1 月 22 日晚间，阿布 · 哈桑要参加在大马士革每六个月召开一次的巴勒斯坦全国委员会的会议。所以他当天与平时的习惯不同，没有去办公室，而是在乔治娜身边度过。跟威廉 · 迪特尔后来所称他调查出的情况一样，阿布 · 哈桑的美国朋友通过他们的黎巴嫩渠道在暗杀发生之前还给了他一个紧急的警示，一张手写的小纸条。“他读了那个纸条，把它塞进了上衣兜里，”迪特尔这样写，“他死后，在他的口袋里还发现了这张纸条。”

埃丽卡·钱伯斯在她公寓的窗前越来越焦急。为什么那两辆车还没出现呢？为什么今天与日常的日程发生了偏离呢？她不可能漏过两辆那么显眼的车。15点45分时，萨拉马与他的年轻妻子告别，坐在了雪佛兰轿车副驾驶的位置上，他的三名保镖挤在后排座位上，其他五名保镖坐在17卫戍队的路虎揽胜中跟着。他想在去机场的途中先到他母亲那里稍作停留，祝贺一下他外甥女的生日。车队还是走寻常的路段，摩萨德女特工看见车来了。但是到了与伊塔尼大街交会的路口时，突然一辆陌生的车子插进来，紧跟着“红色王子”的座驾行驶。他马上就要经过停在那里的那辆高尔夫了。她该怎么做？让无辜人的生命受到威胁？但钱伯斯马上就把脑子里面正在闪现的一丝顾虑给推到一边。不管怎么说她在不久前还和这个男人一起滚过床单，现在她就要把他送到地狱去了。这是她的任务，现在她就必须要把它完成。当那辆棕色的雪佛兰轿车经过装着炸弹的高尔夫时，她按下了遥控器按钮。瞬间巨大的爆炸声让整个街区都晃动了起来，到处都是玻璃碎片，汽车零件如下雨般纷纷掉落，街面上出现了一个巨大的坑，坑周围是正在燃烧的沥青。

在岸边不远处，迈克·哈拉里站在导弹快艇的甲板上，用高倍望远镜努力地观察着贝鲁特城的剪影。他保持这个姿势好几个小时了。当索诺波街区升起了一团白色的烟雾时，他知道，他的使命总算是完成了。但是萨拉马真的死了吗？

凡尔登大街和伊塔尼大街之间的区域乱成一团。围观群众堵住了路，呼啸而来的救护车艰难地辟开一条通往袭击事发地的通道。“路虎车中的五名保镖没受伤，但是他们直接气炸了。”迪特尔写道。到处是散落的尸块。阿布·哈桑在被送往医院的途中死了，一个金属块就像一块飞溅的弹片一般进入了他的头部。他那辆车上的司机和三名保镖也死了，同时遇难的还有跟在后面的那辆车里的人员和两名步行者——一名是德国修女，另一名是来自英国的 34 岁的女秘书苏珊·沃勒姆；此外还有很多受了重伤的人。以色列人的复仇给无辜者造成了巨大的伤害。

袭击之后的几分钟内，埃丽卡·钱伯斯带着一只箱子离开了袭击现场，她在走出公寓楼时，对大厅里面的楼管说，她要先去一家旅店过夜，等这个街区的安全情况稳定了再回来。她开着一辆自己租的车，绕了几道弯才来到罗纳德·科尔伯格住的饭店。据说她当时把她那本真正的英国护照落在公寓里面了。她离开时竟然这么慌乱，这么没头脑，不专业吗？但是英国人关于此案的卷宗里并没有提及一本落下的护照。可以肯定的是，在 1 月 22 日，钱伯斯和她的同事科尔伯格一道，在等待着夜幕降临。然后他们再次开车来到那个僻静的海滩，在子夜快要到来之前由蛙人接到了佐迪亚克小艇上，接着由小艇送到在黎巴嫩海岸线外游弋的一艘导弹快艇上。

那套远距离控制炸死"红色王子"的公寓，巴解组织的安全力量很快就找到了。他们当时非常系统、地毯式地搜索了这个小区。"仔细搜查了这个房间，没有任何收获，" 1 月 27 日英国驻贝鲁特使馆向伦敦发电称，"所有的证件和值钱的东西全部消失了。"

在袭击谋杀发生后的几天，伦敦和耶路撒冷政府之间的外交斡旋就开始了，这些东西都可以在女王陛下已经解密的外交部档案中读到。英国人当时似乎直接就蒙了，并且也受到了警示，这是完全可以理解的：暗杀袭击者是英国公民，一本经过伪造的英国护照（上面的名字是彼得·斯克里沃）被用在了这次行动中，而且受害者苏珊·沃勒姆也是个英国人。

3 月 8 日，英国外交部长召见了以色列大使。"以色列肯定参加了谋杀袭击，这是没有任何疑点的”，其实这“也不是第一次了，英国护照”被用在了这样的行动中去，这位首席外交官非常愤慨，这一切“完全破坏了英国与以色列两国之间的友好关系”，“再也不容许这样的事情发生了”。另外还有一个非常实际的原因，阿布·哈桑的17卫戍队对“我们在贝鲁特使馆的安全起着极其重要的作用”，在一份备忘录中这样写着，它还将继续扮演着重要的角色。与巴解组织合作，尽快尽早破了此案因而是非常重要，也是非常必要的。对以色列人来说17卫戍队是个恐怖分子团伙，而对英国人和美国人来说，它真的是一支保护的队伍。

在此期间，苏珊·沃勒姆的母亲请求外交部支持，她要控告以色列政府，要向以色列政府索赔。对她来说，这并非是为了获取经济上的赔偿，更重要的是要坐实以色列政府的罪行。但这机会“几乎是零”，外交部长非常遗憾地回信，并建议她以后不要这么做了。

在幕后，各种外交平衡还在继续进行中。1979年5月31日，位于特拉维夫的英国大使给伦敦发电：“在我们的住所，昨天晚上的一次谈话中，我提醒摩萨德的高级负责人，我们还是一直需要一种保证，我向他请求这种保证，以色列人要保证今后别用英国护照干这种事情了，别干处决阿布·哈桑时做的那些事情。对方跟我说，他的工作人员对由他们造成的混乱表示遗憾。但是如果他们给予了我们所要求的保证，那么就等于他们承认，他们参与了处决……他们是不会这么做的。我告诉他，我们在目前的情况下只要能够获得这个保证就很高兴了，就是以色列人再也别滥用英国的护照，在我把‘再’字去掉了之后。他同意了。”

外交上的相互指责很快就成为过去式。而实际上这绝对不是摩萨德最后一次将英国护照用于执行他们的处决行动。

回到特拉维夫后，迈克·哈拉里举行了一次盛大的庆功会，埃

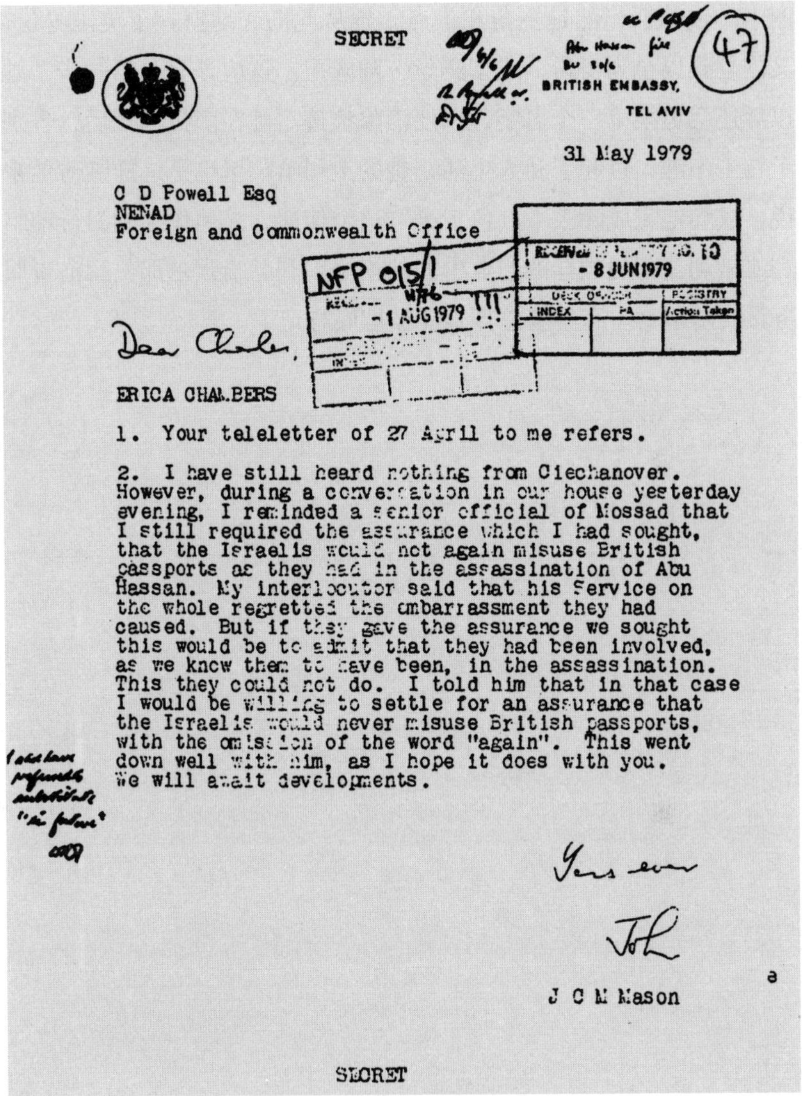

SECRET

BRITISH EMBASSY,
TEL AVIV

31 May 1979

C D Powell Esq
NENAD
Foreign and Commonwealth Office

NFP 015/1

- 1 AUG 1979

- 8 JUN 1979

Dear Charles,

ERICA CHAMBERS

1. Your teleletter of 27 April to me refers.

2. I have still heard nothing from Ciechanover. However, during a conversation in our house yesterday evening, I reminded a senior official of Mossad that I still required the assurance which I had sought, that the Israelis would not again misuse British passports as they had in the assassination of Abu Hassan. My interlocutor said that his Service on the whole regretted the embarrassment they had caused. But if they gave the assurance we sought this would be to admit that they had been involved, as we know them to have been, in the assassination. This they could not do. I told him that in that case I would be willing to settle for an assurance that the Israelis would never misuse British passports, with the omission of the word "again". This went down well with him, as I hope it does with you. We will await developments.

Yours ever

John

J C M Mason

SECRET

“红色王子”在贝鲁特遭到暗杀之后，英国政府在耶路撒冷提出要求，不要将伪造的英国护照用于刺杀行动丽卡·钱伯斯当然是主角和焦点。她从此彻底地摒弃了英国身份，又恢复到以色列身份，成了露丝·阿隆尼。这应该只是第一步，她以后还会更换第三个名字，以便消除痕迹。她在萨拉马死后，告别了特工生涯，过起了私人生活，她的上司哈拉里也是这样。对他来说，成功地完成除去“红色王子”这个使命，是他作为刺刀行动组和凯撒利亚部门领导的职业生涯的巅峰。利勒哈默尔那位摩洛哥服务员艾哈迈德·布希基总算是能被彻底忘记了。

第 18 章
科学家与妓女——米沙德事件

摩萨德不杀人，除非此人的手上沾满了鲜血。万一让这个人完成了他的项目，那么他的手上将沾满以色列儿童的鲜血。那么还等什么呢？

——维克托·奥斯特罗夫斯基，前凯撒利亚特工

那位金发女郎穿着一条紧绷绷的裤子和一件吊带背心，上衣能遮蔽的地方很少，因而让人浮想联翩的地方很多。每天早上她都站在犹太城的这个车站，这是巴黎南部的一个郊区，而每次在巴黎大众运输公司的区间公交车快要来的时候，一辆飞驰的法拉利都会呼啸而至，猛然刹车，载上这位迷人的女人。一点也不奇怪，布特鲁斯·伊本·哈利姆有些嫉妒地想着，有个阔人追求这女人。他等的公交车总是比巴黎大众运输公司的车来得要晚些，他登上公交车，脑子还在想着刚才的那个漂亮姑娘。

一切都在严格保密中进行，当时是 1978 年 8 月。在巴格达附近的图瓦萨，萨达姆·侯赛因让人开始建他的第一个核电站。法国政府在几年之前与伊拉克政府签订了一份供货合同，置美国安全专

家特别是以色列安全专家的各种顾虑于不顾。这些专家们担心，如果这位肆无忌惮而且举止乖张的伊拉克独裁者真的从法国人那里拿到了他们承诺的核燃料，他完全有可能去造几颗原子弹，这样就可以以此来威胁或者毁灭以色列。

法国管控伊拉克核反应堆的机构在巴黎北部的萨尔塞勒，布特鲁斯·伊本·哈利姆是参与了这个项目的众多伊拉克科学家中的一名。他的情报人员向他反复强调，千万别怕麻烦，一定要乘坐地铁，长距离乘坐，多换乘，这样可以甩掉一些可能的跟踪者。只有他每天乘车的起点站和终点站没法改变：起点站是犹太城，哈利姆就住在这个站附近；终点站是萨尔塞勒，他的办公室在那里。

有那么一天，巴黎大众运输公司的公交车比法拉利早一些到车站。那位魅力十足的金发女郎翘首张望，期待她的司机出现，她轻轻地耸了耸肩，看来像是对今天没法搭顺风车已经认命了。她乘坐的公共汽车刚刚走了没多久，那辆法拉利就呼啸着转过街角，司机来了个急刹车，眼睛到处搜寻每天早上都会捎带的美女。哈利姆暗暗觉得好笑，就朝他喊了两句：她已经坐公交车走了。那个男人一脸蒙的神态，回答说，他是英国人，不会说法语，所以哈利姆又把刚才的话用英语说了一遍。那个男人笑了，很友好地邀请这位伊拉克核专家搭乘他的车以表示谢意，他可以捎他一段。为什么不坐豪车呢，哈利姆毫不设防地想。他违反了情报机构的所有规章制度，跳上这辆豪车，舒服地靠在车座椅上。“鱼儿咬钩啦！”当时的以色列特工维克托·奥斯特罗夫斯基在他的畅销书《摩萨德》中这样写着。从他对“哈利姆事件”的描写来看，他很可能掌握不少当时巴黎发生事情的内幕材料，这一事件不久后演变成了“米沙德事件”。从对罗马机场的斯泰拉导弹的描写也可以看出这一点。

早在一年前，摩萨德就已经获悉，法国与伊拉克签署了关于提供核电站的协定，这个协定包含了法国人将在给核反应堆填充燃烧棒时提供技术支持等内容。实际上以色列空军在同一时间开始了对图瓦萨进行空袭的严格保密计划。当时摩萨德的梅穆涅伊扎克·霍菲不觉得军方的这种行动有什么用，因为他担心，如果用炸弹轰炸，可能会炸死不少现场的法国技术人员，这很可能会造成欧洲国家空前抱团，从而给以色列带来更为严重的后果。霍菲另有主意，他用打字机敲出了哈利姆的名字，给自己的人下命令：我们还是看看，能否在这里招募这个人。那么为什么偏偏选择此人呢，原因倒是稀松平常：目前以色列人能搞到的在法国的伊拉克核技术人员名单上，哈利姆的名字后面只有一个公寓的地址，此外这位 42 岁的伊拉克人的婚姻并不很幸福，摩萨德的材料上也指出了这一点。此人看来是个很合适的人选，容易通过“钱、性和心理攻势”收买。就算不成，那么我们还可以派刺刀行动组的一个团队去干掉他和其他人，霍菲毫无疑问地在脑子里已经做好了第二套方案。

但在让哈利姆上钩之前，还必须对他进行全面调查。一个小组在哈利姆公寓对面租了一套房子，另外一个小组“主要负责必不可少的入户侦探……和安装窃听装置”。奥斯特罗夫斯基这样写道。一天早上，一位假扮成化妆品推销员的摩萨德女特工来按哈利姆家的门铃，他当时当然是在工作。他的太太萨米拉马上对各种香水和优惠的价格产生了极大的兴趣。因为她碰巧有些闲得慌，于是就请女特工进到自己的房子里。没过几分钟，萨米拉就对这个女特工无话不谈，开始掏心窝子了：她在巴黎过得多么不幸，好在现在就要回巴格达待几个星期了，因为她妈妈在那里要动一场大手术。这些信息对摩萨德来说，正中下怀。以色列人觉得，这下子要“拿下”哈利姆这个人就会更容易一些了，因为到时候，他是第一次独自身处异国他乡。

1978年夏天，以色列情报部门大约在“斯芬克斯行动”的框架内为策反哈利姆投入了总计15—20名特工，这些人在摩萨德的术语中被称为“卡察”（katsa）[①]。公交车站的金发女郎和法拉利司机都是以色列特工，后者在第一次送哈利姆前往巴黎中心市区时自称杰克·多诺万，来自伦敦。这个英国人貌似很健谈，说起了自己的国际业务；与此相反，哈利姆显得比较拘束，他说起了自己的大学生活和自己的妻子，她不久就要回巴格达住一段时间了。多诺万问哈利姆，在那段时间是否有兴趣去他的乡村别墅看看呢，但这位伊拉克人不愿意确定下来。目前还不愿意。

第二天一早，那位魅力十足的金发女郎又同往常一样出现在公交车站了，多诺万让她上车，同时友好地向哈利姆打了个招呼。一天之后，法拉利开来了，但那位金发美女没有出现。英国人再次请哈利姆搭顺风车。这次途中的聊天气氛就亲近了很多。多诺万建议，先一起去喝杯咖啡吧，他向这位好奇的伊拉克人聊起了他的金发女朋友，她不过是个小婊子，昨天已经跟她分手了，但好在巴黎有的是这类女孩。接着他从桌面上推过来一张自己公司的名片，公司位于凯旋门附近，有办公室、黄铜门牌和女秘书——万一哈利姆突然心血来潮，想起来去探个究竟，此人说的是否是实话，那他就可以去看一下。接近工作进行得很顺利。

萨米拉走了之后，哈利姆差不多每个周末都与他的这位新朋友凑在一起。他们一起去昂贵的餐厅和夜总会，他甚至还说服这个伊拉克人去喝含酒精的饮料，这在穆斯林是严格禁止的。现在布特鲁斯·伊本·哈利姆已经非常出格了，已经把所有的秘密工作的规定

① 以色列情报机构摩萨德的情报人员，katsa是希伯来语单词的缩写，指负责收集情报和招揽特工的官员，类似于美国中情局的调查官。——译者注

抛在脑后，并且违背了一切规定，摩萨德在知道了这一情况后，又接着进行下一步：多诺万邀请这位伊拉克人来他在圣多米尼克大街索菲特酒店包的豪华套房，同时还请了一位32岁的妓女玛丽-克洛德·马加尔。

在这个豪华酒店享用了丰盛的晚餐之后，多诺万说他在生意上还有一个重要的日程要安排，就借故走开了，留下那两个人独处。没一会儿，哈利姆就拜倒在这位妓女的石榴裙下了。从这个时候开始，哈利姆就常常和由摩萨德付嫖资的妓女玛丽-克洛德或者她的女友鬼混。这位伊拉克科学家在摩萨德的圈套中越陷越深。走出最后一步的那个时刻不管什么时候怎么说也会到来的：多诺万有一天在跟他的好伙伴一起做什么事情时不经意地说起，他有一笔大买卖，做的是某种特殊容器的生意，医学检测中用的放射性物质就需要用这种容器来运输。他需要一名专业人士帮忙，这样才不会被他的供货商欺骗。但是他咨询过的所有相关专家的费用都非常高。这就是哈利姆迈出致命的一步的时刻，他说："或许我能帮上忙。"

维克托·奥斯特罗夫斯基把这些都记录了下来，语气听起来好像那位以色列特工杰克·多诺万就是另一个他，就像是他借助于第一手材料、以自己的经历来讲述："'谢谢你，但我需要的是一名能够仔细检查容器的科学家！''我就是科学家啊。''你是什么意思呢？我想，你不是在上大学吗？''我一开始必须跟你那么说。我是一名由伊拉克派遣到这里从事一个特别项目的科学家。我可以肯定，我能够帮到你。'"

布特鲁斯·伊本·哈利姆就是在这个时刻被以色列人招募去了，虽然他尚未意识到这一点。

接下来的几个星期里，这名伊拉克人就提供了有关萨达姆核项目的各种情报和计划，包括图瓦萨核设施的许多详细情况和完工的具体时间表。他接受了对方支付的酬劳——几千美元和玛丽-克洛德的色相。她自始至终都一点也不知道，她的雇主背后是以色列政府。哈利姆变得毫无顾忌。他也随口说出，在土伦附近的法国南部小城滨海拉塞纳的一个厂区里，伊拉克的反应堆压力容器已经完成了。伊扎克·霍菲得到了这个消息之后，马上派出了一支凯撒利亚小分队前往法国南部，想方设法进入了受到严格保护的区域，用塑胶炸药把那些存储设施炸上了天。这发生在1979年4月5日，在“斯芬克斯行动”开始八个月之后。爆炸造成了两千三百万美元的损失。

哈利姆听说了发生在滨海拉塞纳的袭击后，十分明显地惶惶不安起来，但多诺万能言善辩地让他相信，爆炸的发生跟他提供的信息之间没有任何关系。这个伊拉克人感觉事关重大。如果他暴露了，那么他的命就毫无价值了。萨达姆对叛变者格杀勿论，直接干掉。而在这件事情里，以色列人抛出的早就不仅仅是金钱和色相这样的一般性报酬了。以色列人要做的是引发恐惧，所以他们给自己的间谍在心理上施加了压力。在一次碰头中，多诺万像是漫不经心地说道，哈利姆曾经见过的他的生意伙伴中很有可能有美国中央情报局的特工。“哈利姆就像被雷劈了一般呆住了。”奥斯特罗夫斯基写道。他的眼睛里流露出掩饰不住的恐惧：“他们会绞死我的！”于是摩萨德特工试着让他平静下来，安慰道，肯定不会这么严重的，不管怎么说他又没有为以色列人工作。

1979年秋天，伊拉克的核项目负责人越来越经常地出现在巴黎，他要亲自督察在滨海拉塞纳发生爆炸后，法国人又立即开工建设的新核反应堆的生产进展情况。此人是叶海亚·米沙德博士。这是一位优秀的、接近50岁的核物理学家，是一名埃及人，在亚历山大大学上过学，为纳赛尔的核能源委员会工作过一段时间。1967

年“六日战争”之后，埃及的核计划被雪藏，米沙德就来到巴格达，作为萨达姆·侯赛因的首席核物理学家出任了伊拉克核能源机构主席。

在特拉维夫，摩萨德的梅穆涅伊扎克·霍菲怀着越来越浓厚的兴趣研读他的特工从巴黎新近发来的深入调研报告。他发出了新的任务：你们要接近米沙德，争取他为我们工作。杰克·多诺万，很有可能就是那位本名为维克托·奥斯特罗夫斯基的卡察，因而马上要求哈利姆，赶快安排在一家昂贵的饭店与他的上司同进晚餐，以便能够造成与他在那里的“不期”而遇。多诺万与哈利姆闲聊了一会儿，但是那位埃及人只是毫不在意地说了一句“你好”，他似乎与这位多少有点简单而且现在变得有些饶舌的伊拉克人不同，是用完全不同的材料制作的。这么看来，要拿下米沙德可能还得另找一套解决方案。

哈利姆的妻子从伊拉克回来后，哈利姆向她承认，现在有些很严重的问题。他被美国中央情报局下套陷害了，他提供了一些情报，也为此收了一点钱。他当然只字不提玛丽-克洛德的事情。“萨米拉气坏了，”奥斯特罗夫斯基在他的畅销书《摩萨德》中这样写道，“她暴跳如雷地大喊大叫，在这个背后很可能是以色列的情报机构在搞鬼，而不是美国中央情报局。”杰克·多诺万竭尽全力地尝试着去拢住他的这个间谍，为他提供了新的身份和更多钱。但是哈利姆这时非常坚决不为所动，他不想再与这件事情有任何关系，他们就算是用美元钞票把他给埋起来都不行。他整理好行李，返回巴格达。布特鲁斯·伊本·哈利姆后来怎么样了，是不是因为泄密死掉了——维克托·奥斯特罗夫斯基并没有公开说。

伊扎克·霍菲觉得采取第二套方案的时候到了。如果他们无法让叶海亚·米沙德为他们工作，那就必须干掉他，只有以这样的方式才能继续使萨达姆的核炸项目继续延期。从以色列的角度来看，这是一笔很简单的账。当这个为伊拉克工作的埃及人再次来到巴黎，审视在萨尔塞勒的项目办公室里的进展是否一切正常时，摩萨德头目派出了刺刀行动组的一支小分队来对付他。

1980 年 6 月 13 日，将近 19 点，米沙德回到了艾美酒店。他与一位时常为他提供“消遣”的漂亮女人约好了时间，这女人就是玛丽-克洛德·马加尔。她一直为杰克·多诺万工作，总是得到超额的报酬，所以她从来不问任何问题。但就在她那天晚上到酒店套房找米沙德时，用这种方式来争取他为摩萨德工作的时间已经不多了。

他回来没多久，有人敲门。米沙德去开了门，但只打开了一条门缝：“您找谁？”一位会阿拉伯语的卡察低声说，他受一个政府委托，愿意为某些特定的信息付一大笔钱。“滚！你这只狗！不然我叫警察了！”这位埃及人冲他喊着，把门摔上了。

几个小时之后，玛丽-克洛德已经早就走掉了，米沙德睡得很沉，两名刺刀行动组特工借助一把万能钥匙进入了他的套房，割断了他的喉咙。他死得很惨，场面血腥不堪，这是一次嚣张的处决。第二天打扫客房的服务员发现了浸泡在血泊里的尸体。法国的刑警说这是职业杀手干的活儿。不久之后无线广播台播报了一起凶杀案，死者是埃及的核物理学家，在为伊拉克工作。当玛丽-克洛德听到她的客户死掉时，吓坏了，毕竟她离开他的时候，他还活着。她找到警察局，去录了证人证词。她还毫无戒备地给她的雇主杰克·多诺万打了电话。这个风尘女郎没认识到相互之间的关系，她没看明白，多诺万和他的人都隐藏在这次袭击的后面。

多诺万马上给位于特拉维夫哈达尔达夫纳大楼的摩萨德总部发去消息。很显然，如果玛丽-克洛德将发生在艾美酒店的谋杀与巴黎的特工活动联系起来，那么很可能会对摩萨德情报部门造成灾难性的后果。利勒哈默尔的惨痛失败过去也才刚刚五年。人们还在讨论究竟是赞成还是反对处决。正常情况下，像暗杀米沙德博士这样的处决行动，必须由以色列总理本人亲自批准。批准过程“完全是一种官僚的过程”。前特工加德·希姆罗恩对此非常了解。在拟处决的名单上，首先是巴勒斯坦恐怖分子的名字，但也有被视为国家敌人的科学家的名字，因为他们参与了对以色列国家不利的某个研究项目。希姆罗恩说，20 年前，即 60 年代初，在埃及工作的德国导弹专家就是这类人；30 年后，在伊拉克的核项目框架中也同样是这样。

但玛丽-克洛德的情况不同，她不是一个合理打击的目标，而是一名卖淫者，她只是临时地为以色列国家效劳了，而且她自己并不知情。“暗杀她大概属于‘行动中的紧急情况’，正如她也出现在行动当中，就是这么一种……情形。”奥斯特罗夫斯基在写下这些话时，没有一丝自我怀疑，就像说她的死在一定程度上是某种战略上的附带伤亡。

1980 年 7 月 12 日夜晚，在叶海亚·米沙德血腥谋杀案发生四个星期之后，玛丽-克洛德·马加尔站在圣日耳曼大街上等客。一辆豪华轿车缓缓驶近。司机向她做了个手势，示意她到车子的另外一侧来“谈价”，他把车窗摇了下来。在这个瞬间，一辆黑色的奔驰车从拐角转过来，加大油门，速度很快地直接向这辆停着的车边上驶来。“就在这个当口，”奥斯特罗夫斯基写道，“停着的那辆车里的司机狠狠地给了马加尔一刀，她仰头倒向正在飞速而来的那辆车。”这个法国的卖春女郎当场身亡。两辆参与行凶的车辆消失在黑夜中，凶手从来没有被抓到过。

后续记录：1981 年 6 月 7 日 15 点 50 分，巴黎谋杀案过去差不多一年的时候，多架 F-16 和 F-15 战斗机从以色列南部一个空军基地起飞升空。它们的目标在一千多公里以外的敌国领土上：图瓦萨。飞机在雷达低空盲区飞行，紧贴着沙丘和丘陵，飞行高度很低，先飞过约旦，然后飞入伊拉克。为了骗过防空部队，飞行员们说的是阿拉伯语。17 点 31 分，目标出现在飞机的射程之内，14—16 枚炸弹击中了正在建造中的反应堆建筑。两分钟后，以色列飞行员返航了。十名伊拉克技术人员在空袭中丧生，还有一名死者是法国人。此人作为以色列间谍将一个装着目标定位发射器的文件包放在了核设施中，然后由于无法弄清楚的情况滞留了下来，没法尽快地离开反应堆建筑，奥斯特罗夫斯基这么写道。

对伊拉克奥西拉克核反应堆的空袭至今为止被视为飞行和后勤保障领域的杰作。梅纳赫姆·贝京几个月之前就在他的内阁中通过了这个行动，顶住了摩萨德梅穆涅，即伊扎克·霍菲的明确反对意见。飞机起飞三个小时之后又平安地返回以色列降落，尽管有 11 人死亡并且损害了伊拉克的领土主权，但到处都在盛赞这一次行动。霍菲清楚，他在摩萨德的工作生涯结束了，他递交了辞职申请。

第 19 章

滴入耳中——迈沙阿勒事件

某种特定的毒药……毒效很强，但拥有这种毒药或者去获取这种毒药都有可能是件伤脑筋的事儿。

——《美国中央情报局暗杀指南》，1953 年

如果内塔尼亚胡愿意担着可能导致与约旦关系受损这一风险，这次的行动就有可能很简单，胜算也很大。但是他的要求是，哈立德·迈沙阿勒必须死，而且不要让任何人想到，他是被谋杀的，从以色列总理的角度来说，这个要求当然是很有道理的。这样的行动摩萨德在此之前还从来没有执行过。行动以一次惨败而告终，所有不该发生的事情全都发生了。

——米什卡·本-戴维，当年摩萨德行动组成员，参与了 1997 年在安曼暗杀哈立德·迈沙阿勒的行动

解药最终带来了转机。一切取决于米什卡·本-戴维是否将这种物质交给约旦的医生来拯救哈立德·迈沙阿勒的生命。对以色列政府和摩萨德的梅穆涅达尼·亚托姆而言，这是一种十分绝望和令

人羞愧难当的坦白，向怒气冲天的约旦国王侯赛因的坦白。在安曼充满戏剧性的这几个小时中，一切都立于刀尖之上。这次不成功的暗杀危及与邻国的脆弱的和平，还有可能将整个地区引入严重危机中。这是1997年9月25日和26日。这个大失败的故事开始于不到两个月之前。

1997年7月30日星期三，耶路撒冷的马哈尼耶胡达市场其实相当平静，这个市场里有两百多名商人在露天兜售水果、蔬菜、香料、坚果和鱼肉。接近12点时，两名年轻男子加入了人群，他们扛着很沉的袋子，所以事后有很多证人能想起他们两个人来。一位自杀袭击者立刻点燃了炸弹；第二位在等着，一直等到以色列的救援力量赶到，然后才把自己炸飞到空中。这两次爆炸造成了大量伤亡，16名以色列人死亡，170多人受伤。

以色列国内情报机构辛贝特用了24小时确认了这两名巴勒斯坦人是哈马斯的武装部队人员。一年前刚刚当选以色列总理的本雅明·内塔尼亚胡随后召开了安全内阁会议，以便获得授权来进行报复性打击：必须干掉一个知名的哈马斯领导人。一天之后摩萨德领导达尼·亚托姆就呈上了一份名单，上面写着可能入选的受害者的名字，所有人都是哈马斯在欧洲或海外的中级以上的代表人物，是容易得手的目标。但内塔尼亚胡直接否定了这份名单，他不要这些小喽啰，他对着他的梅穆涅吼道，他要真正的领导人。

一天之后，亚托姆带着新建议再次出现：哈立德·迈沙阿勒、穆罕默德·纳扎尔、易卜拉欣·乌沙和穆萨·阿布-马尔祖克。内塔尼亚胡根本就没听说过名单上前三个人的名字，只有阿布-马尔祖克这个名字他在以前的情报机构的汇报中见过，这个人实际上是个美国公民，在约旦的哈马斯中获得了一个绰号。哈立德·迈沙阿勒被摩萨德的人排在了首位，在一定程度上他们想把内塔尼亚胡往这个方向上引，因为此人也被视为较“容易”的目标。这位实际上不怎么出名的哈马斯官员主要负责宣传，所以在安曼没有被戒备森严地保护起来；而与此相反，哈马斯的武装部门是在大马士革组织恐怖袭击活动的。另一方面约旦对于摩萨德来说，是不能去的地方，自从总理伊扎克·拉宾和国王侯赛因在1994年签署和平条约之后，以色列的特工不能到那里去执行任务。只有极少数几个间谍在国王的默许下可以在那里收集情报。内塔尼亚胡因而命令用一种完全无声的方式对迈沙阿勒执行死刑，他应以一种几近“自然死亡”或者是“死因无从解释”的方式惨遭非命。

从耶路撒冷的以色列行政中心出来返回位于特拉维夫北部的情报机构总部的途中，亚托姆就已经因政府首脑的要求而感到头疼了。他其实更愿意用汽车炸弹或者狙击手的子弹来解决问题——这是通常的方式。无声的处决？在一个差不多被视为以色列同盟者的国家的中心？这位梅穆涅马上召集了他的专家们，其中也包括凯撒利亚部门的情报处主任，此人四十五六岁，个头不高，但非常灵活——米什卡·本-戴维博士。

“我们接到任务，去了解一下迈沙阿勒在安曼的生活状况，他在哪儿住，在哪儿工作，开什么车，他的安保情况，他每天都干些什么，”本-戴维回忆着，“我们从零开始，经过几个星期的艰苦工作，就什么都掌握了。”同时绝密级的以色列生物研究所（IIBR）的科学家们在离特拉维夫以南20公里的耐斯茨奥纳研究如何以投毒方式来解决问题。他们要用一种合成的鸦片制剂，一种险恶无比的毒药来暗杀迈沙阿勒。以色列生物研究所的专业人员建议使用有效物质为左旋芬太尼的雾化剂，可以将它装在一只隐藏起来的微型容器中，然后喷向受害人。

左旋芬太尼是芬太尼的化学衍生物，是一种非常有效的阻断慢性疼痛的药物，比吗啡的效果强百倍，此药通常用在疼痛医学中。在制药工业中比较常见的做法是，在实验室中制作出跟那些所谓的特效药化学成分相近的药品，希望能够以此发现市场销路很好的新产品。为此有时会对化学分子进行微小的调整。这种调整一般并不导致效果发生改变，但通常疗效会差一些；只有在个别情况下，这种衍变物会变得更有潜力。比利时的医药集团杨森制药公司就用它最畅销的药品芬太尼进行了这样的实验，并由此得到了一些新药品，澳大利亚记者保罗·麦古在他的书《杀掉哈立德》中写过这种情况。其中的一种药就是左旋芬太尼。

左旋芬太尼与它的初始药相比，具备更为强大的阻断疼痛的潜力，但同时也具有导致死亡的不良反应：左旋芬太尼不可避免地会导致呼吸停顿，是一种致命毒药，甚至可以通过皮肤吸收，在几秒钟之内到达大脑并在那里接过指挥呼吸的权力。麦古推测，摩萨德一定是从杨森制药公司的实验室得知了这种毒药，他的特工从实验室里窃取了这种药物的分子式，因此位于耐斯茨奥纳的以色列生物研究所就可以仿制这种药。当然这种药也有可能是来自苏联克格勃的武器库的一种武器，在苏联解体后，那些信犹太教的俄罗斯专家移民离开苏联时，把这种药的分子式装在行李中，作为礼物带上，后来这些人被以色列生物研究所招募了。对于情报机构的这个暗杀行动组来说，这种魔鬼药品是一种非常理想的工具，首先是因为，等到在尸检过程中进行毒理学检验时，它往往早就分解掉了，什么证据也不会留下。不管怎么说它非常符合内塔尼亚胡对谋杀在安曼的哈马斯领导人所提出的要求。

1997 年 9 月初，在离特拉维夫市政大厅不远的繁华购物街伊本·盖比鲁勒大街上，正进行着一种很奇特的实验。两名青年男子在步行道上转悠了几个小时，紧跟在路过的行人身后摇晃着一听可

自利勒哈默尔以来最大的失败。米什卡·本-戴维在安曼参与了试图毒杀哈马斯头目哈立德·迈沙阿勒的行动

口可乐，接着猛然打开它，开启的方式很有技巧，有几滴恰巧喷在行人身上，他俩似乎以此取乐。有几个步行者因为他们脖颈上喷到了黏糊糊的雾状液体感到很恼火，有的人却根本没有注意到这种骚扰。“看到这个场景的人大概根本不会想到，这两个人是为他们将要进行的致人死亡的处决进行练习。”研究过此案的以色列记者罗恩·伯格曼这样写道。对哈立德·迈沙阿勒的袭击将通过把左旋芬太尼喷入他的耳朵来进行——这将是刺刀行动组的一名特工的任务；万一这个哈马斯领导人感觉到死亡喷剂的喷雾溅到脖颈上，回过头来，那么第二位战士就要在同一时间，像伊本·盖比鲁勒大街上那两个被误认作无聊小混混的男子一样，在受害人的背后嗤的一声打开一罐可乐。

一定不会出问题的，达尼·亚托姆向他的上级领导内塔尼亚胡解释“居鲁士行动”的具体细节时，做出了这样的保证。袭击将在哈马斯驻安曼办公室前面的大街进行，迈沙阿勒会在一段时间后原因不明地虚脱，最后衰竭而死。米什卡·本-戴维时至今日还觉得这个计划是很好的——起码在原则上没有什么问题：“如果我们去一个阿拉伯国家的首都，在那里找到恐怖分子头目，把什么东西喷到他的耳朵里面，就这样我们还要听别人指责，说我们缺乏创造力！如果这都不算创造力，我还真不明白了，那什么叫作创造力。”缺乏想象力肯定不是这次失败的原因。

1997 年 9 月 4 日，哈马斯又在耶路撒冷进行了一次自杀式袭击：死亡的五人中，三名是女孩，其中有一名是来自洛杉矶的中学交换生，还有二百人受伤。在召开的临时记者发布会上，内塔尼亚胡坚决地说：“我们不会毫无动作地看着这些发生。从现在开始，我们要以另外一种方式工作。”随后，这位摩萨德的梅穆涅就发出命令，立刻执行“居鲁士行动”。

9 月中旬，十人打击小组分别经不同中转站绕道抵达安曼，安曼离耶路撒冷其实不过 50 公里。总部为两名选出来执行喷雾袭击的刺刀行动组特工配置了加拿大护照，名字分别是肖恩·肯德尔和巴里·比兹，他们真正的欧洲身份证明却不能用，因为他们在准备阶段曾经用过这些证件在约旦待过。其他摩萨德战士有五名男子和一名女子，使用的是伪造的非以色列的证件，只有米什卡·本-戴维和一名携带了解药的女医生扮成一对旅途中的以色列夫妇，配备这名女医生是为了以防万一,万一自己人不小心也被喷上了药，可以采取措施。记者罗恩·伯格曼自称从一名信息提供者那里得到消息，达尼·亚托姆把他当时最为出色的杀手队伍派到了约旦。这支暗杀行动小组干过很多活儿，1990 年在布鲁塞尔清除了加拿大工程师杰拉尔德·布尔，1992 年在巴黎清除了巴解组织人员阿提夫·巴萨苏，1995 年在马耳他干掉了巴勒斯坦恐怖分子法特希·希卡基（参见附录）。

大部分扮成游客和商人的特工都住在安曼洲际酒店，他们租用了手机和车辆，接下来的几天里，又去了解了一下位于萨米耶中心的哈马斯办公室周围的地形，司机每天早上把哈立德·迈沙阿勒送到哪个位置下车。拟订的计划是，从他离开住处到办公室，一路跟踪，然后在他步入大楼那个时刻实施袭击：肯德尔用伪装的相机把毒药喷入他的耳朵里，比兹同时打开可乐罐。两名其他特工留在动手处附近做掩护。

1977 年 9 月 25 日一大早，行动组组长发出了处决行动的命令。这个决定本身就有一定问题，罗恩·伯格曼这样认为，因为“存在着种种担心，害怕萨米耶中心的工作人员中没准会有哪位起了疑心”，特工们曾经去了解过这个大楼的情况。但是别的情况更严重些，以色列人仅有一次从迈沙阿勒的住处跟踪到他的办公室，他们因而没有了解，那位司机有时候也会把迈沙阿勒的几个孩子带上，然后送到学校去。他的两个女儿和儿子坐在汽车后座上。

10 点 35 分，迈沙阿勒来到了萨米耶中心前，在一辆停靠着的租用汽车中进行观察的行动小组组长向刺刀行动组特工给出了动手信号。

出于安全原因，肯德尔和比兹没有佩带无线电对讲机，现在整个行动没法中止了。迈沙阿勒离开了汽车径直朝着大楼走去。突然他的小女儿打开了后车门，跟在父亲后面跑着，两名杀手没看见。他们事后声称，孩子当时被一根柱子遮挡住了。他们飞快地跟上迈沙阿勒，开始进行练习好的动作，与预计的一样，雾化剂喷进了受害人的耳朵，可乐嗤的一声被打开了。就在这个时刻，小女儿喊着“爸爸，爸爸”，迈沙阿勒转过身来，与两名特工杀手打了个照面，直视着他们的眼睛。达尼·亚托姆后来指责他的两名杀手，他们当时“一门心思只想着杀人”，两人的所有开脱之词，比方没看到那孩子等等，完全是“愚蠢的瞎叨叨”。就一位摩萨德的梅穆涅而言，这可真是少有的坦白。

肯德尔和比兹立刻逃之夭夭。而恰巧在这个节骨眼上，一名哈马斯的联络员，穆罕默德·阿布·萨亚夫，从大楼里走出来。他看见，迈沙阿勒惊愕地用手捂住耳朵，两名男子逃走。他可能没有马上意识到发生了什么，但本能地做出了正确的反应，他紧紧地跟上了那两个男人，看着他们登上了一辆绿色的现代车，那辆车的车轮扭了一下，驶入拥挤的车流中。阿布·萨亚夫迅速把车牌号写在自己的手上，开始跟踪。逃跑车辆的司机看清了这一切，但他觉得肯定可以在下一个拐角把对方甩掉。但他们又被堵在了车流中。接着肯德尔和比兹做出了一个带来异常严重后果的决定。他们决定，下车步行逃跑。他们离开车辆时，阿布·萨亚夫已经撵上来了。这位在阿富汗恐怖分子训练营中受过训的斗士直接扑向两名以色列人。双方动手了，撕打得不可开交。那位哈马斯成员被打得头破血流，“两名外国人竟然对一名本地人大打出手，这立刻在大街上造成了一场骚乱”。罗恩·伯格曼认真仔细地研究过发生在安曼的事件，他这样写道。肯德尔和比兹遭到了愤怒群众的包围，现在根本就不可能跑掉了。几分钟后，一名警官把这两名以色列人逮捕了。现在只能寄希望于他们还能把自己是加拿大游客这个谎话给编圆了，然后被释放。但警方觉得编的那个故事很可疑。他让加拿大领事馆派官员来，请他仔细盘问一下他的这两位所谓同胞的来路。这位加拿大领事馆人员只用了几分钟时间就得出了结论：不管这两位男子从哪儿弄的加拿大护照，他们肯定不来自加拿大！还没好好研究一下自己的第三个身份，就敢用这个身份在安曼犯事儿，这可是个严重的错误。

好几本有关暗杀哈立德·迈沙阿勒事件的书，在很多细节上是相互矛盾的。麦古的书说，那辆车的后座上坐着三个孩子，在他的版本中孩子们在整个袭击过程中并没有什么作用。在伯格曼和拉维夫/梅尔曼的书中，那位勇敢的穆罕默德·阿布·萨亚夫是碰巧出现的哈马斯联络员，但在麦古和《纽约时报》的描述中，此人是迈沙阿勒的保镖中的一个。但各个版本在下一点上都持一致观点，即在这个时间点上好戏才刚刚开始。

“我当时坐在洲际酒店的游泳池边上，我们那个行动组中的一位女士出现了，”米什卡·本-戴维回忆到，“如果一切都按照计划顺利进行，她就不该来这儿。”这名女特工脸色惨白，只能磕磕巴巴地说着，到底出了什么事情。本-戴维立刻与总部取得了联系，从那里得到了指令，“立刻把布置在不同位置的所有人员召集好，带回以色列驻安曼使馆”。摩萨德特工现在只能撤回自己的使馆中去。四名特工没过多久便到了那里，由于担心约旦军方会冲击使馆，立刻将使馆大楼封锁了。

在此期间哈立德·迈沙阿勒被送到了侯赛因国王医疗中心，他昏迷不醒，必须进行人工呼吸。他的状态非常危急。医生们全无主张。大约在同一时间，在耶路撒冷的以色列总理内塔尼亚胡拿起了话筒，给侯赛因国王打电话，请求他立刻接见自己的情报机构头子亚托姆。在这个时候，无论是逮捕那两位“加拿大人”的消息，还是来自医院的消息还都没有送到哈希姆王室的宫殿，侯赛因什么都不知道。他同意会面，他还以为，可能事关共同面对哈马斯的一个新动议，这是他不久前向以色列方面提出的建议。一个小时之后，摩萨德领导人乘直升机直达安曼。国王友好地欢迎他，这种临时决定的会面在这段时间是家常便饭。亚托姆向国王承认了袭击并马上请求他的帮助，让他的6名凯撒利亚特工安全出境以及用外交途径解决这场风波。这时国王一言不发，只是用眼睛上下打量着这位摩萨德官员和陪同他的军官。然后他站了起来，默默地走了出去。参加了这次会面的目击者后来说，侯赛因国王暴怒了，就像是有人在他的后背上捅刀子。亚托姆没有得到任何回应，也没有得到任何保证，不得不飞回了耶路撒冷。

在此期间以色列政府通过各种不同的渠道告知了美国此事，并请求美国从中调解。但收到了警示信息的美国中央情报局局长乔治·特内特已经从中情局驻约旦情报站获悉了这个事件的主要情况。他拒绝进行任何干预。就让那些以色列人看看，他们该怎么把脑袋从绳套中缩回来。他告诉了总统这件事情，但比尔·克林顿也拒绝去安抚一下侯赛因国王。现在各方都清楚，如果迈沙阿勒死了，那么侯赛因哪怕是为了让在他国土上的巴勒斯坦人安静下来，也不得不把肯德尔和比兹送上法庭。这样这两名持有加拿大护照的摩萨德特工很可能会被判死刑，而这将导致一个外交上的冰冻期甚至是一场军事冲突。

本雅明·内塔尼亚胡在袭击发生后的这个夜晚留在了海尔兹利亚的摩萨德总部，以应对危机。安曼的要求清清楚楚、明白无误：给我们解药，来救治哈立德·迈沙阿勒！但以色列政府的首脑不愿意答应这一条，因为这在他还不长的任期里将会是一种毁灭性的羞辱。

到了第二天，9 月 26 日，迈沙阿勒的状况没有转机，形势依然很严峻，侯赛因国王给白宫打电话，请求比尔·克林顿给以色列施加压力。在此期间约旦人把释放目前关押在安曼的以色列特工的价码提高了：内塔尼亚胡不但要交出解药，还必须释放一定数量的关押在以色列监狱中的巴勒斯坦囚犯。这对内塔尼亚胡来说无疑是一记新的耳光。但在华盛顿的克林顿催促他的以色列同行，同意他们的要求。现在他还有别的选择吗？

米什卡·本-戴维和陪同他的摩萨德女医生依旧装扮成正在度假的夫妇，住在洲际酒店。他们还没有暴露身份。本-戴维随身携

那时候他们还是朋友呢。以色列总理伊扎克·拉宾向约旦侯赛因国王介绍达尼·亚托姆，此人在拉宾去世后升为摩萨德总负责人，再后来，他必须为在安曼的大失败承担一切责任

带着装有“纳洛酮”解药的安瓿瓶。“这段时间里我一直随身携带着解药，实际上根本就没有必要，因为我们的人中根本就不会有谁不小心直接接触这种毒药，”他回忆着，“然后我决定，毁掉这个解药，这样就不会在携带时被抓住。”可是在这位摩萨德行动组成员实施这个意图之前，摩萨德总部来了一个电话。凯撒利亚特工的上司指示他，走到楼下酒店大堂里，那里有一位约旦情报官员在等他，准备从他那里拿到解药。本-戴维不敢相信自己的耳朵：“你能再说一遍吗？”

本-戴维在女医生的陪同下与这位约旦人一起驶往医院，那人的眼里“充满了蔑视不屑和无法掩饰的怒火”，本-戴维后来还能回忆起来。当那位以色列女医生提出，给挣扎在生死线上的哈立德·迈沙阿勒注射解药纳洛酮时，她的约旦同行们粗暴地拒绝了，只是让她把装有解药的安瓿瓶交出来。这位哈马斯头目的身体迅速好转，一天以后他从昏迷中苏醒了。

9月28日，星期天，也就是谋杀袭击发生后的第三天，国王侯赛因还是非常不安，尽管看起来迈沙阿勒已经脱离了危险。他坚持要求释放60—70名哈马斯囚犯，而且要求赦免哈马斯的创建者和精神领袖——已经半身不遂的谢赫·艾哈迈德·亚辛，他的代号是“尸体”。否则，那两名特工肯德尔和比兹要因他们的所作所为被带上法庭，侯赛因让人毫不怀疑他会这么做。现在轮到内塔尼亚胡恼怒不堪了，他才不会接受敲诈来释放巴勒斯坦的象征性人物亚辛。这时白宫督促了，赶快结束这场冲突。周日夜晚，以色列和约旦之间的交易通过中间人达成了。而且在最后，国王还要求必须亲自道歉。于是本雅明·内塔尼亚胡在9月29日半夜时分，大约凌晨一点半，身着认罪服飞抵安曼。侯赛因委派他的兄弟来接待以色列总理并接受道歉。事后王储哈桑说：“这真是我这辈子遇到的最为古怪奇异的故事之一。”

10月1日，被判终身监禁的亚辛飞抵安曼。他从安曼回到了加沙地带，在那里受到拥趸们的凯旋般的迎接。但以色列人并没有忘记，他还欠着他们一笔账呢。在2004年3月22日，这位哈马斯创建者在一次定点定向的导弹袭击中中弹身亡。

哈立德·迈沙阿勒完全从中毒中恢复了，他身披不可战胜的光芒，后来上升成为哈马斯最重要的人物之一。在2013年4月，他成为哈马斯的政治局领导人。这个故事的反讽之处在于，现今他再次被选为以色列总理内塔尼亚胡的政治对手。以色列的定点定向刺杀政策会造成两种效果，迈沙阿勒痊愈后在一次采访中说道：“有人被吓倒了，有人却愈加坚定。我属于后者。”

第 20 章

跆拳道运动员——法希事件

> 在损失重大的处决行动中，暗杀者应该多少是个狂热分子。政治和宗教的原因或者复仇是行动唯一的、有可能的动机。因为狂热分子的心理状态不稳定，要极其小心地应对。绝对不能让他知道组织其他成员的身份。虽然预设的是，他会在行动中死去，但是有时也会跑偏了。
>
> ——《美国中央情报局暗杀指南》，1953 年

这是 26 岁的马吉德·贾迈利·法希先给情报机构看的故事，然后给本国的刑事检察官看，再给世界公众看，最后呈现给他的法官。人们起先把这个故事视为纯粹的宣传，很多东西看起来确实很值得怀疑。但后来美国和欧洲的一些记者去问他们在情报机构中的关系，这个人的自白与他们的认识是否一致时，这些人说，这个年轻人说的故事倒是还真有几分料。

2011 年 1 月 11 日，海达尔·穆斯利赫，伊朗情报与国家安全部部长，在一次记者招待会上介绍，伊朗成功地识别出一群伊朗人，这些人的任务是“满足犹太复国主义政权的暴动目的”。接着

这位高级神职人员同时也是伊斯兰共和国情报部门的最高长官介绍了他的情报部门如何成功地揭露了他们的同胞法希其实是摩萨德特务的整个过程。此人现在已经坦白，他应该为德黑兰大学50岁的科学家马苏德·阿里穆罕默迪博士之死负责。这位研究者在一年之前，也就是2010年1月12日，在一次炸弹袭击中身亡。穆斯利赫将他的调查成果呈现给公众之后，只过了几天时间，那位被指控者便现身于伊朗英语新闻电视台（Press TV）的“今日伊朗”节目中，可以想象他是在很大的压力下这么做的，在电视上他重复了自己的坦白，附带各种细节。

马吉德·贾迈利·法希出生于1984年，在少年时代接触了跆拳道。他没有继续读高中，完成中学结业考试，而是集中精力练习这项竞技运动，他小有所成，于是从2006年起开始在国际比赛中碰运气。但微薄的奖金根本就没法养活一个人。所以法希决定，不管通过什么方式都要前往欧盟，在那里作为难民申请政治避难。2007年10月，他来到伊斯坦布尔，在那里认识了几个流亡中的伊朗人，这些人里面有一位老人，此人给他指引了一个颇有吸引力的前景：“他建议我，跟他一起去以色列的领事馆，那里有报酬很好的工作。”

“在领事馆里，我跟那些坐在有色玻璃后面的人谈话，我没法看见他们的脸。”他面对镜头这样说着。里面的人一定是很快就认识到这个伊朗人的潜力。他们要他第二天再来一趟，为了保险起见，还找了个借口把他的护照留在了领事馆，这样他就不会脱钩了。其实他们提供的东西对法希太有吸引力了，他根本就不可能耽误下一次约定的时间。同时以色列人给了他第一个任务。法希要在德黑兰收集不同街区的信息。他在第二次造访领事馆时，就递交了他手写的长达30页的东西。他的雇主“喜不自胜”，他十分得意地说。法希讲述的故事——当然前提是，这不是他瞎编的——反映出摩萨德在招募间谍时的花费是巨大的。他也开诚布公地说，当然“经济上的刺激”是很强烈的，但他也批评了自己的自高自大：“我曾经以为，有些人生来就是为了去完成特定的任务的，我现在知道了，电影里面演的与现实中发生的，二者之间有巨大的差别。”

审查法希的情况用了一年多的时间。他的生平准确吗？他是否有可能是伊朗情报机构派过来的？还常常对他使用测谎仪。一直到他通过了所有的测试，他才于 2009 年 1 月飞往泰国，去那里首次面对面地与来自摩萨德总部的行动人员见面。他这次是以跆拳道比赛之名为此行打掩护。一大堆问题再一次向他砸来，让他们的专家们对他进行心理测试。在 2009 年 5 月的另外一次谈话中，也是在泰国，他的谈话伙伴向他宣布，可以进入下一阶段的训练了：在以色列本土。10 月 23 日，马吉德·贾迈利·法希用他的伊朗护照飞往阿塞拜疆的巴库。《今日伊朗》的电视节目还专门给他护照上面的入境章来了个特写镜头。

阿塞拜疆这个苏维埃共和国自从 1991 年 11 月独立以来，就和以色列保持着非常紧密的关系，位于耶路撒冷的以色列政府是首批与在外交上承认这个新国家的国家之一。有两个重要的原因：一方面，在阿塞拜疆生活着为数相当多的所谓高加索犹太人，他们来自高加索地区，此外还有相当多的阿什肯纳兹犹太人；另一方面，该国的邻国伊朗有很大的战略意义，因为政府极具批判性地紧盯着德黑兰的毛拉[①]们谋取霸权的企图。自从千禧年以来，巴库和耶路撒冷之间的关系日益紧密，因为两个国家都想阻止伊朗拥有核装备。

① 对伊斯兰教学者的称呼，阿拉伯语音译，原意为“保护者”“主子”。1979 年 5 月，伊朗伊斯兰革命卫队成立，“毛拉”进驻军队，以伊斯兰思想改造旧军队，成为军队精神上的指挥官。——译者注

政府首脑伊利哈姆·阿利耶夫在此期间据说甚至已经同意，只要出现了需要进攻伊朗核项目的目标的情况，就让以色列使用他们国家的空军基地。据说此人还同意，万一与伊朗发生战争，允许以色列侦察机、空中加油机和医疗救治被击中飞行员的以色列救护团进驻。所以摩萨德在那里拥有一个活跃的基地和一个联系广泛的穿过边境向伊朗渗透的特工网络，不足为奇。

他到达巴库之后，从摩萨德的人那里领到了新的身份文件，马吉德·贾迈利·法希在他的坦白中声称。这本以色列护照的所有者是一名在特拉维夫出生的名叫拉姆·索莱马尼的人，但上面是“我的照片”，其余就是仅有的一枚“巴库/阿塞拜疆的入境章”。然后他就拿这本护照飞往特拉维夫，从国际机场直接被带到海尔兹利亚的总部。他在那里完成了全面的训练项目，学会了射击和使用磁性炸弹，还有简单易容术——在一定程度上这就是间谍入门培训。最后他在特拉维夫往耶路撒冷方向的高速公路边上的一个军事营地中，借助于一个显然是根据照片以一比一的比例制作的模型，熟悉他的受害人位于德黑兰的房子。“这是对那所真实存在的房子的精确拷贝，大小、材料、色彩、周边的树木，街道上的沥青和马路牙子都一样。”法希在电视中坦白说。他还必须学会驾驶摩托车，一辆本田125摩托，在德黑兰也有一辆这样的车等着他——还有准备好的炸弹。

在以色列停留的最后阶段，他获悉了真正的任务，一位摩萨德指挥官“夸赞我，说这是一个很重要的行动，花了我们很多钱。很多人都参与这次行动，如果我不成功，他们都将会失去生命”。回到德黑兰后，根据法希自己的描述，他用一台经过处理的手提电脑与他的以色列雇主联系。“那个电脑安装了两个版本的Windows系统，他们把一个称为红色，另外一个称为白色，”这个伊朗人对着摄像机说，“我要发送消息时，使用红色的 Windows 系统。回复总是晚 24 个小时收到。我们不能聊天，而且也从来没有同时相互联系。”

伊朗的摩萨德基层组织的成员，保持着严格的隔离（分隔化），也就是说，每一个人都有自己的任务，但是不认识其他人，也不知道别人的任务。法希以为：“很多人都参加了行动，一个人购置摩托车，另外一人买卫星电话，第三个人租用库房，等等。”

一大早就有人打来了电话。马吉德·贾迈利·法希从库房中取走安装了爆炸装置的本田 125，骑着它前往德黑兰北部地区，直接把这辆摩托车停放在马苏德·阿里穆罕默迪居住的房子前，他马上就认出了那座房子的外墙面和周边环境。然后他就将房子保留在视线范围之内并等着。当阿里穆罕默迪几分钟后离开房子，跟他的妻子告别，正要上他那辆绿色的标致车时，特工按下了遥控器按钮。爆炸是如此剧烈，所有的窗户玻璃都被震碎了，墙上的砖也被甩到了大街上。

法希留在了这个国家，准备被派去实施其他袭击。2010 年 4 月，这位跆拳道运动员前往亚美尼亚参加一次比赛；7 月前往澳大利亚墨尔本，在那里与他的以色列联络人碰头，收到了他那高达数万美元的特工工资的第二笔付款，因为要继续与摩萨德合作，他请求让他思考一下。实际上伊朗的情报机构伊朗情报与国家安全部在这个时间已经搜索到了他的线索。据美国杂志《时代周刊》的两位作者卡尔·维克和阿龙·J. 克莱因的信息，摩萨德的基层组织被“第三国”出卖给伊朗。2010 年底，马吉德·贾迈利·法希被逮捕了。他招供了，有可能遭到了刑讯。伊朗电视台为了这部片子甚至还安排了受害人遗孀与凶手见面。他坐在那里的椅子上，缩成一团，哭得上气不接下气，请求她原谅。

马苏德·阿里穆罕默迪很可能已经是第二位成为以色列国家暴力牺牲品的伊朗核专家了。2007 年 1 月 15 日，在伊斯法罕的一处

在以色列受训。26 岁的跆拳道运动员马吉德·贾迈利·法希在伊朗电视和法庭上都承认，受摩萨德雇用暗杀了伊朗科学家阿里穆罕默迪

核设施从事铀浓缩项目的核物理学家阿尔德希尔·哈桑普尔死于瓦斯中毒，死因十分蹊跷。在阿里穆罕默迪被谋杀之后又发生了一系列谋杀。2010 年 11 月 29 日，原子科学家马吉德·沙赫里阿里死于磁性炸弹爆炸。同一天，核专家费雷敦·阿巴西极其侥幸，十分命大地逃脱了一颗同样结构的磁性炸弹的爆炸，这颗炸弹是一名从他的车边驾驶摩托车驶过的人贴在他那辆汽车的门上的。他作为一名多年革命卫队的成员，本能地做出了正确的反应，在汽车被炸上天之前，跳出了汽车，还把他的妻子也拉了出来。阿巴西后来升任伊朗伊斯兰共和国副总统和伊朗国家原子能机构负责人。在 2011 年 7 月 23 日，两名狙击手射杀了大流士·礼萨伊内贾德，据伊朗媒体的信息他也负责该国的原子项目。接着，在四个月之后，2011 年 11 月 11 日，核科学家穆斯塔法·艾哈迈迪·罗尚死于汽车炸弹。所有的谋杀都是摩萨德的手笔。

如果以色列觉得研究者和科学家所从事的研究项目威胁到了其存在，他们以前和现在都会被视为理所应当的处决行动目标；而如果身处要职，一旦死亡会造成整个研究共同体的混乱和不安，从而使整个研究计划被延迟下去，这样的人也会是处决行动的目标。

在60年代初，对待埃及的项目就是这样，后来对待伊拉克也是这样。在2008年8月，叙利亚阿尔基巴尔核项目的项目负责人穆罕默德·苏莱曼在游泳时被人从游艇上给清除了——凶手有可能是一名凯撒利亚部门的狙击手。为毛拉的先进炸弹项目工作的伊朗物理学家和工程师，正好符合这个谋杀方案。

更有甚者，1997年在安曼对哈立德·迈沙阿勒的暗杀活动失利后，以色列政府首脑通过摩萨德只进行了三起针对疑似恐怖分子的谋杀：2002年5月，暗杀了巴勒斯坦恐怖分子吉哈德·艾哈迈德·贾布里勒；2008年2月，谋杀了黎巴嫩真主党的军事头目伊马德·穆格尼耶；2010年1月，谋杀了哈马斯的军火商马哈茂德·马巴胡赫。而自2007年以来，却有六名科学家被杀害——五名在伊朗，还有一名在叙利亚。

摩萨德前特工加德·希姆罗恩这样论证道："如果这些专业人员为核项目工作，他们当然完全清楚，这些项目不是搞电力的，而是研制炸弹的，那么他们就是文明世界的敌人。"他证实，以色列国内情报部门在选择谋杀目标时虽然常常"手比较松"，但是他的旧雇主在国外的谋杀行动就特定情况而言是完全有道理的。他当年的同事埃利泽·"盖泽尔"·察弗里尔也这么看，后者是摩萨德驻德黑兰站的站长。他在任时，那里还是由沙阿[1]统治，后来他又任伊拉克库尔德斯坦地区的站长。后来察弗里尔成为以色列政府多任领导人在伊朗问题上的顾问。"谁若是了解什叶派的性格特点，那么他就清楚，这些人下定了决心，要把原子弹攥在手中，"他这么认为，"如果有必要，我们就要去灭掉那些主持领导这类项目的研究者，这一点必须去做。"

---

① 伊朗国王的称号，当时的伊朗帝国由巴列维王朝执政（1925—1979年）。——译者注

当年以色列核能源委员会成员伊弗雷姆·阿斯库莱的观点与此相反，他坚信："清除这些研究者根本就没有什么用，即便是作为心理战的方法，也没有必要。"姑且不论这类决策中的道德成分。在此类问题上，阿斯库莱从根本上认同澳大利亚国际法专家、前任联合国特别报告员菲利普·G.奥尔斯顿，此人得出过这样的结论："在没有武装冲突的时代，进入另外一个国家，去那里杀人，无论受害者是怎么挑选出来的，无论他们眼中有哪些更高的目标，这种做法都是不能接受的。这样做违背了多项国际法准则，这会将一个国家引向非常非常危险的道路！"

以色列的强硬派，包括2002—2010年出任摩萨德领导人的梅尔·达甘，认为打击完全是一种行之有效的、合法的情报工作的惯用方法，可以遏制死敌伊朗扩充军备的野心。达甘要避免与位于德黑兰的政府进行一场公开的战争，因为这会使整个近东地区燃起战火；而另一方面据他的看法，国际上的相关制裁措施又过于疲软，根本就不足以给毛拉们留下什么印象。而在战争和经济制裁之间还有什么其他选择吗？只有隐秘的措施。一些行动计划是与美国中央情报局、英国陆军情报六局（MI6）以及德国联邦情报局（BND）的行家们共同策划的，其余的计划一开始就透着蓝白色。蓝白色是以色列国旗的颜色，以此表示以色列行动没有合作方参与的。梅穆涅的咒语是"中毒"，以此要表达的意思是"破坏"。人们呼吁"禁城"中所有人开动脑筋，创造性地思考，让他们敞开思路，集思广益。该怎么让伊朗的核项目"中毒"呢？有人说特工们可以破坏伊朗最重要的核中心的供电系统；另外一个建议是，他们可以雇一名俄罗斯物理学家，给他编好身份，带上瞎编的炸弹设计图，然后把他派到敌后去；还有一个点子是，他们可以在遍布世界的核黑市上建立一家幌子公司，然后把一些经过特殊处理的配件供货给伊朗。

很多设想实际上真的实施了，最后甚至还借助名为“震网”的计算机蠕虫病毒来攻击上千个气体离心机的电子控制装置，而这些离心机是用来对炸弹材料铀进行浓缩的。所有的行动都用来往伊朗的所有工作中掺沙子，来推延这些野心勃勃的炸弹项目。摩萨德还有一个手段，那就是处决。

“德国情报机构虽然对伊朗的项目表现出不安，但拒绝参加任何谋杀行动，唯恐避之不及。”丹·拉维夫和约西·梅尔曼这对双人组作家在他们的书《世界末日的间谍》中这样写道，他们还说，“英国人在 1998 年，也就是北爱尔兰冲突结束后，已经不再进行处决业务了。”只有美国人，他们在“911”后反正已经不管不顾，根本没有任何顾虑了。

2007 年 8 月 31 日，美国驻特拉维夫使馆的一份致国务院紧急公函表明，当时梅尔·达甘在一次与布什政府的一名高级代表会谈中请求，加强将伊朗反对派与己方绑定，为己所用。他列举了学生运动，也提到了伊朗的少数民族，例如库尔德人、阿塞拜疆人，还有俾路支人。有关“隐秘措施”的讨论在这次会谈中却被有意识地避开了。摩萨德领导人之所以没有提及，是因为这类反对派运动也被用来干些针对伊朗核科学家的脏活。

敌人的敌人是我的朋友。以色列还特别盯上了一个名为真主旅（“真主的战士”）的逊尼派团体，这个团体在锡斯坦-俾路支斯坦省，沿着巴基斯坦边境一线，无恶不作，他们贩卖毒品，对什叶派进行血腥袭击。这个也被称为“伊朗人民抵抗运动”（PRMI）的组织由阿卜杜勒马利克·里吉在 2003 年建立，拥有大约一千名战士，他们生活在山里，经常撤回巴基斯坦边境以内；真主旅欠下一笔笔血债，进行过惨无人道的大屠杀和碾压、绑架、处决、斩首，他们还将这些暴行录下来挂在网络上进行宣传。

“伊朗人民抵抗运动”的逊尼派恐怖分子罪行累累：2006年3月16日，在塔索基附近的街道壁垒工事边，21名平民被枪杀；2007年2月14日，伊斯兰革命卫队的18名成员在扎黑丹被一颗汽车炸弹炸死；2008年6月13日，16名伊朗警官被绑架到巴基斯坦并被杀害；2009年1月25日，有12名伊朗警官被绑架和杀害；2009年5月28日，在一次对扎黑丹的清真寺的炸弹袭击中，25名平民被炸死，125名被炸伤；2009年10月18日，在比欣地区发生的一次自杀式袭击中，42人被炸死，其中6人是革命卫队的军官；2010年7月26日，在对扎黑丹的另外一所清真寺的双人自杀式袭击中，27人死亡。

伊朗常常指责美国，用后勤保障和美元来支持真主旅，而乔治·W.布什政府总是强烈否定这一点——美国永远不会用恐怖活动来与恐怖活动进行斗争。但是，对这种宣称存在的种种怀疑，美国记者西莫·赫许的调查加强了这种怀疑。赫许在2008年7月写道，国会批准当时美国总统一笔四亿美元的秘密预算，用来支持真主旅和伊朗的其他军事武装运动。这只是美国中央情报局所谓的黑色勾当的一部分，目的在于使毛拉的政权变得不稳定。摩萨德对此当然也有耳闻，于是就做出决定，利用美国与真主旅的联系来为自己的蓝白行动服务，看起来他们也是这样做的。梅尔·达甘的计划是，招募一些真主旅的恐怖分子，也用他们作为付薪酬的杀手来对付伊朗的科学家们，在这类行动中可以“打着别人的旗号”做自己的事情。他们在兰利工作的同行和美国总统据说事后对这种做法并不开心。

“在美国中央情报局档案中心的深处有一系列的备忘录，它们写于布什执政期的最后一年。”历史学家马克·佩里在发表于美国声誉不错的杂志《外交政策》的一篇文章中是这样开头的，他接着

我的敌人的敌人。摩萨德试着去招募逊尼派恐怖组织真主旅的首领阿卜杜勒马利克·里吉，以便袭击伊朗的目标

写道，“那里面描写了摩萨德的行动人员如何招募恐怖组织真主旅成员的，招募时他们自称是美国中央情报局的人员。”

佩里得知，那些自称为美国特工的摩萨德特工进行招募谈话时，大多把地点选择在伦敦，以色列人的胆大无耻是令人难以置信的。“会面几乎都是在公众场所进行的，我们怎么想、怎么做，跟他们有狗屁关系。”佩里援引了一位情报官员的话。布什总统“知道了这些事情之后，气得暴跳如雷”，但是他显然不敢采取什么反制措施。以色列人又一次躲过去了。“什么也不做要比在耶路撒冷闹个天翻地覆简单得多。”他的一个线人悄悄告诉他。一直到了巴拉克·奥巴马上任之后，很多美国-以色列在伊朗的情报项目锐减。

摩萨德自然没有对《外交政策》上的文章发表过官方观点，但是大概有一个非官方的辟谣。那里宣称的种种是“纯粹的胡说八道”，一位不具名的行动人员通过《国土报》传播了他的看法。他还能说些什么其他的呢？

真主旅的首领阿卜杜勒马利克·里吉于2010年2月，在巴基斯坦俾路支省被俘，在告知了美国政府之后，被引渡给了伊朗。2010 年 2 月 26 日，里吉也在伊朗电视上露面了，当然他也是不那么自愿露面的，后来的法希也是这样。早在 2007 年第一次在摩洛哥会面时，据称是与北约负责人，他就有些怀疑幕后金主是谁。“他们愿意帮助我们，释放我们的被俘人员，提供给我们武器，炸弹和机枪。”他面对摄像机说着。他们后来得出结论：“跟他对话的人，很可能不是打着北约幌子的美国人，就是以色列人。”

里吉被判处死刑，在 2010 年 6 月 20 日执行。大约正好一年之后，2011 年 8 月，跆拳道选手马吉德·贾迈利·法希也站在了法官面前。他再一次认罪，请求庭上他的受害者马苏德·阿里穆罕默迪博士的家属原谅。但革命法庭可不会大发慈悲。在几十个国际摄像团队面前，法希被判处死刑。他“进行了对真主的战争”，而且他“在世上已经堕落”，判决书里这样说他。这两条在严苛的伊斯兰教法《沙里亚》中都是罪大恶极。

2012 年 5 月 15 日清晨，天还蒙蒙亮的时候，马吉德·贾迈利·法希在德黑兰城郊的艾文监狱庭院中被施以绞刑。

以色列国内情报机构

第 21 章
致命的错误——卡瓦斯迈事件

在反恐战争中，忘掉道德吧！

——亚伯拉罕·沙洛姆（辛贝特 1981—1986 年的领导人），
在德赫·莫雷赫拍摄的纪录片《守门人》
接受采访时说过的话

我们正沿着最好的道路，向着那里前进，在那里，以色列不再有民主。

——阿米·阿亚隆（辛贝特 1996—2000 年的领导人），
出自纪录片《守门人》

是时候了，以色列的反恐行动开始。2011 年 1 月 7 日凌晨，刚过三点半，在哈雷特谢赫——约旦河西岸希伯伦的巴勒斯坦自治区，一支暗杀小队正悄悄地沿着台阶潜入一所民居，这所民居是一栋几层高小楼。队员们的袖子上带有杜夫德万特种作战部队（又称“樱桃分队”）的标志，这是一支陆军精英部队。为了不在夜幕下被路灯的灯光映射出自己的脸，队员们还在脸上涂了黑色迷彩，这也让他们看起来更加凶狠，令人望而生畏。领头的队长没说话，悄悄地打了个手势，队员们立刻明白了下一步的行动。像这样的任务，他们已经执行过无数次了，所以对于这些动作指令早已谙熟于心。子弹已上膛，一切准备就绪。随着一声脆响，两名队员手持撞门器，眨眼间就破开了入户门，另两名队员顺势冲入屋内，径直穿过走廊，向十米开外的卧室跑去。

“我当时正跪在床边做祈祷，”萨比耶·卡瓦斯迈回忆道，“我丈夫正在熟睡，突然闯进来两名士兵，两人不由分说地立即开枪，两个……突突突。”她模仿着开枪的声音。就这样，两名年轻的特种兵结束了刚刚从被窝中惊醒的奥马尔·卡瓦斯迈的生命，一个士兵开枪扫射身体，另一个直接爆头。“一切都发生得太突然，”这位寡妇在事发后一年描述道，“我当时大声哭喊着：‘你们杀了我的丈夫！’但是他们根本不理会我。”

66岁的奥马尔·卡瓦斯迈生前是一个品行端正的巴勒斯坦人。他是个油瓦工，和他的一个儿子一起工作。他有很多居住在以色列的客户。所以他和儿子几乎每天都穿过边境，往返于希伯伦和耶路撒冷之间，这两个城市之间的距离也不过40公里。这一切都很寻常，没出过什么问题。奇怪的是，为什么他就上了以色列的暗杀名单呢？

刚刚击毙了奥马尔·卡瓦斯迈，特种兵们就觉察到事情不太对劲。电脑里存储的情报显示，他们的暗杀目标瓦埃尔·比塔尔应该是个三十五六岁的中年人，而眼前这个一动不动地躺在血泊中的人，无疑太老了些。“他们中的一个人抬枪指着我的头，命令我交出我丈夫的身份证件，”卡瓦斯迈家的寡妇回忆道，“他对比了电脑中的目标人物信息和我丈夫的身份证件，然后又问我：‘瓦埃尔·比塔尔住在哪儿？’我立刻回答他，住在我们楼下！”

忽然之间，卡瓦斯迈家充满了令人窒息的恐怖气氛。只听见无线设备断断续续地发出响声，特种兵向上级汇报，他们收到了新的命令。也许是出了什么糟糕的差错。士兵们的语气更加生硬了。其中一个继续问她："这里还住着什么人？""我告诉他，我的残疾儿子在他的卧室里睡觉，他无法自己起床。"萨比耶回答道。他们把他叫起来，一个士兵甚至用脚踹了他。萨比耶还被要求出示她残疾儿子的身份证件，于是她不得不把椅子推到卧室的衣橱边上，也就是在那里，她的丈夫还躺在血泊里。"当我从椅子上下来，我的脚就踩在他的脑浆里。"

楼上响起卡瓦斯迈孙子的哭声，萨比耶的儿子萨比和他的家人住在那里。大家都被这嘈杂声吵醒了。"他们不让我们离开房间，"萨比说，"我从窗户往外看，越来越多的士兵聚集在外面。我的父亲被他们放在一副担架上抬出房外。"他还看到瓦埃尔·比塔尔高举着双手，被樱桃分队的士兵持枪包围。一阵枪声后，比塔尔立刻踉跄着向外倒去，瓦埃尔·比塔尔的妻子萨拉·比塔尔事后描述道："然后他们逮捕了他。他们有可能还没枪毙他。不过我敢肯定，他们就是为了杀瓦埃尔而来。"

"以色列陆军基地给我们打电话。"马赫·卡迪回忆道，他是希伯伦急救医院当天值班的医生，他记得事情差不多发生在凌晨4点。"他们本来让我们去接一个伤员，但他们却用担架抬来一具盖着布的尸体。当我掀开尸体的盖布时，我看见一个脸部无法辨认的男尸。他的脸被枪打得血肉模糊，脑浆都流出来了。"以色列士兵拒绝对此事做出任何解释，卡迪说道。"他们拿枪指着我们，威胁我们把尸体带走。"

与此同时，另一边卡瓦斯迈的家里，远亲近邻都赶来了，他们一边伤心，一边安慰着卡瓦斯迈的家人。奥马尔·卡瓦斯迈是这次

摸错门。奥马尔·卡瓦斯迈，一名品行端正的巴勒斯坦手工业者在睡觉时被以色列暗杀行动组枪杀

事件的殉难者。他的葬礼在希伯伦举行，并在次日迅速演变成一场反对以色列占领和以色列军队的示威游行，以色列军方在此期间承认了误杀。巴勒斯坦的各种报纸杂志都对此事进行了大幅报道，字里行间充斥着愤怒之情；而以色列的日报和《华盛顿邮报》对此则是简单地一笔带过：在希伯伦，一名男子被以色列秘密部队误杀。

这次事件其实大有来头，它暴露了以色列方面不经法庭审判就处决瓦埃尔·比塔尔的动机：复仇。2008 年 2 月 4 日，一名巴勒斯坦恐怖分子在以色列南部城市迪莫纳的购物中心前实施自杀式爆炸袭击，一名出生在俄罗斯的 73 岁犹太老人当场被炸飞。同行的另一名恐怖分子受伤倒地，在他试图引爆自己之前，被一名以色列治安员当场击毙。

爆炸造成 12 人受伤，他们被紧急送往医院治疗。这是以色列多年来第一起自杀式袭击事件。以色列国防部部长埃胡德·巴拉克乘直升机紧急飞往迪莫纳，对受害者表示慰问。在新闻发布会上，他誓言要追杀此次事件的巴勒斯坦幕后黑手。他表达的意思非常明确：我们要找出他们，血债血偿。

迪莫纳恐怖袭击事件五个月之后，自称为爆炸事件负责的哈马斯武装分子谢哈布·纳什在希伯伦被以军找到，并在交火中被击毙。当然，复仇的追杀并没有就此结束。瓦埃尔·比塔尔，他也是哈马斯武装的成员，据悉他和纳什共事过，并且参与袭击了希伯伦附近的犹太定居点。然而在以色列方面暗杀他之前，他就被巴勒斯坦民族权力机构实施了“保护性监禁”。相比被以色列方面复仇追杀，他在监狱里反而暂时更加安全。他原来的房子被以色列的军用推土机夷为平地，这是以色列方面对待疑似恐怖分子的惯用手法。所以比塔尔的家人，他的妻子和五个孩子，只能向比塔尔的叔叔奥马尔·卡瓦斯迈求助，寻求一个栖身之处。正好卡瓦斯迈家房子的一楼空着，就给了比塔尔一家居住。

2011 年 1 月 6 日，比塔尔和其他五名哈马斯激进分子终于如愿被巴勒斯坦民族权力机构释放了。为了出狱，他们已经绝食抗议了四十天，六个人都已经憔悴不堪。其实他们被释放，是控制约旦河西岸的法塔赫和控制加沙地带的哈马斯争议后达成的结果。哈马斯一味要求保障其成员在希伯伦的安全。巴勒斯坦安全机构发言人阿德南·达迈瑞愤怒地说道，哈马斯把法塔赫主导的巴勒斯坦民族权力机构的所有警告都当成耳边风，巴勒斯坦民族权力机构曾警告过哈马斯，只要他们六人一离开监狱，马上就会面临生命危险。

以色列国防军在他们六人被释放的当天夜里，就派出了杜夫德万特种作战部队。比塔尔刚刚被释放，以军的巴勒斯坦间谍就立刻向以军方通报了消息，以军方当机立断地派出特种部队，执行这个两年半以前就应该实施的暗杀行动。但是这支暗杀小队摸错了门，

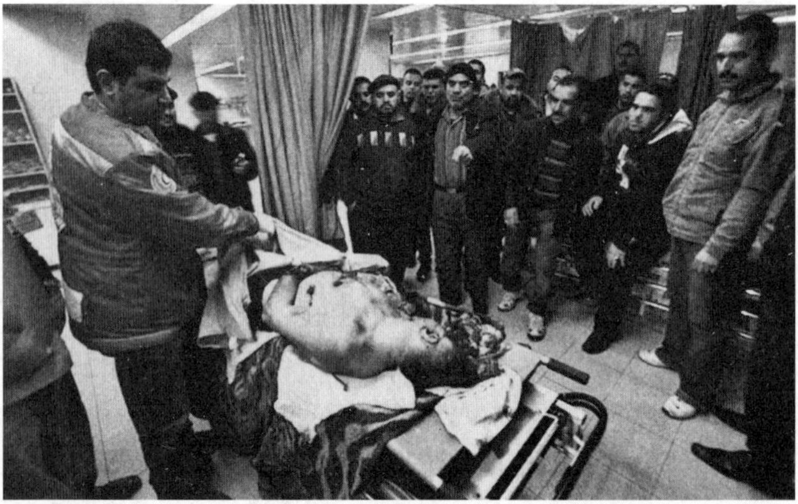

一梭子弹正中头部，另一梭子弹打在身上。亲戚和邻居正在辨认被误杀的奥马尔·卡瓦斯迈的尸体

导致了整个针对迪莫纳爆炸袭击的复仇计划以失败告终。

以色列国防军起初根本不承认这是一次有计划的暗杀行动。虽然在新闻公告中确认了误杀无辜的事实，但具体经过被描述为，当樱桃分队执行逮捕任务时，奥马尔·卡瓦斯迈正好在恐怖分子比塔尔的屋子里。这是在歪曲事实，这可以称作“逮捕”吗？两周之后，经过以军内部调查，军方给出了更加荒谬的解释：军方“对卡瓦斯迈的死深表遗憾”，但是鉴于他在其卧室被窝里的“可疑举动”，致使两名队员感到威胁，所以两名队员才“严格按照以色列国防军条例”将其击毙。在一定程度上可以这样理解，这是特种部队队员对一个睡眼惺忪的人实施的“正当防卫”。

以色列哲学家阿萨·卡什尔认为军方这一解释简直荒唐可笑。他认为，“我觉得自己受到了威胁”，根本就不足以成为开枪的理由。必须是遇到确确实实的危险，才可以开枪，可是当时的情况显然不是这样。“被窝里的动作根本不能算作遇险！”卡什尔强调道，根本不用怀疑，他在数落着以色列国防军。然而实际上他是在给以军方领导出谋划策，指导他们如何占领道德制高点。作为以色列国防军的专职哲学顾问，他在以色列的媒体中风评并不太好，他经常从道德层面为以色列对巴勒斯坦的暴力行径进行辩护。

奥马尔死后几个月，奥马尔的妻子和儿子就委托巴勒斯坦的一位律师马吉德·加纳耶姆状告政府。“我们要求以军方交出这次谋杀的幕后主使者。”萨比·卡瓦斯迈说道。他们找的律师加纳耶姆是个和蔼的中年人，约莫四十五六岁的样子。他虽然胖胖的，动不动就喘个不停，但是精力充沛。他持有以色列的律师资格证，并和别人在耶路撒冷哈瑞伍库克大街上合伙开了一家小型的律师事务所。他接手的很多案件，都涉及约旦河西岸以及巴勒斯坦地区的以色列定居者的违法行为。

加纳耶姆向耶路撒冷地方法院的民事法庭提交了诉状，要求追究责任并赔偿卡瓦斯迈一家的经济损失。在审阅证据报告后，加纳耶姆非常确信地说道，“这次反恐行动的明确目标就是杀死瓦埃尔·比塔尔，但是在行动中发生了可怕的失误”，事件真相已经是“一清二楚”。他申请法院调取国防部内部资料来证明他的判断。

2011年底，法院提供给加纳耶姆一份所谓的“豁免权证明”，该文件由国防部部长埃胡德·巴拉克亲自签署。巴拉克在文件中告知地方法院，“继续为此案提供证据会威胁到国家安全”。关于国防军和辛贝特的“工作和行为方式，以及所使用的技术手段”的所有信息都是高级机密。所以，即使卡瓦斯迈家的利益可能会受到损失，也不能提供内部机密资料。

这还不是他们打官司路上遇到的唯一麻烦。虽然法院决定，给卡瓦斯迈一家颁发特别通行证，以便他们可以从希伯伦到耶路撒冷来亲自出庭，但是军方以国家安全为由不承认该通行证的法律效力。卡瓦斯迈一家一次次地申请当日往返的以色列通行许可，却一次次被拒签。“这难道不可笑吗？”萨比耶·卡瓦斯迈抱怨道，“我丈夫生前在以色列做了三十多年的油瓦匠工作，他一直持有长期通行证。现如今，他死了，我们就被拒绝入境了。我们从来没有做过危害他们的事情！我丈夫在以色列的客户们甚至还为我丈夫的死寄来了吊唁函！”

除此之外，卡瓦斯迈家的申诉之路还有许多障碍。检察机关规定，此类案件的原告需要预付高额的诉讼费，一旦起诉被驳回，这些钱要抵扣诉讼过程中可能产生的费用。这是给诉讼“特意设置的高门槛”，“因为那些巴勒斯坦籍的起诉人大部分都是穷人”，律师加纳耶姆说道。因此他向地方法院提请，找一名以色列籍人作担保，该担保人将愿意对法庭庄严宣誓，会承担卡瓦斯迈家诉讼产生的所有费用。法院同意了加纳耶姆的建议，以军方起初不同意这种做法，但是法院强制军方接受了这个建议。

以色列还能算是法治国家吗？加纳耶姆意味深长地笑着说“在以色列人们都要严格遵守各项法律法规”，然后停顿了一下，接着说道，“但是这不包括约旦河西岸的占领区”。那里实行的是“专制”。

顺便提一下，樱桃分队的“猛男们”十七年前就卷入过一场丑闻。1993 年 11 月 13 日，伊亚德·马哈茂德·阿瓦德·巴德兰被四名手持冲锋枪的以色列士兵乱枪击毙，这四名以色列士兵的胳膊上也带有“樱桃标志”。当时，那名年仅 18 岁的巴勒斯坦小伙子不得不在马路上停车，因为他被一辆挂有民用牌照的大篷车挡住了去路。樱桃分队的士兵立刻向他开火，据说是因为那个年轻人不顾他们喊话想要径自离开。此种行径明显有违军队条例，至少应该算是故意杀人罪。军队检察官和该案辩护律师商议后判决如下：有期徒刑三十天，缓刑一年。但是以色列雅法军事法庭宣布该判决无效，并判处四个开枪杀人的士兵每人坐牢一小时，并象征性每人罚款0.0033美元。这个判决在全世界引起轩然大波，引得谩骂声无数，这促使了该案的军队检察官提起上诉。于是判决又改回原来的有期徒刑三十天。

至于卡瓦斯迈家的案子，至今没有开庭。

第 22 章

B 计划——穆萨维事件

如果他们明明知道，轰炸时穆萨维和他的孩子在一起，却还有意为之，这是违法的，是违背道德的！按照我的理解，蓄意杀害无辜的行为就是谋杀！

——以色列退役旅长伊夫塔赫·斯派克特，
传奇飞行员

这确实太可怕了！这着实是人间惨剧！但是，政府有责任保护其公民。所以，如果“相对而言划得来”，政府做出的保护公民的行为中，也可以包括杀死一个孩子！

——阿萨·卡什尔，
以色列军方专职哲学教授和道德顾问

以军的暗杀行动其实早在误杀良民卡瓦斯迈事件二十年前就开始了，确切地说是 1992 年 2 月 16 日。虽然以色列摩萨德特工早在犹太建国之初就持有了杀人执照，但是以军方在此之前都是尽可能地低调行事。

也就是在那年2月的那个上午，在黎巴嫩南部，以军突然遇到了第一次公开出手的时机。时任以色列国防军总参谋长的埃胡德·巴拉克当时起了决定性作用。

事件起源于1986年10月，以军一架鬼怪式战斗机在黎巴嫩坠毁。机上的飞行员和领航员通过弹射座椅自救，从飞机中弹出并伞降在敌国黎巴嫩。在以色列空救直升机的搜救下，飞行员很快获救。与此同时，名叫罗恩·阿拉德的领航员则被什叶派武装抓获，该武装组织自称阿迈勒运动。在接下来的18个月里，政府通过各种秘密渠道与该组织磋商释放阿拉德的事宜。在此期间，阿拉德生存状况还不错，他甚至还可以给家人写信。

但是，1988年的某天，这些协商渠道突然都中断了，阿萨德失联了。因为另一个组织，很可能是黎巴嫩真主党，从阿迈勒运动那里买下了他们的战俘。自此，就连那些深入潜伏在黎巴嫩核心的以色列特工们，也找不到这个年轻的以色列领航员的任何踪迹了。尽管如此，以色列政府还是用尽了一切办法，打听到罗恩·阿拉德的下落，因为他们认为，决不丢掉或放弃任何一个自己的士兵是他们的义务①。

1989年7月，以色列总参谋部侦察营的一支小分队在夜幕掩护下悄悄潜入黎巴嫩，绑架了黎巴嫩真主党精神领袖——教长阿卜杜勒·卡里姆·奥贝德，并将其押至以色列。这次绑架的目的，就是为了用奥贝德换回罗恩·阿拉德。然而，出乎以政府意料之外，黎巴嫩真主党并没有同意这样的战俘交换。要么是因为这个教长并不那么重要，要么就是因为阿拉德根本不在或者已经不在这些什叶

---

① 《犹太教法典》指出："没有什么比赎回己方战俘更为重要的戒律了。在这一问题上有任何迟疑，都会导致流血的加剧。"——译者注

派恐怖分子的手里。因此伊扎克·沙米尔政府决定，从黎巴嫩绑架一个更有价值的人物来交换阿拉德，这次目标锁定的是黎巴嫩真主党新任总书记阿巴斯·穆萨维。针对穆萨维，以军设想了各种各样的绑架方案，但都没有实现。直到1992年2月，机会突然来了。以色列军事情报局阿曼获悉，穆萨维将要和他的妻子以及六岁的儿子一同访问黎巴嫩南部一个小村庄吉布史特。一旦穆萨维出了严防死守的贝鲁特市中心，以军就有机会绑架这位黎巴嫩真主党头目，并将其押回以色列。

1992年2月16日上午十点半左右，盘旋在黎巴嫩南部上空的以军无人直升机侦察到穆萨维的车队，并将监视画面实时传送到了位于特拉维夫附近肯亚的以色列空军总部。画面显示车队有两辆豪华奔驰轿车，奔驰轿车前后各有一辆英国罗孚轿车随行保护，据此可以判断，穆萨维至少随行带了六名保镖。看到监控画面的瞬间，失望的气氛在以军监控室里散播开来。军官们一致认为，在穆萨维现有的安保措施下，成功劫持他的风险太大。“如果我们抓不到他，就炸死他。”以军总参谋长埃胡德·巴拉克一语打破沉闷的气氛，他认为机不可失，时不再来。忽然之间，这次行动的初衷就改变了，不再关乎是否能换回阿拉德了，只关乎杀死穆萨维。当然，黎巴嫩真主党作为以色列眼中的恐怖组织，它的总书记本就死有余辜。然而有可能产生什么样的后果呢？一部分军官认为空中轰炸不是个好主意，但是军事情报局局长支持巴拉克临时提议的这个B计划。

时间已经是中午12点多了，直升机还在密切监视着穆萨维的车队。车队还在荒凉的乡间行驶，一旦它们驶回繁华的贝鲁特市区，火箭弹袭击造成黎巴嫩平民伤亡的风险就太高了。适合出手杀死穆萨维的时间已经不多了。埃胡德·巴拉克紧急向以色列国防部部长摩西·亚阿隆寻求支持意见，并终于在14点左右与其取得电话联系。“如果他已经撞在我们的枪口上了，那我们还等什么！”亚阿隆回复道。半小时后，以色列总理伊扎克·沙米尔也给出了肯定回复。巴拉克立刻安排两架阿帕奇武装直升机从以色列东部军事基地起飞。飞行员接到的任务命令是炸毁全部四辆车，因为巴拉克想要做到万无一失。大概16点左右，两架直升机到达预计地点，数弹齐发，一眨眼的工夫就炸毁了车队。

在穆萨维被炸死的当天，世界上各个电视台播放了穆萨维车队残骸冒烟的画面，穆萨维、他的妻子和六岁的儿子以及五名保镖全都在车中遇难。一名参与轰炸的阿帕奇飞行员随后表示，这次任务对他来说就“跟玩儿似的”一样简单，因为行驶在无人居住开阔地上的两辆“奢华的黑色奔驰轿车”非常扎眼，他很容易就能击中这样明显的目标。

当埃胡德·巴拉克和他的总参谋部下令轰炸时，他们是否知道穆萨维六岁的儿子正和穆萨维在一起呢？以色列记者罗恩·伯格曼声称，有一段采访504中队特工的录像可以证明事实。504中队是以色列军事情报局阿曼中负责阿拉伯邻国事务的间谍部门，经常被称作“小摩萨德”。在这段至今还妥善地锁在保险柜里的视频中，一名504中队的特工斩钉截铁地表示，他郑重地提醒过他的上司，与穆萨维同行的还有他的妻子赛艾姆和儿子侯赛因。

“如果他们明明知道，轰炸时穆萨维和他的孩子在一起，却还有意为之，这是违法的，是违背道德的！”伊夫塔赫·斯派克特愤愤地说道，他退役前曾是以色列空军旅长，在巴拉克手下服役多年。他的话很有分量，他曾是以色列的传奇飞行员。在六日战争和赎罪日战争中，他驾驶战斗机击落过12架敌机，他还执行过1981年6月“歌剧院行动”的飞机轰炸任务，当时以色列的飞行中队摧毁了伊拉克的奥西拉克核反应堆，之后一直到63岁他都是候补飞行员并最终成为指挥两个空军基地的空军旅长。

斯派克特并不是在斥责杀死巴勒斯坦恐怖分子的行为。相反他认为，如果“有必要杀死那些罪犯，那么我们就应该全力以赴”，但是无论如何，不能拿儿童的生命去冒险，即使不是故意也不应该这样做。“按我的理解，”斯派克特解释道，“蓄意杀害无辜的行为就是谋杀！”对此以军的专职哲学教授和道德顾问阿萨·卡什尔反击道，正如所说的那样：“这确实太可怕了！这着实是人间惨剧！”但是，如果政府认为“相对而言划得来”，那么政府也不得不在必要情况下“做出的保护公民的行为中，也可以包括杀死一个孩子”。

但是，杀死黎巴嫩真主党总书记及其家人，真的是“相对而言划得来”吗？这样做真的“恰当”吗？不管怎么说，这件事情对以色列来说，后果很严重。首先黎巴嫩真主党在以色列北部用喀秋莎火箭炮连续轰炸了五天五夜，一名六岁的小女孩在轰炸中丧生。1992年3月7日，土耳其安卡拉的以色列大使馆的辛贝特领导人埃胡德·萨丹在炸弹袭击中身亡，伊斯兰圣战组织和黎巴嫩真主党宣称对此事负责。然而这些仅仅是他们报复行为的开始。

1992年5月17日，一名自杀式袭击者驾驶一辆载满炸药的汽车在阿根廷首都布宜诺斯艾利斯的以色列大使馆门前自爆。这是一起严重的汽车炸弹爆炸，造成29人死亡，死者中包括4名以色列外交官和5名犹太籍阿根廷人，另有200多人受伤，其中包括隔壁一所学校的很多孩子。阿根廷警方介入调查，但是摩萨德非常肯定，从行事手法上不难判断，这就是黎巴嫩真主党和伊朗情报与国家安全部联手的报复行动。在以色列大使馆工作的伊朗间谍利用外交邮袋将炸药携带走私入境。

这次爆炸震惊了整个以色列。就连以色列军事情报局阿曼内部也出现了怀疑的声音，质疑炸死穆萨维和他的家人到底是不是明智之举。尽管死了这么多阿根廷人，但这还是不足以填平黎巴嫩真主党复仇欲望的沟壑。1994 年 7 月 15 日，在他们的总书记穆萨维被杀两年后，他们又制造了另一起爆炸袭击，还是在布宜诺斯艾利斯，还是汽车炸弹袭击，不同的是这次被炸毁的是七层高的犹太人文化活动中心，爆炸造成 85 人死亡，300 人受伤。随后什叶派恐怖组织通过一个与其亲近的黎巴嫩电视台表示，这次爆炸算是给穆萨维的死报仇雪恨了。

在杀死穆萨维及其家人之后，对于以色列人权组织卜采莱姆之类的人权机构的质疑，以色列军方“由衷地”驳回道，穆萨维的死是以色列对国家公敌施行谋杀政策的开始，“生命权利不可侵犯是以色列国防军的基本准则”。撇开黎巴嫩真主党的血腥报复和对目标明确地杀害儿童的道德思考不谈，这个临时起意的炸死穆萨维全家的 B 计划甚至都不算是一个有效的措施。相反，从恐怖袭击事件的统计数字来看，它只是促使了暴恐事件的螺旋形上升。在炸死穆萨维之前的 12 年里，以色列仅发生过一起自杀性袭击事件，就是 1989 年 7 月 6 日发生的 405 路巴士遭到自杀式炸弹袭击的事件，当时的爆炸造成了 16 人死亡。而在 1992 年之后，巴勒斯坦恐怖分子开始了真正的血腥屠杀，在以色列国内仅仅 5 年时间就有 160 人被害。

然而罗恩 · 阿拉德，这名坠落在黎巴嫩的以色列空军导航员，用他谜一样的命运开启了这一切之后，至今仍然下落不明。也有一种可能，那就是他在被俘虏几年后就已经死了。

第23章

先发制人而非复仇

在20世纪90年代的时候，以色列曾断然否认其有定点定向暗杀的行为。每当有相关指控指向以色列，以色列国防军都会坚决地驳回称，我们绝没有任何一项政策是故意杀害嫌疑人的，生命权利不可侵犯是以色列军队的基本准则。

——菲利普·G. 奥尔斯顿，

国际法学者、联合国法外处决问题特别报告员，2010年

为了赢得这场战争，我们必须多线作战。最明显的就是对恐怖分子的直接军事打击。针对潜在危害以色列国民生命安全的嫌疑人，我们将实施先发制人的军事打击政策。在当今时代背景下，这样的政策很好理解，无须过多解释。

——本雅明·内塔尼亚胡，

《恐怖活动：西方如何获胜》前言，2001年

内塔尼亚胡之所以以反恐为己任，是有其个人原因的。在一次以色列特种部队总参谋部侦察营的秘密行动中，他永远地失去了他

哥哥约纳坦。那次行动发生在1976年7月3日到4日夜里，约纳坦指挥一个战斗小组飞往乌干达恩德培机场解救一架被劫持的法航班机，原本该航班应从以色列飞往巴黎，但机上的乘客都被巴勒斯坦的恐怖组织解放巴勒斯坦人民阵线劫持了（参见第16章）。在此次行动中，劫匪被全部击毙，仅三名人质死亡。除约纳坦·内塔尼亚胡外，总参谋部侦察营的所有士兵都安然返回家乡。

在约纳坦牺牲三年后，他的弟弟本雅明组建了约纳坦机构来向他致敬。约纳坦机构成立当年就组织召开了第一次国际反恐会议，并在1984年7月4日——也就是第一次会议五年后——继续组织召开了第二次国际反恐会议。这两次高级国际会议的中心思想都非常明确：对于想要杀害我们的人，我们必须先下手为强。本雅明·内塔尼亚胡（昵称比利）的信条就是：在对抗巴勒斯坦恐怖主义的战争中，庭外处决只是一种先发制人的措施。“仅仅是被动防御，根本不足以震慑恐怖主义及其支援国。”1995年本雅明在他的书《恐怖活动：西方如何获胜》里写道。相较于被动防御，现在是时候“深入认真地考虑反恐的积极措施了——应该在恐怖组织发起袭击之前，采取一些适当的先发制人的行动”。本雅明在书中特地用斜体字来突出了“之前”一词。

1993年8月，巴以之间签署了《奥斯陆协议》，但该协议并没有给促进巴以和平进程和解决中东争端带来决定性的转折。时任以色列保守派利库德集团党魁的内塔尼亚胡看不到有任何理由可以让他对反恐信条产生动摇。恰恰相反，巴勒斯坦恐怖主义威胁在奥斯陆协议后不降反增。

1996年5月，内塔尼亚胡第一次当选以色列总理。可以说，当时发生在以色列的巴勒斯坦恐怖分子自杀式袭击浪潮为他的当选提供了有利契机。本来在这次大选中，西蒙·佩雷斯在民意调查中占优势，但他在这期间没能及时阻止针对以色列的恐怖袭击，导致民众对他信任大减。大选这年的2月和3月，哈马斯武装制造了多起针对以色列的恐怖袭击，共造成60多人死亡。其中影响最恶劣的是连续两起针对耶路撒冷18路公交车的恐怖袭击。哈马斯武装声称，恐怖袭击是为了给他们死去的炸弹专家叶海亚·阿亚什报仇。这名29岁的炸弹专家在1996年1月被辛贝特暗杀。当时以色列特工在一部手机里暗藏了15克塑胶炸弹，并设法将这部手机送到了叶海亚·阿亚什手里，随后在他使用手机时，通过无线设备引爆塑胶炸弹，炸死了阿亚什。

彼时伊斯兰圣战组织和阿拉法特领导下的法塔赫的阿克萨烈士旅都在紧锣密鼓地招募自杀式袭击的年轻志愿者，以便安排他们绑上炸弹腰带对以色列的餐馆、酒吧，特别是公交车进行自杀式爆炸袭击。内塔尼亚胡所面临的巴勒斯坦暴恐升级的局面，正好印证了他十年前的预料。而此时的内塔尼亚胡，作为耶路撒冷鹰派代表人物，正是大权在握，可谓烜赫一时。值此时局，他终于有机会实现他的反恐信条：先发制人，后发制于人，与其在被袭后复仇，不如先出手解决掉恐怖分子，防患于未然。

从此以后，即使有些行为有悖于基于三权分立而建立的法治国家基本准则，也被置若罔闻了。虽然按照法律，以色列最高法院有权判决那些杀害犹太人的严重犯罪者死刑，但实际上在1961年处死纳粹刽子手阿道夫·艾希曼之后，就没有再实际执行过死刑判决了。这都不再重要了，因为现在这样的做法，无关乎公开的司法程序，也无关乎辩护权和公正审判，现在处死一个人，需要的只是秘密委员会中来自部队和情报局的高级官员的提案以及政府首脑对此的批准，仅此而已。

然而事与愿违，鹰派势力很快就受挫了。1997年9月，也就是内塔尼亚胡执政的第二年，他安排摩萨德去约旦首都安曼暗杀哈马斯成员哈立德·迈沙阿勒，尽管这次暗杀任务并不是当务之急，但他还是决定让摩萨德去练练手。其实这次任务违背了他先发制人反恐措施的初衷，只能算是打击报复，因为那时这位巴勒斯坦官员引起注意的原因并非是计划了恐怖袭击。在众多的可报复目标中，摩萨德向上级请示暗杀哈立德·迈沙阿勒，仅仅是因为他是只“软柿子”，选他可以保证任务的成功率。然而此事的结果众所周知。摩萨德特工下毒时被发现，导致以色列与约旦国王侯赛因的关系最终破裂。摩萨德不得不向迈沙阿勒提供解毒药，以期换回被约旦方面逮捕的特工。最后，内塔尼亚胡被逼无奈释放了哈马斯的精神领袖亚辛（参见第 19 章）。这次事件对原本自信满满的内塔尼亚胡来说是一场政治灾难，一次耻辱。这次比利不仅在约旦国王侯赛因面前丢尽了脸，而且还让全世界看了笑话。

也正是这次失败的行动，直接导致了内塔尼亚胡先发制人暗杀的信条早夭。是时候停下来反思一下了。1999 年，内塔尼亚胡在大选中被工党领袖埃胡德·巴拉克打败，暂时退出政坛。后者曾长期在以色列军队服役，可以说是一位久经考验的以色列军人，集各种嘉奖荣耀于一身。这位继任者在 2000 年 11 月公开承认，以色列确实存在“允许暗杀行为的政策”。他给出的理由是，在阻止针对以色列的自杀式袭击和追捕袭击者的问题上，既然巴勒斯坦民族权力机构没有能力或者说不愿意出力，那么按照国际法，他们有正当防卫的权利，他们可以杀死那些恐怖分子。

这次公开承认暗杀政策并借此提高震慑力是有的放矢的，做出这一决定的背景是 2000 年 9 月 29 日开始的第二次巴勒斯坦大起义。这次起义的主力是巴勒斯坦年轻人，他们发动了反抗以色列占领军的武装暴动，起义从耶路撒冷和约旦河西岸一直蔓延到加沙地带。

2002年4月，也就是改变了世界的“911”恐怖袭击事件发生半年之后，以色列军队的法学家们正式起草出台了对巴勒斯坦恐怖分子实施暗杀的四个先决条件：

第一，必须有确切的信息显示目标人物正在计划或者打算在不久的将来实施恐怖袭击；

第二，只有当我方要求巴勒斯坦民族权力机构逮捕恐怖分子，而巴方不予理睬时，我方才可以启动暗杀程序；

第三，只有当让国防军行动小组逮捕犯罪嫌疑人的努力，彻底徒劳无果时；

第四，暗杀行动不能以打击报复过去发生的袭击事件为目的，必须是为了阻止将来可能发生的、通常会造成大量人员伤亡的袭击事件。

其实这些原则并非首创，和当年比利针对那些预计会充当“人肉炸弹”的巴勒斯坦恐怖分子采取的先发制人暗杀异曲同工，只不过在迈沙阿勒事件中，比利没有遵守这些原则而已。同样，这些法律条文的说辞在很多方面也都是模糊不清的，留了很多可以钻的空子。那么问题就来了，在法外处决过程中是否允许伤及无辜？如果可以，允许伤害多少人？这个问题并没有一个具体参考标准。牺牲两三个平民是在允许范围内吗？或者可以牺牲更多人？包括妇女和儿童吗？具体怎么做是适度的，是恰当的，显然都是由军方依照当时的情况拍板决定。对于暗杀计划，以色列的军事力量需要一定的灵活性，这在不久便得以证实。

第 24 章
暗杀代数——亚辛事件

太多了，太多了！所有当事人的详细资料都堆在我面前。他们住在哪儿？结没结婚？有几个孩子？遇到家里孩子多的情况，我就得慎重地考虑一下。……看他们的照片时，我会习惯性地解读他们的眼神。这个人看起来很单纯，那个人看起来很和善，就像婴儿一样无邪……实际情况你连想都想不到！

——2002—2005 年，担任以色列前国防军
总参谋长的摩西 · 亚阿隆，
在回答关于他批准杀死过多少巴勒斯坦人时如是说

2002 年 7 月 22 日到 23 日夜间，两架以色列空军 F-16 战机在三千米的高空飞越加沙地带的巴勒斯坦领土。两架战机执行的是一次常规作战任务，主要目的是打击发动第二次巴勒斯坦大起义的幕后主使。天气平稳，坐标设定。一名飞行员投下重磅炸弹时，他感到机翼轻微地震动，飞机随即划破星空，扬长而去。一吨重的炸弹急速下落，目标设定精准，不偏不倚地击中了加沙城郊的一所民宅。这枚重磅炸弹破坏力极大，不但摧毁了预设目标，还连带夷平

了相邻的8所民宅，另有9栋建筑受损严重。爆炸造成15人死亡，至少50人重伤。

这次定点清除的目标是萨拉赫·穆斯塔法·谢哈德。他是哈马斯武装军事组织领导人，曾经策划组织过多起以色列境内的恐怖袭击，直接或间接造成过220名以色列平民和16名以色列军人死亡。对于以色列方面来说，谢哈德简直死有余辜。然而，与谢哈德一同被炸死的还有他的妻子莱拉和14岁的女儿伊曼·萨拉赫；爆炸的冲击力波及邻舍，造成5名成人和6名儿童死亡，另有一名未满一周岁的婴儿也在此次爆炸中丧生。时任以色列总理的阿里埃勒·沙龙一开始对此次行动大加赞赏，称它是“最成功的行动之一”。但随后在现实的压力下他又改口称：“要是早知道结果是这样，我当时会推迟行动。”

一石激起千层浪，全世界范围内的人权组织和许多政客都义愤填膺地谴责此次爆炸，其中不乏来自以色列国内的谴责之声，更有甚者指责这是违反战争法规的罪行。但是以色列空军指挥官丹·哈鲁兹将军依旧在此次定点清除行动后褒奖了执行任务的飞行员，正如他在稍后的一次采访中所说：“你们任务完成得很完美！可以说是极好的！没必要感到不安，这很正常，你们是严格按照命令行事。”

以色列军队和国家安全局辛贝特启动了关于此次行动的内部调查，一周后调查结果出炉：行动过程是“恰当和专业的”，并且成功铲除了“恐怖组织的一名重要头目”。如果非要找出问题，充其量只能算是情报部门提供的情报质量有缺陷，因为情报没有明确说明在谢哈德住所周边生活着如此多的平民。

这次事件让27名以色列预备役飞行员觉得忍无可忍，他们在空军旅长伊夫塔赫·斯派克特带领下公开控诉，认为像此次暗杀

附带伤亡。2002 年 7 月，在针对哈马斯恐怖分子萨拉赫·穆斯塔法·谢哈德居所的空军炸弹袭击中，他的妻子、女儿、5 名成年邻居和 7 名邻居家的孩子也一同遇难

谢哈德所使用的大杀伤力炸弹袭击是违反伦理的，超出了他们所能承受的道德底线。“我们拒绝继续参与袭击巴勒斯坦平民聚集区的军事行动。”据斯派克特事后回忆，当时他的上司们对他们的行动备感“不悦”并且“应对态度激烈”。所有 27 名当事飞行员都遭到冷藏，并“自此被禁飞”了。空军指挥官丹·哈鲁兹甚至考虑过以违抗军令为由把这些当事飞行员移交军事法庭，但最后他改了主意——在他的发起下，空军部队里其他数百名飞行员敌视那 27 名飞行员，指责他们对以色列不忠。迫于这样的压力，一些和伊夫塔赫·斯派克特一起申诉的飞行员退缩了，撤回了申诉。而剩下坚持申诉的飞行员，在工作中一直遭到刁难。

此外，以军高层中也不乏批评的声音，认为清除谢哈德所造成的附带伤亡有失公允。以色列国防军总参谋长摩西·亚阿隆事后承认，他当时就觉得像“千斤压顶”一样，压力非常大。尽管他批准过在必要时刻可以牺牲谢哈德的妻子，但是没有同意过可以伤害谢哈德的邻居们和那些孩子们。以色列军事情报局阿曼领导人阿莫斯·亚德林将军在清除谢哈德行动的第二天早上得到了相关消息通报，当时就震惊了。当天他就给哲学教授阿萨·卡什尔打电话，希望能跟他一起制定关于反恐战争中应遵守的道德准则；他还请一名数学家发明一套算式，以期借此计算出在杀死恐怖分子的同时，多少附加的平民伤亡量是在可接受范围内的。这就是所谓的暗杀代数学。数学家们最后真的给出了暗杀系数 3.14，也就是说每杀死一个恐怖分子最多附加牺牲 3.14 个平民，在这个数字范围内的附带伤亡是可以被接受的。但是如果遇到附带伤亡的平民中有儿童，暗杀系数要相应减小。

2003 年 9 月初又发生了类似事件。主导这次事件的关键人物是摩西·亚阿隆和辛贝特领导人艾维·狄希特。美国《华盛顿邮报》的记者劳拉·布卢门菲尔德就此事做过详尽调查。

9 月 5 日清晨，位于特拉维夫北部第 20 号高速公路旁的辛贝特总部收到一条绝密情报：明天，八名哈马斯恐怖组织领导人计划举行一次会面。这八个人都是哈马斯里有头有脸的大人物，包括炸弹制造专家、爆破技术专家和火箭导弹专家。“这不可能，”这是艾维·狄希特看到情报后的第一反应，“他们为什么要冒这个险？”这八个人都是以色列暗杀黑名单上的头号人物，他们自己也知道，所以平时都生活在防卫森严的地下室，昼伏夜出，而且身边总是跟着一群孩子作为保护伞。不仅如此，他们还很少乘坐汽车，从不使用手机，因为害怕有人在车和手机里安放炸弹。就是这样小心翼翼的八个人，怎么会光天化日地举行会面？

狄希特立刻给总参谋长亚阿隆致电通报了消息。亚阿隆紧急就此与国防部部长和沙龙总理进行了磋商。不到半小时，狄希特就得到上级回复，如果消息属实，就可以采取行动。于是狄希特动用了辛贝特全部力量来验证消息的可靠性，包括启用空中窃听装置，派出空中侦察机和“激活”巴勒斯坦间谍。当天中午，狄希特就获悉，这次恐怖组织峰会的确会举行，也进一步得知了聚会地点：哈马斯激进分子、宗教学教授迈万·阿布·哈斯的家里，一栋三层高的私人住宅。随即，代号“自动挡行动”的空袭计划进入了准备阶段。

第二天，也就是恐怖分子计划会面的当天，艾维·狄希特早早地来到了辛贝特总部没有窗户的作战指挥室。专家们已经利用电脑对目标房屋的状况进行了初步的分析，包括楼层数、房间面积和墙体厚度。通过分析，可以更好地计算出摧毁该建筑所需的炸药量。狄希特和亚阿隆知道，这次的定点清除一定要如外科手术般精准。如果重蹈14个月前谢哈德事件的覆辙，因造成可怕的附带伤亡再次遭到控诉，结果无法想象。

在此期间，六架F-16战机一直盘旋在加沙地带的海岸线上空待命，每架战机都装载了不同重量的炸弹。与此同时在阿布·哈斯房子上空肉眼看不见的地方，一架侦察机正在对该房屋实时监控，并将监控画面实时传送回辛贝特的作战指挥室。渐渐地，与会的哈马斯领导人一个个到场了，他们都是步行来的；偶有坐车来的，也是把车停在远处，然后步行到阿布·哈斯家。虽然侦察机搭载的变焦镜头可以捕捉到清晰的画面，但是要准确地辨认这些人还是有一定困难，因为他们头上都戴着阿拉伯头巾，身上裹着宽大的长袍。尽管如此，辛贝特还是准确无误地辨认出了每一个与会者，亚阿隆事后回忆道。不仅如此，他还记得是如何把他们一个接一个辨认出来的：“正朝这里走来的是穆罕默德·德伊夫，那是他的助理阿德南·古奥，另一个已经到了房前的是伊斯梅尔·哈尼亚。”目标人物被辨认出后，他的资料就会显示在作战指挥室的电脑屏幕上，包括人物照片和其所制造的恐怖袭击犯罪现场照片：一辆辆燃烧的公交车，一家家炸毁的酒吧舞厅。然后，一辆白色轿车停到了阿布·哈斯家门前，车里坐着最后一名到达的与会人物。在作战指挥室的大屏幕上可以清楚地看到，助手是如何小心翼翼地把这名与会人物抬下车，抱到轮椅里，然后推进屋。这就是下肢瘫痪的艾哈迈德·亚辛，哈马斯的创始人和精神领袖。这位被巴勒斯坦人尊称为谢赫的老人，在以色列方面的代号是“尸体”。六年前，摩萨德计划的一次暗杀行动在安曼彻底失败后，以色列政府迫于来自约旦方面的压力释放了亚辛。取代号“尸体”之名，就包含了以色列想要和他算总账的意思。

“一切都准备就绪了吗？”亚阿隆专线联系空军指挥官丹·哈鲁兹问道。哈鲁兹回答道，还有一个问题，就是炸弹的选择问题，500公斤的炸弹可能威力不足，一吨的炸弹威力似乎又太大。炸弹威力过大，就有伤及邻舍及邻人的风险。亚阿隆闻听此言，非常恼火，他以为这个问题早就解决了。他表示，既然问题还没解决，就应该立刻取消“自动挡计划”。此言一出，艾维·狄希特立刻就和他激烈地争论起来。狄希特坚持“重拳出击”，这样的机会失不再来。于是老矛盾又爆发了。亚阿隆和狄希特在秘密行动指挥部共事多年，历来是毫不隐晦地针锋相对。“一味地杀死恐怖分子，根本解决不了以色列的恐怖主义问题。只有通过教育才能根本地解决问题。”数年后亚阿隆回忆此事，依然很不屑地说道，“若是像狄希特坚信的那样，如果我们一味杀！杀！杀！就取得胜利了，这样的论调，我自始至终都不能苟同！”

亚阿隆和狄希特的争论持续了一个多小时，并逐渐白热化，两人的嗓门都越发大了起来。一边是正在开会的哈马斯领导层和在地中海上空盘旋待命的F-16战机，一边是争执不下而无法下达战斗指令的作战指挥室。亚阿隆：“一旦我们下令，让飞行员去杀害那

轰炸机已在空中盘旋，这厢却争执不下。为避免太大的附带伤亡，总参谋长摩西·亚阿隆（右）与他的同事艾维·狄希特（左）针锋相对

些无辜的人，我们以后如何面对他们？”狄希特：“如果今天我们眼睁睁地放走这些恐怖分子，明天他们再炸毁一辆公交车，我们要如何向我们的人民解释？”根据所谓的暗杀系数3.14，杀死8个头号恐怖分子可以有25个平民的合法附带伤亡。即便如此，亚阿隆仍无论如何都不能接受。最后他们只能给阿里埃勒·沙龙总理打电话请示，当时沙龙正在给他的孙子过生日。沙龙表现出了和亚阿隆一样的忧虑。行动中止。

尽管如此，狄希特仍不死心，他指责这样的临阵退缩是“不专业的、不合理的”。在这样一来二去的争执之间，时间就已经到了16点，哈马斯恐怖分子的峰会仍在继续，还没有一个与会者离开会场。就在这时，作战指挥室的一名特工接到一条新的情报。阿布·哈斯家的三楼窗帘紧闭，秘密会议极有可能正在那里召开。三楼是这栋房子的顶楼，如果会议是在三楼举行，那么一个250公斤的炸弹就足以炸毁这一层楼。这样分量的炸弹，就像对房屋进行外科手术一样，能比较精确地炸毁顶楼，而不会造成周围平民伤亡。狄希特立刻致电沙龙汇报新的情况。对于这个新方案，亚阿隆表示妥协，沙龙也表示同意。就这样“自动挡行动”再次启动了。

现在必须得速战速决了。不到两分钟，一架战斗机就呼啸着飞抵位于加沙地带的会议房屋上空。亚阿隆和空军指挥官哈鲁兹紧紧地盯着大屏幕上飞机传送回的实时画面，想要看清炸弹如何命中目标，但是画面中的尘雾模糊了视线。哈鲁兹通过耳麦向F-16战机的飞行员问道：“击中目标了吗？”“正中目标！”然后时间凝滞一般，两三分钟过后，爆炸造成的灰云褪去，接着“我们就看到所有恐怖分子拥出屋外”，狄希特回忆道。

“感觉就像地震了，”会场主人阿布·哈斯事后说道，“房子开始晃动时，哈尼亚正端着米饭。”艾哈迈德·亚辛坐在轮椅上惊讶地望着天花板询问，怎么突然掉下这么多尘土。“谢赫，我们被袭击了！”伊斯梅尔·哈尼亚苦笑着回答。

炸弹爆炸时，八名与会的哈马斯恐怖分子已经聚集到了一楼。正如以军所料，炸弹仅仅摧毁了会议房屋的顶层，不过那里只是用于储物。当时待在三楼的阿布·哈斯的妻子和四个孩子，也惊恐地跑了出来。丹·哈鲁兹回忆道，当亚辛坐着轮椅再次出现在房前的时候，我们真是非常地失望。现在想来，“我真想说，为了保险起见，我们当时本应该选最重的炸弹，那就能一举消灭哈马斯整个领导团队了”，但在轰动一时的谢哈德事件之后，也只能做出那样“合乎道德的决定”。

2004年3月22日，也就是距离上一次定点清除哈马斯高层失败刚好半年之际，年近67岁的谢赫·艾哈迈德·亚辛还是被暗杀了。那天早上，亚辛刚刚在加沙城的清真寺做完晨祷出来，正被推向汽车时，一枚从以军阿帕奇战斗直升机发射出的地狱火导弹击中他的轮椅旁边，在他的脚边爆炸了。这次暗杀袭击开始之前，以空军就安排了多架F-16战斗机在加沙城上空低空飞行，借助F-16战机的轰鸣声来掩盖正在向目标逼近的阿帕奇直升机的响动。和亚辛一同被炸死的还有他的两个保镖和 9 名正巧停留在附近的巴勒斯坦人。另有 12 人受伤，其中包括亚辛的儿子。其实亚辛多年来都是比较容易暗杀的目标，因为他每天早上都会去同一所清真寺做祷告，这所清真寺就位于加沙城的萨布拉区。他自己也一定知道每天这样做是有风险的。在阿布・哈斯家没能炸死亚辛，以军一直如鲠在喉，引以为耻，是它促使辛贝特领导人艾维・狄希特和总参谋长摩西・亚阿隆公开报复吗？

亚辛之死，引来了世界范围内的抗议浪潮。各大媒体刊登的浸在血泊中的亚辛轮椅残骸的照片，起了推波助澜的作用。以色列军方怎么能杀害一个高位截瘫的虚弱老人？他都已经离不开轮椅了，也不能主导恐怖袭击了。联合国秘书长科菲・安南感到非常气愤，

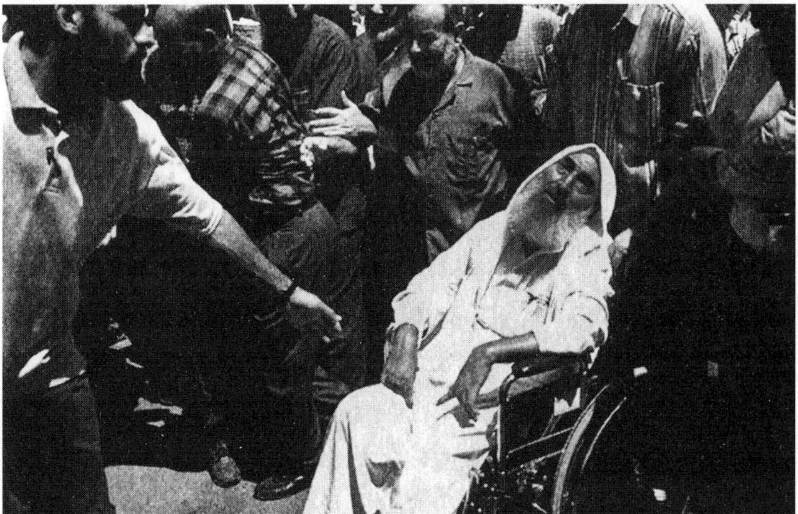

精神领袖。1997 年，以色列被迫释放哈马斯精神领袖谢赫・艾哈迈德・亚辛，此后亚辛就成了以色列的头号暗杀目标

联合国人权委员会通过投票表决，多数票赞成谴责以色列暗杀亚辛的行为，但该议案最终没有在安理会得到通过，因为美国行使了一票否决权。当时，德国在安理会表决时弃权了。

以色列方面表示不接受国际上就此事的批评意见。对他们而言，亚辛就是“肆无忌惮地杀害无辜平民的急先锋”，就该“为巴方大规模自杀式恐怖袭击的战略负责”，以色列外交部如是宣称。他手上沾染的鲜血几乎还冒着热气。两个月前发生在埃雷兹的自杀式袭击造成4名以色列人丧生，这场袭击就是亚辛亲自幕后策划的。所有将亚辛无害化为“温和的精神领袖”的企图都是十分可笑的，就像试图把本·拉登神化为这样的形象。

2005年2月初，以色列在对待巴勒斯坦问题上做出了一系列让步，包括废止暗杀政策。以色列总理沙龙和巴勒斯坦民族权力机

晨祷后死亡。2004年3月，瘫痪在轮椅上的谢赫·艾哈迈德·亚辛被以军地狱火导弹炸死

构主席阿巴斯达成停火协议，平息第二次巴勒斯坦大起义。同时以色列政府同意在8月之前撤离加沙地带。当然沙龙也很清楚，一旦继续有自杀式恐怖袭击出现，他的承诺随时会改变，暗杀政策也随时会再次启动。

果然，这样的和平并没有持续多久。仅仅三周后，也就是2005年2月25日晚上，一名自杀式袭击者在特拉维夫“剧场”夜总会前的林荫道上引爆炸弹，当时这名袭击者混迹在一群年轻的以色列预备役士兵中，这些预备役士兵们正在那里给他们的教官庆祝生日。这次爆炸造成5人死亡，50人重伤。事后，阿克萨烈士旅声称对此事负责。同年7月12日，一名伊斯兰圣战组织的巴勒斯坦自杀式袭击者在内坦亚热闹的哈萨隆购物中心前引爆了10公斤炸药。当时他把这些炸药藏在了衣服里面。爆炸发生时，刚巧有一群女孩站在那里，其中三名女孩当场死亡，另有一名女孩经医院抢救无效死亡。这些血的教训，让每一个以色列人都幡然醒悟，他们不能再自欺欺人地幻想自杀式袭击会停止了。以色列政府并不想因此取消正在如火如荼地进行的撤离加沙地带行动。不过，他们取消了其余承诺，重新启动了暗杀政策。内坦亚自杀式袭击发生后的第三天，一架以军阿帕奇直升机在加沙城击毁了一辆运载卡桑火箭的汽车。四名年轻的哈马斯恐怖分子死亡，其中包括神学教授阿布·哈斯24岁的儿子阿瑟姆·马尔万·阿布·哈斯。这位阿布·哈斯教授就是两年前轰动一时的恐怖分子峰会会场的主人，当时所有与会的恐怖分子都在以军的空袭中侥幸活了下来。两天后，也就是2005年7月17日，以军的一名狙击手暗杀了哈马斯汗尤尼斯地区的指挥官。

以军撤离加沙地带后，冲突逐步升级，直逼第二次巴勒斯坦大起义的规模。每一次巴勒斯坦恐怖袭击，以军都会通过暗杀行动回以颜色，但随之而来的，是新一起的恐怖袭击：2005年8月25日，贝尔谢巴的汽车站发生爆炸，造成50人受伤；作为回应，以空军在9月25日向加沙海滨大道上一辆奔驰车发射了地狱火导弹，车里坐的是穆罕默德·哈利勒，他是伊斯兰圣战组织的主战积极分子，袭击造成一死两伤；10月26日，一名自杀式袭击者在哈代拉的自由市场引爆炸弹，造成7人死亡，30人受伤；10月27日，以空军在加沙再次使用地狱火导弹，炸死了沙迪·梅哈那；12月5日，内坦亚的哈萨隆购物中心前再次发生炸弹袭击，5人死亡；12月7日、8日和14日，以色列接连杀死了7名巴勒斯坦恐怖分子。这一年就在这样的血腥的袭击和更血腥的报复中结束了（参见附录）。

第 25 章

最高法院

在民主国家，不应该为达目的而不择手段。人类尊严的价值高于国家安全的需要。

——哈伊姆·科恩，以色列前首席检察官、司法部长和最高法院法官，1997 年接受采访时说的一段话

按照最高法院的裁决：在可以实施拘捕的情况下，绝不能以我称之为“先发制人暗杀”的“定点清除”替代拘捕。既然犹太山地和撒马利亚的绝大部分地区都在以色列国防军的控制下，那么我认为在这些地方必须杜绝“先发制人暗杀”行为。

——莫迪凯·克雷姆尼茨尔，以色列国际法专家

气势宏伟的以色列最高法院大楼位于耶路撒冷。这座建筑大胆地将各种对立的风格融为一体：内与外的交织、新与旧的碰撞、直线与圆形的融合。“这座建筑本身，就是对法律和公正概念的视觉阐释，”新闻部门发放的宣传册里这样写道，“直线代表着法律，圆形代表着公正。”法治国家在这里找到了家园，三权分立基本制度

在民主社会中彰显着透明度，人人得以见证。在以色列，法律面前人人平等，或者说至少应该是这样的。占领区的巴勒斯坦人也有权到以色列最高法院上诉，来维护自己的权益，但在实际操作中往往以失败告终，他们要么得不到进城许可，不能亲自出庭，就像我们从卡瓦斯迈案里所了解的那样；要么请不起耶路撒冷的辩护律师，付不起诉讼费。

不过在以色列似乎还存在这样一条准则，它常常凌驾于法律之上，也无视最高法院的裁决，这条准则就是“安全第一”。究其原因，从地缘角度来说，以色列的处境可谓是四面楚歌，北有黎巴嫩的黎巴嫩真主党，南有加沙地带的哈马斯，东有约旦河西岸的法塔赫。从历史角度来看，犹太民族遭受过惨痛的教训，所以历届以色列政府都不得不把“安全问题”放在首要位置。以色列的大法官当然也有所了解并且受此影响，部分判决完全遵循了“安全第一”的原则。有时候，原本做出了对政府颇具约束力的判决，一旦遇到“安全方面”的顾虑，强势的军方和情报部门便会任意按照于己有利的方式做出反应，要么改变原有阐释，要么干脆置之不理。一旦事关以色列的生死存亡，姑且不说是否真的威胁到以色列，即便是假设有可能威胁到以色列，最高法院都会碰壁，法治都会受阻。

随着第二次巴勒斯坦大起义，以色列展开暗杀行动，此后两个人权组织就针对以色列政府的这项官方政策提起了诉讼。法院受理了该起诉，此案审理了好多年（卷宗 HCJ769/02），到 2005 年 12 月 11 日才举行了听证会，又拖了一年才做出判决。审理期间，该案特别委员会主席阿哈龙·巴拉克都退休了，在他的主持下，特别委员会没有做出实质性的判决，即没有明确说明以色列军方这些军事打击行为应该被允许还是被禁止，只是避重就轻地指出：只有当平民“直接参与敌方活动”时，针对该平民的暗杀行动才是合法的。按照国际法律的通行定义，“恐怖分子”也被视为“平民”，因为他们不是军人。

此外，最高法院还制定了合法剥夺目标人物生命的四条前提，这四条前提必须同时满足。它们明显有别于军事法庭 2002 年 4 月颁布的那四条暗杀准则（参见第 23 章）：

第一，暗杀执行单位有义务核实目标人物的身份，有义务举证目标人物直接参与敌方活动的事实；

第二，暗杀执行单位只能在别无其他更好办法的情况下，才能选择暗杀手段；

第三，每次暗杀任务后，都要针对暗杀目标身份和暗杀袭击的细节进行独立调查；

第四，对无辜平民造成的所有附带伤亡都必须在国际人道法（IHL）要求的合适的范围之内。

显而易见，在以色列军方和情报局眼里，这几条要求都不适用。一方面它们限制了他们的行事自由，一方面也将暗杀行动变得官僚而繁琐。此外，暗杀任务的具体执行者们也不愿意行动受到干涉。在美国纽约执教的澳大利亚国际法学者菲利普 · G. 奥尔斯顿批评道，以色列此后也并没有将这些暗杀准则公之于众，2010 年时，他曾为联合国就以色列暗杀问题撰写过报告。“就我们目前所掌握的信息来看，我们不得不表示怀疑，以色列国防军到底有没有按照最高法院制定的准则行事。”

最高法院的判决当然也考虑到了以色列的特殊处境和国家对于恐怖袭击的恐惧。但是由三名大法官组成的特别委员会还是明确表示，不能接受那些与法治国家基本准则进一步背道而驰的行为，不能接受那些行为对以色列的民主政体带来的不可预见的后果。其实早在十年前，就有人对此提出了谴责，其中之一就是哈伊姆·科恩，他曾任以色列首席检察官、司法部长和最高法院法官。1997年，也就是第二次巴勒斯坦大起义爆发前三年，哈伊姆·科恩就在一次访问中指责暗杀行动有悖于法治国家基本准则。只有经过司法审判才能判定死刑，必须经各级法院开庭审理，并且所有被告都应该具有听审和辩护的权利。“如果我们只手遮天，不经庭审就随意判处一个人的死刑，这百分百是违法的行为！……在民主国家，不应该为达目的而不择手段。人类尊严的价值高于国家安全的需要。”然而科恩的这番呼吁，在当时根本无人理睬。

在最高法院制定暗杀准则的同一年，还有一对兄弟也在研究关于以色列的暗杀问题。这对兄弟就是阿萨夫·祖斯曼和诺姆·祖斯曼。阿萨夫时任美国康奈尔大学经济学教授（后来去了耶路撒冷希伯来大学执教），诺姆当时在以色列银行调研室工作。当时，以色列感兴趣的是一个最初看似有些不恰当的学术问题是，暗杀巴勒斯坦恐怖分子是否具有经济效应。因为恐怖主义对以色列的经济发展确实有很大影响力，所以分析暗杀行动对股市的影响是一个很有趣的论题。研究结果也很令人吃惊：每当有巴勒斯坦的恐怖组织头目被暗杀，市场会因产生了潜在流血冲突将减少的预期，反应为股市大涨；若是名不见经传的恐怖分子被暗杀，股市就会大跌。于是这两兄弟做出如下总结：暗杀恐怖分子头目于经济有益，而暗杀那些虾兵蟹将更多地产生相反后果。

为了进一步给其暗杀行为正名，除了从法律和经济学上寻找论据，以色列军方和情报部门还不忘从《圣经》中引经据典，以完善前两种论据的不足之处。赞同法外处决的人一再表示，《圣经》中有一处写的是关于先发制人武力行为的合法性。这段话出自《旧约》，大意是：“如果你获悉，有人正准备杀害你，先下手吧，先杀死他。”而以色列的哲学教授阿萨·卡什尔则认为引据《圣经》的这段话是没有意义的。卡什尔反驳道，“如果有人企图杀死我，仅仅凭这一点，我还远没有权利杀死他”，只有“当我没有其他办法保护自己的时候”才可以。

第 26 章

光天化日——哈利姆事件

这就是一场谋杀！那个男人躺在地上，手无寸铁，他们本可以毫不费力地逮捕他！

——萨默尔·布尔纳特，一起以色列暗杀事件的目击证人，该事件发生在 2007 年，事发地点为拉姆安拉的内城

我认为阿曼和辛贝特有时就是杀人成性。很多时候，明明可以逮捕目标人物，而不是将其直接送进棺材。他们不应该这样草菅人命！即便是恐怖分子，也有权利遭到逮捕、接受庭审并被依法判决，而不是被九毫米的子弹一枪毙命。

——加德·希姆罗恩，前摩萨德特工

2007 年 5 月 29 日，拉姆安拉艳阳高照，这里是巴勒斯坦的首府，巴勒斯坦民族权力机构总部所在地，距离耶稣撒冷旧城不到三十公里。和往常一样，拉姆安拉内城的大街上依旧很拥堵，司机们拼命地按着喇叭想要穿过狭窄的城区，而行人们则急促地穿梭在这些四轮铁盒之间，似乎在跟它们争抢马路通行的优先权。人群

中，有一个叫萨姆·巴胡尔的人，他是一名混血儿，父亲是巴勒斯坦人，母亲是美国人，在美国生活了很久，几年前才回到巴勒斯坦，在这里从事电脑技术行业，是一名电脑专家。此刻他正在去开会的路上，会议地点在纳斯拉酒店的四楼。纳斯拉酒店以其秘制沙拉三明治闻名，坐落在一个热闹的十字路口，因此这里全天人流量和车流量都很大。除了自己的工作以外，巴胡尔积极参与名为马丁集团的人权组织的活动，这一人权组织主要是以批判的眼光审视欧盟与占领国以色列的合作。下午和巴胡尔一起开会的是人权组织的其他几个积极分子，包括两名年轻的意大利女孩，她们是第一次来到拉姆安拉。

下午五点半，正在进行的会议突然被窗外刺耳的警报声打断。举行会议的房间窗户刚好临街，下面就是马路。听声音，好像是以色列军队的某支突击队来了。巴胡尔暗自揣度，应该是以色列边防警察或者以军士兵又来拉姆安拉执行逮捕任务了。他试着用开玩笑的口吻安抚看上去有些不安的欧洲客人：这些以色列人大概是来向你们讨教人权问题的。虽然嘴上这么说，但他还是偷偷地向窗外看去，其他人也跟着他把目光移到窗外。他们看见，酒店前的十字路口已经被装甲车完全封锁，一辆闪着蓝色信号灯的巴勒斯坦急救车也被封锁在外围不得通过。以军扔出烟雾弹，烟雾弥漫，缭绕在柏油路面。持自动武器的以军士兵趁势借助汽车为掩体展开进攻阵型。酒店斜对面停着一辆挂着巴勒斯坦牌照的白色送货卡车。“突然，白色车的车门打开，”巴胡尔回忆道，“车上跳下几个穿着阿拉伯服装的男子，他们手持武器，以迅雷不及掩耳之势消失在我们的视线范围之外。”这几个人就是以色列边防警察特勤队的反恐特工。

同一时间，在十字路口处，萨默尔·布尔纳特开着他的黄色出租车就停在白色送货车的后面。他车上的乘客正急着赶往汽车站。

布尔纳特使劲按喇叭，想要敦促前方的车辆抓紧通行，然而那辆送货车还是一动不动。然后他就看见道路已被封锁。几乎与此同时，他还看到酒店前站着两名巴勒斯坦人，两人都手握纸杯，似乎正在交谈着什么事情，其中一个人脚边的地上还放着一把卡拉什尼科夫自动步枪。

23 岁的奥马尔・阿布德・哈利姆，那天刚好约了一个朋友在纳斯拉酒店共进延误的午餐。用过餐之后，他们各端了一杯咖啡，站在酒店门前，一边享受下午的阳光，一边聊天。阿布德・哈利姆是法塔赫武装组织阿克萨烈士旅的成员，该组织由阿拉法特创立，是以色列眼中的恐怖组织之一。阿拉法特的继任者，现任巴勒斯坦总统阿巴斯从阿克萨烈士旅招募了很多人作为他的安保人员，因为他们都受过良好的训练，不过主要还是为了定期给他们发工资并且让他们政府机构保护，免受以色列人的祸害。作为安保人员，政府可以给他们发放卡拉什尼科夫自动步枪，巴勒斯坦人习惯简称为“卡拉什”。但实际上，无论是发放的步枪，还是总统护卫队员的身份，都难保这名年轻的巴勒斯坦人的周全。

正在酒店四楼开会的巴胡尔一行人，虽然从他们坐的地方看不到纳斯拉酒店门前发生了什么，但是可以很好地俯瞰整个十字路口。在乔装打扮的便衣警察中，巴胡尔发现一个戴着面具的人。他立马意识到，“这个人应该就是线人，巴勒斯坦内奸，他是来帮忙指认目标人物的”。同时他也觉察到事态严重，这不像是一般的逮捕行动。“离开窗口。”他一边说着，一边护着两个意大利女孩往屋子的中间后撤。紧接着，窗外响起一阵枪声。

“白色货车上冲下来的以色列特工，迅速冲向那两个在纳斯拉酒店前站着的巴勒斯坦人，并且直接开了枪。”出租车司机布尔纳特回忆道。其中一个人还来得及逃跑，而“另一个刚跑了几步就倒

暗杀目标——奥马尔·阿布德·哈利姆，23岁，阿克萨烈士旅成员。该名男子被以色列边防警察暗杀

在角落里，他的双腿被多发子弹击中，他试图站起来继续逃跑，然而却无能为力，疼得大声哀号”。这一切都发生得那么突然，“他根本没机会拿起他的‘卡拉什’步枪”。

布尔纳特目睹了事件的全过程，而他车上的乘客当时为了安全起见趴在了座位上。那个双腿中弹的巴勒斯坦年轻人就躺在离布尔纳特不到十米的人行道上，他已经疼得缩成一团，双腿不停地冒血。紧接着，那些穿着制服封锁十字路口的边防警察中有一个人向那个巴勒斯坦人走去。当时，布尔纳特觉得这个边防警察是去帮助那个正在地上哀号的巴勒斯坦人，因为“他根本不可能逃跑了”。然而，那个边防警察举起武器，冷酷地向地上的人射击。“就在很近的距离开的枪，枪口距离那个人也就三四十厘米，都打在上半身和头部”。奥马尔·阿布德·哈利姆瘫倒在地，瞬间死亡。

哈利姆被击毙后，穿着便装的以色列边防警察特勤队员迅速跳上装甲吉普车和运输车离开了现场；那辆载过几个队员的白色送货车，被留在了现场，车门都没有关。另一边，穿着制服的边防警察

已经开始在周边挨家挨户地搜索，寻找刚刚逃走的另一个人，那个人也是他们的目标人物。几分钟后，一些巴勒斯坦少年竟敢跑回街上，开始向以军边防警察扔石子。然而，这样的小打小闹，似乎没有影响到以军。以军边防警察的队员们正等着看接下来的好戏，等着巴勒斯坦的救护车过来拉走那个巴勒斯坦人的尸体。他们显然是要确认目标人物已经死亡，以便回去交差。救护人员用担架把那具尸体抬上救护车以后，以军才停止了对逃走的那个人的搜索。随着以军车队缓缓离开现场，这次行动也结束了。

尸体被运往拉姆安拉的谢赫扎伊德医院，值班的急救医生伊亚德·伊利亚例行查看了一下尸体。医生们都很清楚，在这种情况下，解剖尸体检查是多此一举，因为死因很明确，而且也缺少人手和钱。“当我们检查尸体时，发现还有一枪是从左耳后方打入，子弹从右眼飞出。这一处的弹孔很大，”伊利亚医生回忆道，“这一枪是在距离他很近的地方开的。”目击证人的话证实了这处严重枪伤。

尸检期间，案发地点纳斯拉酒店周围的抗议之声也达到了高潮。说起来这次行动也是个奇迹，在闹市区如此野蛮地扫射，仅有几个人被跳弹击中受了轻伤。事发时，十字路口周围刚巧路过的行人都被持枪的以色列边防警察驱赶至纳斯拉酒店里集中控制。纳斯拉酒店边上有一家理发店，它们之间仅隔着几间房子。事发时，理发店的理发师正在屋外晾毛巾，他听见第一声枪响后循声张望，“两个年轻人中的一个，往我这边跑来，从我身旁跑了过去”。以色列士兵紧追其后开枪射击，被追的年轻人刚好躲进了掩蔽处。追来的以色列士兵也随即冲进店里搜查，控制了理发师和在场的顾客。他们发现理发店屋顶有个天窗，但是他们没找到可以用来爬上天窗的梯子。“保险起见，他们对着屋顶一阵扫射”，理发师说他当时只能站在一边苦劝他们不要这样做；后来一个“胖乎乎的顾客”表示

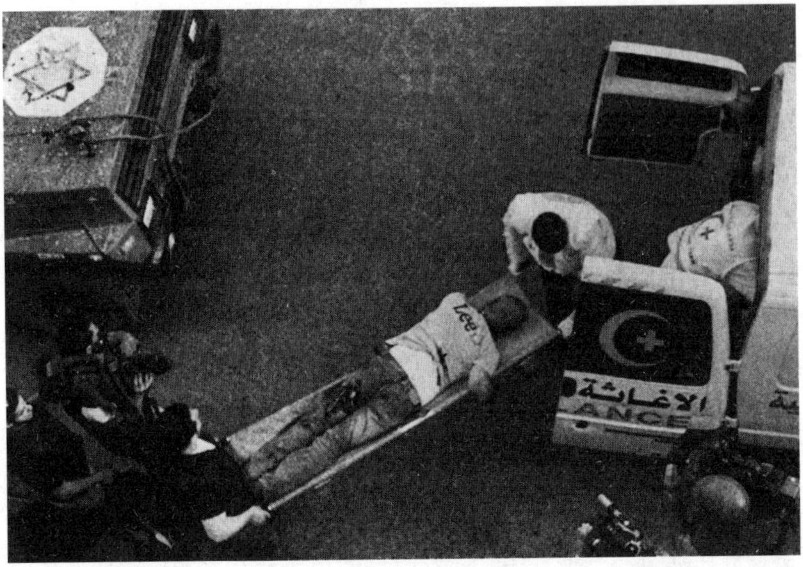

监视。在急救人员把奥马尔·阿布德·哈利姆的尸体抬上救护车时，以军人员就在图中左上角的装甲车里监视着现场的一举一动

愿意让一个士兵踩着他的肩膀从天窗向外张望。

“这就是一场谋杀，”萨姆·巴胡尔事后评论道，“政府授权的谋杀——不经过法院立案，不经过庭审，也没有法院的判决。”那个年轻人当时倒在地上，手无寸铁，“他们本可以毫不费力地逮捕他”。安妮塔·阿卜杜拉和萨尔瓦·杜艾伯斯，那两个和巴胡尔一起在纳斯拉酒店楼上开会的意大利女孩，随即附和道：“那个人当时的状况，根本不可能再对任何人构成威胁！”反恐部队很显然从一开始就没打算活捉目标。出租车司机萨默尔·布尔纳特也有同感。那么，以色列边防警察又是怎么回应这些指责的呢？以方拒绝对 2007 年 5 月 29 日的行动发表意见。

如果确定奥马尔·阿布德·哈利姆就是犯罪嫌疑人，那么就应该把他送上法庭。即使可以断定以色列的反恐是场针对巴勒斯坦恐怖主义的战争，从国际法角度来看，这次在拉姆安拉的暗杀行为也是明显违背日内瓦第四公约的，因此是违反战争法规的罪行。“即使是正规军士兵，如果在战斗时毫无抵抗能力地倒在地上，他也应当受到国际法的保护。”以色列法学教授艾亚尔·本韦尼斯蒂说道。既然正规军士兵都受到国际法的保护，那么平民同样应该受到保护，这当然也包括那些直接参与敌方活动的平民，更何况奥马尔·阿布德·哈利姆只是个有嫌疑的平民。就连以色列军队“御用”哲学教授阿萨·卡什尔，这次也没像与以往一样为以军开脱，他也明确表示：“如果武装分子已经不再有能力威胁到你，那么就不应该继续攻击他！相反，应该尽可能地叫救护车！”

这次事件令人不快地想起 1984 年 4 月 13 日晚上发生的一件关于辛贝特的丑闻。那一次，两名巴勒斯坦武装分子在加沙地带劫持了一辆 300 路公交车，虽然他们早早地缴械投降了，还是被以军情报部门官员开枪击毙。那次事件在当时之所以引起了广泛关注，是因为事发几个月后，为了掩盖真相，相关资料被销毁，谎言满天飞，证人们备受压力。开枪的人最后安然无恙。

这一次，光天化日在拉姆安拉的大街上击毙手无寸铁的奥马尔·阿布德·哈利姆的谋杀事件，也同样没人出来偿命。

第 27 章

国家机密——马莱沙事件

在最高法院做出判决之后，显然会发生的事情，首先是……选择一个新的说辞。也就是使用“逮捕”一词，即使本意并非逮捕，而是处决。

——大卫·克雷奇默，国际法教授

奥马尔·阿布德·哈利姆事件过去三周之后，也就是 2007 年的 6 月 20 日，以色列国防军例行发布行动简报：“昨夜，两名伊斯兰圣战组织的武装恐怖分子在杰宁西北部的卡菲尔丹被击毙。”这是以色列边防警察特勤队和以色列军队的一次联合行动。据悉因为齐亚德·马莱沙和易卜拉欣·拉提夫·阿拜德当时持枪反抗并首先“开火”，以军认为生擒无望，才将二人当场击毙。此次行动的目的是阻止针对以色列的自杀式袭击，马莱沙和阿拜德在一定程度上就是“定时炸弹”。

一年半之后，一名年轻的以色列记者乌里·布劳在以色列日报《国土报》上发表了言辞激烈的文章，指责以军简报不实：那两个巴勒斯坦人根本不可能是“定时炸弹”，以军也根本没打算活捉过他们，其实他们早就被列入了以军的暗杀黑名单，他们的命运早在事发前几个月的秘密会议上就被安排好了。进一步深究，暗杀马莱沙和阿拜德的行为应该算作公然违抗最高法院的决定。因为2006年底，最高法院就批准了仅在特定的前提条件下实施“定点清除”。毫无疑问，布劳的这篇文章一针见血，严厉地指责以军这种行为。

《杀人执照》这篇文章一经刊出，立刻引起了以军的恐慌，军方的电话成了热线，各方质询接踵而至，军方高层紧急召开危机会议，就连以色列内阁也开始讨论此事。因为这名年轻记者在文章中给出了有力的证据——从以色列国防军的电脑里弄到的高度机密的原始文档。所以，真正让以色列军方感到恐慌的，并不是其暗杀政策被曝光，而是这篇文章让他们惊讶地发现，他们的安全保密系统出现了漏洞！

布劳揭秘的文档，第一次公开揭露了计划暗杀的详细过程。2007年3月底，暗杀事件发生前三个月，辛贝特代表和相关反恐部门人员开会通过了针对马莱沙的“双塔行动”计划。原计划的首选方案是通过制造汽车爆炸事故在马莱沙出行途中将其炸死。值得注意的是，这份以色列国防军的文件中特别提到了减少附带伤亡：“如果同马莱沙一同乘车出行的还有妇女或儿童，那么就改为实施逮捕行动！”

第一次会议两周后，又举行了第二次会议继续讨论暗杀计划，军队特别行动组负责人萨米·图尔基曼旅长主持了会议。会议记录显示，“因为齐亚德·马莱沙持有定时炸弹装置，所以针对他的行动完全符合先发制人打击实施的必要条件”。所谓“先发制人打击”，其实就是军方给“定点清除”也就是“谋杀”找的婉转的说法而已。此外，图尔基曼还补充了一条附带伤亡人数标准：妇女和儿童零伤亡，包括司机在内的其他未参与人员伤亡“不得超过五人”。然而图尔基曼旅长认为时机未到，“鉴于目前的巴以外交进展，行动计划暂时搁置”。

会议的第二天，“双塔行动”的计划书上交至以色列国防军总参谋长加比·阿什肯纳吉处请求批示。2007 年 4 月 13 日，军队高层与辛贝特的一名代表在同一间会议室开会研究此事。经过特别行动委员会讨论，全体人员达成一致意见，认为马莱沙满足实施暗杀的必要前提。对于行动的具体时间，委员会特开“绿灯”，只要求在“即将进行的巴以外交会谈”之后。

当时，以色列总理埃胡德·奥尔默特和巴勒斯坦国总统马哈茂德·阿巴斯（“阿布·马赞”）将就巴以问题举行会面，而联合国秘书长潘基文、德国总理安格拉·默克尔和美国国务卿康多莉扎·赖斯也将相继出访以色列。鉴于这些重要的外交会晤，特别委员会不想在这段敏感时期多生事端。特别是马哈茂德·阿巴斯访问耶路撒冷之前以及访问期间，不能贸然出手暗杀巴勒斯坦人，否则阿巴斯一定会认为这是对自己的极大侮辱。

直到 6 月 20 日，在耶路撒冷举行的这一轮高级别的政治外交会议过去两个月之后，以军才正式实施了暗杀齐亚德·马莱沙的行动。

乌里·布劳认为，如果仅仅“出于外交原因”就能搁置暗杀计划，那么目标人物是“定时炸弹”，很快就会实施新的爆炸袭击，这一理由是不合逻辑的。因为定时炸弹一经启动，计时器就不会停止，也“不会仅仅因为康多莉扎·赖斯在以色列而暂停”。莫迪凯·克雷姆尼茨尔，出生在德国的以色列国际法学者，也就此证实道：“按照我对法律的理解，那些可以公然地、毫无问题地随意修改日期的处决都是违法的。”

“双塔行动”计划的始作俑者是时任以色列国防军司令的亚伊

尔·奈维少将。布劳在《国土报》发表揭秘文章前，曾访问过亚伊尔·奈维，问他暗杀马莱沙行动是否符合最高法院的决定。“不用搬出最高法院来压我，”奈维盛气凌人地斥责布劳，“我不在乎那些所谓的准则何时该遵守何时不该遵守。我只知道，这是‘先发制人打击’，并且我得到了相应的行动命令。……这是自总理而下一致同意的决定。决定就是决定。”

乌里·布劳在2008年11月报道了有关暗杀齐亚德·马莱沙和易卜拉欣·拉提夫·阿拜德的背景，同时公开了以色列国防军“双塔行动”的两条秘密附注，这些附注明显有违最高法院先前制定的准则。文章一经发表，以色列国防军就立刻展开自查，寻找泄密的源头。按道理来说，在以色列凡是公开发表涉军内容的刊物，都要事先接受军队的审查，但是令人惊讶的是，还没有哪个刊物被军队审查喊停过。

揭秘文章发表之后，布劳原以为能引起人们对以色列国防军暗杀行为的惊呼，然而事与愿违。许多以色列人甚至认为布劳是叛徒，是敌国的走狗；甚至连布劳的所有同事都不认同他的做法，指责他背叛祖国。布劳开始感受到了一种精神围猎。出国旅行期间，他的居所被侵入，所有柜子都被翻得底朝天，所有文件都被翻出来了。

以色列军方关于泄密的自查持续了一年，最终找到了泄密者：21岁的阿纳特·卡姆。她在军队服役期间，曾在亚伊尔·奈维少将的办公室当助理。她利用职务之便，在几个月的时间里，将包括高级机密在内的两千多份文档拷贝至多张光盘上，并在其服役期满后将这些光盘给了乌里·布劳，在此之前，她只是因为布劳的报道而认为他是无所畏惧的记者。这些被拷贝的文档绝不仅仅涉及“双塔行动”，如以色列检察机关的调查表明，这是一起非常严重的盗窃事关国家安全信息的事件，成为许多谴责文章的素材。军方对此次大规模泄密非常担心，认为传播这些文档毫无疑问是间谍行为。

2009 年 12 月，阿纳特·卡姆被辛贝特秘密逮捕，并遭到密集审讯。与此同时，以色列检察院颁布了所谓的“言论禁止令”，严禁媒体公开报道卡姆被捕事件以及事件相关背景。在以色列国内各大媒体严格遵守禁止令时，卡姆被捕的相关消息还是通过博客传到了国外，许多国际媒体对此进行了相关报道。随后，以色列国内记者也强烈要求撤销禁止令，然而他们的这个诉求直到 2010 年 4 月阿纳特·卡姆案件结案之后才得到满足。

其实，2009 年 9 月乌里·布劳就已经和辛贝特签订了书面协议，同意归还所有文档并销毁自己的个人手提电脑；作为交换条件，以色列军方则向他保证不对给他提供情报的泄密者动手。所以布劳认为卡姆的被捕是以色列安全机构的“诡计”。尽管如此，布劳后来还是不得不承认，他并没有交出所有的文档，并且保留了复印件。乌里·布劳在与辛贝特达成交易后，便开始了他计划已久的周游亚洲之旅，并没有意识到向他提供情报的人已经危机重重了。当他获悉阿纳特·卡姆被抓获，遂决定暂留国外等待审讯结果。他当时担心的是，政府为了杀鸡儆猴而扩大事态。那样的话，他自己也很可能被告上法庭。

2011 年 2 月初，阿纳特·卡姆与检察官在特拉维夫地方法院达成认罪协议，承认自己秘密拷贝并窃取了以色列国防军指挥部的附注和报告文件。“当我焚毁那些拷贝光盘时，我在想，历史会原谅那些揭露战争罪行的人。”她曾在一次审讯时这样为自己辩解。她的认罪供词使她免于因危害国家安全罪和间谍罪受到终身监禁的判决。最后法院以传播限制级信息罪判处她有期徒刑四年半。

2010 年 10 月，乌里·布劳返回以色列，并继续在《国土报》

担任记者一职。但事情没有就这样过去，正如布劳所担心的那样，政府还是决定惩一儆百。布劳以“非法持有以色列国防军机密文件”的罪名被告上了法庭。在《国土报》特聘辩护律师的帮助下，布劳最终和检察官达成协议：以四个月的公共服务来顶替牢狱之灾。可惜这对于一名“只是做了本职工作”的记者来说是“一个具有指导性的判决”，《国土报》的法律顾问杰克·昂批判道，“大众的知情权和媒体的自由言论权受到了严重的侵害”。这也可以进一步佐证，对于以色列来说，国家安全要比贯彻执行法治国家越来越重要：将军们打着“先发制人打击”的旗号，就可以无视最高法院的规定，并且根本不用担心承担后果。相反，如果有记者胆敢报道这些践踏法律的行为，那么这个记者就要倒霉了。

惩一儆百。2011 年 2 月，21 岁的阿纳特·卡姆由于泄露军事机密而被判处四年半有期徒刑，后来最高法院将刑期减少一年

其他情报机构的暗杀事件

第 28 章
湿活——施塔辛斯基事件

我杀害了那个毫无防备的人，这件事如梦魇般时时缠绕在我的心头，我就像笼中困兽一样惴惴不安。虽然我知道，我不应该杀人，但是我无法反抗上级的命令。我很清楚我在为谁工作。

——克格勃特工伯格丹·施塔辛斯基的供词，1961 年

“湿活”这一术语起源于冷战时期，形象地说明了这一活计极其不安全性：如果东欧特工们去干“湿活”，大部分情况下就是要和敌人决一死战，或者要去暗杀敌人。事前会有某个人做出决定，一定要跟对方的某个人清算旧账、让这个人保持中立或者清除掉他。几乎每次都会找到很好的理由。最终，双方的牺牲者要么倒在街道的尘土中，要么躺在血泊里，身上被子弹打得像筛子。也许就是这样的场面，造就了“湿活”一词。

克格勃和斯塔西的杀手依然忠于这一术语，只不过他们选择的杀人手法早就改变了。传统的枪械武器已经不再占有主导地位，尽管有时还会被选用，但相比而言，更流行使用毒剂。在美国，有中情局化学专家西德尼·戈特利布为代表的一群专业人士研究

毒剂（参见第 4 章）；同样，在东欧，情报组织也有专门研制毒剂的人员，暗杀小组很早就使用毒杀手段了。他们认为：不血腥，无风险。

伯格丹·尼古拉耶维奇·施塔辛斯基是一名年轻的克格勃特工，隶属于负责国外恐怖行为的部门。1957 年 10 月，他被派往德国干一次“湿活”：他的任务是前往慕尼黑暗杀乌克兰民族主义流亡政客卢·里贝特，因为该流亡政客的不同政见损害了苏联政府的利益。有人给他提供了一种新式武器用于行动，后来审理此案的德国联邦法院详细地描述了这种作案凶器：毒气暗杀枪，能在短距离内喷出毒雾，毒雾的化学成分为剧毒的氢氰酸化合物。苏联情报部门技术人员发明此种武器的初衷，就是为了增加调查被害者死因的难度；或者说让死因根本无从查证，由此执行任务的特工得以继续潜伏，或许还有可能再次行动。“这件新式武器从外表看起来就是一根由三个部分组合在一起的金属管，大概 18 厘米长，比手指略粗。其内部别有玄机，最末一节金属管里有撞针，用来……引燃火药（火药纸），借助火药爆炸的冲击力……枪管内盛有透明毒剂的玻璃安瓿瓶会被震破，毒气乘势喷出。在 50 厘米有效射程内，如果直接向目标人物面部开枪，对方只要吸入毒气，就会当场死亡。不可能发现任何痕迹，因此无法确定是暴力死亡。”（引自德国联邦法院 1962 年 10 月 19 日针对伯格丹·施塔辛斯基一案的庭审记录，编号 9 StE 4/62）

1957 年 10 月 12 日，施塔辛斯基在慕尼黑市中心一栋居民楼的楼梯间里守株待兔，随时准备对卢·里贝特下手。他把克格勃自制牌的毒气枪藏在报纸卷成的筒里，当卢·里贝特出现时，若无其事地向他走过去。在两人擦肩而过的瞬间，施塔辛斯基从上衣口袋里迅速抽出那个报纸筒，抬手对准卢·里贝特的脸就是一枪。紧接着，还是在门厅里，他边走边掰开另一个安瓿瓶瓶口，自己吸入了解毒气体。这种解毒气体和他几天以来一直服用的防毒药片共同作用，使他可以对毒气免疫。他逃到王宫花园时，卢·里贝特已经气绝身亡了，他随即将那支神秘的毒气枪沉在了克格尔米尔巴赫河里。事发一天后，他从法兰克福转机回到柏林，在这里他被打造的身份是德国对内对外贸易处的口译人员。他向卢比扬卡，也就是莫斯科的克格勃总部汇报任务完成情况，使用的是婉转的暗语："在一个我所熟悉的城市，我遇到了我要找的他，我对他致以了诚挚的问候。我确信，他收到了我美好的祝福。"

一周后，施塔辛斯基开始受到良心的谴责。他忍不住开始和他的女友谈论起道德观问题。他的女友来自西柏林，是一名理发师。他俩在柏林的弗里德里希皇宫剧院相识。他的女友那时还不知道他是克格勃的特工杀手，一直认为他是个口译人员。但是，他女友的一言一行还是潜移默化地影响了他的思维方式，不可避免地唤起了他的罪恶感和不安。

1959 年 4 月，施塔辛斯基和他的女友订婚。不久后，他被派往莫斯科接受新的任务。他的上级向他传达了"来自高层"的指令，他的新任务是用铲除卢·里贝特的手段来铲除乌克兰人斯捷潘·班杰拉。布置完新任务，他的上级遣人送来香槟，两人举杯预祝行动圆满成功，并且送给他一张 5 月份胜利日红场大阅兵的看台票。

德国联邦法院后来得出结论，当时施塔辛斯基还是选择了服从安排："他认为反对是没有意义的，因为作为克格勃特工，他显然很清楚，'高层'必定至少是政府层面的一个委员会，即使他良心上万分踌躇，也必须不折不扣毫无异议地执行命令。"

1959 年 10 月 14 日，这位苏联克格勃职业杀手再次飞往慕尼黑，执行新的暗杀任务。他照旧提前吃下了防毒药片，然后开始踩点。施塔辛斯基收到的指令很明确，必须在第二天上午杀死目标人物。15 日中午 12 点，他看见流亡的乌克兰人斯捷潘·班杰拉和他的妻子一起走出办公室。与此同时，一个念头窜进了他的脑袋里，他决定给自己一次改变命运的机会，把生杀大权交给上帝来决定：如果班杰拉没有在 13 点准时回到这里，那么就超过了他的规定任务时间，他就不必再动手杀人了。“如果他准时回来，那我就必须动手，……没有退路。我有可能被人看到。如果他没有准时回来，我就离开。”他后来在检察院做认罪陈述时这样说。

然而班杰拉还是准时回来了。施塔辛斯基侥幸的希望落空了，他不得不动手。他后来在法庭上陈述，从那一刻起，他变成了“目标明确的杀人机器”。他对着班杰拉的脸射出毒气，自己迅速吸入解毒气体，然后把毒气枪又沉到了克格尔米尔巴赫河。

班杰拉垂死挣扎了几分钟就断气了。他的尸体被立即送往法医处尸检。法医发现了他脸上被小玻璃碎片划破的伤口，并确定了死因是氢氰酸中毒。对此，克格勃总部致电祝贺施塔辛斯基，表示莫斯科方面对任务结果很满意，但是对这种新式暗杀手法表示小小的遗憾，因为毕竟还是有可能留下线索的。一名将军在柏林的苏联控制区卡尔绍斯特接见了归来的特工。“将军手拿一杯白兰地酒站在他前面”，同他简单地寒暄了几句祝酒词，并给他颁发了“红旗”战斗勋章。施塔辛斯基强颜欢笑地附和着。就在这场表彰仪式开始前不久，施塔辛斯基在“一周新闻播报”里看到了公开安葬班杰拉报道的画面。

“当看到尸体那张扭曲变形的脸，他‘深受震撼’，就好像‘一记大锤在敲打着自己的良心，振聋发聩’。他顿时变得心烦意乱，慌不择路地逃离了播放新闻的大荧幕……他痛下决心，以后再也不接受暗杀任务了。”德国联邦法院1962年10月19日对此案的庭审记录里这样写道。

1959年11月，施塔辛斯基接到上级电话，被要求再次前往莫斯科。他的上级不仅要给他颁发勋章，更重要的是劝他放弃同德国女友结婚的计划。上级给的建议原话是“你要三思，再重新考虑一下”。他立刻领悟了上级的意思，因为在“克格勃的字典里”，这句话的真实意思就是“尽快和你的未婚妻说再见吧”（施塔辛斯基在法庭上这样陈述道）。这一次他断然回绝了。最后，他的上级也做出了让步，同意他们结婚，但要求他们必须迁往莫斯科居住。

1960年5月，新婚的施塔辛斯基夫妇在莫斯科的一栋小房子里安了家，但他们很快发现，他们的居所被克格勃监听了。很明显，克格勃方面不再信任施塔辛斯基。“因此他们只能通过传纸条或者在出门散步的路上谈论重要的事情。”德国联邦法院庭审记录写道。同年9月，施塔辛斯基向克格勃总部汇报了妻子怀孕的消息，然而得到的却是要求堕胎的答复，“如果不堕胎，他们就必须在孩子出生后将其送往孤儿院，由孤儿院抚养其长大成人”。1961年1月初，施塔辛斯基的妻子得到了探亲许可，她可以回柏林探望父母。本来探亲时间是两周，但是为了争取留在柏林分娩，她假装突发妊娠期并发症。1961年3月31日，他们的儿子皮特出生了。施塔辛斯基通过电报得知自己当爸爸了。那段时间，克格勃非常担忧施塔辛斯基的精神状态。起初克格勃选择施塔辛斯基执行暗杀任务，并不是因为他有过硬的心理素质，而是因为他出身于乌克兰；现在克格勃对这种选择很后悔，但也只能自食其果。

1961年8月9日，出生才几个月的小皮特突然生病夭折了。小皮特的死，使得局面越发糟糕。克格勃特批施塔辛斯基很短一段时间前往柏林参加儿子的葬礼。此行由专人陪同，并乘坐军机前往。克格勃这样慷慨的安排，不是没有原因的，主要还是担心痛失爱子的施塔辛斯基夫人情绪激动，口不择言。另外，施塔辛斯基夫妻被要求只能在柏林的苏控卡尔绍斯特地区过夜。

施塔辛斯基夫妻私下里早就在酝酿出逃计划了。只不过他们一直受到监视，而且他们可以预见，在儿子的葬礼之后，将受到更加严密的监视。“于是决定在儿子下葬之前就实施出逃计划。他们离开了施塔辛斯基夫人置有家具的房间，她还带上了16岁的弟弟弗里茨，……在施恩豪斯大街的火车站上了城铁……一路未受监视，抵达西柏林的健康泉车站。”（引自德国联邦法院1962年10月19日针对伯格丹·施塔辛斯基一案的庭审记录，编号9 StE 4/62）

1961年8月13日，就在柏林墙动工前几个小时，施塔辛斯基跑到了西柏林的一个警局去自首，他向惊讶不已的警官们承认了自己效力于克格勃时在慕尼黑犯下的两起谋杀案，全盘托出了自己的犯罪经过。1961年9月1日，他被正式拘留候审。

一年后，该案在德国卡尔斯鲁厄联邦法院宣判。其实案情很明朗：两个受害人死于谋杀，一个凶手主动认罪。按照法律规定，完全可以判施塔辛斯基终身监禁。但是第三刑事陪审团的法官希望酌情减刑。如果人们记得那些年德国法庭上的独裁和冷酷，就会在审理克格勃特工施塔辛斯基谋杀一案中发现一丝不同寻常的感情，因为这个人后悔自己犯下了那样的罪行并且主动接受法律的制裁。最终，法庭还是做出了一个公正的判决，当然对此也一定会有人提出批评意见，但这并不妨碍它成为德国法院判决的经典案例。虽然两起谋杀案的凶手“亲手”杀死了被害人，并且在行凶过程中精神上也没有受到外人控制，但凶手本人并无个人杀人意愿。他更多算是协助他人犯案，也就是协助苏联情报机构的领导层行凶。所以他可以被视为“拒绝并且违抗这类犯罪命令，但还是因为人性的弱点而执行了该命令的案犯，因为他们无法跟国家强权势力的强大权力抗衡”，该案的法官这样评价道。

最终，伯格丹·施塔辛斯基被判处八年有期徒刑，后来，他由于服刑期间表现良好而被提前释放。他得到了一个新的身份，因为他被曾经的祖国贴上了叛逃者和泄密者的标签，并由此成为他以前克格勃同事的暗杀对象。至于他后来的命运如何，就不为人知了。

第 29 章

皮卡迪利——马尔科夫事件

我从小在这个国家长大。我不相信，有人会用雨伞杀人！

——安娜贝拉·马尔科夫，

在伦敦被谋杀的作家乔治·马尔科夫的遗孀

这件事听起来就像某部劣质间谍惊悚片里的桥段，但对于要求极高的特工来说，不过是娴熟的花式技巧而已。情报部门的基本工作准则中有一条：因地制宜。这次选定的目标地点，情况极其糟糕：早秋时节的伦敦，不是正在下雨，就是随时有可能下雨，大街上人手一把雨伞。

1978 年 9 月 7 日，49 岁的保加利亚异见作家乔治·马尔科夫正在伦敦的滑铁卢大桥车站等车，他要去泰晤士河对面的英国广播公司（BBC）环球广播部上班。突然，他觉得右侧小腿肚有一下刺痛，他看见一个手持雨伞的男子从他身边匆匆走过，嘴里正嘀嘀咕咕地说着道歉的话，听口音应该不是英国人。那名男子一边说着，一边匆匆穿过马路，招手拦下一辆出租车，乘车离开了。这种被雨伞戳一下的小磕小碰，在多雨的伦敦是再平常不过的事情了。所以

毒雨伞

马尔科夫一开始并没有把这次小意外放在心上，他觉得那个人就是不小心而已。

事后，法医在他的小腿被扎处发现一个微型金属球，球体材质为两种非常少见的贵金属，90% 的铂和 10% 的铱。该金属球借助雨伞内部的压缩空气缸产生的动力从伞尖射出，这种发射方式基本没有声响。这个不到 2 毫米的小球内部装有蓖麻毒素，毒素通过球体上的两个小洞与外界相通。小洞的洞口一开始由一种类似于糖的物质密封，该物质在温度达到 37℃时融化，而 37℃刚好是人的正常体温。密封材料一旦融化，蓖麻毒素就会缓慢地释放出来，进入被害者的体内。蓖麻毒素是剧毒，时至今日还没有解药，就更不用说苏格兰场[①]从马尔科夫体内发现蓖麻毒素的时候了。

当马尔科夫到公司上班的时候，他感到整条腿都开始疼了。马尔科夫和一个同事讲述了刚刚上班路上在滑铁卢大桥发生的那一幕奇怪的小插曲。晚上下班后，马尔科夫回到家里和妻子安娜贝拉在一起，他的身体状况急转直下，开始发高烧，血压也很低，于是被

① 英国首都伦敦警察厅的代称。——译者注

紧急送往医院。接诊的医生也是束手无策，查不出病因。马尔科夫刚到医院的时候，还能和医生讲述被雨伞扎到的事情，随后就陷入了昏迷。三天后身亡。

在对马尔科夫进行尸检的时候，法医在他的小腿肚里发现了金属球。苏格兰场随即将该金属球送往英国威尔特郡的波顿镇实验中心，该中心是研究生化武器的权威实验室。实验室很快就认定铂铱金属球是谋杀武器，其中的蓖麻毒素是有效成分。伦敦警方立刻展开全面调查，寻找案件的真相。保加利亚情报部门是头号嫌疑对象，然而未能查出雨伞杀手的身份，该名杀手有可能在袭击之后立刻逃离英国了。案件调查一直没有进展，慢慢的这起悬案也就淡出了人们的视线。尽管伦敦警方多次重启调查，依然一无所获。

直到事情过去十多年后，随着苏联的陨落，案件才有了进展。一批未启用的毒雨伞在保加利亚内政部的地下室被发现，这些雨伞内部都装有气动发射装置。在政变中幸存下来的保加利亚国家安全委员会（DS）开展了大清除，系统性地销毁了大批犯罪档案。1992 年，保加利亚国家安全委员会的弗拉基米尔·托多劳将军因为销毁马尔科夫的档案获罪，被判了短期监禁。彼时，许多叛变者开始披露此案相关内情，其中包括原克格勃少将奥列格·卡卢金，他在 1980 年前领导过苏联反间谍部门，此后生活在美国。据他爆料，此次暗杀行动选在 9 月 7 日并非偶然，因为这一天正好是保加利亚总书记托多尔·日夫科夫的生日。行动选在这一天，是为了给这位独裁者的生日献礼。

马尔科夫多年来一直在英国广播公司、德国之声和自由欧洲电台的节目里尖锐地批判保加利亚的政局，他的行为引起了托多尔·日夫科夫的强烈不满，所以日夫科夫下令暗杀马尔科夫。其实，日夫科夫这次暗杀令的暗杀对象，还包括另一名定居巴黎的

马尔科夫一家

异见记者弗拉基米尔·科斯托夫。然而，1978年8月对科斯托夫实施的蓖麻毒剂暗杀并没有成功。所以，日夫科夫只能转而向“他的俄罗斯盟友寻求技术支持”，卡卢金回忆道。时任克格勃领导人的尤里·安德罗波夫授意他掌控下的军事技术实验室给保加利亚兄弟提供相应的技术支持。马尔科夫案中发现的新式蓖麻毒素金属球就是当时从克格勃的秘密实验室搞到的，并被转交给了保加利亚情报部门。

研制该蓖麻毒剂的克格勃实验室也曾于1979年参与了毒杀阿富汗总书记哈菲佐拉·阿明的行动。当时，哈菲佐拉·阿明通过武装政变推翻了阿富汗王国，建立了阿富汗民主共和国。苏联方面非常担心阿明政权会投靠以美国为首的西方阵营并且同意美国驻军，所以计划占领阿富汗。阿富汗问题就像当年的古巴导弹危机事件一样，关系美苏之间的大国博弈。所以，苏联方面决定除掉阿明，直接接手阿富汗政权。毒杀阿明行动中，并没有使用蓖麻毒素，而是计划在阿明的饮食中掺入一种新型未知毒素。为了实施该计划，一名克格勃特工以厨师身份混进了阿明的府邸，并且成功地当上了主厨。1979年12月17日，阿明的侄子和女婿突然病倒，病症诡异，查不出病因。阿明的女婿是专门负责领导安保部门的，此次却被莫名其妙地下毒，更讽刺的是，他们随后被送往莫斯科接受救治。他们此次中毒，很可能是误食了本属于阿明的餐点。12 月 27 日早晨，苏联出兵阿富汗。阿明本以为他的军队能赶来为他解围，然而这一次他判断失误了。苏联的特种部队很快就占领了阿明的府邸，轻松地解决掉了阿明的护卫队，并向阿明的房间投掷了一枚手榴弹。阿明和他的一个儿子被当场炸死。

虽然马尔科夫案的幕后指使者已经很明朗，但是那位拿着毒雨伞的特工究竟是谁呢？据保加利亚首都索菲亚传出的消息称，根据未被销毁的相关档案记载，该名刺客当时很可能以古董商人的名义入境英国伦敦，他的代号是"皮卡迪利"。这个代号背后的真实姓名是弗朗西斯科·古力诺，一名出生于意大利的丹麦人。1993 年 2 月，苏格兰场认为证据确凿，可以奔赴哥本哈根逮捕古力诺。古力诺表现得非常配合，审讯仅仅持续了 6 个小时，古力诺承认自己为保加利亚国家安全委员会工作，从事间谍活动。他在保加利亚边境地区从事毒品活动被捕后，于 1970 年正式被招募进保加利亚国家安全委员会的间谍组织。他承认自己的代号是"皮卡迪利"，也承认自己在马尔科夫案发前后多次以商人身份前往伦敦，并且案发当天他就在伦敦，案发后第二天经罗马转机回到哥本哈根。尽管如此，还是不能直接证明他就是马尔科夫案的凶手。他本人坚决否认自己和马尔科夫案有关。因此警方不得不将他释放。同年，古力诺卖掉了哥本哈根的房子，回到了意大利。之后就不知所踪了。

又过去十多年，该案再一次迎来新的转机。保加利亚申请加入欧盟，欧盟委员会趁机于 2006 年提出要求：保加利亚现政府必须整理提供日夫科夫执政时期的情报部门秘密档案。保加利亚正式加入欧盟之后，苏格兰场的五名警官多次前往保加利亚询问证人、查看档案。然而，英国警方并没有找到该案新的突破口。伦敦的警察总部再次表示，案情很复杂，还需要进一步调查。

2013 年 3 月，记者们在奥地利小城韦尔斯找到了那位已经 66 岁的古董商人费朗西斯科·古力诺。他再次证实，“很有可能”在马尔科夫案案发时，他正好也在伦敦，但坚决否认自己与该案有关。至此，马尔科夫案已经过去了 35 年，最新一轮的调查也过去了 5 年，警方一直也没找到更有力的证据，将“皮卡迪利”绳之以法。

第30章

米尔克的暗杀团伙——韦尔施事件

采取一切政治上可行的手段，集中力量重点打击人贩子韦尔施和他的妻子。

——斯塔西第五处秘密批示文件第三部分，

1980年5月22日

现以三次故意杀人未遂罪判处被告有期徒刑六年六个月。

——柏林地方法院针对皮特·哈克毒杀韦尔施一家案件的判决，

1994年11月28日

德国联邦负责斯塔西档案专员所整理的档案显示，1980年5月18日有一则重要的电话通话被记录在案。即使通话双方可能商谈的内容并没有以文字形式记录下来，但就谈话涉及对象给人的印象而言，没有人会怀疑其谈话内容。这是斯塔西第六分局领导人海因茨·费德勒少将打给陆军上将埃里希·米尔克的一通电话。两人在电话里谈论的是原东德公民沃尔夫冈·韦尔施，此人组织协助东德公民偷渡到西德。

原本费德勒的主要日常工作职责是监管民主德国公民的护照和往来通行，但这一次他是在向上级申请为实施“天蝎行动”开“绿灯”——其实就是毒杀沃尔夫冈·韦尔施的行动。米尔克在电话里表示同意实施该行动。代号“天蝎”是一种形象的比喻，就像蝎子在进攻时，会先竖起尾巴上的毒刺，在瞅准机会时立马刺向敌人。

按照斯塔西的理解，暗杀那些德意志民主共和国的人民公敌，是一种特殊的“契卡[①]式”使命。两德统一后，许多斯塔西暗杀行动的档案材料被陆续揭秘，其中就包括了韦尔施案的相关材料。

电话密谋暗杀韦尔施过去大概一两年之后，东德国务委员会副主席维利·斯多夫，一个有着坚定原则的“红色”普鲁士人，决定设法破坏斯塔西策划的一起罪行。他特意选择绕道波恩，因为他极可能担心，即使东德政府首脑及党主席埃里希·昂纳克出面干涉，都可能无法成功阻止斯塔西头子。据说，斯多夫差遣信使给时任德国联邦两德关系部的国务秘书迪特里希·施潘根贝格传递了紧急消息：联邦政府应该尽全力保护逃至西德的东德难民维尔纳·魏茵霍尔德，因为他已经上了斯塔西的“肃清名单”。斯多夫还在这封密信中向原本的阶级敌人进一步透露，斯塔西的暗杀小分队已经出动了，为了除掉国家人民军的这位前士兵，他们“精心策划了一场意外事故”。此事过去十年之后，德国《明镜周刊》针对这位东德副总理此次不寻常的举动做了相关报道，“斯塔西想借助于这次肃清行动杀一儆百，震慑那些有心叛逃的边防部队军人”。

---

① 全称为全俄肃清反革命及怠工非常委员会，契卡是俄文的缩写音译，为克格勃前身。该组织的建立源于列宁的倡议：创办一个可以“用非常手段同一切反革命分子作斗争的机构”。契卡从 1917 年建立到 1922 年改变编制，虽然实际上只存在四年多，但其精神像红线一样贯彻苏联时期的整个国家安全工作。——译者注

维尔纳·魏茵霍尔德曾服役于东德国家人民军，前科累累，他于1975年12月19日从科堡北部地区穿越边境逃至西德，并在逃跑过程中用冲锋枪射杀了两名年轻的东德边境哨兵。他去投奔马尔的亲戚，在东德方面公开发布了逃亡的情况后，他在马尔被捕。后经埃森刑事陪审法庭审判，认为指控他犯下两起杀人案的证据不足，魏茵霍尔德被当庭释放。此判决结果一出，立刻在东德引爆了愤怒的浪潮。经联邦法院投票，该案被要求发回重审。1978年10月，魏茵霍尔德被改判有期徒刑五年六个月。案情其实很明朗，就像这次重审的判决书里所写，这位前国家人民军士兵“开枪时，他就已经触犯了法律”，他所诡辩的正当防卫是不成立的，因为他根本没给被害人拔枪的机会。

由于服刑期间表现良好，魏茵霍尔德于1982年7月提前出狱了。其实在这次正式出狱前几个月，他就换过好几座监狱，因为他不断地受到各种暗杀威胁，有人甚至策划了一起劫狱，想将他从藻厄兰地区的阿滕多尔恩监狱劫持出来。同监的一名囚犯向警方吐露，常驻波恩的东德代表处鼓动他在劫狱时帮帮忙。这期间，悬赏魏茵霍尔德人头的钱从最初的10万马克一路飙升至100万马克。对于已经走出监狱大门的魏茵霍尔德，斯塔西方面也早已制订了新的暗杀计划：或者是制造交通事故，就像斯多夫在密信中所说的那样；或者是利用他到奥地利阿尔卑斯山度假的机会，制造登山途中意外坠崖事故。然而，魏茵霍尔德却在这样一轮轮的暗杀威胁中有惊无险地度过了出狱后的最初几年。但斯塔西方面并没有就此作罢，不断地酝酿新的暗杀计划，誓要将被他们称之为“恐怖分子”的魏茵霍尔德正法。1985年5月，斯塔西第一分处再次拟好了新的“针对‘恐怖分子’行动过程的可行性方案”。斯塔西在这份长达11页的计划书里拟订了三种不同的暗杀方案。“斯塔西第一分处指派的两名同志以及两名任务执行者应当首先控制住魏茵霍尔德，然后将其处决：第一，抓住魏茵霍尔德后，制造自杀假象，就利用距离魏茵霍尔德上下班的路很近的莱茵-鲁尔城市快铁的铁路系统（卧轨或者触电）；第二，使用贝瑞塔消音枪在他上下班途中将其击毙，随后清除掉所有痕迹；第三，制造成抢劫事件假象。”

然而，魏茵霍尔德总是大难不死，这些暗杀计划都没有成功。魏茵霍尔德生活经历后记：2005 年 1 月 8 日，魏茵霍尔德在马尔一家常去的小酒馆“啤酒桶”开枪袭击了一名熟人，被害人身中两枪，伤势严重。为此，埃森地方法院以严重伤害他人身体罪判处魏茵霍尔德有期徒刑两年半。

除了魏茵霍尔德之外，另一名叛逃的前斯塔西官员维尔纳·斯蒂勒也是斯塔西的暗杀对象。自从斯蒂勒于 1979 年 1 月从弗里德里希大街的火车站乘车逃亡后，斯塔西就不断地筹划如何除掉他。斯蒂勒的供词和他记在笔记本上的信息，不仅使斯塔西在联邦德国、奥地利和法国的大部分间谍工作陷入瘫痪——潜伏的特工不是被捕就是被紧急召回，更重要的是，他的倒戈对斯塔西和德国统一社会党的领导人而言是一大耻辱。1981 年，斯蒂勒用新的身份开始了新生活，他在美国圣路易斯大学读了经济学课程，之后在纽约和伦敦做起了投资银行家，发了迹。在东西德统一之前，斯塔西的追踪人员组成了一支配备最精良的小队，试图找到并杀死斯蒂勒。均徒劳无果。

另外还有一些无头凶杀案，至今也无法证明是不是斯塔西所为。1980 年 7 月，德国社会统一党的批评者贝恩德·莫尔登豪尔被一名公交司机和斯塔西的非正式人员勒死（不大可能是受斯塔西指使所为）；1982 年，专门帮助东德人民出逃的凯·米伦多夫收到炸弹信，被炸成重伤，一同被炸伤的还有他的妻子，米伦多夫死于后来的并发症（据推测斯塔西很可能参与了此案）；足球运动员卢茨·埃根多夫1979年逃至西德，1983年3月死于车祸（并无确凿证据证明是斯塔西所为）。

案情最清楚明朗的就是帮助东德人逃跑的沃尔夫冈·韦尔施被杀案。1980年5月，埃里希·米尔克一通电话就决定了沃尔夫冈·韦尔施的命运。沃尔夫冈·韦尔施的一生：1944年出生于柏林，最初在东德进修演员专业。1964年企图逃离东德，失败被捕，被判两年有期徒刑。出狱后，他在德国电影股份公司（DEFA）找到了一份助理工作，并和两个朋友一起计划拍摄一部揭露德国社会统一党政权的纪录片，后被朋友出卖再次被捕，因谋反罪被判入狱五年。1971年，在维利·勃兰特的倡议下，政治犯得到大赦，其中就包括在押的韦尔施。再次出狱后，韦尔施在德国吉森大学攻读了政治学，之后在伦敦获得了博士学位。与此同时，他着手组建了一个组织，这个组织最终帮助总计200名东德公民逃离民主德国，特别是帮助那些接受过大学教育的人，以便给德国统一社会党执政的这个国家造成尽可能大的损失。他的这些活动使他再次成为了斯塔西的眼中钉。为了除掉韦尔施，斯塔西启动了暗杀计划：1978年，利用韦尔施在希腊度假的机会，安排代号“IMF阿尔方斯”的特工假装萍水相逢，接近韦尔施。这名执行任务的特工就是皮特·哈克。这是情报机构的一次杰作，因为据说皮特·哈克是斯塔西术语中所谓的“在行动地区联系敌人的反间谍机关的非正式人员”，他要完成成为韦尔施最好的朋友的角色转换，即变成受害者的朋友。

一年多以后，哈克和韦尔施在去伦敦的途中相遇。两人从曼海姆的赫兹租车公司租了一辆奔驰货车，准备到英国肯特郡坎特伯雷市附近一位老妇人那里淘古董。不过办正事之前，他们打算先去

“接近”暗杀目标。在希腊的一个露营地，沃尔夫冈·韦尔施（右）巧遇皮特·哈克，而后者其实是受命于斯塔西，刻意接近韦尔施

伦敦玩几天，哈克在伦敦有间小房子。他们从曼海姆出发，沿着通往法国北部方向的高速公路行驶，想要去法国加来坐渡轮到英国。“因为前往英国的渡轮还要将近一个小时才能出发，所以我们只能停车在渡口的站台等船。皮特单独离开了一会儿，大概半个小时才回来，”韦尔施事后回忆道，“他和我说他去吃了点儿东西……将近下午 3 点，摆渡船停靠到了英国多佛港，下了船我们就开上了 M2 高速公路，接着往伦敦方向行驶了。”

其实在这次出发英国之前不久，哈克在东柏林和斯塔西少将费德勒接过头，他和费德勒领导的特工小组一起讨论了暗杀方案。小组一开始提议利用韦尔施再去希腊度假的机会制造炸弹袭击，然而该提案很快又被否决了。费德勒提出安排一名狙击手参与暗杀行动，闻听此言，哈克灵机一动，提议由他想办法把韦尔施引诱到英国，在 M2 高速公路上肯定有机会由狙击手进行截杀。要在韦尔施驾车高速行驶的过程中射杀他，哈克很快便对自己的这个建议感到害怕。然而费德勒已经点头同意了。费德勒认为，如果能得到斯塔西二号人物“米沙”在后勤和技术上的支持，这不失是一个好计划。“米沙”就是斯塔西对外情报局局长马库斯·沃尔夫。英国毕竟是敌对国，“米沙”同意支持该计划。

韦尔施在加来渡口等船的时候，消失的哈克其实是在打电话，后经证实，他当时是在与东柏林的斯塔西联系。哈克在电话里刻意提及了渡船到达时间，对方也委婉地给出了行动指令：距离高速公路达特福德出口 5 英里时，记得减速慢行，时速不要超过 50 公里。

按照指示，哈克在到达预定地点的时候，提醒韦尔施因为有警方监控，要减速。“我松了松油门，柴油马达的噪声也随之变得低沉。路上的车很少，有那么一会儿，我的脚完全离开了油门。因为我想把掉在地上的烟斗捡起来，它刚才从座位上滚落下来，一直很

捡烟斗逃过一劫。韦尔施在去往伦敦的路上遭到斯塔西狙击手的袭击，由于他当时碰巧正在弯腰捡烟斗，捡回了一条命。皮特·哈克在枪击后立刻展示了这张照片

碍事。我用脚在地上摸索了几下，踩住了那个烟斗……我弯腰伸手要把它捡起来。就在这时，只听砰的一声脆响。我手里拿着烟斗，赶紧起身查看。只见前挡风玻璃噼里啪啦地由一个小圆口开始逐渐向外裂成蜘蛛网状。”后来韦尔施在他的自传《我曾是国家头号公敌》里这样描述道。

事发当天，费德勒少将就收到了消息：任务失败。太愚蠢了。幸亏“IMF 阿尔方斯”的身份没有败露。此次袭击之后将近两年时间，斯塔西都没有再对韦尔施动手，直到一个新的“十拿九稳的”暗杀方案出炉：毒杀计划。新的行动计划代号为“天蝎”（参见斯塔西第 XV/3359/4 号档案）。自从 1980 年 5 月米尔克同意暗杀韦尔施的计划之后，又过了一年，直到 1981 年春天，新计划才正式启动。哈克说动他的朋友韦尔施一起去以色列旅行，哈克说那是圣经的国度，韦尔施应该和他的妻子女儿一起驾房车开启虔诚之旅。按计划，“IMF 阿尔方斯”要伺机在房车的餐饮里掺入铊，这是一种有毒重金属。斯塔西对外情报局提前在联邦德国买好了房车，挂上德国牌照并将其船运至以色列。一切都准备就绪了。7 月 12 日，哈克和韦尔施一家在以色列会合了。在耶路撒冷，哈克给韦尔施介绍了一位新朋友——苏珊，她将会和他们一起度过这段旅程。苏珊有可能是“斯塔西对外情报局的专职特工”。韦尔施后来分析道，他至今也没找到这位苏珊的行踪。民主德国的间谍活动在以色列的土地上有些声名狼藉，因为他们在这个犹太国家原本就是死敌；但另一方面，马库斯·沃尔夫和以色列有着很好的关系。甚至在很久以后，两德统一已经过了很长一段时间，前摩萨德特工加德·希姆罗恩仍然致函诚邀米沙赴以色列访问。作为情报界的传奇，米沙在访问中受到了摩萨德同行的热情招待（参见第 8 章图）。

“当时天气很热。皮特和苏珊陪我们游览了以色列的许多名胜古迹，包括哭墙、圣殿山、以色列国会大楼和以色列犹太大屠杀纪念馆。虽然整个游览过程很愉快，我七岁的女儿一路上变着花样地吸引大家的注意力，不过苏珊全程几乎和我们没有交流。”韦尔施在书中写道。

几天后，一行人到达埃拉特南部的一个小型度假村。天气很热，大家可以下海游泳。皮特自告奋勇留在岸上准备沙拉，煎肉饼，让其他人去海里凉快凉快。没有人表示反对。40 分钟后，皮特招呼大家上岸吃饭。房车前的一个木桌上摆了两个大碗——一大碗煎肉饼，一大碗生菜沙拉。

韦尔施回忆道：“我当时迫不及待地吃了起来，煎肉饼味道非常棒。也可能是因为前几天天气太热，没怎么吃东西，看到刚出锅的煎肉饼，我简直饿极了。……我当时每吃一口，都是在吃下一定剂量的铊毒。铊毒的特点就是无色无味，可以混在任何食物里而不被发觉。”实际上，韦尔施吃下了超过致死剂量数倍的铊毒素，他的妻子吃的明显少一些。但是两人都没有表现出不适的症状。“IMF 阿尔方斯”必须继续留在韦尔施一家身边，直到他们表现出中毒的症状。据说，因为哈克声称自己的美乐时迷你相机落在了耶路撒冷，一行人又驱车返回了耶路撒冷。后经证实，哈克在耶路撒冷与东柏林方面进行过秘密通话，汇报行动进展：“天蝎”受阻。在此期间，沃尔夫冈·韦尔施开始感到不适，一开始他抱怨自己的腿特别痒，然后很快变成了疼痛，紧接着胳膊也开始痒。

哈克发现毒效已经开始显现，就找借口准备溜之大吉。韦尔施一家开车把他送到机场，然后驱车返回了埃拉特，他们想在埃拉特休息调养一下。哈克临走之前，承诺自己过几天就回来与他们会合。当然，哈克在说谎，他直接飞回了柏林，跟费德勒汇报行动进展，并进一步等待韦尔施的死讯。韦尔施一家开车返回埃拉特，在经过内盖夫沙漠时，韦尔施已经疼得几乎不能动了。一家人费了好大劲儿才回到了埃拉特。当地医生看不出病因，只是开了些止疼药。韦尔施原本想要尽快回到德国，无奈近几天的机票都已经售罄，能预订的最早一班回德国的飞机是在 1981 年 8 月 8 日。等待飞机的这一周，韦尔施躺在埃拉特旅店的床上，挣扎在生死一线间。他拼尽全力，终于挨到了和家人一起登上从特拉维夫飞往法兰克福的飞机。

韦尔施刚下飞机就被送往急诊，紧接着被建议去看专科医生，于是去了曼海姆市公立医院接受治疗。在曼海姆医院，他被确诊为急性铊中毒。“中毒日期推断为 1981 年 7 月 17 日到 20 日在以色列度假期间。”医生在诊断书中如是写道。韦尔施刚好在中毒后第四周拿到了这份诊断书。

沃尔夫·韦尔施再一次侥幸大难不死。

柏林墙倒塌后不久，韦尔施就对他的朋友皮特·哈克提出了刑事起诉。柏林检察院立刻展开了调查，在斯塔西查到的相关档案资料似乎证明了哈克的罪行。1994 年 11 月 28 日，柏林地方法院以三次故意杀人未遂判决皮特·哈克有期徒刑六年六个月。

在一次庭审的间隙，皮特·哈克在审讯庭主动走到韦尔施面前，这也是他们 1981 年 7 月末在特拉维夫机场一别后的第一次会面。

“他突然就哭了，泪流满面，”韦尔施在书中写道，“他像是恳求施舍一样，紧紧地抓着我的手。那一刻，我没有挣脱，任凭他抓着……‘求你原谅我，我真的很后悔！’他哭得泣不成声，浑身颤抖，又忍住了。”哈克和伯格丹·施塔辛斯基一样，都很后悔自己的所作所为。

海因茨·费德勒少将在一年前便逃过了对他的刑罚。他在 1993 年 12 月 1 日因韦尔施案被捕，两周后在牢房里上吊自杀了。

第31章

萨沙痛苦之死——利特维年科事件

也许您有办法让我闭嘴，但是这需要付出代价。正如您的老对头所声称的，您充分证明了自己的冷酷和残忍。……但是，普京阁下，听一听来自世界各地的反对之声吧，相信这些愤怒的声音会伴您度过余生……愿上帝宽恕您，不仅仅是宽恕您对我的所作所为，也宽恕您对亲爱的俄罗斯和俄罗斯人民的所作所为吧。

——亚历山大·利特维年科绝笔，

写于2006年11月21日，他去世两天前

警方已经找到了足够的证据，我决定立即对安德烈·卢戈沃伊提出指控，起诉他蓄意毒杀利特维年科先生……我已经要求英国皇家检控署的诉讼代理人立刻从俄罗斯引渡被告人卢戈沃伊到伦敦受审。

——利特维年科案公诉人肯·麦克唐纳先生，

伦敦，2007年5月

2006年10月28日，一名神秘男子从莫斯科乘坐俄罗斯航空

飞机降落在德国汉堡福特斯比尔国际机场。他就是德米特里·科夫通，80年代毕业于莫斯科的军事精英学校，之后加入克格勃第九局，该部门主要负责保护俄罗斯高级官员的人身安全。苏联解体后，科夫通去了一家“私人保全公司”工作，短短几个字，对任务的描述相当粗略，有可能包括五花八门的工作。

这位前克格勃特工走出机场时，有一辆宝马轿车等候已久了，开车的人很可能是他的前妻玛丽娜，一个俄德混血。他们直接驾车回到了玛丽娜的家，那是位于汉堡奥藤森区埃茨贝格尔大街的一间公寓。其实在这栋多户住宅中，除了玛丽娜住的这间公寓，还有另一间公寓，也在科夫通名下，不过那间公寓常年出租，所以科夫通住在玛丽娜那里。

科夫通在汉堡逗留的几天里，所到之处都留下了痕迹，虽然极其细微，但是后来都能够清楚地证实：放射性同位素钋-210。这里的钋-210并不是一种平常的物质，它仅仅形成于核电站及其他核设施的运转过程中。在市面上根本买不到，充其量只能在黑市买。如果只是身体外部与钋-210接触，并不会对人体构成太大威胁，因为人体皮肤的角质层细胞可以像保护伞一样隔离其放射线带来的伤害。但是一旦这种放射性毒素进入体内，就很难救治了。初期表现为射线病的常见症状：脱发、腹泻、贫血以及口鼻流血；逐渐，人体器官遭到损害，慢慢衰竭，病人就会越来越虚弱，到这个阶段，药物治疗已经不起作用了。综上所述，钋-210一旦进入体内，就会成为致命武器。

自从科夫通一踏上汉堡的土地，他就无时无刻不在传播钋-210放射性核污染。后来联邦刑事犯罪调查局的专家对科夫通在汉堡逗留期间的行动路线进行回溯追踪，发现他所乘坐的汽车、穿过的衣服、房间里的家具，他接触过的一切事物都有钋-210留下的痕迹。

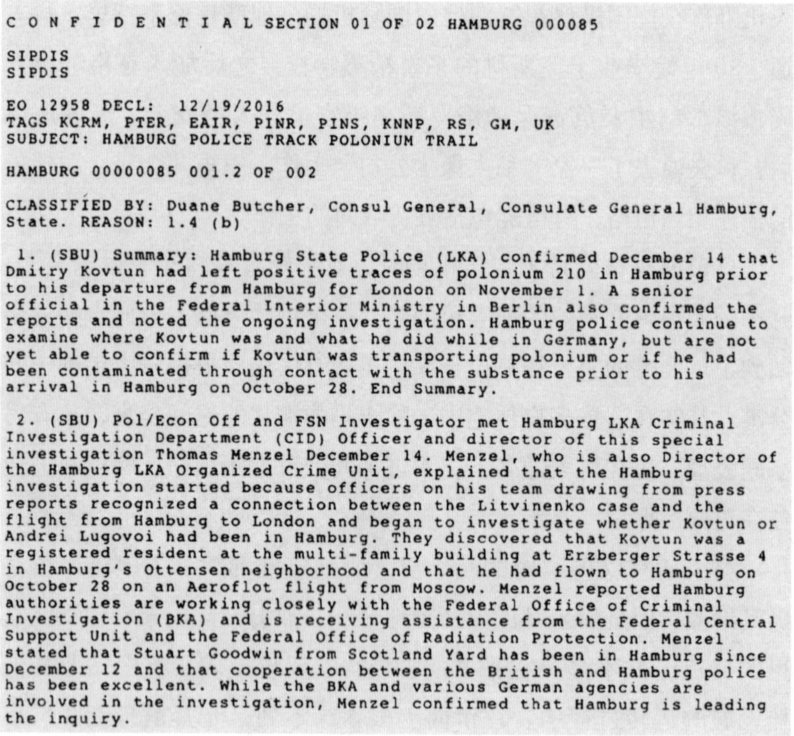

C O N F I D E N T I A L SECTION 01 OF 02 HAMBURG 000085

SIPDIS
SIPDIS

EO 12958 DECL: 12/19/2016
TAGS KCRM, PTER, EAIR, PINR, PINS, KNNP, RS, GM, UK
SUBJECT: HAMBURG POLICE TRACK POLONIUM TRAIL

HAMBURG 00000085 001.2 OF 002

CLASSIFIED BY: Duane Butcher, Consul General, Consulate General Hamburg, State. REASON: 1.4 (b)

1. (SBU) Summary: Hamburg State Police (LKA) confirmed December 14 that Dmitry Kovtun had left positive traces of polonium 210 in Hamburg prior to his departure from Hamburg for London on November 1. A senior official in the Federal Interior Ministry in Berlin also confirmed the reports and noted the ongoing investigation. Hamburg police continue to examine where Kovtun was and what he did while in Germany, but are not yet able to confirm if Kovtun was transporting polonium or if he had been contaminated through contact with the substance prior to his arrival in Hamburg on October 28. End Summary.

2. (SBU) Pol/Econ Off and FSN Investigator met Hamburg LKA Criminal Investigation Department (CID) Officer and director of this special investigation Thomas Menzel December 14. Menzel, who is also Director of the Hamburg LKA Organized Crime Unit, explained that the Hamburg investigation started because officers on his team drawing from press reports recognized a connection between the Litvinenko case and the flight from Hamburg to London and began to investigate whether Kovtun or Andrei Lugovoi had been in Hamburg. They discovered that Kovtun was a registered resident at the multi-family building at Erzberger Strasse 4 in Hamburg's Ottensen neighborhood and that he had flown to Hamburg on October 28 on an Aeroflot flight from Moscow. Menzel reported Hamburg authorities are working closely with the Federal Office of Criminal Investigation (BKA) and is receiving assistance from the Federal Central Support Unit and the Federal Office of Radiation Protection. Menzel stated that Stuart Goodwin from Scotland Yard has been in Hamburg since December 12 and that cooperation between the British and Hamburg police has been excellent. While the BKA and various German agencies are involved in the investigation, Menzel confirmed that Hamburg is leading the inquiry.

机密文件。美国驻汉堡领事馆向华盛顿国务院报告，已查到利特维年科案嫌疑犯科夫通留下的核辐射残留证据

德国联邦内政部安保部门当时的负责人，也就是后来的德国联邦情报局局长格尔哈特·辛德勒认为，这显然不仅仅是表面的附着，科夫通本身也应该受到了严重的核辐射污染，并且在出汗时把钋-210通过毛孔排了出来。

2006年11月1日，科夫通乘坐6点40分的早班机从德国飞往伦敦。几小时之后，他已经坐在伦敦梅菲尔区千禧酒店的水吧里和另外两个俄罗斯人喝茶了。这两个人就是亚历山大·利特维年科和他青年时代的朋友安德烈·卢戈沃伊，科夫通正是为卢戈沃伊所属的情报机构工作。三人曾经一同在克格勃共事过，然而利特维年

科从八年之前就开始公开批判俄罗斯政府和俄罗斯联邦安全局了，而科夫通和卢戈沃伊显然仍然在为此工作，即使今天他们名片上的身份是商人。

1999年3月，当时37岁的亚历山大·利特维年科（“萨沙”）在莫斯科被捕，同年11月法院宣判其无罪释放，但还没等他走出法院大门，就再一次被逮捕。俄罗斯联邦安全局的官员认为利特维年科的言行抹黑了他们的形象，所以在利特维年科出狱后，显然开始对他百般刁难、恐吓。利特维年科只能举家逃往伦敦，并向英国政府申请政治避难。2001年5月，英国政府批准了利特维年科一家的申请。利特维年科在随后的一段时间里当了记者，同时为英国陆军情报六局服务，继续公开败坏俄罗斯总统普京的名声，同时竟然大着胆子发表一些很荒谬的谴责，比如说普京有恋童癖。2006年10月，也就是这次千禧酒店水吧鸿门宴之前不久，利特维年科正式获得了英国国籍。

那天的聚会究竟发生了什么，至今也不得而知。英国警方唯

1993年利特维年科在克格勃任少校军官

一比较确定的，似乎就是有人在利特维年科的茶水里掺入了致命剂量的钋-210，该毒素无色无味，很难察觉，下毒的人，可能是卢戈沃伊，可能是科夫通，也可能是两人联手。下毒的手法很可能就是借鉴了克格勃老对手美国中情局的那本《中情局诡计与骗术官方手册》，该书由著名魔术师约翰·马尔霍兰专门为中情局培训特工而撰写（参见第4章）。

在和卢戈沃伊及科夫通结束会面后几小时，利特维年科就开始表现出中毒症状，在接下来的几天病情加重。11月17日，他被紧急转送至伦敦大学学院医院，医院的毒理学专家一开始判断他是铊中毒（像沃夫冈·韦尔施一样）。他被安排在监护病房，由苏格兰场的反恐部门特别安排警力保护。利特维年科中毒的消息一经传开，舆论纷纷指向俄罗斯情报部门，但是俄罗斯方面否认与该案有关。据悉，利特维年科去千禧酒店水吧那天，结束会面后还与一名意大利人在一家寿司店共进了午餐，这名意大利人秘密地向利特维年科透露自己和他都面临生命危险，但没有进一步细说。11月21日，利特维年科料到自己命不久矣，就给父亲写了一封信，字里行间全是在指责普京就是幕后黑手。一天之后，他的血压突然降低；重症监护组的组长认为状况不容乐观，并且否定了铊中毒的可能性。2006年11月23日，伦敦当地时间晚上9点21分，亚历山大·“萨沙”·利特维年科在痛苦中停止了呼吸。直到他死前几小时，才在他的尿样中检测出高浓度放射性毒素钋-210。

苏格兰场就此案展开了大规模调查。毒理学家的梦魇对于调查者来说却是一件好事。因为投毒者在酒店投毒时或者在此之前一定已经被这种放射性物质污染了。不管怎样，这些无法消除的残留痕迹，将直接暴露投毒者在伦敦的行踪，警方只需要简单地顺藤摸瓜。不管他在何处逗留，旅馆的房间、餐厅、出租车还是飞机，

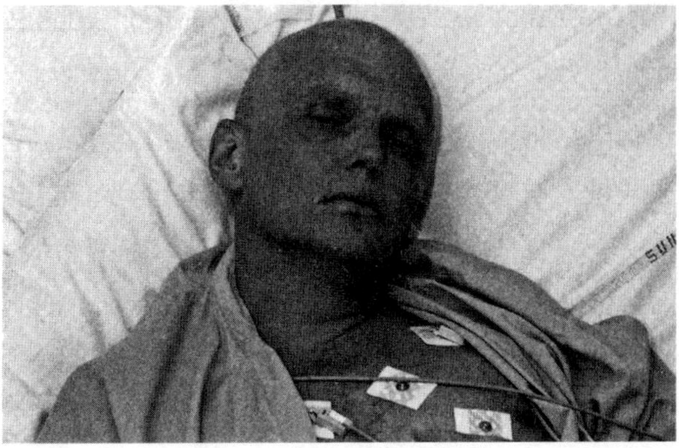

必死无疑。俄罗斯政治异见人士亚历山大·利特维年科于2006年11月被查出身中钋-210剧毒，两年前亚西尔·阿拉法特离奇死亡后也曾检测到该毒素

不管他什么时候摆手、开关灯、结账付钱，他总会将极其微量的钋-210散布出去。通过使用盖革计数器这样的辐射检测仪器，警方调查人员基本可以重现投毒者从莫斯科到伦敦以及在当地停留的全部路线。调查人员查到的所有带涉案机票和信用卡账单都指向了同一嫌疑人：安德烈·卢戈沃伊。另外，协助该案调查的美国联邦调查局甚至还检测出，证物上残留的毒死利特维年科的钋-210来自俄罗斯的核反应堆。

卢戈沃伊和科夫通回到莫斯科之后，也赶到医院接受治疗，因为他们也受到了核污染。但是他们的情况都不严重，所以只需要留院观察。两人都矢口否认和利特维年科之死有关。但是又怎么解释卢戈沃伊从莫斯科到伦敦一路留下核辐射痕迹以及科夫通从莫斯科经汉堡到伦敦一路留下核辐射痕迹呢？ 2007年3月，卢戈沃伊在接受《亮点》周刊采访时表示，他不否认关于核辐射残留问题，“尽管如此，也不代表就是我杀的利特维年科。我自己也是头一次听说这种放射性物质——钋”。

英国司法部门并不认同卢戈沃伊的说法。2007 年 5 月，英国皇家检控署负责人肯·麦克唐纳先生就该案提起公诉，指控卢戈沃伊毒杀利特维年科，认为其犯罪事实清楚，犯罪动机明确，提出要求从俄罗斯引渡卢戈沃伊到英国接受审判。英国政府支持公诉人的引渡要求，但是最终却引起了英俄两国严重的外交争端。俄方对引渡要求表示不满，断然回绝了英方的要求。为此，英国政府决定驱逐四名俄罗斯外交官。作为回应，俄罗斯方面关闭了两处隶属于俄罗斯外办的英国文化机构。

在汉堡，针对科夫通的调查程序由于证据不足，于 2009 年 11 月终止。对此，科夫通表示，他很欣慰，司法的公正性战胜了一切。但是，这样的胜利并没有持续多久。2012 年 2 月，英国皇家检控署表示掌握了新证据证明科夫通是毒杀案的帮凶。英国皇家检控署要求俄方继续调查，俄方拒绝了。

英俄就此案最新一轮的外交角力是在 2012 年 12 月。在英国皇家监控署展开调查的同时，伦敦的一个国家调查委员会也进行了相关调查，该调查委员会负责人休米·戴维斯称，英国政府已经掌握了足够的证据，“可以证明俄罗斯政府与亚历山大·利特维年科案有关”。这起毒杀案的幕后黑手很明显就是俄罗斯政府。

附　录

这里列出近二十年以色列在巴勒斯坦约旦河西岸和加沙地带的暗杀行动，以及巴勒斯坦在以色列发动的恐怖袭击。通过对几个不同阶段的数据对比分析，可以得到如下结论：

• 2005 年阿克萨群众起义结束之前，以色列的暗杀行动主要是为了报复巴勒斯坦的恐怖袭击；巴勒斯坦方面的恐怖袭击也是以报复为主。

• 以色列最高法院 2006 年 12 月出台的“暗杀准则”，并没有给以色列的暗杀行动带来实质性的改变。

• 2008 年以后，死于巴勒斯坦恐怖袭击和火箭弹袭击的以色列人数量明显下降——反恐措施见效；以色列暗杀行动频繁，暗杀动机由“复仇”逐渐转变为“先发制人打击”。

这里还列出了已知的摩萨德暗杀行动明细，以及美国中央情报局和美国国防部在巴基斯坦和也门地区实施的无人机轰炸行动明细。

各类简称：

BM　　贝图拉·马哈苏德。

DFLP　解放巴勒斯坦民主阵线。

ID　巴勒斯坦伊斯兰圣战组织，简称“杰哈德”。

IMU　乌兹别克斯坦伊斯兰运动。

PRC　巴勒斯坦人民抵抗委员会。

PFLP　解放巴勒斯坦人民阵线，简称“人阵”。

PLO　巴勒斯坦解放组织。

NW　北瓦济里斯坦。

SW　南瓦济里斯坦。

表一　1992 年 1 月至 2000 年 9 月被以色列军方暗杀的巴勒斯坦人名单

姓名	所属组织	死亡日期
阿巴斯·穆萨维	黎巴嫩真主党	1992.02.16
哈尼·阿拜德	杰哈德	1994.11.02
马赫穆德·赫瓦贾	?	1995.06.22
叶海亚·阿亚什	哈马斯	1996.01.06

表二　1992 年 1 月至 2000 年 9 月巴勒斯坦恐怖袭击造成的死亡人数

案发地点	作案组织	日期	死亡人数
曼哈拉	哈马斯，杰哈德	1993.04.16	1
阿富拉（公交汽车爆炸）	哈马斯，杰哈德	1994.04.06	8
哈代拉	哈马斯，杰哈德	1994.04.12	5
特拉维夫（公交汽车爆炸）	哈马斯	1994.10.19	22
内察里姆	哈马斯，杰哈德	1994.11.11	3
比特莱德	杰哈德	1995.01.22	21
卡法达洛姆（公交汽车爆炸）	哈马斯	1995.04.09	8
拉玛特甘（公交汽车爆炸）	哈马斯	1995.07.24	6
耶路撒冷（公交汽车爆炸）	哈马斯	1995.08.21	4
阿什克伦	哈马斯	1996.02.25	1

续表

案发地点	作案组织	日期	死亡人数
耶路撒冷（公交汽车爆炸）	哈马斯	1996.02.25	26
耶路撒冷（公交汽车爆炸）	哈马斯	1996.03.03	19
特拉维夫	哈马斯，杰哈德	1996.03.04	13
特拉维夫	哈马斯	1997.03.21	3
耶路撒冷	哈马斯	1997.07.30	16
耶路撒冷	哈马斯	1997.04.09	5
耶路撒冷	杰哈德	1998.11.06	2

表三　2000 年 9 月至 2005 年 2 月（阿克萨群众起义期间）被以军暗杀的巴勒斯坦人名单

姓名	所属组织	死亡日期
侯赛因·阿巴亚特	法塔赫 / 阿克萨烈士旅	2000.11.09
安瓦尔·哈姆兰	杰哈德	2000.11.12
贾迈勒·阿卜杜勒·拉齐克	法塔赫 / 塔齐姆	2000.11.22
易卜拉欣·卡里姆·巴尼·奥德	哈马斯	2000.11.22
马哈茂德·穆格拉比	法塔赫 / 阿克萨烈士旅	2000.12.10
艾哈迈德·特拜德	法塔赫 / 阿克萨烈士旅	2000.12.31
马苏德·阿亚德	法塔赫 /17 军	2001.02.13
伊亚德·哈丹	杰哈德	2001.04.05
贾布里勒·拉朱布	?	2001.05.20
乌萨马·朱瓦比	法塔赫	2001.06.24
穆罕默德·贝沙拉特	哈马斯	2001.07.01
贾迈勒·曼苏尔	哈马斯	2001.07.31
奥马尔·曼苏尔	哈马斯	2001.07.31
阿米尔·曼苏尔·哈比瑞	哈马斯	2001.08.05
伊曼德·阿布·斯奈内	法塔赫 / 塔齐姆	2001.08.20
阿布·阿里·穆斯塔法·齐布里	解放巴勒斯坦人民阵线	2001.08.27
阿拜德·拉赫曼·哈马德	哈马斯	2001.10.14

续表

姓名	所属组织	死亡日期
艾哈迈德·马尔舒德	哈马斯	2001.10.15
伊亚德·阿克拉斯	哈马斯	2001.10.16
阿提夫·阿巴亚特	法塔赫/阿克萨烈士旅	2001.10.18
贾米勒·贾达拉	哈马斯	2001.10.31
亚西尔·阿齐达	哈马斯	2001.11.01
法赫米·阿布·艾莎	哈马斯	2001.11.01
穆罕默德·赖罕	哈马斯	2001.11.12
马哈茂德·阿布·哈努德	哈马斯	2001.11.23
艾曼·哈沙伊卡	哈马斯	2001.11.23
雅各布·艾德卡迪克	哈马斯	2001.12.17
拉伊德·马哈茂德·卡尔米	法塔赫/塔齐姆	2002.01.14
加西尔·萨马罗	哈马斯	2002.01.22
纳西姆·阿布·罗斯	哈马斯	2002.01.22
尤瑟夫·苏拉伊	哈马斯	2002.01.22
卡里姆·马萨尔加	哈马斯	2002.01.22
阿德勒·哈姆丹	哈马斯	2002.01.25
五个无名氏	解放巴勒斯坦民主阵线	2002.02.05
穆罕德·赛义德·狄尔亚	法塔赫/塔齐姆	2002.03.05
法齐·马希尔	法塔赫/塔齐姆	2002.03.05
奥曼·卡丹	法塔赫/塔齐姆	2002.03.05
阿卜杜勒·拉赫曼·加达勒	哈马斯	2002.02.06
穆塔森·哈马德	哈马斯	2002.03.06
马希尔·巴比提	法塔赫/阿克萨烈士旅	2002.03.14
卡伊斯·阿德万	哈马斯	2002.04.05
阿克拉姆·阿特拉什	哈马斯	2002.04.10
马尔万·扎鲁姆	法塔赫/塔齐姆	2002.04.22
萨米尔·阿布·拉朱布	法塔赫/塔齐姆	2002.04.22
穆汉内德·塔希尔	哈马斯	2002.06.30

续表

姓名	所属组织	死亡日期
伊马德・德拉扎	哈马斯	2002.06.30
吉哈德・阿梅瑞	法塔赫/阿克萨烈士旅	2002.07.04
萨拉・谢哈达	哈马斯	2002.07.23
纳赛尔・阿西达	哈马斯	2002.07.23
阿里・阿朱瑞	法塔赫	2002.08.06
阿西姆・萨瓦夫塔	哈马斯	2002.10.29
伊亚德・萨瓦尔哈	杰哈德	2002.11.09
阿拉赫・萨巴格	法塔赫/阿克萨烈士旅，哈马斯	2002.11.26
伊马德・纳斯尔提	法塔赫/阿克萨烈士旅，哈马斯	2002.11.26
沙曼・哈桑・苏巴赫	哈马斯	2002.12.23
穆斯塔法・卡什	哈马斯	2002.12.23
易卜拉欣・马克德米	哈马斯	2003.03.08
纳赛尔・阿西达	哈马斯	2003.03.18
塞德・阿拉比德	哈马斯	2003.04.08
马哈茂德・扎特马	杰哈德	2003.04.09
亚西尔・阿莱米	法塔赫/塔齐姆	2003.04.10
尼达尔・萨拉马	解放巴勒斯坦人民阵线	2003.04.29
伊亚德・贝克	哈马斯	2003.05.08
蒂托・马苏德	哈马斯	2003.06.11
索菲尔・阿布・纳赫兹	哈马斯	2003.06.11
吉哈德・苏鲁尔	哈马斯	2003.06.12
亚西尔・塔哈	哈马斯	2003.06.12
穆罕默德・西德尔	杰哈德	2003.08.14
伊斯梅尔・阿布・沙那布	哈马斯	2003.08.21
瓦利德・哈姆斯	哈马斯	2003.08.24
艾哈迈德・埃什特维	哈马斯	2003.08.24
艾哈迈德・阿布・哈拉拉	哈马斯	2003.08.24
穆罕默德・阿布・卢布达	哈马斯	2003.08.24

续表

姓名	所属组织	死亡日期
哈立德·马苏德	哈马斯	2003.08.26
哈姆迪·哈拉克	哈马斯	2003.08.28
阿卜杜拉·阿克勒	哈马斯	2003.08.30
法里德·马耶特	哈马斯	2003.08.30
卡迪尔·胡塞尔	哈马斯	2003.09.01
迪亚卜·拉希姆·什维克	杰哈德	2003.09.25
穆斯塔法·萨巴赫	哈马斯	2003.12.25
马克莱德·哈米德	杰哈德	2003.12.25
阿齐兹·马哈茂德·沙米	杰哈德	2004.02.07
马哈茂德·尤达	杰哈德	2004.02.28
艾依曼·达杜	杰哈德	2004.02.28
阿明·达杜	杰哈德	2004.02.28
塔拉德·吉玛力	哈马斯	2004.03.03
易卜拉欣·迪瑞	哈马斯	2004.03.03
奥马尔·哈桑	哈马斯	2004.03.03
尼达尔·萨菲提	杰哈德	2004.03.16
沙迪·穆哈纳	杰哈德	2004.03.16
谢赫·艾哈迈德·亚辛	哈马斯	2004.03.22
阿卜杜勒·阿齐兹·兰提西	哈马斯	2004.04.17
伊马德·穆罕默德·亚纳吉拉	哈马斯	2004.05.05
韦尔·纳赛尔	哈马斯	2004.05.30
哈利勒·马尔施德	法塔赫 / 阿克萨烈士旅	2004.06.14
纳耶夫·阿布·沙尔赫	杰哈德	2004.06.26
加法尔·马萨里	杰哈德	2004.06.26
法迪·巴基特	杰哈德	2004.06.26
谢赫·易卜拉欣	杰哈德	2004.06.26
哈泽姆·拉希姆	杰哈德	2004.07.22
阿姆鲁·阿布·苏塔	阿布赖斯旅	2004.07.29

续表

姓名	所属组织	死亡日期
扎基·阿布·拉哈	阿布赖斯旅	2004.07.29
四个无名氏	哈马斯 / 杰哈德	2004.08.17
马哈茂德·阿布·哈利法	法塔赫 / 阿克萨烈士旅	2004.09.13
哈立德·阿布·沙米耶	哈马斯	2004.09.20
纳比勒·赛义迪	哈马斯	2004.09.21
拉巴赫·扎库特	哈马斯	2004.09.21
伊茨·艾尔迪内	哈马斯	2004.09.27
苏卜希·谢赫·哈利勒	哈马斯	2004.09.27
阿里·沙伊尔	巴勒斯坦人民抵抗委员会	2004.09.27
巴希尔·达巴什	杰哈德	2004.10.06
扎雷斯·阿拉雷尔	杰哈德	2004.10.06
阿德南·古勒	哈马斯	2004.10.21
伊马德·巴斯	哈马斯	2004.10.21
易卜拉欣·萨马利	?	2005.04.14

表四　2000 年 9 月至 2005 年 2 月（阿克萨群众起义期间）巴勒斯坦恐怖袭击造成的以色列境内死亡人数

案发地点	作案组织	案发日期	死亡人数
耶路撒冷	哈马斯	2000.11.02	2
哈代拉	哈马斯	2000.11.22	2
瓦迪阿拉	哈马斯	2001.03.01	1
内塔尼亚	哈马斯	2001.03.04	3
卡法萨瓦	哈马斯	2001.03.28	2
卡法萨瓦	哈马斯，杰哈德	2001.04.22	1
夏沙隆 / 内坦亚	哈马斯	2001.05.18	5
特拉维夫	哈马斯	2001.06.01	21
杜吉特 / 加沙地带	哈马斯	2001.06.22	2
宾亚米纳	哈马斯，杰哈德	2001.07.16	2

续表

案发地点	作案组织	案发日期	死亡人数
耶路撒冷	哈马斯，杰哈德	2001.09.08	15
纳哈里亚	哈马斯	2001.09.09	3
施路哈特基布兹	杰哈德	2001.07.10	1
埃雷兹 / 加沙地带	哈马斯	2001.11.26	2
瓦迪阿拉	杰哈德，阿克萨烈士旅	2001.11.29	3
耶路撒冷	哈马斯	2001.12.01	11
海法	哈马斯	2001.12.02	15
耶路撒冷	阿克萨烈士旅	2002.01.27	1
卡尔内肖姆隆	解放巴勒斯坦人民阵线	2002.02.16	3
耶路撒冷	阿克萨烈士旅	2002.02.18	1
耶路撒冷	阿克萨烈士旅	2002.03.02	11
阿富拉	哈马斯	2002.03.05	1
雷哈维亚 / 耶路撒冷	哈马斯	2002.03.09	11
瓦迪阿拉	杰哈德	2002.03.20	7
耶路撒冷	阿克萨烈士旅	2002.03.21	3
内坦亚	哈马斯，杰哈德	2002.03.27	30
耶路撒冷	哈马斯	2002.03.29	2
特拉维夫	阿克萨烈士旅	2002.03.30	1
巴卡加尔比耶	?	2002.03.30	1
海法	哈马斯	2002.03.31	15
耶路撒冷	阿克萨烈士旅	2002.04.01	1
亚古尔	杰哈德	2002.04.10	8
耶路撒冷	阿克萨烈士旅	2002.04.12	6
里雄莱锡安	哈马斯	2002.05.07	15
内坦亚	哈马斯，解放巴勒斯坦人民阵线	2002.05.19	3
里雄莱锡安	哈马斯	2002.05.22	2
佩塔提克瓦	阿克萨烈士旅	2002.05.27	2

续表

案发地点	作案组织	案发日期	死亡人数
米吉多渡口	杰哈德	2002.08.04	9
荷兹利亚	哈马斯	2002.06.11	1
耶路撒冷	哈马斯	2002.06.18	19
耶路撒冷	阿克萨烈士旅	2002.06.19	7
伊曼纽尔-布尼	哈马斯	2002.07.16	9
特拉维夫	哈马斯	2002.07.17	5
耶路撒冷	哈马斯	2002.07.31	9
梅隆渡口	哈马斯	2002.08.04	9
乌姆阿法姆	杰哈德	2002.09.18	1
特拉维夫	哈马斯	2002.09.19	6
巴伊兰	哈马斯	2002.10.10	1
卡科尔渡口	杰哈德	2002.10.21	14
阿里埃勒 / 约旦河西岸	哈马斯	2002.10.27	3
卡法萨瓦	杰哈德	2002.11.04	2
耶路撒冷	哈马斯	2002.11.21	11
特拉维夫	阿克萨烈士旅，杰哈德	2003.01.05	23
海法	哈马斯	2003.03.05	17
卡法萨瓦	解放巴勒斯坦人民阵线	2003.04.24	1
特拉维夫	哈马斯 / 阿克萨烈士旅	2003.04.30	3
希伯伦 / 约旦河西岸	哈马斯	2003.05.17	2
耶路撒冷	哈马斯	2003.05.18	7
阿富拉	哈马斯	2003.05.19	3
耶路撒冷	哈马斯	2003.06.11	17
斯达图莫特莫沙夫	杰哈德	2003.06.19	1
卡法耶维茨	杰哈德	2003.07.07	1
阿里埃勒 / 约旦河西岸	哈马斯	2003.08.12	2
罗什艾因	?	2003.08.12	1
耶路撒冷	哈马斯	2003.08.19	23

续表

案发地点	作案组织	案发日期	死亡人数
茨瑞芬	哈马斯	2003.09.09	9
耶路撒冷	哈马斯	2003.09.09	7
海法	杰哈德	2003.10.04	21
汉诺 / 加沙地带	哈马斯	2003.10.15	3
格哈渡口	解放巴勒斯坦人民阵线	2003.12.25	4
埃雷兹 / 加沙地带	阿克萨烈士旅，哈马斯	2004.01.14	4
雷哈维亚 / 耶路撒冷	阿克萨烈士旅，哈马斯	2004.01.29	11
耶路撒冷	阿克萨烈士旅	2004.02.22	8
埃雷兹 / 加沙地带	哈马斯，杰哈德	2004.03.06	3
阿什杜德港口	阿克萨烈士旅，哈马斯	2004.03.14	10
埃雷兹 / 加沙地带	阿克萨烈士旅，哈马斯	2004.04.17	1
特拉维夫	哈马斯	2004.07.11	1
卡兰蒂亚	阿克萨烈士旅	2004.08.11	2
贝尔谢巴	哈马斯	2004.08.31	16
耶路撒冷	阿克萨烈士旅	2004.09.22	2
西奈半岛	伊亚德萨利赫？	2004.10.07	34
特拉维夫	解放巴勒斯坦人民阵线	2004.11.01	3
卡尼 / 加沙地带	哈马斯	2004.12.07	1
莫拉格 / 加沙地带	杰哈德	2005.01.12	1
卡尼 / 加沙地带	阿克萨烈士旅，巴勒斯坦人民抵抗委员会	2005.01.13	6
古什卡蒂夫 / 加沙地带	哈马斯	2005.01.18	1

表五　2005 年 2 月至今（阿克萨群众起义结束后）被以军暗杀的巴勒斯坦人名

姓名	所属组织	死亡日期
穆罕默德・萨夫瓦特・阿西	杰哈德	2005.07.14
阿萨姆・马尔万・阿布・拉斯	哈马斯	2005.07.15
阿德尔・加兹・哈尼亚	哈马斯	2005.07.15
萨比尔・阿布・阿西	哈马斯	2005.07.15

续表

姓名	所属组织	死亡日期
阿姆贾德·阿努尔·阿拉法特	哈马斯	2005.07.15
萨默尔·达瓦卡	?	2005.07.15
穆罕默德·艾哈迈德·梅尔	?	2005.07.15
穆罕默德·阿亚什	?	2005.07.15
穆阿特·阿布·希梅	?	2005.07.15
赛义德·伊萨	哈马斯	2005.07.17
贾巴尔·齐亚姆	哈马斯	2005.07.17
赛义德·赛亚姆	?	2005.07.17
易卜拉欣·阿巴赫雷	?	2005.07.19
瓦拉德·阿巴赫雷	?	2005.07.19
穆阿耶德·法提·穆萨	?	2005.07.28
谢赫·穆罕默德·哈利勒	杰哈德	2005.09.25
沙迪·迈哈那	杰哈德	2005.10.27
哈桑·马德洪恩	法塔赫/阿克萨烈士旅，哈马斯	2005.11.01
法齐·阿布·卡拉	法塔赫/阿克萨烈士旅，哈马斯	2005.11.01
马哈茂德·阿尔坎	巴勒斯坦人民抵抗委员会	2005.12.07
阿亚德·纳贾尔	法塔赫/阿克萨烈士旅	2005.12.08
齐亚德·卡达斯	法塔赫/阿克萨烈士旅	2005.12.08
赛义德·阿布·加迪安	杰哈德	2006.02.01
阿德南·布斯坦	杰哈德	2006.02.05
哈桑·阿斯福尔	法塔赫/阿克萨烈士旅	2006.02.06
拉米·哈努那	法塔赫/阿克萨烈士旅	2006.02.06
穆罕默德·阿布·沙里亚	法塔赫/阿克萨烈士旅	2006.02.07
苏海勒·阿尔·巴克	法塔赫/阿克萨烈士旅	2006.02.07
穆尼·马哈迈德·苏卡尔	杰哈德	2006.03.06
伊亚德·阿布·沙鲁夫	杰哈德	2006.03.06
穆罕默德·达赫多	杰哈德	2006.05.20
马吉迪·哈迈德	巴勒斯坦人民抵抗委员会	2006.06.05
艾曼·阿西耶利亚	巴勒斯坦人民抵抗委员会	2006.06.05
贾迈勒·阿布·萨姆哈达那	巴勒斯坦人民抵抗委员会	2006.06.09

续表

姓名	所属组织	死亡日期
哈默德·瓦迪亚	杰哈德	2006.06.13
舒基·萨伊科里亚	杰哈德	2006.06.13
伊斯梅尔·马斯里	哈马斯	2006.07.02
奥萨马·阿提利	杰哈德	2006.08.09
穆罕默德·阿提克	杰哈德	2006.08.09
三个无名氏	杰哈德	2006.10.12
一个无名氏	哈马斯	2006.10.14
艾哈迈德·阿瓦德	哈马斯	2006.11.08
阿卜杜勒·卡迪尔·哈比卜	哈马斯	2006.11.20
2006 年 12 月 23 日，以色列最高法院出台暗杀准则		
伊马德·谢巴纳	哈马斯	2007.05.17
奥马尔·阿布德·哈利姆	法塔赫 / 阿克萨烈士旅	2007.05.29
法齐·阿布·穆斯塔法	杰哈德	2007.06.01
齐亚德·马莱沙	杰哈德	2007.06.20
易卜拉欣·拉提夫·阿拜德	杰哈德	2007.06.20
哈森·哈利勒·胡尔	杰哈德	2007.06.24
穆巴拉克·哈桑纳特	哈马斯	2007.10.23
马吉德·哈拉青	杰哈德	2007.12.17
尼达尔·阿穆迪	法塔赫 / 阿克萨烈士旅	2008.01.13
一个无名氏	巴勒斯坦人民抵抗委员会	2008.01.17
艾哈迈德·阿布·沙里亚	法塔赫 / 阿克萨烈士旅	2008.01.21
阿布·赛义德·加尔穆特	巴勒斯坦人民抵抗委员会	2008.02.04
易卜拉欣·阿布·奥尔巴	解放巴勒斯坦民主阵线	2008.04.14
纳菲兹·曼苏尔	哈马斯	2008.04.30
米塔兹·达格么什	基地组织	2008.06.17
马赫穆德·沙恩地	基地组织	2008.06.17
穆罕默德·阿斯利亚	基地组织	2008.06.17
谢哈比·纳特谢	哈马斯	2008.07.27
奥马尔·卡瓦斯迈	非极端组织分子（被误杀）	2010.01.07
阿瓦德·阿布·纳西尔	杰哈德	2010.01.11

续表

姓名	所属组织	死亡日期
伊萨·巴特兰	哈马斯	2010.03.30
穆罕默德·纳姆纳姆	基地组织	2010.04.02
穆罕默德·纳贾尔	杰哈德	2011.01.11
一个无名氏	杰哈德	2011.03.30
三个无名氏	哈马斯	2011.04.02
卡马尔·尼拉卜	巴勒斯坦人民抵抗委员会	2011.08.18
伊马德·哈米德	巴勒斯坦人民抵抗委员会	2011.08.18
哈立德·沙特	巴勒斯坦人民抵抗委员会	2011.08.18
伊斯梅尔·阿斯马尔	杰哈德	2011.08.24
哈立德·沙赫姆德	巴勒斯坦人民抵抗委员会	2011.09.06
艾哈迈德·谢赫·哈利勒	杰哈德	2011.10.29
伊萨姆·苏巴海·巴塔施	法塔赫 / 阿克萨烈士旅	2011.12.09
祖海尔·穆萨赫·凯西	巴勒斯坦人民抵抗委员会	2012.03.09
马哈茂德·艾哈迈德·哈纳尼	巴勒斯坦人民抵抗委员会	2012.03.09
纳迪·奥克哈勒	巴勒斯坦人民抵抗委员会	2012.08.05
阿尼斯·阿布·阿宁	哈马斯，巴勒斯坦人民抵抗委员会	2012.09.20
阿什拉夫·马哈茂德·萨拉赫	哈马斯，巴勒斯坦人民抵抗委员会	2012.09.20
希沙姆·赛义迪尼	解放巴勒斯坦人民阵线	2012.10.13
法耶克·阿布·贾扎尔	解放巴勒斯坦人民阵线	2012.10.13
亚西尔·穆罕默德·阿塔尔	解放巴勒斯坦人民阵线	2012.10.13
伊兹丁·阿布·纳西拉	哈马斯	2012.10.14
艾哈迈德·法塔耶	哈马斯	2012.10.14
艾哈迈德·贾巴里	哈马斯，杰哈德	2012.11.14—2012.11.19*
哈布斯·哈桑·乌斯·穆萨姆奇	哈马斯，杰哈德	2012.11.14—2012.11.19*
穆罕默德·阿布-加拉	哈马斯，杰哈德	2012.11.14—2012.11.19*
哈立德·沙伊尔	哈马斯，杰哈德	2012.11.14—2012.11.19*

续表

姓名	所属组织	死亡日期
穆罕默斯·卡尔布	哈马斯，杰哈德	2012.11.14—2012.11.19*
拉姆兹·哈尔卜	哈马斯，杰哈德	2012.11.14—2012.11.19*
尤尼斯·沙卢夫	哈马斯，杰哈德	2012.11.14—2012.11.19*
希特赫姆·齐亚德·马斯哈勒	?	2013.04.30

注：带 * 表示在“云柱行动”期间。

表六　2005 年 2 月至今（阿克萨群众起义结束后）巴勒斯坦恐怖袭击造成的以色列境内死亡人数

案发地点	作案组织	日期	死亡人数
特拉维夫	阿克萨烈士旅，黎巴嫩真主党	2005.02.25	5
内坦亚	杰哈德	2005.07.12	5
哈代拉	杰哈德	2005.10.26	7
内坦亚	杰哈德	2005.12.05	5
图卡瑞姆 / 约旦河西岸	?	2005.12.29	3
凯杜明 / 约旦河西岸	阿克萨烈士旅	2006.03.30	4
特拉维夫	杰哈德	2006.04.17	11
埃拉特	杰哈德	2007.01.29	3
迪莫纳	哈马斯，阿克萨烈士旅	2008.02.04	1
那提夫哈阿萨拉	?（火箭弹袭击）	2010.03.18	1
基苏菲姆 / 加沙地带	哈马斯（火箭弹袭击）	2010.03.26	1
内盖夫	哈马斯（火箭弹袭击）	2011.04.07	1
以色列南部	哈马斯（火箭弹袭击）	2011.08.27	1
阿什克伦	哈马斯（火箭弹袭击）	2011.10.26	1
基利亚特玛拉基	哈马斯（火箭弹袭击）	2012.11.15*	3
耶路撒冷	哈马斯（火箭弹袭击）	2012.11.16*	2

注：带 * 表示在“云柱行动”期间。

表七　1962 年至今（疑似）被摩萨德暗杀人员名单

姓名	职业	地点	日期	备注
海因茨·克鲁格	在埃及工作的德国导弹研究人员	慕尼黑	1962.09.11	绑架，未找到尸体
五名工程师	埃及导弹工厂工作人员	哈鲁恩	1962.11.28	炸弹信
赫伯特·库克斯	拉脱维亚籍纳粹分子	蒙得维的亚	1965.02.23	硬物重击
迈赫迪·本·巴尔卡	摩洛哥政客	巴黎	1965.11.15	枪杀，未找到尸体
加桑·卡纳法尼	解放巴勒斯坦人民阵线指挥官	贝鲁特	1972.07.08	汽车炸弹
瓦埃勒·祖埃特	黑色九月激进分子	罗马	1972.10.16	枪杀
马哈茂德·哈姆沙里	黑色九月成员	巴黎	1972.12.08	电话爆炸
侯赛因·巴希尔	巴勒斯坦解放组织成员	尼科西亚	1973.01.24	旅馆房间炸弹爆炸
巴西勒·库拜西	解放巴勒斯坦人民阵线成员	巴黎	1973.04.06	枪杀
卡迈勒·纳赛尔	巴勒斯坦解放组织成员	贝鲁特	1973.04.09	枪杀
马哈茂德·纳杰尔	巴勒斯坦解放组织成员	贝鲁特	1973.04.09	枪杀
卡迈勒·阿德万	巴勒斯坦解放组织成员	贝鲁特	1973.04.09	枪杀
扎亚德·穆夏希	巴勒斯坦解放组织成员	雅典	1973.04.12	旅馆房间炸弹爆炸
穆罕默德·布迪亚	解放巴勒斯坦人民阵线成员	巴黎	1973.06.28	汽车炸弹
艾哈迈德·布希基	服务员（非目标人物，被误杀）	利勒哈默尔	1973.07.21	枪杀
赛义德·哈马米	巴勒斯坦解放组织成员	伦敦	1978.01.04	枪杀
瓦迪厄·哈达德博士	解放巴勒斯坦人民阵线成员	巴格达	1978.03.28	毒杀
伊兹丁·加拉克	巴勒斯坦解放组织成员	巴黎	1978.08.01	枪杀?
哈马德·阿德南	巴勒斯坦解放组织成员	巴黎	1978.08.03	枪杀?
阿里·哈桑·萨拉马	黑色九月头目	贝鲁特	1979.01.22	汽车炸弹
祖海尔·穆赫辛	巴勒斯坦解放组织成员	戛纳	1979.07.25	枪杀

续表

姓名	职业	地点	日期	备注
阿里·塞勒姆·艾哈迈德	巴勒斯坦解放组织成员	尼科西亚	1979.12.15	枪杀
易卜拉欣·阿卜杜勒·阿齐兹	巴勒斯坦解放组织成员	尼科西亚	1979.12.15	枪杀
叶海亚·米沙德	伊拉克的埃及核专家	巴黎	1980.06.13	割喉
玛丽-克洛德·马加尔	妓女	巴黎	1980.07.12	汽车撞击
纳伊姆·卡德尔	巴勒斯坦解放组织成员	布鲁塞尔	1981.06.01	?
马吉德·阿布·沙拉尔	巴勒斯坦解放组织成员	罗马	1981.10.06	?
纳齐赫·迈尔	巴勒斯坦解放组织成员	罗马	1982.06.17	枪杀
卡迈勒·侯赛因	巴勒斯坦解放组织成员	罗马	1982.06.17	汽车炸弹
法德勒·达尼	巴勒斯坦解放组织成员	巴黎	1982.07.23	汽车炸弹
马蒙·梅赖什	巴勒斯坦解放组织成员	雅典	1983.08.21	枪杀
哈立德·艾哈迈德·纳扎尔	巴勒斯坦解放组织成员/解放巴勒斯坦民主阵线成员	雅典	1986.06.10	枪杀
蒙齐尔·阿布·加扎拉	巴勒斯坦解放组织成员	雅典	1986.10.21	汽车炸弹
穆罕默德·塔米米	巴勒斯坦解放组织成员	利马索尔	1988.02.14	汽车炸弹
马尔万·卡亚里	巴勒斯坦解放组织成员	利马索尔	1988.02.14	汽车炸弹
穆罕默德·布海斯	巴勒斯坦解放组织成员	利马索尔	1988.02.14	汽车炸弹
哈利勒·瓦齐尔（“阿布·杰哈德”）	巴勒斯坦解放组织成员，阿拉法特副手	突尼斯	1988.04.16	枪杀
杰拉尔德·布尔	加拿大导弹设计师	布鲁塞尔	1990.03.22	枪杀
阿提夫·巴萨苏	巴勒斯坦解放组织成员	巴黎	1992.06.08	枪杀
法特希·希卡基	杰哈德	马耳他	1995.10.26	枪杀
埃利·胡贝卡	黎巴嫩基督教长枪党领导人	贝鲁特	2002.01.24	汽车炸弹
杰哈德·艾哈迈德·贾布里勒	解放巴勒斯坦人民阵线总指挥部成员	贝鲁特	2002.05.20	汽车炸弹
阿尔德希尔·哈桑普尔	伊朗核专家	伊斯法罕	2007.01.15	一氧化碳中毒?

续表

姓名	职业	地点	日期	备注
伊马德・穆格尼耶	黎巴嫩真主党成员	大马士革	2008.02.12	汽车炸弹
穆罕默德・苏莱曼	叙利亚核专家	塔尔图	2008.08.01	枪杀
马苏德・阿里穆罕默迪	伊朗核专家	德黑兰	2010.01.12	汽车炸弹
马哈茂德・马巴胡赫	哈马斯成员	迪拜	2010.01.19	被用枕头捂面部窒息
马吉德・沙赫里阿里	伊朗核专家	德黑兰	2010.11.29	汽车炸弹
大流士・礼萨伊内贾德	伊朗核专家	德黑兰	2011.07.23	枪杀
穆斯塔法・罗尚	伊朗核专家	德黑兰	2011.11.11	汽车炸弹

注：以上案件中，只有发生在利勒哈默尔（1973）、突尼斯（1988）和迪拜（2010）这三起案件被证实为谋杀案，其他案件均因为摩萨德方面的否认和找不到犯罪嫌疑人而无法被证实。尽管如此，还是有大量间接证据指向摩萨德。另外，还有大量被认定为自然死亡的事件，其实也极有可能是摩萨德所为，包括亚西尔・阿拉法特之死也存在疑点。然而，直到本书排版之前，阿拉法特的相关尸检程序还没有结束。

表八　美军无人机在巴基斯坦的轰炸行动

日期	袭击组织	死亡人数	轰炸地点
		2013	
2013.06.07	不详	7	北瓦济里斯坦的曼哥迪
2013.05.29	塔利班	4—7	北瓦济里斯坦的米兰沙赫
2013.04.17	塔利班	5	南瓦济里斯坦的萨拉罗哈
2013.04.14	不详	4	北瓦济里斯坦的达塔海勒和曼茨海勒
2013.03.22	不详	4	北瓦济里斯坦的达塔海勒
2013.03.10	不详	2	北瓦济里斯坦的穆罕默德海勒
2013.02.08	基地组织，塔利班	7—9	南瓦济里斯坦的巴巴尔加尔
2013.02.06	不详	3—5	北瓦济里斯坦的斯宾瓦姆
2013.01.10	不详	4—5	北瓦济里斯坦的黑松海勒
2013.01.08	不详	5	北瓦济里斯坦的米尔阿里
2013.01.08	不详	3	北瓦济里斯坦的艾桑海勒
2013.01.06	塔利班	12—17	南瓦济里斯坦的巴巴尔加尔
2013.01.03	塔利班	4—5	北瓦济里斯坦的米兰沙赫和米尔阿里之间

续表

日期	袭击组织	死亡人数	轰炸地点
2013.01.02	毛尔维·纳齐尔	9	南瓦济里斯坦的安格尔阿达
		2012	
2012.12.28	不详	4—10	北瓦济里斯坦的古尔布兹
2012.12.21	不详	3—4	北瓦济里斯坦的黑苏海勒
2012.12.06	基地组织	2—3	北瓦济里斯坦的穆巴拉克夏希
2012.12.01	基地组织	3—4	南瓦济里斯坦的施恩瓦萨科
2012.11.29	基地组织	0—7	南瓦济里斯坦的施恩瓦萨科
2012.10.24	基地组织	1—5	北瓦济里斯坦的塔比
2012.10.11	塔利班	16—26	奥拉克塞地区的布兰德海勒
2012.10.10	不详	5	北瓦济里斯坦霍尔木兹
2012.10.01	不详	2—3	北瓦济里斯坦的凯德尔和米尔阿里
2012.09.24	基地组织	4—5	北瓦济里斯坦的达塔海勒
2012.09.22	塔利班	3—4	北瓦济里斯坦的达塔海勒
2012.09.01	塔利班	4—6	北瓦济里斯坦的德根
2012.08.24	塔利班	5—6	北瓦济里斯坦的达瑞纳斯塔
2012.08.21	塔利班	4—9	北瓦济里斯坦的沙纳赫拉
2012.08.19	塔利班	4—7	北瓦济里斯坦的马那
2012.08.19	塔利班	2—3	北瓦济里斯坦的马那
2012.08.18	哈卡尼网络	5—12	北瓦济里斯坦的施威达尔
2012.07.29	不详	4—7	北瓦济里斯坦的库什哈里图瑞海勒
2012.07.23	塔利班	9—14	北瓦济里斯坦的沙瓦尔
2012.07.06	不详	9—21	北瓦济里斯坦的达塔海勒
2012.07.01	塔利班	6—8	北瓦济里斯坦的德瑞尼斯塔
2012.06.26	塔利班	4—6	北瓦济里斯坦的沙瓦尔
2012.06.14	不详	3—4	北瓦济里斯坦的米兰沙赫
2012.06.12	不详	2—4	北瓦济里斯坦的伊沙
2012.06.04	不详	8—15	北瓦济里斯坦的哈松海勒
2012.06.03	不详	5—10	南瓦济里斯坦的瓦沙达纳

续表

日期	袭击组织	死亡人数	轰炸地点
2012.06.02	不详	2—4	南瓦济里斯坦的卡瓦施海勒
2012.05.28	不详	3—4	北瓦济里斯坦的哈松海勒
2012.05.28	不详	5—8	北瓦济里斯坦的达塔海勒
2012.05.26	塔利班	2—4	北瓦济里斯坦的米兰沙赫
2012.05.24	乌兹别克斯坦伊斯兰运动	5—10	北瓦济里斯坦的米尔阿里
2012.05.23	不详	4	北瓦济里斯坦的达塔海勒卡莱
2012.05.05	塔利班	8—10	北瓦济里斯坦的沙瓦尔
2012.04.29	塔利班	3—6	北瓦济里斯坦的米兰沙赫
2012.03.30	塔利班	4	北瓦济里斯坦的米兰沙赫
2012.03.13	毛尔维·纳齐尔	5—7	南瓦济里斯坦的奥斯加莱
2012.03.13	不详	6—8	北瓦济里斯坦的沙瓦尔
2012.03.09	不详	8—13	南瓦济里斯坦的马金
2012.03.08	不详	6	南瓦济里斯坦的尼施巴
2012.02.16	不详	5—6	北瓦济里斯坦的斯巴加
2012.02.16	不详	7—15	北瓦济里斯坦的米尔阿里
2012.02.09	基地组织	3—5	北瓦济里斯坦的米兰沙赫
2012.02.08	哈卡尼网络	9—10	北瓦济里斯坦的斯巴加
2012.01.23	基地组织	4—5	北瓦济里斯坦的德根
2012.01.13	不详	4—8	北瓦济里斯坦的新阿达
2012.01.10	基地组织	1—4	北瓦济里斯坦的米兰沙赫
		2011	
2011.11.17	不详	4—7	北瓦济里斯坦的沙瓦尔
2011.11.16	塔利班	12—22	南瓦济里斯坦的巴巴尔加尔
2011.11.15	塔利班	6—7	北瓦济里斯坦的米兰沙赫
2011.11.03	哈卡尼网络	2—3	北瓦济里斯坦的达帕海勒撒莱
2011.10.31	不详	2—4	北瓦济里斯坦的穆巴拉克沙
2011.10.30	不详	3—6	北瓦济里斯坦的达塔海勒

续表

日期	袭击组织	死亡人数	轰炸地点
2011.10.27	塔利班	4—6	南瓦济里斯坦的阿扎姆瓦萨克
2011.10.27	塔利班	4—5	北瓦济里斯坦的米尔阿里
2011.10.26	塔利班	13—22	北瓦济里斯坦的波巴尔
2011.10.15	哈卡尼网络	3—6	南瓦济里斯坦的安格尔阿达
2011.10.14	哈卡尼网络	3—4	北瓦济里斯坦的米拉姆沙赫
2011.10.13	哈卡尼网络	3—6	北瓦济里斯坦的丹德达巴海勒
2011.10.13	塔利班	4	南瓦济里斯坦的安格尔阿达
2011.09.30	塔利班	3—4	南瓦济里斯坦的安格尔阿达
2011.09.27	塔利班	0—4	南瓦济里斯坦的阿扎姆瓦萨克
2011.09.23	不详	3—6	北瓦济里斯坦的米尔阿里
2011.09.11	基地组织	2—4	北瓦济里斯坦的黑苏海勒
2011.08.22	不详	4—5	北瓦济里斯坦的米尔阿里
2011.08.19	不详	4	南瓦济里斯坦的辛瓦萨克
2011.08.16	不详	4	北瓦济里斯坦的米拉姆沙赫
2011.08.10	哈卡尼网络	18—23	北瓦济里斯坦的米拉姆沙赫
2011.08.02	不详	4	北瓦济里斯坦的米拉姆沙赫
2011.08.01	塔利班	3—6	南瓦济里斯坦的阿扎姆瓦萨克
2011.07.12	塔利班	5—13	南瓦济里斯坦的马利克夏希
2011.07.12	不详	8—15	北瓦济里斯坦的布雷尼斯塔
2011.07.12	不详	3—8	北瓦济里斯坦的布雷尼斯塔
2011.07.12	不详	1	北瓦济里斯坦的纽维阿达
2011.07.11	塔利班	7—25	北瓦济里斯坦的格维克
2011.07.05	不详	3—4	北瓦济里斯坦的米尔阿里
2011.06.27	塔利班	12—21	南瓦济里斯坦的曼托伊
2011.06.27	塔利班	3—12	南瓦济里斯坦的布雷尼斯塔
2011.06.20	哈卡尼网络	5—7	古勒姆的卡尔丹特
2011.06.15	塔利班	3—5	南瓦济里斯坦的瓦纳
2011.06.15	不详	5—10	北瓦济里斯坦的塔比

续表

日期	袭击组织	死亡人数	轰炸地点
2011.06.08	塔利班	4	北瓦济里斯坦的扎瓦勒纳莱
2011.06.08	塔利班	15—23	北瓦济里斯坦的扎瓦勒纳莱
2011.06.06	不详	7—9	南瓦济里斯坦的萨拉姆拉格扎伊
2011.06.06	塔利班	7—8	南瓦济里斯坦的瓦沙达纳
2011.06.06	不详	3—5	南瓦济里斯坦的布雷尼斯塔
2011.06.03	基地组织，塔利班	9	南瓦济里斯坦的拉曼
2011.05.23	不详	4—7	北瓦济里斯坦的玛奇海勒
2011.05.20	不详	4—6	北瓦济里斯坦的塔比
2011.05.16	不详	4—6	北瓦济里斯坦的米尔阿里
2011.05.13	不详	3—5	北瓦济里斯坦的多加马达海勒
2011.05.12	不详	3—8	北瓦济里斯坦的达塔海勒
2011.05.10	不详	3—5	南瓦济里斯坦的巴加尔
2011.05.06	基地组织	8—16	北瓦济里斯坦的达塔海勒
2011.04.22	塔利班	23—29	北瓦济里斯坦的米尔阿里
2011.04.13	塔利班，哈卡尼网络	4—6	南瓦济里斯坦的安格尔阿达
2011.03.17	塔利班，不详	45—49	北瓦济里斯坦的达塔海勒
2011.03.16	不详	4—6	北瓦济里斯坦的达塔海勒
2011.03.14	不详	3—6	北瓦济里斯坦的马利克雅施达
2011.03.13	塔利班	0—4	南瓦济里斯坦的阿扎姆瓦萨克
2011.03.13	塔利班	3—6	北瓦济里斯坦的斯巴加
2011.03.11	不详	5—6	北瓦济里斯坦的斯宾瓦姆村
2011.03.11	不详	4—10	北瓦济里斯坦的高尔斯基
2011.03.08	不详	4—5	北瓦济里斯坦的伊斯梅尔海勒
2011.03.08	不详	5	南瓦济里斯坦的兰迪多格
2011.02.24	塔利班	4—5	北瓦济里斯坦的穆罕默德海勒
2011.02.21	不详	5—8	北瓦济里斯坦的斯巴加
2011.02.20	基地组织	4—7	南瓦济里斯坦的卡扎潘加
2011.01.23	不详	3—4	北瓦济里斯坦的多加马达海勒

续表

日期	袭击组织	死亡人数	轰炸地点
2011.01.23	不详	6	北瓦济里斯坦的曼多海勒
2011.01.18	不详	4—5	北瓦济里斯坦的阿萨
2011.01.12	塔利班	3—4	北瓦济里斯坦的海德海勒
2011.01.07	不详	4—5	北瓦济里斯坦的加尔拉莱
2011.01.01	塔利班	7—9	北瓦济里斯坦的曼迪海勒
2011.01.01	塔利班	4—5	北瓦济里斯坦的古雷斯提
2011.01.01	不详	4	北瓦济里斯坦的伯亚村
		2010	
2010.12.31	哈卡尼网络	4—8	北瓦济里斯坦的古拉姆汗
2010.12.28	不详	10	北瓦济里斯坦的纳瓦布村
2010.12.28	不详	5—8	北瓦济里斯坦的古拉姆汗
2010.12.27	塔利班	18—20	北瓦济里斯坦的谢拉塔拉
2010.12.27	塔利班	4—6	北瓦济里斯坦的迈齐海勒
2010.12.17	塔利班	4—7	开伯尔桑加纳
2010.12.17	塔利班	8—15	开伯尔纳凯村
2010.12.17	塔利班，基地组织	4—34	开伯尔新帕村
2010.12.16	不详	7	开伯尔斯宾德兰特
2010.12.14	不详	4	北瓦济里斯坦的斯巴加
2010.12.10	基地组织	4	北瓦济里斯坦的卡达海勒
2010.12.06	不详	3—8	北瓦济里斯坦的凯索村
2010.11.28	不详	3—4	北瓦济里斯坦的哈桑海勒
2010.11.26	不详	4	北瓦济里斯坦的皮尔凯利
2010.11.22	不详	4—6	北瓦济里斯坦的胡沙利
2010.11.21	不详	4—9	北瓦济里斯坦的哈迪
2010.11.19	塔利班，哈卡尼网络	3—4	北瓦济里斯坦的那乌拉克
2010.11.16	不详	16—20	北瓦济里斯坦的古拉姆汗
2010.11.13	不详	4—5	北瓦济里斯坦的艾哈迈德海勒

续表

日期	袭击组织	死亡人数	轰炸地点
2010.11.11	哈卡尼网络	6—7	北瓦济里斯坦的古里海勒村
2010.11.07	不详	4—6	北瓦济里斯坦的莫伊泽
2010.11.07	不详	8—9	北瓦济里斯坦的古拉姆汗
2010.11.03	不详	4	北瓦济里斯坦的派海勒村
2010.11.03	不详	3—4	北瓦济里斯坦的卡松海勒
2010.11.03	不详	4—5	北瓦济里斯坦的库图布海勒
2010.11.01	不详	5—6	北瓦济里斯坦的海德尔海勒
2010.10.28	不详	4—11	北瓦济里斯坦的伊斯梅尔海勒
2010.10.27	哈卡尼网络	3—4	北瓦济里斯坦的迪干
2010.10.27	不详	2—5	北瓦济里斯坦的斯宾瓦姆
2010.10.18	不详	5—7	北瓦济里斯坦的山扎里
2010.10.15	不详	6	北瓦济里斯坦的阿齐兹海勒
2010.10.15	不详	3—5	北瓦济里斯坦的玛奇海勒
2010.10.13	塔利班	3—11	北瓦济里斯坦的因扎尔卡斯村
2010.10.10	不详	7—8	北瓦济里斯坦的斯宾瓦姆
2010.10.08	不详	4—9	北瓦济里斯坦的查尔海勒
2010.10.07	不详	2—4	北瓦济里斯坦的海索里
2010.10.06	不详	3—5	北瓦济里斯坦的米尔阿里
2010.10.06	不详	3—6	北瓦济里斯坦的米拉姆沙赫
2010.10.04	不详（死者含德国人本雅明）	5—12	北瓦济里斯坦的米尔阿里
2010.10.02	塔利班	8—9	北瓦济里斯坦的因扎尔卡斯
2010.10.02	塔利班，哈卡尼网络	6—10	北瓦济里斯坦的阿萨
2010.09.28	不详	4	北瓦济里斯坦的泽巴
2010.09.27	不详	2—4	北瓦济里斯坦的库施哈里
2010.09.26	不详	5	北瓦济里斯坦的塔马奴路
2010.09.26	不详	3—4	北瓦济里斯坦的拉瓦拉曼迪

续表

日期	袭击组织	死亡人数	轰炸地点
2010.09.26	哈卡尼网络	3—4	北瓦济里斯坦的谢拉尼
2010.09.25	基地组织	3—4	北瓦济里斯坦的达塔海勒
2010.09.21	塔利班	5—7	南瓦济里斯坦的阿扎姆瓦萨克
2010.09.21	塔利班	6—7	阿富汗边境的坤德
2010.09.20	不详	8—9	北瓦济里斯坦的达拉兹达
2010.09.19	不详	4—5	北瓦济里斯坦的德罕
2010.09.15	不详	4—7	北瓦济里斯坦的巴耶海勒
2010.09.15	哈卡尼网络	11—14	北瓦济里斯坦的达干曼迪
2010.09.14	哈卡尼网络	3—4	北瓦济里斯坦的库塔布海勒
2010.09.14	不详	7—12	北瓦济里斯坦的布施纳莱
2010.09.12	塔利班	4—6	北瓦济里斯坦的达塔海勒
2010.09.09	不详	4—6	北瓦济里斯坦的米拉姆沙赫
2010.09.08	哈卡尼网络	4—10	北瓦济里斯坦的丹迪德帕海勒
2010.09.08	不详	4	阿富汗边境的安伯沙加
2010.09.08	不详	4—6	北瓦济里斯坦的达加曼迪
2010.09.06	不详	3—6	北瓦济里斯坦的喀尔盖迈尔
2010.09.04	不详	4—8	北瓦济里斯坦的达塔海勒
2010.09.04	不详	5—6	北瓦济里斯坦的米拉姆沙赫
2010.09.03	不详	2—7	北瓦济里斯坦的达塔海勒
2010.09.03	不详	5—25	北瓦济里斯坦的米拉姆沙赫
2010.08.27	塔利班，基地组织	3—4	古勒姆的沙希达诺
2010.08.23	塔利班，基地组织	7—20	北瓦济里斯坦的丹迪德帕海勒
2010.08.23	不详	5	北瓦济里斯坦的德加曼迪
2010.08.21	不详	4—6	北瓦济里斯坦的库塔布海勒
2010.08.14	塔利班	7—13	北瓦济里斯坦的伊松利
2010.07.25	塔利班	4	南瓦济里斯坦的兰迪海勒
2010.07.25	不详	4—7	北瓦济里斯坦的塔比托尔海勒
2010.07.25	塔利班	4—14	南瓦济里斯坦的沙克托伊

续表

日期	袭击组织	死亡人数	轰炸地点
2010.07.24	不详	16—18	南瓦济里斯坦的德瓦萨拉克
2010.07.15	不详	7—14	北瓦济里斯坦的谢拉尼
2010.06.29	塔利班，基地组织	6—10	南瓦济里斯坦的拉马勒
2010.06.27	不详	2—6	北瓦济里斯坦的塔比托尔海勒
2010.06.26	塔利班	2—3	北瓦济里斯坦的胡沙利海勒
2010.06.19	塔利班，基地组织	11—16	北瓦济里斯坦的索海勒
2010.06.11	塔利班	8—9	北瓦济里斯坦的达塔海勒
2010.05.29	不详	2—3	北瓦济里斯坦的哈迪
2010.05.28	塔利班	8—12	南瓦济里斯坦的米扎伊纳里
2010.05.21	塔利班	6—12	北瓦济里斯坦的阿萨达巴德
2010.05.15	不详	5—15	开伯尔的拉加
2010.05.11	不详	7—10	阿富汗边境的格尔维克
2010.05.11	不详	14	北瓦济里斯坦的多加地区
2010.05.09	不详	6—10	北瓦济里斯坦的因扎尔卡斯
2010.05.03	不详	2—6	北瓦济里斯坦的马尔斯海勒
2010.04.28	不详	4—6	北瓦济里斯坦的胡沙利托尔海勒
2010.04.24	不详	7—8	北瓦济里斯坦的玛奇海勒
2010.04.16	不详	4—6	北瓦济里斯坦的托尔海勒
2010.04.14	不详	3—5	北瓦济里斯坦的阿姆布尔沙加
2010.04.12	塔利班	5—13	北瓦济里斯坦的伯亚
2010.03.31	不详	4—6	北瓦济里斯坦的塔比
2010.03.28	不详	4	北瓦济里斯坦的胡尔马兹
2010.03.23	不详	4—6	北瓦济里斯坦的玛奇斯
2010.03.21	塔利班， 哈卡尼网络	5—8	北瓦济里斯坦的劳瓦里曼迪
2010.03.17	塔利班	3—6	北瓦济里斯坦的马达海勒
2010.03.17	塔利班	3—5	北瓦济里斯坦的哈姆佐尼
2010.03.16	塔利班	8—11	北瓦济里斯坦的达塔海勒

续表

日期	袭击组织	死亡人数	轰炸地点
2010.03.10	不详	12—21	北瓦济里斯坦的米扎尔马达海勒
2010.03.08	基地组织	3—5	北瓦济里斯坦的马雷汗希莱
2010.02.24	塔利班，哈卡尼网络	3—9	北瓦济里斯坦的达吉曼迪
2010.02.18	哈卡尼网络	3—4	北瓦济里斯坦的丹迪达帕海勒
2010.02.17	塔利班	2—4	北瓦济里斯坦的塔比托尔海勒
2010.02.15	基地组织	3—4	北瓦济里斯坦的塔比
2010.02.14	不详	8—9	北瓦济里斯坦的米尔阿里
2010.02.04	塔利班	2—7	北瓦济里斯坦的托尔纳莱
2010.02.02	塔利班	2—7	北瓦济里斯坦的派海勒
2010.02.02	塔利班	2—7	北瓦济里斯坦的穆罕默德海勒
2010.02.02	塔利班	4—8	北瓦济里斯坦的迪干
2010.01.29	塔利班，哈卡尼网络	5—15	北瓦济里斯坦的穆罕默德海勒
2010.01.19	塔利班，基地组织	3—6	北瓦济里斯坦的迪干
2010.01.17	塔利班，乌兹别克斯坦伊斯兰运动	12—20	南瓦济里斯坦的尼兹巴村
2010.01.15	塔利班	3—5	北瓦济里斯坦的扎尼尼
2010.01.15	塔利班	4—6	北瓦济里斯坦的比奇
2010.01.14	塔利班	10—18	北瓦济里斯坦的沙克托伊
2010.01.09	不详	4—5	北瓦济里斯坦的伊斯梅尔海勒
2010.01.08	塔利班	3—8	北瓦济里斯坦的塔比
2010.01.06	塔利班	5—25	北瓦济里斯坦的桑扎里
2010.01.03	不详	2—5	北瓦济里斯坦的摩萨基
2010.01.01	不详	2—3	北瓦济里斯坦的甘地卡拉
2009			
2009.12.31	基地组织	2—6	北瓦济里斯坦的玛奇海勒
2009.12.26	塔利班	3—14	北瓦济里斯坦的巴巴尔拉格扎伊
2009.12.18	塔利班	3—8	北瓦济里斯坦的巴布拉克济亚拉特
2009.12.17	哈卡尼网络，塔利班	2—12	北瓦济里斯坦的戈达伊瓦拉

续表

日期	袭击组织	死亡人数	轰炸地点
2009.12.17	塔利班	4—14	北瓦济里斯坦的迪干
2009.12.08	塔利班，基地组织	2—3	北瓦济里斯坦的阿斯巴加
2009.11.20	塔利班	8	北瓦济里斯坦的帕隆森
2009.11.18	塔利班	4	北瓦济里斯坦的沙那科拉
2009.11.05	塔利班	4	北瓦济里斯坦的诺拉克
2009.10.24	塔利班	15—24	开伯尔的达玛多拉巴焦尔
2009.10.21	塔利班，基地组织	4	北瓦济里斯坦的斯巴拉加
2009.10.15	哈卡尼网络	4	北瓦济里斯坦的丹迪达帕海勒
2009.09.30	塔利班	5—9	北瓦济里斯坦的诺拉克
2009.09.29	塔利班	5—6	南瓦济里斯坦的萨拉罗哈
2009.09.29	塔利班	5—7	北瓦济里斯坦的丹达达帕海勒
2009.09.24	哈卡尼网络	3—12	北瓦济里斯坦的米尔阿里
2009.09.14	塔利班	3—8	北瓦济里斯坦的图尔海勒
2009.09.08	不详	9—10	北瓦济里斯坦的达加曼迪
2009.09.07	基地组织	4—7	北瓦济里斯坦的玛奇海勒
2009.08.27	塔利班，基地组织	4—8	南瓦济里斯坦的塔帕尔高
2009.08.21	哈卡尼网络	12—21	北瓦济里斯坦的达帕海勒
2009.08.11	塔利班	10—14	南瓦济里斯坦的卡尼古拉姆
2009.08.05	贝图拉·马哈苏德	4	南瓦济里斯坦的赞格拉
2009.07.17	贝图拉·马哈苏德	4—5	北瓦济里斯坦的加里万
2009.07.10	贝图拉·马哈苏德	3—5	南瓦济里斯坦的帕因达海勒
2009.07.08	贝图拉·马哈苏德	6—10	南瓦济里斯坦的拉德哈
2009.07.08	贝图拉·马哈苏德	17—40	南瓦济里斯坦的卡尔万曼扎
2009.07.07	贝图拉·马哈苏德	12—16	南瓦济里斯坦的简加拉
2009.07.03	贝图拉·马哈苏德	0—10	南瓦济里斯坦的曼托伊
2009.07.03	塔利班	6—35	南瓦济里斯坦的扎玛莱纳莱
2009.06.23	贝图拉·马哈苏德	2—6	南瓦济里斯坦的尼耶纳莱
2009.06.23	贝图拉·马哈苏德	40—80	南瓦济里斯坦的马肯

续表

日期	袭击组织	死亡人数	轰炸地点
2009.06.18	塔利班	1—11	南瓦济里斯坦的沙阿拉姆
2009.06.18	塔利班	1—9	南瓦济里斯坦的拉格扎伊
2009.06.14	贝图拉·马哈苏德	3—5	南瓦济里斯坦的马达尔阿勒加德
2009.05.16	不详	10—40	北瓦济里斯坦的堪桑尔
2009.05.12	贝图拉·马哈苏德	8—10	南瓦济里斯坦的萨拉克瓦拉
2009.05.09	贝图拉·马哈苏德	5—40	南瓦济里斯坦的塔比兰加尔海林
2009.04.29	贝图拉·马哈苏德，基地组织	6	南瓦济里斯坦的堪尼古拉姆
2009.04.19	塔利班	0—8	南瓦济里斯坦的甘吉海勒
2009.04.08	塔利班	3—4	南瓦济里斯坦的瓦纳
2009.04.04	塔利班	11—15	北瓦济里斯坦的达塔海勒
2009.04.01	塔利班	12—14	奥拉克赛区的卡德扎伊
2009.03.26	基地组织	4—5	北瓦济里斯坦的苏海勒
2009.03.25	贝图拉·马哈苏德	7	南瓦济里斯坦的马肯
2009.03.15	不详	2—5	开伯尔的亚尼海勒
2009.03.12	塔利班	11—24	古勒姆的巴吉奥
2009.03.01	塔利班	7—12	南瓦济里斯坦的萨拉罗哈
2009.02.16	塔利班	15—31	古勒姆的苏尔普勒
2009.02.14	贝图拉·马哈苏德，基地组织	16—30	南瓦济里斯坦的纳尔斯海勒
2009.01.23	塔利班	9—10	北瓦济里斯坦的扎尔基（策拉）
2009.01.23	不详	7—10	南瓦济里斯坦的蒂法拉兹或甘吉海勒
2009.01.02	贝图拉·马哈苏德	3—4	南瓦济里斯坦的拉德哈
2009.01.01	基地组织，塔利班	2—5	南瓦济里斯坦的卡里克特
2008			
2008.12.22	不详	3—5	南瓦济里斯坦的格瓦克瓦
2008.12.22	不详	2—3	南瓦济里斯坦的阿扎姆瓦萨克

续表

日期	袭击组织	死亡人数	轰炸地点
2008.12.15	不详	2—3	北瓦济里斯坦的塔比图勒
2008.12.11	不详	6—7	南瓦济里斯坦的阿扎姆瓦萨克
2008.12.05	不详	3—4	北瓦济里斯坦的卡提拉
2008.11.29	不详	2—3	北瓦济里斯坦的杰什马
2008.11.22	不详	4—5	北瓦济里斯坦的阿里海勒
2008.11.19	塔利班	4—6	开伯尔的亚尼海勒
2008.11.14	不详	11—13	北瓦济里斯坦的加尔亚姆
2008.11.07	不详	13—14	北瓦济里斯坦的库姆沙姆
2008.10.31	基地组织	8—15	北瓦济里斯坦的米尔阿里
2008.10.31	塔利班	7—12	南瓦济里斯坦的瓦纳
2008.10.26	塔利班	7—20	南瓦济里斯坦的沙卡伊
2008.10.23	不详	4—10	北瓦济里斯坦的丹达达帕海勒
2008.10.16	基地组织	4—5	南瓦济里斯坦的塔帕盖伊
2008.10.11	基地组织，塔利班	4—5	北瓦济里斯坦的米拉姆沙赫
2008.10.09	塔利班	6—9	北瓦济里斯坦的塔提
2008.10.03	哈卡尼网络	3	北瓦济里斯坦的达塔海勒
2008.10.03	不详	8—21	北瓦济里斯坦的穆罕默德海勒
2008.10.01	不详	4—5	北瓦济里斯坦的库萨里图里海勒
2008.09.17	塔利班	5—7	南瓦济里斯坦的巴哈尔齐纳
2008.09.12	不详	12	北瓦济里斯坦的托尔海勒
2008.09.08	基地组织	17—25	北瓦济里斯坦的丹达达帕海勒
2008.09.05	不详	5—12	北瓦济里斯坦的古尔瓦克
2008.09.04	哈卡尼网络	4—7	北瓦济里斯坦的查尔海勒
2008.08.31	不详	6—8	北瓦济里斯坦的塔比
2008.08.30	塔利班	5—6	南瓦济里斯坦的科尔扎伊
2008.08.27	不详	0	南瓦济里斯坦的甘格海勒

续表

日期	袭击组织	死亡人数	轰炸地点
2008.08.20	基地组织，塔利班	5—10	南瓦济里斯坦的瓦纳
2008.08.12	塔利班	9—12	南瓦济里斯坦的巴加尔
2008.07.28	基地组织	6—15	南瓦济里斯坦的塞拉利塔
2008.06.14	贝图拉·马哈苏德	1	南瓦济里斯坦的马肯
2008.05.14	基地组织	12—18	巴焦尔的达玛多拉
2008.03.16	贝图拉·马哈苏德	7—20	南瓦济里斯坦的多克比尔巴
2008.02.28	基地组织，塔利班	8—13	南瓦济里斯坦的阿扎姆瓦萨克
2008.01.29	基地组织	12—13	北瓦济里斯坦的米尔阿里
		2007	
2007.11.02	塔利班	5—9	北瓦济里斯坦的米拉姆沙赫
2007.06.19	基地组织，塔利班	20—34	北瓦济里斯坦的马米罗加
2007.04.27	塔利班	3—4	北瓦济里斯坦的丹达萨德加伊
2007.01.16	基地组织，塔利班	20—30	南瓦济里斯坦的萨拉玛特凯利
		2006	
2006.10.30	基地组织，塔利班	80—82	巴焦尔的车纳加伊
2006.01.06	基地组织	8—18	巴焦尔的达玛多拉
		2005	
2005.12.01	基地组织	4—5	北瓦济里斯坦的帕塔西阿达
2005.11.05	基地组织	8	北瓦济里斯坦的海索里
2005.05.08	基地组织	2	北瓦济里斯坦的图尔海勒
		2004	
2004.06.19	塔利班	4—9	南瓦济里斯坦的瓦纳
		2001	
2001.11.16	基地组织	1	本·拉登的副手穆罕默德·阿提夫在阿富汗被炸死

资料来源：新美国基金会的《国家安全研究计划》，数据截止日期为 2013 年 6 月 15 日。

表九　美军无人机在也门的轰炸

日期	死亡人数	主要目标	地点
2013.06.01	7		马法德
2013.05.20	2		科卜扎
2013.05.18	4		马菲德
2013.04.29	5	哈米德·拉德米，基地组织扎马尔省头目	韦撒布
2013.04.21	2		瓦迪阿比达
2013.01.23	6—8		贾哈那
2013.01.23	0—7		
2013.01.22	3—4		博卡阿
2013.01.21	2—4	齐亚迪，基地组织（？），卡西姆和阿里·图阿伊曼，也门政府释放的伊斯兰教徒	纳克拉
2013.01.19	4—10		瓦迪阿比达
2013.01.03	3	穆克比勒·埃巴德·佐巴赫	拉达阿
2012			
2012.12.29	3—4		马那塞
2012.12.28	2	阿卜杜拉·巴瓦齐尔，2011 年越狱案的主谋，当时有 12 名伊斯兰武装分子随同他一起越狱	阿施谢尔
2012.12.24	2—6		
2012.11.07	1—3	阿德南·卡迪，驻萨那美国大使馆爆炸案嫌疑人	赛伊恩
2012.10.28	3—4		杰巴拉
2012.10.21	3—4	萨纳德·阿卜杜拉·阿齐利	马里卜
2012.10.18	7—9	基地组织领导人	贾尔
2012.10.14	4—5		赛义德
2012.10.10	7—16	赛义德·谢赫里，当地基地组织的二号人物	艾因
2012.09.08	4	阿卜杜勒拉乌夫·艾哈迈德，纳赛尔·萨哈卜	拉达阿
2012.09.05	5—6	穆拉德·本·塞勒姆，基地组织	艾因
2012.09.02	5		拉达

续表

日期	死亡人数	主要目标	地点
2012.08.31	5—8	哈立德·巴提斯，2002年法国“林堡号”油船爆炸案嫌疑人	哈乌拉
2012.08.29	5—7		夸特恩
2012.08.28	2		马里卜
2012.08.07	2—3		祖卡伊卡地区
2012.08.06	7	阿卜杜拉·马斯里	拉达
2012.08.04	3—5		库特恩
2012.07.03	2—5	法赫德·萨雷·安加夫，哈桑·阿里·伊沙齐	拜汗
2012.06.25	3		亚丁
2012.06.13	27—30		阿赞
2012.06.13	9	不详	阿赞
2012.06.01	11—12	不详	马法德
2012.05.28	6—7	不详	穆卡拉
2012.05.28	5	凯德·达阿布	拉达阿
2012.05.19	2	不详	不详
2012.05.17	2—3	不详	希巴姆
2012.05.15	11—33	不详	贾尔
2012.05.12	6—7	不详	不详
2012.05.12	4—10	不详	不详
2012.05.10	7—10	不详	津吉巴尔
2012.05.10	8	加兰德	贾尔
2012.05.06	2	法赫德·库苏	拉夫德
2012.05.02	13—15	不详	贾尔
2012.04.30	3—13		津吉巴尔
2012.04.29	3	不详	也门东北部
2012.04.26	3		穆迪亚
2012.04.23	3		内萨布

续表

日期	死亡人数	主要目标	地点
2012.04.22	3—4	穆罕默德·乌姆达，2002年法国“林堡号”油船爆炸案嫌疑人	桑达
2012.04.16	5—6	不详	卡拉马
2012.04.14	3—11	不详	
2012.04.11	10—12	不详	拉乌达尔
2012.04.08	8	不详	
2012.04.08	16		卡乌德
2012.04.07	0—8	不详	
2012.04.01	38—43	不详	拉赫哈
2012.03.30	6	不详	阿赞
2012.03.22	9—30	不详	津吉巴尔
2012.03.18	14—16	不详	津吉巴尔
2012.03.13	4—5	不详	贝塔
2012.03.11	3—6	不详	贾尔
2012.03.10	34—40	不详	瓦迪马克纳克和贾尔
2012.03.09	25—30	阿布杜勒瓦哈布·胡麦卡尼	巴亚达
2012.01.30	9—15	不详	拉乌达尔
2011			
2011.12.23	1	阿卜杜勒拉赫曼·乌里施	津吉巴尔
2011.10.14	7—24	易卜拉欣·巴纳，阿卜杜勒·拉赫曼·奥拉基	阿赞和罗乌达之间
2011.10.05	5—10	不详	贾尔
2011.09.30	4	安瓦尔·奥拉基，萨米尔·汗	
2011.09.21	10	赛义德·谢利，基地组织	马法德
2011.09.01	6	不详	津吉巴尔和沙克拉之间
2011.09.01	20—30	不详	津吉巴尔附近

续表

日期	死亡人数	主要目标	地点
2011.08.01	15	纳塞尔·沙达迪	津吉巴尔和贾尔之间
2011.07.27	5	不详	津吉巴尔
2011.07.14	8	哈迪·穆罕默德·阿里	瓦迪亚
2011.06.18	0	不详	贾尔
2011.06.12	3	不详	贾尔
2011.06.03	8—12	阿布·阿里·哈里西	津吉巴尔
2011.05.05	2	不详	加赫瓦
2010			
2010.05.24	4—6	不详	瓦迪阿贝达
2009			
2009.12.24	30	不详	不详
2009.12.17	14—55	不详	马加拉赫
2002			
2002.08.01	6—10	卡埃德·萨利姆·苏尼安·哈里西和艾哈迈德	马里黑加兹

资料来源：新美国基金会的《国家安全研究计划》，数据截止日期为2013年6月15日。

参考资料

第 1 章

Jo Becker und Scott Shane, »Secret ›Kill List‹ Proves a Test of Obama's Principles and Will«, *The New York Times* v. 29.5.2012; Karen De Young and Peter Finn »U.S. acknowledges killing of four U.S. citizens in counterterrorism operations«, *The Washington Post* v. 22.5.2013; Adam Liptak, »Secrecy of Memo on Drone Killing Is Upheld«, *The New York Times* v. 2. 3. 2013; Interview with Supreme Justice Haim Cohn, *Mabat* 1997; Thomas B. Hunter, »Targeted Killing«, 2009; Avery Plaw, »Targeting Terrorists«, Hampshire/Burlington 2008; Raymond Murray, »The SAS in Ireland«, London 1990; Mark Urban, »Big Boys' Rules«, London 1992.

美国情报机构

第 2 章

Mark Owen, Kevin Maurer, »Mission erfüllt« (»No Easy Day«), München 2012; Mark Bowden, »Killing Osama« (»The Finish«), Berlin 2012; Peter L. Bergen, »Die Jagd auf Osama Bin Laden« (»The Manhunt«), München 2012; Chuck Pfarrer, »Codewort Geronimo« (»SEAL Target Geronimo«), Kulmbach 2012; Martin Wilhelm, »Enttarnter Navy Seal steht auf der Abschussliste«, *Basler Zeitung* v.

27. 8. 2012; »Mark Owen, Navy SEAL In Bin Laden Raid, Condemns Those Who Politicize Raid; ›Shame On Them‹«, *Huffington Post* v. 30. 8. 2012; Julie Bosman and Eric Schmitt, »Chronicler of Bin Laden Raid Is Unmasked«, *New York Times* v. 24. 8. 2012; Pete Williams, »Ex-Navy-SEAL faces legal jeopardy for writing about bin Laden raid«, *NBC-News* v. 23. 8. 2012; Daniel Klaidman, »A SEAL's Most Daring Mission«, *Newsweek* v. 10. 9. 2012. Am 3.9.2012 bereits auf thedailybeast.com

第 3 章

»A Study of Assassination«, Training File of PBSuccess, 79-01025A, Box 73, Folder 4; »National Archives to Open CIA Guatemalan Materials«, New Release v. 22. 5. 1997; Tim Weiner, »CIA in 1950's Drew Up List of Guatemalan Leaders to Be Assassinated«, *New York Times* v. 28. 5. 1997; Memorandum CIA Headquarters v. 31. 3. 1954, Subj: Selection of individuals for disposal by Junta Group; Gerald K. Haines, »CIA and Guatemala Assassination Proposals 1952–1954«, CIA History Staff Analysis, Juni 1995; www.foia.cia.gov/r/pa/ho/frus/ike/guat; Tim Weiner, »Legacy of Ashes – The History of the CIA«, New York 2007; Dan Raviv, Yossi Melman, »Spies Against Armageddon«, New York 2012.

第 4 章

Michael Edwards, »The Sphinx and The Spy. The Clandestine World of John Mulholland«, *Genii* v. 2. 4. 2001; Memorandum for Deputy Director CIA v. 13. 4. 1953, *John Marks' files*, National Security Archives Washington; Schreiben von John Mulholland an Sidney Gottlieb v. 20. 4. 1953, *Michael Edwards' files*; Memorandum Project MK ultra, Subproject 4, von Sidney Gottlieb v. 4. 5. 1953; Schreiben von John Mulholland an die Herausgeber *The Sphinx* v. 29. 6. 1953; Schreiben von John Mulholland an Sidney Gottlieb v. 20. 4. 1953, 11. 5. 1973 und 11. 11. 1953; Egmont R. Koch, »Die magische Hand der CIA«, *Süddeutsche Zeitung Magazin* v. 3. 5. 2002; John Mulholland, »Mulholland's Book of Magic«, New York 1963.

第 5 章

Summary Report on CIA Investigation on MK Naomi, Joint Hearings Before the Subcommittee to Study Governmental Operations with Respect to Intelligence Activities (Church-Komitee), Sitzungen v. 10., 12. 9., 9. 10. und 7. 11. 1975; Ed Regis, »The Biology of Doom«, New York 1999; »The Congo 1960 – State Terrorism and Foreign Policy«, US-Senate, Report of Proceedings, 1975; Ted Gup, »The Coldest Warrior«, *Washington Post Magazine* v. 16. 12. 2001; G.J.A O'Toole, »Honorable Treachery: A History of U.S. Intelligence«, New York 1991; Egmont R. Koch, Michael Wech, »Deckname Artischocke«, München 2002; Charles Baier, »Red Tide and Shellfisch Poisoning: Toxic Products of Marine Algae«, Principles of Environmental Toxicology, University of Idaho, December 2000; Ludo De Witte, »L'assassinat de Lumumba«, Paris 1999; Tim Weiner, »Legacy of Ashes – The History of the CIA«, New York 2007; »Conclusions de la commission d'enquete sur les circonstances de la mort de Patrice Lumbumba«, Brüssel 2001; Steve Weissman, »Opening the Secret Files on Lumumba's Murder«, *Washington Post* v. 21. 7. 2002; Avery Plaw, »Targeting Terrorists«, Hampshire/Burlington 2008; Michael Schmitt, »State-sponsered Assassination in International and Domestic Law«, International Law Sudies 1992; »Ermittlungen zum Fall Lumumba«, *Süddeutsche Zeitung* v. 14. 12. 2012; Amy Zegart, »A Plot to Assassinate Castro was Approved by CIA Director Allen Dulles«, *New York Times* v. 26. 6. 2007; Marita Lorenz und Wilfried Huismann, »Lieber Fidel«, München 2000; Don Bohning, »The Castro Obsession, U.S. Covert Operations Against Cuba«, 2005; Warren Hinckle und William W. Turner, »The Fish is Red: The Story of the Secret War Against Castro«, New York 1981; Henry Kissinger, »Years of Renewal«, New York 2000; Keith Hitchens, »The Trial of Henry Kissinger«, London 2002; Dale Andradé, »Ashes to Ashes: The Phoenix Program and the Vietnam War«, Lanham 1990; Mark Moyar, »Phoenix and the Birds of Prey«, London 2007; Executive Order 12333 v. 4. 12. 1981, 46 FR 59941, 3 CFR, 1981, S. 200; Nils Melzer, »Targeted Killings in International Law«, Oxford 2008.

第6章

Robert Baer, »Der Niedergang der CIA«, München 2002; Avery Plaw, »Targeting Terrorists«, Hampshire/Burlington 2008; Ronen Bergman, »The Secret War With Iran«, New York 2008; Peter L. Bergen, »Die Jagd auf Osama bin Laden«, München 2012; Mark Bowden, »Killing Osama«, Berlin 2012; Samueal M. Katz, »Relentless Pursuit«, New York 2002; »Adress to the Nation by the President«, White House Press Secretary v. 20. 8. 1998; Tim Weiner, »Legacy of Ashes – The History of the CIA«, New York 2007; Jeffrey T. Richelson, »When Kindness Fails: Assassination as a National Security Option«, *International Journal of Intelligence and Counterintelligence,* 2002; Catherine Lotrionte, »The Just War Doctrine and Covert Responses to Terrorism«, *Georgetown Journal of International Affairs,* 2002; Richard A. Clarke, »Against All Enemies«, New York 2004; Donald Goddard and Lester K. Coleman, »Trail of the Octopus«, New York 1994; Nils Melzer, »Targeted Killings in International Law«, Oxford 2008; Jason Burke, »Al-Qaeda«, London 2003; Bob Woodward, »Bush at War«, New York 2002; John F. Burns, »A Nation Challenged: The Manhunt«, *New York Times* v. 17. 2. 2002.

第7章

John Sifton, »A Brief History of Drones«, *The Nation* v. 27. 2. 2012; Marc W. Herold, »The Problem With the Predator«, Whittemore School of Business & Ecocomics, University of New Hampshire, Studie v. 12. 1. 2003; »Defense Department onf Zhawar Kili Attack«, US Department of State Pressemitteilung v. 11. 2. 2002; Avery Plaw, »Targeting Terrorists«, Hampshire/Burlington 2008; Seymour M. Hersh, »Manhunt«, *The New Yorker* v. 23. und 30. 12. 2002; William Banks, »Legal Sanctuaries and Predator Strikes in the War on Terror«, in: Denial of Sanctuary, London 2007; Marianne Kunnen-Jones, »Scouting Out Al Qaeda: Researcher Develops New Methods of Counter-Terrorism«, University of Cincinnati Publ. v. 30.10. 2002; Nils Melzer, »Targeted Killings in International Law«, Oxford 2008; Tara Mckelvey, »Inside the Killing Machine«, *Newsweek, The Daily Beast* v. 13. 2. 2011; John Goetz, Tobias Matern und Nicolas Richter, »American Airlines«, *Süddeutsche Zeitung* v. 3.2.2012; Peter Bergen, Katherine Tiedemann, »The Year of the Drone«, *Foreign Policy* v.

26. 4. 2010; Christian Wernicke, »Der kleine Krieg und seine Opfer«, *Süddeutsche Zeitung* v. 4. 10. 2011; Hasnain Kazim, »US-Spitzenjuristen kritisieren Obamas Drohnenkrieg«, *Spiegel-online* v. 25. 9. 2012; Kai Ambos, »Drohnen sind Terror«, *Süddeutsche Zeitung* v. 17. 10. 2012.

摩萨德

第 8 章

Dan Raviv, Yossi Melman, »Spies Against Armageddon«, New York 2012; Egmont R. Koch, »Lizenz zum Töten – Wie Israel seine Feinde liquidiert«, *ARD* v. 3. 4. 2013, 23.45 Uhr; Interview mit Gad Shimron am 27.3.2012; Gespräche mit Moti Kfir am 17.1.2012. 24.3.2012, 26. 3. 2012, 23.5.2012; »Veil lifts on Mossad«, *The Washington Times* v. 15. 7. 2009; Michael Bar-Zohar, Nissim Mishal, »Mossad: The Greatest Missions of the Israeli Secret Service«, New York 2012.

第 9 章

www.irantravelingcenter.com/valfajr8_persian_gulf.htm; www.irantravelingcenter.com/transportation_ferry_iran.htm; Schreiben von Mr. Nazer, Al Hili Marine Services, Sharjah, UAE, v. 8. 5. 2012; http://gulfnews.com/news/gulf/uae/crime/al-mabhouh-assassination-most-wanted-1.588338; »Australian passport holder Adam Korman denies involvement in Hamas killing«, *The Australian* v. 25. 10. 2010; »Parents of Aussies named as suspects in the assassination of a Hamas militant fear their children's lives are in danger«, *Herald Sun* v. 25. 10. 2010; »Shock for unlikely bunch of killers«, *The Australian* v. 26. 2. 2010; »›Assassin‹ Nicole McCabe alone and scared in a world of lies, spies and killers«, *The Daily Telegraph* v. 27. 10. 2010; »In Global Hunt for Hit Men, Tantalizing Trail Goes Cold«, *The Wall Street Journal* v. 8. 10. 2010; Dan Raviv, Yossi Melman, »Spies Against Armageddon«, New York 2012; Mark Perry, »False Flag«, Foreign Policy v. 13. 1. 2012; Dieter Bednarz und Ronen Bergman, »Mossad Zeros in on Tehran's Nuclear Program«, *Spiegel online* v. 17. 1. 2011; Gespräche mit Moti Kfir am 17. 1. 2012. 24. 3. 2012, 26. 3. 2012, 23. 5. 2012; www.keshetei.org.il/?s=1102; http://gulfnews.com/news/gulf/uae/crime/al-mabhouh-assassination-most-wanted-1.588338; diverse Gespräche und Interviews mit

Gad Shimron 2005, 2009, 2012; Ronen Bergman, »The Dubai Job«, *GQ*, 1/2011.

第 10 章

Ronen Bergman, »The Dubai Job«, GQ, 1/2011; Dan Raviv, Yossi Melman, »Spies Against Armageddon«, New York 2012; »Auge um Auge, Mord um Mord«, Der Spiegel v. 17.1.2011; »The murder of Mahmoud Al Mabhouh«, CCTV-footage provided by Dubai Police, gntv, February 2010; diverse Gespräche und Interviews mit Gad Shimron 2005, 2009, 2012; Cable US-Embassy Abu Dhabi (10ABUDHABI47) v. 31. 1. 2010 (secret/noforn); Cable US-Consulate Dubai (10DUBAI19) v. 17. 2. 2010 (secret); Cable US-Consulate Dubai (10DUBAI29) v. 25. 2. 1010 (confidential/noforn); http://gulfnews.com/news/gulf/uae/crime/popular-lebanese-singer-found-dead-in-dubai-marina-1.32214; Cable US-Consulate Dubai (10DUBAI19) v. 17. 2. 2010 (secret); »Interpol issues Red Notices to assist in identification of 11 Dubai murder suspects«, Interpol v. 18. 2. 2010; Rory McCarthy, »Dubai murder: The British-Israelis who had their identities stolen«, *The Guardian* v. 17. 2. 2010; Chip Cummins und Alistair MacDonald, »The Global Hunt for Hit Men, Tantalizing Trail Goes Cold«, *The Wall Street Journal* v. 8. 10. 2010; »Who is Christopher Lockwood?«, *The Middle East Monitor* v. 12. 10. 210; »Report: Suspect in Dubai assassination used identity of fallen IDF soldier«, *Haaretz* v. 10. 10. 2010; »Mabhouh killer used fallen IDF soldier's identity«, *ynetnews* v. 10. 10. 2010; »Broadening Dubai murder investigation sees Interpol join international task force as it issues 16 additional Red Notices«, Interpol v. 8. 3. 2010; Dubai Police names 26 suspects in Al-Mabhouh murder case«, Dubai Police News v. 25. 2. 2010; »Al Mabhouh was sedated before he was killed«, Dubai Police News v. 28. 2. 2010; Yaakov Lappin, »Mabhouh hit too costly to be considered a success«, *The Jerusalem Post* v. 26. 2. 2010; Yossi Melman, »Israel has nothing to worry about over Dubai killing«, *Haaretz* v. 17. 2. 2010; diverse Gespräche und Interviews mit Gad Shimron 2005, 2009, 2012; Philip Alston, »Study on Targeted Killings«, UN Human Rights Council, A/HRC/14/24/Add.6 v. 28. 5. 2010; Interview mit Philip G. Alston am 5. 6. 2012; »Mutmaßlicher Komplize in Warschau verhaftet«, *Spiegel online* v. 12. 6. 2010; »Dreiste Nummer«, *Der Spiegel* v. 23. 6. 2010; »Israeli in Polen verhaftet«, *Süddeutsche Zeitung* v. 14. 6. 2010; »Brodsky claimed refugee father«, *The Jerusalem Post* v. 22. 6. 2010; »Polish court to decide on Brodsky«, *The Jerusalem Post* v. 5. 7. 2010; »Polen liefert mutmaßlichen Mossad-Agenten aus«, *Spiegel online* v. 5. 8. 2010; »Mossad-Helfer bleibt Spionageanklage erspart«, *Spiegel online* v. 5. 8. 2010; »Dubai bat USA um Hilfe bei Aufklärung des Mossad-Mordes«, *Spiegel online* v. 15. 1. 2011; »Dubai police chief says Mossad behind death threats«, *Haaretz* v. 30. 9. 2010; Michael Bar-Zohar, Nissim Mishal, »Mossad: The Greatest Missions of the Israeli Secret Service«, New York 2012.

第 11 章

Henning Sietz, »Attentat auf Adenauer«, Berlin 2003; »Verantwortlicher von Adenauer-Attentat gestorben«, *israelnetz.com* v. 7. 2. 2011; *Jerusalem Post* v. 28. 3. 1952; Yigal Sarna, »Chancellor on the sight«, *Yediot Aharonot* v. 31. 7. 1987; Henning Sietz, »Im Auftrag des Gewissens«, *Frankfurter Allgemeine Zeitung* v. 12. 6. 2006; »Historiker haben Scheuklappen«, Interview mit Henning Sietz, *Spiegel online* v. 14. 6. 2006; Henning Sietz, »Liebesgrüße für Adenauer«, *einestages, Spiegel online*; Nachman Ben-Yehuda, »Political Assassinations by Jews«, New York 1993; Yigal Sarna, »Chancellor on the sight«, *Yediot Aharonot* v. 31. 7. 1987; *New York Times* v. 21. 9. 1952; *Süddeutsche Zeitung* v. 2. 10. 1952; *France Soir* v. 5. 4. 1952; Eckart Conze u. a., »Das Amt und die Vergangenheit«, München 2010; www.auswaertiges-amt.de/DE/AAmt/PolitischesArchiv/AusstellungTagDerOffenenTuer/LuxemburgerAbkommen_node.html.

第 12 章

»Heidi und die Detektive«, *Spiegel* 13/1963; Ian Black, Benny Morris, »Israel's Secret Wars: A history of Israel's Intelligence Services«, New York 1991; Akten zur Auswärtigen Politik der Bundesrepublik Deutschland«, 2. Halbjahr 1963, München 1994; Janusz Piekalkiewicz, »Israels langer Arm«, Frankfurt 1975; Ulrich Luboschik, »Nachruf auf Prof. Dr.-Ing. Hans Kleinwächter«, *Sonnenenergie* 1/1998; Dan Raviv, Yossi Melman, »Spies Against Armageddon«, New York 2012; Isser Harel, »The crisis of the German Scientists 1962–1963«, *Sifriat Ma'ariv*, Tel Aviv 1982; Dan Raviv, Yossi Melman, »Spies Against Armageddon«, New York 2012; Avery Plaw, »Targeting Terrorists«, Hampshire/Burlington 2008; Nachman Ben-Yehuda, »Political Assassinations by Jews«, New York 1993; »36, 135 und 333«, *Der Spiegel* 19/1963; Ephraim Kahana, »Historical Dictionary of Israel Intelligence«, Oxford 2006; www.sosjmalta.org/assets/1998%20-%20Tihany%20-%20HUNGARY.pdf; Curriculum Vitae »Grand Commander Otto F. Joklik S.O.S.J«, www.sosjmalta.org/assets/Dr.%20Otto%20F.%20Joklik.pdf; Otto Franz Joklik, »Einführung in die Strahlungstechnik«, *Technische Rundschau* Nr. 19, Bern 1959; Otto Franz Joklik, »Anwendung radioaktiver Gammastrahlen in der Verfahrenstechnik«, Transcontinental Monographien 2, Karlsruhe 1957; Dan Greenberg, »Goods for the good«, *New Scientist* v. 26. 4. 1973; Otto F. Joklik und Peter Kolbusch, »Kurzfassungen von UNIDO-Projekten, die sich auf die Verwertung von pflanzlichen Roh- und Abfallstoffen beziehen«, Wien 1977; www.oiucm.org/group2.htm; Schreiben von Michael Joklik vom 21. 2. 2013.

第 13 章

Anton Künzle, Gad Shimron, »Der Tod des Henkers von Riga«, Gerlingen 1999; Henning Sietz, »Attentat auf Adenauer«, Berlin 2003; »Verantwortlicher von Adenauer-Attentat gestorben«, *israelnetz.com* v. 7. 2. 2011; Efraim Zuroff, »The death of a Nazi-hunter«, *The Jerusalem Post* v. 5. 7. 2012; Moti Kfir, Ram Oren, »Sylvia Rafael: Mossad-Agentin«, Zürich-Hamburg 2012; »Zvi Aharoni and Yaakov Meidad«, *Telegraph* v. 16. 8. 2012; »Eichmann Unit Linked To Death Commandos«, *The Evening Star* v. 5. 5. 1961; Gaby Weber, »Der Bluff des Rächers«, *Deutschlandradio* v. 1. 2. 2008; Joe Heydecker, »Wer ermordete den Mörder?«, *Quick* v. März 1965, S.11; CIA-Report for Secretary of State v. 14. 5. 1955, subject: Cukurs, Herberts«, Records of CIA, NARA, RG 263, IWG, Box 10; Efraim Zuroff, »Herberts Cukurs: Certainly Guilty«, Wiesenthal-Center f. 7. 6. 2005; Gaby Weber, »Geschichtsfälschung des Mossad – Ein mysteriöser Mordfall in Montevideo«, www.gabyweber.com/dwnld/artikel/mossad/cukurs_de.pdf.; Gaby Weber; »Israeli Envoy Linked to Killing of Latvian Nazi in Montevideo«, *New York Times* v. 9. 3. 1965; »Mysterious Death Spans 7.000 Miles«, AP, *The Tuscaloose News* v. 19. 3. 1965; Michael Bar-Zohar, Nissim Mishal, »Mossad: The Greatest Missions of the Israeli Secret Service«, New York 2012; Peter

Reichel, »Vergangenheitsbewältigung in Deutschland«, München 2001; Anica Sambale, »Die Verjährungsdiskussion im Deutschen Bundestag«, Strafrecht in Praxis und Forschung Bd. 9, Hamburg 2002; Rolf Vogel (Hrsg.) »Ein Weg aus der Vergangenheit. Eine Dokumentation zur Verjährungsfrage und zu den NS-Prozessen«, Frankfurt 1969.

第 14 章

Moti Kfir, Ram Oren, »Sylvia Rafael: Mossad-Agentin«, Zürich–Hamburg 2012; Gespräche mit Moti Kfir am 17. 1. 2012. 24. 3. 2012, 26. 3. 2012, 23. 5. 2012; Aaron J. Klein, »Striking Back«, New York 2005; Dan Raviv, Yossi Melman, »Spies Against Armageddon«, New York 2012; Janet Venn-Brown (Hrgb.), »For A Palestinian – A Memorial to Wael Zuaiter«, London 1984; Urteil des Assize Court of Rome v. 17. 12. 1980; David B. Tinnin, »Vergeltungskommando«, Frankfurt 1976; Egmont R. Koch und Nina Svensson, »Ihre Antwort war Mord«, Focus v. 16. 1. 2006.

第 15 章

David B. Tinnin, »Vergeltungskommando«, Frankfurt 1977; David B. Tinnin, »the Wrath of God«, *Playboy*, August 1976; Aaron J. Klein, »Striking Back«, New York 2005; Dan Raviv, Yossi Melman, »Spies Against Armageddon«, New York 2012; Interview mit Lasse Qvigstad am 9. 1. 2006; Egmont R. Koch und Nina Svensson, »Die Killer des Mossad«, *Focus-TV-Reportage* Januar 2006; Moti Kfir, Ram Oren, »Sylvia Rafael: Mossad-Agentin«, Zürich-Hamburg 2012; Interview mit Dagny Brink am 8. 1. 2006; Interview mit Yigal Eyal am 15. 12. 2005; Gespräche mit Moti Kfir am 17. 1. 2012. 24. 3. 2012, 26. 3. 2012, 23. 5. 2012.

第 16 章

Bassam Abu Sharif, Uzi Mahnaimi, »Mein Feind, mein Freund«, London 1995; Interview mit Bassam Abu Sharif am 27. 3. 2010; Horst Zimmermann, »Krebstod, Märtyrertod oder ›scheintot‹?«,

Hamburger Abendblatt v. 3. 4. 1978; Interviews mit Peter-Jürgen Boock am 29. 3. 2009 und am 5. 3. 2010; Tim Geiger, »Die Landshut in Mogadischu«, *Vierteljahreshefte für Zeitgeschichte* 3/2009; MfS XV/1630/81 »Spezialist«, BStU-Registratur 7901/91 Band Nr. 2; Christopher Andrew und Vasili Mitrokhin, »The World Was Going Our Way – The KGB And The Battle For the Third World«, New York, Cambridge 2005; Director of Central Intelligence, »Soviet Support for International Terrorism and Revolutionary Violence«, SNIE 11/2-81; Thomas Skelton Robinson, »Im Netz verheddert«, in Wolfgang Kraushaar (Hg), »Die RAF und der linke Terrorismus«, Hamburg 2006; Dan Raviv, Yossi Melman, »Spies Against Armageddon«, New York 2012; Thomas Skelton Robinson, »Israel's Warning to President Anwar Sadat of a Libyan-PFLP Assassination Plan«, Notizen v. 3. 5. 2010; Stewart Steven, »The Spymasters of Israel«, New York 1980; David Hirst, Irene Beeson, »Sadat«, London 1981; Stefan Aust, »Der Baader-Meinhof-Komplex«, Hamburg 2008; Klaus Pflieger, »Die Rote Armee Fraktion RAF«, Baden-Baden 2007: UK Archives FCO 8/2838; David A. Yallop, »Die Verschwörung der Lügner – Die Jagd nach dem Top-Terroristen Carlos«, München 1993; MfS, Abteilung XXII/8 v. 1. 4. 1985, »Informationen zur Lage der Gruppe ›Separat‹«; John Schmeidel, »My Enemy's Enemy: Twenty Years of Co-operation between West Germany's Red Army Faction and the GDR Ministry for State Security«, Intelligence and National Security, Vol. 8, Nr. 4; Gespräch mit Magdalena Kopp am 2. 3. 2010; Aviation Safety Network; Flug JAL 472 vom 28. 9. 1977; MfS, Major Fiedler, IM »Mischa« 335/77 v. 22. 12. 1977; Bundeskriminalamt TE/SO-6885, »Sachstandsbericht Entführung Schleyer« v. 24. 10. 1977; Interview mit Dr. Wolfgang Steinke am 11. 5. 2010; Egmont R. Koch, »Tödliche Schokolade«, ARD-Dokumentation v. 7. 7. 2010; Thomas Skelton Robinson, »The Arrest of Monika Haas, Thomas Reuter and Brigitte Schulz in Nairobi on 27. 1. 1976«, Notizen v. 22. 6. 2010; Interview mit Hans-Joachim Klein am 26. 3. 2010; Steve Posner, »Israel undercover«, New York 1987; Fernschreiben Nr. 293 (114-11721/77 geheim) v. Botschafter Fischer, Tel Aviv, an das Auswärtige Amt v. 30. 3. 1977; Fernschreiben Nr. 332 (114-119381/77 geheim) v. Botschafter Fischer, Tel Aviv, an das Auswärtige Amt v. 21. 3. 1977; Archiv des Auswärtigen Amtes RK 511 Schulz/Reuter, B83 2427 bis 2429, B83 2596; Gespräch mit Botschafter a. D. Rüdiger Reyels am 25. 5. 2010; Gespräch mit Amnon Strashnov, Brigade-General a. D., stellvertretender Militär-

Generalstaatsanwalt a. D. am 21.5.2012 in Tel Aviv; Patricia Sullivan, »David Kimche dies: Israeli spy involved in Iran-Contra scandal«, *Washington Post* v. 10. 3. 2010.

第 17 章

Wilhelm Dietl, »Die Agentin des Mossad«, Düsseldorf 1992; »Assassination of Abu Hassan of PLO and other officials« (secret), UK National Archives, FCO 93/2056; David Ignatius, »Penetrating Terrorist Networks«, Washington Post v. 16. 9. 2001; Moti Kfir, Ram Oren, »Sylvia Rafael: Mossad-Agentin«, Zürich-Hamburg 2012; Fax von Mohammed Oudeh (Abu Daoud) v. 9. 1. 2005; Aaron J. Klein, »Striking Back«, New York 2005; Egmont R. Koch und Nina Svensson, »Ihre Antwort war Mord«, Focus v. 16. 1. 2006; Dan Raviv, Yossi Melman, »Spies Against Armageddon«, New York 2012; Victor Ostrovsky, »Der Mossad«, Hamburg 1990; Michael Bar-Zohar und Eitan Haber, »The Quest for The Red Prince«, New York 1983; Tim Weiner, »CIA – die ganze Geschichte«, Frankfurt 2008; »Diskrete Art«, *Der Spiegel* v. 14. 3. 1983; Neil C. Livingstone und David Halevy, »Inside the PLO«, New York 1990; David Ignatius, »Penetrating Terrorist Networks«, *Washington Post* v. 16. 9. 2001; David Ignatius, »Agents of Inocence«, New York 1997; Nachman Ben-Yehuda, »Political Assassinations by Jews«, New York 1993; Ian Black, Benny Morris, »Israel's Secret Wars: A history of Israel's Intelligence Services«, New York 1991; »Record of a Meeting …« v. 8. 3. 1979 (»secret«), UK National Archives, FCO 93/2056; Memorandum »Assassination of Abu Hassan« Mr J. C. Mober, PS/Mr Judd v. 14. 2. 1979 UK National Archives, FCO 93/2056; Brief von Frank Judd, Foreign and Commonwealth Office v. 12. 2. 1979, UK National Archives, FCO 93/2056; Telex v. C. D. Powell (»secret«) v. 9. 3. 1979, UK National Archives, FCO 93/2056; Memorandum (»secret«) von John C. M. Mason, British Embassy Tel Aviv, v. 31. 5. 1979, UK National Archives, FCO 93/2056.

第 18 章

Victor Ostrovsky, »Der Mossad«, Hamburg 1990; Gordon Thomas, »Gideon's Spies«, New York 1999; Dan Raviv, Yossi Melman, »Spies

Against Armageddon«, New York 2012; Nachman Ben-Yehuda, »Political Assassinations by Jews«, New York 1993; Ian Black, Benny Morris, »Israel's Secret Wars: A history of Israel's Intelligence Services«, New York 1991; Amos Perlmutter, Michael Handel, Uri Bar-Joseph, »Two Minutes over Bagdad«, London 1982; Nachman Ben-Yehuda, »Political Assassinations by Jews«, New York 1993; Shlomo Nakdimon, »Tammuz in Flames«, Jerusalem 1986.

第 19 章

Interview Margot Dudkevitch mit Mishka Ben-David in *infolive.tv*, o. D. 2008 (www.youtube.com/watch?v=0TEFR1Fn6LE); Ronen Bergman, »I saved Khaled Mashaal«, Interview mit Mishka Ben-David, *ynetnews.com* v. 17. 6. 2005; Dan Raviv, Yossi Melman, »Spies Against Armageddon«, New York 2012; Ronen Bergman, »The Secret War With Iran«, New York 2008; Paul McGeough, »Kill Khalid«, New York 2009; Gespräch mit Mishka Ben-David am 16. 1. 2012; Alan Cowell, »The Daring Attack That Blew Up in Israel's Face«, *New York Times* v. 15. 10. 1997; Ronen Bergman, »The Secret War With Iran«, New York 2008; Gordon Thomas, »Gideon's Spies«, New York 1999; Michael Ross with Jonathan Kay, »The Volunteer«, Toronto 2007; Robert Fox, »Parallels between this assassination and the 1997 attempt to kill Khaled Meshaal«, *The First Post* v. 17. 2. 2010; Joel Greenberg, »Hamas leader Khaled Meshal says group will never recognize Israel«, *Washington Post* v. 8. 12. 2012; »Hamas Leader Khaled Meshaal«, *Time* v. 4. 1. 2009.

第 20 章

Karl Vick und Aaron J. Klein, »Who Assassinated an Iranian Nuclear Scientist? Israel Isn't Telling«, *Time* v. 13. 1. 2012; Dieter Bednarz und Ronen Bergman, »Mossad Zeros in on Tehran's Nuclear Program«, *Spiegel-online* v. 17. 1. 2011; Gordon Thomas, »Mossad: was this the chief's last hit?«, *Telegraph* v. 5. 12. 2010; »Report: Israel's Mossad scales back covert operations in Iran«, *Haaretz* v. 31. 3. 2012; »How Mossad killed an Iranian Scientist«, »Iran Today«, *TV Press* (www.youtube.com/watch?v=SkZQiOlHBzg); Gabriel Lerner, »Azeri Jews: Centuries of coexistence in Azerbaijan«, *Jewish Jour-*

nal v. 11. 1. 2008; »Azerbeijan granted Israel access to air bases on Iran border«, *Haaretz* v. 29. 3. 2012; Grove Thomas, »Azerbeijan eyes aiding Israel against Iran«, *Reuters* v. 30. 9. 2012; William Tobey, »Nuclear scientists as assassination targets«, *Bulletin of the Atomic Scientists* v. 12. 1. 2012; Dan Raviv, Yossi Melman, »Spies Against Armageddon«, New York 2012; »Is the Mossad targeting Iran's nuclear scientists?« *Time* v. 30. 11. 2011; David Sanger and William Broad, »Survivor of attack leads nuclear efforts in Iran«, *New York Times* v. 22. 7. 2011; Ulrike Putz, »Todesengel mit Magnetbomben«, *Spiegel-online* v. 11. 1. 2012; »Iranischer Atomforscher durch Autobombe getötet«, *Spiegel-online* v. 11. 1. 2012; »Tracking the Secret War on Iran«, *Mother Jones* v. 9. 2. 2012; Nicholas Blanford, »The Mystery Behind a Syrian Murder«, *Time* v. 7. 8. 2008; Hugh Macleod und Ian Black, »Top Assad aide assassinated at Syrian resort«, *The Guardian* v. 5. 8. 2008; »How Israel Destroyed Syria's Al Kibar Nuclear Reactor«, *Der Spiegel* v. 2. 11. 2009; Interview mit Gad Shimron am 27. 3. 2012; Interview mit Eliezer Tsafrir am 23. 5. 2012; Interview mit Ephraim Asculai am 22. 5. 2012; Interview mit Philip G. Alston am 5. 6. 2012; Egmont R. Koch, »Lizenz zum Töten – Wie Israel seine Feinde liquidiert«, *ARD* v. 3. 4. 2013, 23.45 Uhr; Cable 07TELAVIV2652 an State Department v. 31. 8. 2007; *ABC News Exclusive*: The Secret War Against Iran v. 3. 4. 2007, http://abcnews.go.com/blogs/headlines/2007/04/abc_news_exclus/; »Jundallah Terrorist Organization in Iran«; »US lists Iran group Jundallah as terrorists« *BBC*-News v. 3. 11. 2010; Seymour M. Hersh, »Annals of National Security: Preparing the Battlefield«, *The New Yorker* v. 7. 7. 2008; Mark Perry, »False Flag«, *Foreign Policy* v. 13. 1. 2012; »Israeli Mossad agents posed as CIA spies to recruit terrorists to fight against Iran«, *Haaretz* v. 13. 1. 2012; Amir Oren, »Israeli official: Report of Mossad agents posing as CIA spies ›absolute nonsense‹«, *Haaretz* v. 14. 1. 2012; Richard Silverstein, »Israeli Intelligence Source Denies Jundallah False Flag Story«, OpEd v. 15. 1. 2012, www.eurasiareview.com; »Iran death penalty for ›Israeli spy‹ Majid Jamali Fashi«, *BBC*-News v. 28. 8. 2011; Alan Cowell, »Iran Executes Man Accused as Israeli Spy and Assassin«, *The New York Times* v. 15. 5. 2012; »Mutmaßlicher Mossad-Agent im Iran hingerichtet«, *Focus* v. 15. 5. 2012; Dieter Bednarz, »Mysterious Assassination in Iran: Who Killed Masoud Ali Mohammadi?«, *Spiegel-online* v. 18. 2. 2010.

以色列国内情报机构

第 21 章

»Wilful Killing of Umar Qawasmi«, *Al-Haq Press Release* v. 15. 1. 2001; Interview mit Dr. Shawan Jabarin, Generaldirektor Al-Haq am 24. 3. 2012 in Ramallah; Interview mit Al-Haq Field Officer Hisham Sharabati, am 29. 3. 2012 in Hebron; »Joint written statement submitted by Al-Haq and others«, UN General Assembly, Human Rights Council, 16th session, A7HRC/16/NGO/91 v. 25. 2. 2011; Press Statement Palestinian Authority Cabinet Meeting v. 11. 1. 2011; Interview mit Subiyeh al-Qawasmeh am 29. 3. 2012 in Hebron; Interview mit Sana al-Bitar, Statement v. 7. 1. 2011 in Al-Haq-Videobericht »The Wilful Killing of Umar Qawasmi«; Interview mit Maher al-Qadi am 29. 3. 2012 in Hebron; »IDF regrets civilian death in Hebron, but defends operation«, *Haaretz* v. 9. 1. 2011; »PA says it holds Hams prisoners to keep them, safe«, *Jerusalem Post* v. 7. 1. 2011; »Palestinian slain by Israeli troops in a case of mistaken identity «, *Washington Post* v. 8. 1. 2011: »Israel's Unquenchable Thirst for Blood«, *Pal Telegraph Jordan* v. 11. 1. 2011; »Suicide Attack in Israel Kills One«, *New York Times* v. 5. 2. 2008; »Hamas claims Dimona attack, says bombers came from Hebron«, *Haaretz* v. 4.2.2008; »Israeli troops in Hebron kill Hamas man behind Dimona attack«, *Haaretz* v. 27. 7. 2008; »IDF kills terror mastermind in Hebron«, *news.com* v. 27. 7. 2008; »PA says it holds Hamas prisoners to keep them safe«, *Jerusalem Post* v. 8. 1. 2011; IDF-Statements v. 7. 1. 2011 und v. 19. 1. 2011; IDF-Stellungnahme an den Autor v. 10. 6. 2012; Interview mit Asa Kasher am 22. 5. 2012; Amos Yadlin, »Ethical Dilemmas in Fighting Terrorism«, Jerusalem Center for Public Affairs, Vol. 4, No. 8 v. 25.11.2004; Reuven Pedatzur, »The Israel army's house philosopher«, *Haaretz* v. 24. 2. 2004; »Das Töten ist nicht der moralische Kern«, Interview mit Asa Kasher, *Die Zeit* v. 31. 3. 2009; »The philosopher who gave the IDF moral justification in Gaza«, *Haaretz* v. 6. 2. 2009; Uri Avnery, »The Johnny Procedure« v. 18. 7. 2009, http://zope.gush-shalom.org/home/en/channels/avnery/1247930861; Interview mit Majed Ghanayem am 22. 5. 2012 in Jerusalem; The Palestinian Human Rights Monitor, www.phrmg.org/monitor1997/jan97-6.htm.

第 22 章

Dan Raviv, Yossi Melman, »Spies Against Armageddon«, New York 2012; Ronen Bergman, »The Secret War With Iran«, New York 2008; Gal Luft, »The Logic of Israel's Targeted Killings«, *The Middle East Quarterly* 1/2003; Arik Ninio, Bezalel Academy Jerusalem, Video-Animation der Hinrichtung von Abbas Mussawi, Basis waren Recherchen des israelischen Journalisten Ronen Bergman (http://vimeo.com/9453764); Interview mit Iftach Spector am 25. 3. 2012; Iftach Spector, »Loud and Clear«, Minneapolis 2009; Interview mit Asa Kasher am 22. 5. 2012; Na'ama Yashuvi, »Activity of the Undercover Units in the Occupied Territories«, B'Tselem, Jerusalem 1992.

第 23 章

Benjamin Netanjahu, »«Fighting Terrorism«, New York 1995, 1996, 2001; Thomas B. Hunter, »Targeted Killing – Self-Defense, Preemption, and the War on Terrorism«, 2009; Philip Alston, »Study on Targeted Killings«, UN Human Rights Council, A/HRC/14/24/Add.6 v. 28. 5. 2010; »On Intelligence, Ethics And Law«, Interview with Supreme Justice Haim Cohn, *Mabat* 1997; Stellungnahme von Colonel Daniel Reisner, IDF Legal Division,am 15. 11. 2000; Amos Harel u. Gideo Alon, »IDF Lawyers Set ›Conditions‹ For Assassination Policy«, *Haaretz* v. 2. 2. 2002; Nils Melzer, »Targeted Killings in International Law«, Oxford 2008; Avi Kober, »Targeted Killings during the Second Intifada: The Quest for Effectivness«, *The Journal of Conflict Studies*, Summer 2007.

第 24 章

»Shehade was high von Israel most-wanted list«, *CNN* v. 23. 7. 2002; »The high and the mighty«, *Haaretz* v. 21. 8. 2002; Yuval Yoaz, »State Commission to examine civilian deaths in 2002 Shehade assassination«, *Haaretz* v. 19. 9. 2007; »Findings of the inquiry into the death of Salah Shehade«, Statement Government of Israel v. 21. 8. 2002; »In Fact: The Israeli Peace Movement Takes Flight«, *The Nation* v. 23. 9. 2003; »We're air force pilots, not mafia. We don't take revenge«, *The Guardian* v. 3.12.2003; Interview mit Iftach Spector am

25. 3. 2012; Iftach Spector, »Loud and Clear«, Minneapolis 2009; Laura Blumenfeld, »In Israel, a Divisive Struggle Over Targeted Killing«, *Washington Post* v. 27. 8. 2006; »Israeli Military Operations against Gaza, 2000-2008«, *Journal of Palestine Studies*, Vol. 38, No. 3, S.122–138; Paul McGeough, »Kill Khalid«, New York 2009; »Sharon Ordered and Monitored Assassination of Shaikh Yassin«, Special Report *Aljazeerah* v. 22. 3. 2004; The Israeli operation against the leader of the Hamas terrorist organization«, Israel Ministry of Foreign Affairs v. 22. 3. 2004; »IDF strike kills Hamas leader Ahmed Yassin«, Israel Ministry of Foreign Affairs v. 22. 3. 2004; Khaled Hroub, »Hamas after Shayk Yasin and Rantisi«, *Journal of Palestine Studies*, Vol. 33, No.4, S. 21–38; »Commission Holds Special Sitting on Situation in Occupied Palestinian Territory Following the Killing of Sheikh Yassin«, Statement v. 24. 3. 2004; UN Security Council Document S-2004-240 v. 24. 3. 2004; UNSC Verbotim Report meeting v. 25. 3. 2004; »Source: Israel to end targeted killings«, *CNN* v. 4. 2. 2005; Avery Plaw, »Targeting Terrorists: A License to Kill?«, Aldershot 2008.

第 25 章

Avery Plaw, »Targeting Terrorists: A License to Kill?«, Aldershot 2008; »On Intelligence, Ethics And Law«, Interview with Supreme Justice Haim Cohn, *Mabat* 1997; Mordechai Kremnitzer, »Are All Actions Acceptable in the Face of Terror?« o. D.; Mordechai Kremnitzer, »Targeted killing policy: Insufficiently limited«, Manuskript Frühjahr 2007; The Public Committee against Torture in Israel vs. The Government of Israel, HJC 769/02, Urteil v. 13. 12. 2006; Asaf Zussman und Noam Zussman, »Assassinations: Evaluating the Effectiveness of an Israeli Counterterrorism Policy Using Stock Market Date«, *Journal of Economic Perspectives*, Vol. 20, No. 2, Frühjahr 2006, S.193; Gespräch mit Asaf Zussman am 23. 3. 2012 in Jerusalem; Philip Alston, »Study on Targeted Killings«, UN Human Rights Council, A/HRC/14/24/Add.6 v. 28. 5. 2010.

第 26 章

Sam Bahour, »Another assassination in Ramallah's city center«, *The Electronic Intifada* v. 29. 5. 2007; »Israeli Forces Carry Out Targeted Assassination of Palestinian in Ramallah« *Al-Haq Press Release* v.

30.7.2007; Mustafa Barghouti, Kommentar in *New York Times* v. 8.6.2007; NGO-Monitor: Mattin Group, http://www.ngo-monitor.org/article/mattin_group; Interviews mit Sam Bahour, Anita Abdullah und Salwa Duaibes am 28. 3. 2012; Interview mit Samer Burnat am 28. 3. 2012; Al-Haq-Akte über Fall Omar Abd el-Halim inklusive Skizze des Tatorts; Interview mit Dr. med. Iyad Illiyah am 29. 3. 2012; ärztlicher Bericht über Leichenuntersuchung Omar Abd el-Halim v. 29. 5. 2007; Interview mit Friseur in der Rukab Street am 28. 3. 2012 in Ramallah; Schreiben an Shai Chakimi, Presseprecher der Grenzpolizei Magav v. 11. 6. 2012 und 25. 6. 2012; Interview mit Eyal Benvenisti am 25. 3. 2012; Interview mit Asa Kasher am 22. 5. 2012; Gideon Levy, »The Shin Bet scandal that never died«, *Haaretz* v. 2. 10. 2011.

第 27 章

Uri Blau, »IDF ignoring High Court on West Bank assassinations«, *Haaretz* v. 26. 11. 2008; Uri Blau, »License to kill«. *Haaretz* v. 27. 11. 2008; Gespräch mit Uri Blau am 23. 5. 2012; Uri Blau »IDF ignoring High Court on West Bank assassinations«, *Haaretz* v. 26. 11. 2008; »Rice: All Alone on Middle East Peace«, *Time Magazine* v. 27. 3. 2007; Gespräch mit Mordechai Kremnitzer am 16. 1. 2012: Mordechai Kremnitzer, »Are All Actions Acceptable in the Face of Terror?«, o. D.; Uri Blau, »This isn't just a war for my freedom but for Israel's image«, *Haaretz* v. 9. 4. 2010; »Israeli leak suspect held in secret house arrest«, *The Independent* v. 30. 3. 2010; »Israeli journalist Anat Kamm under secret house arrest since December«, *The Guardian* v. 2. 4. 2010; »Debate in Israel on Gag Order in Security Leak Case, *New York Times* v. 7. 4. 2010; »The real moral of the Anat Kamm story«, *The Guardian* v. 8. 4. 2010; »Stamp of approval from attorney-general«, *The Jerusalem Post* v. 13. 4. 2010; »Journalist on the run from Israel, is hiding in Britain«, *The Independent* v. 2. 4. 2010; »Case involving military documents roils Israel«, *Los Angeles Times* v. 14. 10. 1010; »Haaretz regrets move to charge Uri Blau for ›doing his work as a journalist‹«, *Haaretz* v. 24. 3. 2011; »Shin Bet grills Haaretz reporter Uri Blau over leaked IDF papers«, *Haaretz* v. 27. 10. 2010; »Haaretz journalist Uri Blau found guilty under plea bargain of holding secret IDF info«, *Haaretz* v. 24. Juli 2012.

其他情报机构的暗杀事件

第 28 章

Urteil des Bundesgerichtshof gegen Bogdan Staschynskij, Az: 9 StE 4/62 v. 19. 10. 1962; Karl Anders, »Mord auf Befehl«, Tübingen 1963; Martin Rath, »Als extralegale Hinrichtungen einmal vor Gericht kamen«, *Legal Tribune* v. 8. 5. 2011; »Ein Prozeß mit vertauschten Rollen – Ist das Geständnis des Agenten Staschynskij glaubhaft?«, *Die Zeit* v. 19. 10. 1962.

第 29 章

Christopher Andrew und Vasili Mitrokhin, »The World Was Going Our Way«, New York 2005; Jack Hamilton, Tom Walker, »Dane named as umbrella killer«, *The Sunday Times* v. 5. 6. 2005; Klaus Brill, »Gift direkt vom Diktator«, *Süddeutsche.de* v. 11. 5. 2010; Nick Paton Walsh, »Markov's umbrella assassin revealed«, *The Guardian* v. 6. 6. 2005; Jonathan Brown, »Poison umbrealla murder case is reopened«, *Independent* v. 20. 6. 2008; »Wie Moskau mit vergiftetem Regenschirm mordete«, *Die Welt* v. 6. 9. 2008.

第 30 章

Wolfgang Welsch, »Ich war Staatsfeind Nr.1«, München 2003; Manfred Schell und Werner Kalinka, »Stasi und kein Ende«, Berlin 1992; Peter Siebenmorgen, »Staatssicherheit der DDR«, Bonn 1993; John O. Koehler, »Stasi – The Untold Story of The East German Secret Police«, Boulder 1999; Werner Stiller, »Im Zentrum der Spionage«, Mainz 1986; »Das Chaos war gewaltig«, *Der Spiegel* v. 30. 3. 1992; »Werner Weinholds Weg in den Westen«, *Spiegel-online* v. 9. 8. 2002; »Wir finden dich überall!«, *Der Spiegel* v. 20. 8. 1990; »Das Objekt liquidieren«, *Der Spiegel* v. 8. 6. 1992; »Der Fussball, die Stasi und ein Mordrätsel«, *Die Welt* v. 6. 3. 2013; »Erschießen, Erstechen, Verbrennen, Strangulieren...«, *Die Welt* v. 28. 9. 2003.

第 31 章

Cable des US-Konsulats Hamburg an das State Department v. 19. 12. 2006 (»confidential«) 06HAMBURG85; »Haben Sie Litwinenko vergiftet?«, Interview mit Andrej Lugowoi, *stern.de* v. 1. 3. 2007; »Der langsame Tod des Alexander Litwinenko«, *Spiegel-online* v. 24. 11. 2006; »Ein sadistischer, langsamer Mord«, *Spiegel-online* v. 24. 11. 2006; »Polonium-Spuren in Hamburg«, *Zeit-online* v. 9. 12. 2006; »CPS statement on Litvinenko«, *BBC-News* v. 22. 5. 2007; Ian Cobain, »The polonium-210 trail that police say led to Moscow«, *The Guardian* v. 23. 5. 2007; »Verfahren gegen Hauptverdächtigen eingestellt«, *Spiegel-online* v. 11.11.2009; Luke Harding, »Alexander Litvinenko poisoning: move to extradite second murder supsect«, *The Guardian* v. 29. 2. 2012; »Russland soll für den Tod von Litwinenko verantwortlich sein«, *Spiegel-online* v. 13. 12. 2012; »Russland offenbar in Mord an Litwinenko verwickelt«, *Die Welt* v. 14. 12. 2012.

新知
文库

01《证据：历史上最具争议的法医学案例》[美]科林·埃文斯 著　毕小青 译

02《香料传奇：一部由诱惑衍生的历史》[澳]杰克·特纳 著　周子平 译

03《查理曼大帝的桌布：一部开胃的宴会史》[英]尼科拉·弗莱彻 著　李响 译

04《改变西方世界的 26 个字母》[英]约翰·曼 著　江正文 译

05《破解古埃及：一场激烈的智力竞争》[英]莱斯利·罗伊·亚京斯 著　黄中宪 译

06《狗智慧：它们在想什么》[加]斯坦利·科伦 著　江天帆、马云霏 译

07《狗故事：人类历史上狗的爪印》[加]斯坦利·科伦 著　江天帆 译

08《血液的故事》[美]比尔·海斯 著　郎可华 译　张铁梅 校

09《君主制的历史》[美]布伦达·拉尔夫·刘易斯 著　荣予、方力维 译

10《人类基因的历史地图》[美]史蒂夫·奥尔森 著　霍达文 译

11《隐疾：名人与人格障碍》[德]博尔温·班德洛 著　麦湛雄 译

12《逼近的瘟疫》[美]劳里·加勒特 著　杨岐鸣、杨宁 译

13《颜色的故事》[英]维多利亚·芬利 著　姚芸竹 译

14《我不是杀人犯》[法]弗雷德里克·肖索依 著　孟晖 译

15《说谎：揭穿商业、政治与婚姻中的骗局》[美]保罗·埃克曼 著　邓伯宸 译　徐国强 校

16《蛛丝马迹：犯罪现场专家讲述的故事》[美]康妮·弗莱彻 著　毕小青 译

17《战争的果实：军事冲突如何加速科技创新》[美]迈克尔·怀特 著　卢欣渝 译

18《最早发现北美洲的中国移民》[加]保罗·夏亚松 著　暴永宁 译

19《私密的神话：梦之解析》[英]安东尼·史蒂文斯 著　薛绚 译

20《生物武器：从国家赞助的研制计划到当代生物恐怖活动》[美]珍妮·吉耶曼 著　周子平 译

21《疯狂实验史》[瑞士]雷托·U. 施奈德 著　许阳 译

22《智商测试：一段闪光的历史，一个失色的点子》[美]斯蒂芬·默多克 著　卢欣渝 译

23《第三帝国的艺术博物馆：希特勒与“林茨特别任务”》[德]哈恩斯 – 克里斯蒂安·罗尔 著　孙书柱、刘英兰 译

24《茶：嗜好、开拓与帝国》[英]罗伊·莫克塞姆 著　毕小青 译

25《路西法效应：好人是如何变成恶魔的》[美]菲利普·津巴多 著　孙佩妏、陈雅馨 译

26《阿司匹林传奇》[英]迪尔米德·杰弗里斯 著　暴永宁、王惠 译

27《美味欺诈：食品造假与打假的历史》[英]比·威尔逊 著　周继岚 译

28《英国人的言行潜规则》[英]凯特·福克斯 著　姚芸竹 译

29《战争的文化》[以]马丁·范克勒韦尔德 著　李阳 译

30《大背叛：科学中的欺诈》[美]霍勒斯·弗里兰·贾德森 著　张铁梅、徐国强 译

31《多重宇宙：一个世界太少了？》[德]托比阿斯·胡阿特、马克斯·劳讷 著　车云 译

32《现代医学的偶然发现》[美]默顿·迈耶斯 著　周子平 译

33《咖啡机中的间谍：个人隐私的终结》[英]吉隆·奥哈拉、奈杰尔·沙德博尔特 著
毕小青 译

34《洞穴奇案》[美]彼得·萨伯 著　陈福勇、张世泰 译

35《权力的餐桌：从古希腊宴会到爱丽舍宫》[法]让-马克·阿尔贝 著　刘可有、刘惠杰 译

36《致命元素：毒药的历史》[英]约翰·埃姆斯利 著　毕小青 译

37《神祇、陵墓与学者：考古学传奇》[德]C. W. 策拉姆 著　张芸、孟薇 译

38《谋杀手段：用刑侦科学破解致命罪案》[德]马克·贝内克 著　李响 译

39《为什么不杀光？种族大屠杀的反思》[美]丹尼尔·希罗、克拉克·麦考利 著　薛绚 译

40《伊索尔德的魔汤：春药的文化史》[德]克劳迪娅·米勒-埃贝林、克里斯蒂安·拉奇 著
王泰智、沈惠珠 译

41《错引耶稣：〈圣经〉传抄、更改的内幕》[美]巴特·埃尔曼 著　黄恩邻 译

42《百变小红帽：一则童话中的性、道德及演变》[美]凯瑟琳·奥兰丝汀 著　杨淑智 译

43《穆斯林发现欧洲：天下大国的视野转换》[英]伯纳德·刘易斯 著　李中文 译

44《烟火撩人：香烟的历史》[法]迪迪埃·努里松 著　陈睿、李欣 译

45《菜单中的秘密：爱丽舍宫的飨宴》[日]西川惠 著　尤可欣 译

46《气候创造历史》[瑞士]许靖华 著　甘锡安 译

47《特权：哈佛与统治阶层的教育》[美]罗斯·格雷戈里·多塞特 著　珍栎 译

48《死亡晚餐派对：真实医学探案故事集》[美]乔纳森·埃德罗 著　江孟蓉 译

49《重返人类演化现场》[美]奇普·沃尔特 著　蔡承志 译

50《破窗效应：失序世界的关键影响力》[美]乔治·凯林、凯瑟琳·科尔斯 著 陈智文 译

51《违童之愿：冷战时期美国儿童医学实验秘史》[美]艾伦·M. 霍恩布鲁姆、朱迪斯·L. 纽曼、格雷戈里·J. 多贝尔 著 丁立松 译

52《活着有多久：关于死亡的科学和哲学》[加]理查德·贝利沃、丹尼斯·金格拉斯 著 白紫阳 译

53《疯狂实验史Ⅱ》[瑞士]雷托·U. 施奈德 著 郭鑫、姚敏多 译

54《猿形毕露：从猩猩看人类的权力、暴力、爱与性》[美]弗朗斯·德瓦尔 著 陈信宏 译

55《正常的另一面：美貌、信任与养育的生物学》[美]乔丹·斯莫勒 著 郑嬿 译

56《奇妙的尘埃》[美]汉娜·霍姆斯 著 陈芝仪 译

57《卡路里与束身衣：跨越两千年的节食史》[英]路易丝·福克斯克罗夫特 著 王以勤 译

58《哈希的故事：世界上最具暴利的毒品业内幕》[英]温斯利·克拉克森 著 珍栎 译

59《黑色盛宴：嗜血动物的奇异生活》[美]比尔·舒特 著 帕特里曼·J. 温 绘图 赵越 译

60《城市的故事》[美]约翰·里德 著 郝笑丛 译

61《树荫的温柔：亘古人类激情之源》[法]阿兰·科尔班 著 苜蓿 译

62《水果猎人：关于自然、冒险、商业与痴迷的故事》[加]亚当·李斯·格尔纳 著 于是 译

63《囚徒、情人与间谍：古今隐形墨水的故事》[美]克里斯蒂·马克拉奇斯 著 张哲、师小涵 译

64《欧洲王室另类史》[美]迈克尔·法夸尔 著 康怡 译

65《致命药瘾：让人沉迷的食品和药物》[美]辛西娅·库恩等 著 林慧珍、关莹 译

66《拉丁文帝国》[法]弗朗索瓦·瓦克 著 陈绮文 译

67《欲望之石：权力、谎言与爱情交织的钻石梦》[美]汤姆·佐尔纳 著 麦慧芬 译

68《女人的起源》[英]伊莲·摩根 著 刘筠 译

69《蒙娜丽莎传奇：新发现破解终极谜团》[美]让－皮埃尔·伊斯鲍茨、克里斯托弗·希斯·布朗 著 陈薇薇 译

70《无人读过的书：哥白尼〈天体运行论〉追寻记》[美]欧文·金格里奇 著 王今、徐国强 译

71《人类时代：被我们改变的世界》[美]黛安娜·阿克曼 著 伍秋玉、澄影、王丹 译

72《大气：万物的起源》[英]加布里埃尔·沃克 著 蔡承志 译

73《碳时代：文明与毁灭》[美]埃里克·罗斯顿 著 吴妍仪 译

74《一念之差：关于风险的故事与数字》[英]迈克尔·布拉斯兰德、戴维·施皮格哈尔特 著 威治 译

75《脂肪：文化与物质性》[美]克里斯托弗·E.福思、艾莉森·利奇 编著 李黎、丁立松 译

76《笑的科学：解开笑与幽默感背后的大脑谜团》[美]斯科特·威姆斯 著 刘书维 译

77《黑丝路：从里海到伦敦的石油溯源之旅》[英]詹姆斯·马里奥特、米卡·米尼奥－帕卢埃洛 著 黄煜文 译

78《通向世界尽头：跨西伯利亚大铁路的故事》[英]克里斯蒂安·沃尔玛 著 李阳 译

79《生命的关键决定：从医生做主到患者赋权》[美]彼得·于贝尔 著 张琼懿 译

80《艺术侦探：找寻失踪艺术瑰宝的故事》[英]菲利普·莫尔德 著 李欣 译

81《共病时代：动物疾病与人类健康的惊人联系》[美]芭芭拉·纳特森－霍洛威茨、凯瑟琳·鲍尔斯 著 陈筱婉 译

82《巴黎浪漫吗？——关于法国人的传闻与真相》[英]皮乌·玛丽·伊特韦尔 著 李阳 译

83《时尚与恋物主义：紧身褡、束腰术及其他体形塑造法》[美]戴维·孔兹 著 珍栎 译

84《上穷碧落：热气球的故事》[英]理查德·霍姆斯 著 暴永宁 译

85《贵族：历史与传承》[法]埃里克·芒雄－里高 著 彭禄娴 译

86《纸影寻踪：旷世发明的传奇之旅》[英]亚历山大·门罗 著 史先涛 译

87《吃的大冒险：烹饪猎人笔记》[美]罗布·沃乐什 著 薛绚 译

88《南极洲：一片神秘的大陆》[英]加布里埃尔·沃克 著 蒋功艳、岳玉庆 译

89《民间传说与日本人的心灵》[日]河合隼雄 著 范作申 译

90《象牙维京人：刘易斯棋中的北欧历史与神话》[美]南希·玛丽·布朗 著 赵越 译

91《食物的心机：过敏的历史》[英]马修·史密斯 著 伊玉岩 译

92《当世界又老又穷：全球老龄化大冲击》[美]泰德·菲什曼 著 黄煜文 译

93《神话与日本人的心灵》[日]河合隼雄 著 王华 译

94《度量世界：探索绝对度量衡体系的历史》[美]罗伯特·P.克里斯 著 卢欣渝 译

95《绿色宝藏：英国皇家植物园史话》[英]凯茜·威利斯、卡罗琳·弗里 著 珍栎 译

96《牛顿与伪币制造者：科学巨匠鲜为人知的侦探生涯》[美]托马斯·利文森 著 周子平 译

97《音乐如何可能？》[法]弗朗西斯·沃尔夫 著 白紫阳 译

98《改变世界的七种花》[英]詹妮弗·波特 著 赵丽洁、刘佳 译

99 《伦敦的崛起：五个人重塑一座城》[英] 利奥·霍利斯 著　宋美莹 译

100 《来自中国的礼物：大熊猫与人类相遇的一百年》[英] 亨利·尼科尔斯 著　黄建强 译

101 《筷子：饮食与文化》[美] 王晴佳 著　汪精玲 译

102 《天生恶魔？：纽伦堡审判与罗夏墨迹测验》[美] 乔尔·迪姆斯代尔 著　史先涛 译

103 《告别伊甸园：多偶制怎样改变了我们的生活》[美] 戴维·巴拉什 著　吴宝沛 译

104 《第一口：饮食习惯的真相》[英] 比·威尔逊 著　唐海娇 译

105 《蜂房：蜜蜂与人类的故事》[英] 比·威尔逊 著　暴永宁 译

106 《过敏大流行：微生物的消失与免疫系统的永恒之战》[美] 莫伊塞斯·贝拉斯克斯－曼诺夫 著　李黎、丁立松 译

107 《饭局的起源：我们为什么喜欢分享食物》[英] 马丁·琼斯 著　陈雪香 译　方辉 审校

108 《金钱的智慧》[法] 帕斯卡尔·布吕克内 著　张叶　陈雪乔 译　张新木 校

109 《杀人执照：情报机构的暗杀行动》[德] 埃格蒙特·科赫 著　张芸 译